JOURNAL
D'UN DÉPORTÉ.

TOME I.

ANGERS. IMPRIMERIE DE ERNEST LE SOURD.

JOURNAL
D'UN DÉPORTÉ

NON JUGÉ,

OU

DÉPORTATION

EN VIOLATION DES LOIS,

DÉCRÉTÉE LE 18 FRUCTIDOR AN V
(4 SEPTEMBRE 1797).
(par Barbé-Marbois.)

The violation of laws never remains unpunished.
La violation des lois ne reste jamais impunie.
JEFFERSON, *Correspondance*

TOME PREMIER.

PARIS.

CHATET, | FOURNIER Jᵉ,
PLACE DU PALAIS-ROYAL. | 14, RUE DE SEINE, F. S. G.

M. DCCCXXXV.

AVIS.

Le *Journal d'un Déporté* non jugé, a été imprimé il y a peu de mois. Il n'était pas destiné alors à la publicité et il n'en a été tiré qu'un fort petit nombre d'exemplaires. L'auteur nous a permis de le réimprimer, et de le mettre en vente.

CHATET ET FOURNIER J^e,
Éditeurs.

A Paris, le 4 décembre 1834.

Note.

Amis Lecteurs,

Ce nom d'amis lecteurs est presque suranné, et semblera un peu familier ; on le prodiguait autrefois à des lecteurs inconnus. Je suis connu de tous ceux à qui je le donne ; ils sont en petit nombre, et je puis les appeler amis lecteurs.

Ces Mémoires ont été écrits jour par jour, il y a trente-six ans ; je n'y change rien : si je les changeais aujourd'hui, ils ne seraient plus un journal, ils n'auraient plus le caractère de sincérité qui peut les faire lire avec quelque intérêt.

De retour en France, j'assistai à la rédaction de notre Code pénal. Il met la déportation au rang des peines, et je fus un de ceux qui prévirent que cette disposition ne serait jamais exécutée. Nos efforts pour la faire supprimer furent inutiles ; mais il n'a pas été possible de l'appliquer en réalité.

En 1826 et 1827, quarante-un conseils-généraux de département, affligés des désordres dont les forçats libérés étaient les auteurs, demandèrent que cette peine leur fût effectivement appliquée. On me proposa de répondre à ce vote, en publiant mon Journal ; j'aimai mieux m'en tenir à des observations où le 18 fructidor n'était pas même mentionné. Elles furent envoyées dans les départemens, et les conseils-généraux n'ont point renouvelé leurs demandes. Mon Journal ne pourrait que justifier leur silence. Plus libre que je ne le fus jamais, je suis maître aujourd'hui de le publier. Je n'en fais cependant imprimer qu'un petit nombre d'exemplaires.

NOTE.

C'est en 1797 que seize déportés furent envoyés à la Guyane, et dès lors, avancé en âge, je ne prévoyais pas que je survivrais seul à tous mes compagnons. Le 18 fructidor a maintenant 37 années de date (*). Il y en a 66 que je commençai, à Ratisbonne (**), mes premières occupations publiques. Elles n'ont été suspendues que pendant les deux ans et demi de mon exil, et mon Journal n'embrassera que cette période de ma vie.

En le relisant, je m'aperçois que quelques pages ne sont pas aussi sérieuses que semblerait l'exiger la situation d'un banni, et, sans doute, elles pourraient être utilement corrigées : qu'elles restent cependant telles qu'elles ont été écrites : cette négligence même en garantit l'originalité.

(*) 4 septembre 1797.
(**) Alors séjour de la Diète de l'Empire.

Qu'une dernière observation me soit permise. Elle a pour objet de répondre à ceux qui pourront désapprouver que je rappelle le souvenir d'une catastrophe que tant d'autres événemens ont fait oublier. Je désire qu'on sache que tôt ou tard la postérité inflige un juste châtiment à la tyrannie. Je voudrais aussi répandre une vérité que j'appuie sur ma propre expérience, c'est que le travail est la plus puissante consolation des malheureux.

OBSERVATIONS

SUR LES ACTES DU 18 ET DU 19 FRUCTIDOR AN V,
OU INTRODUCTIO AU JOURNAL.

Sinnamari, nivôse an VI (décembre 1797).

Il est difficile de croire que la révolution de 1789 n'ait d'autres effets pour la France que les malheurs qu'elle a déjà causés. La valeur de nos armées, le bouleversement politique qui en a été la suite, la force et la faiblesse de presque tous les états voisins, mettent notre nation dans une situation bien différente de celle où elle a été à toute autre époque. Notre constitution sous la monarchie variait au gré du prince ou de ses conseillers. Mais la volonté générale de la nation a été d'avoir une charte précise, à la place de ces aperçus incohérens d'un prétendu droit public de monarchie tempérée. L'expérience heureuse faite par la France de deux conseils pendant la première session du corps législatif, la perspective d'une guerre civile, si l'on tentait de revenir au gouvernement ancien, la ruine dont est menacée la religion, les vengeances que les royalistes ont l'imprudence d'annoncer, la foule de gens liés à la révolution, tous ces motifs rendent à jamais impossible le retour de la monarchie absolue.

La révolution parut de bonne heure décidée par le vœu même de la nation. Un prince, doué par la nature de droiture et de la plus parfaite probité, entendit ce vœu, et voulut qu'il s'accomplît. Mais bientôt, égaré par les classes qui depuis si long-temps entourent les trônes, il flotta entre les factions. Les habitudes des règnes précédens et les vices d'une éducation manquée achevèrent de le perdre, et il ne put échapper à sa funeste destinée.

L'assemblée constituante ne voulut pas se charger de l'exécution de tout ce qu'elle avait préparé de grand, et sa retraite fut une faute irréparable.

Elle avait vu s'élever dans son sein une secte affectant une grande austérité; elle aurait dû réfléchir que toujours, dans les temps d'enthousiasme, les partis extrêmes, réputés les plus austères, ont fini par dominer, et cela est simple. Quand les têtes sont fortement remuées, le système qui exalte le plus l'imagination, qui présente les principes les plus sévères, est celui qui réussit. Ceci est bien plus vrai encore, lorsque c'est la multitude que l'on invoque, et qui vient à l'aide.

Il fallait que l'assemblée constituante essayât elle-même, pendant quelques années, la constitution qu'elle avait faite, et la réformât selon les besoins. Jamais des idées politiques n'ont pu s'asseoir d'une manière durable que sur l'expérience ; rien d'absolu n'existe en ce genre, et c'est non-seulement pour des hommes que l'on fait des lois, mais pour tels et tels hommes.

Ajoutons qu'une législation sortie du milieu des orages de toutes les passions a besoin de s'épurer, et n'y parvient que quand le moment du calme est arrivé.

On eût pu corriger la constitution de 1791, la réduire à quelques principes généraux, rendre au pouvoir exécutif l'énergie et l'indépendance nécessaires, faire alors avec la maison régnante un contrat vraiment volontaire, enfin, au bout de quelques années, donner à la France le gouvernement qui eût paru le mieux approprié aux principes d'une constitution libre, quelque nom qu'elle portât.

Au lieu de procéder ainsi, on remit à une faction le dépôt d'une loi qu'elle détestait ; on dit à des fanatiques républicains : « Nous vous con» fions les destinées de la nouvelle monarchie. »

L'assemblée législative s'ouvrit. Un serment unanime semblait garantir la constitution ; les premiers pas de ceux qui le prêtaient annoncèrent leur volonté de le violer. Une faction, composée de puritains politiques d'une part, et de l'autre d'intrigans habiles et éloquens, parvint en moins d'un an à renverser la constitution et la monarchie.

Une autre assemblée succéda. Il était aisé de prévoir quels en seraient les élémens. Le fanatisme de la liberté égarait le peuple ; des hommes perdus de mœurs le dominaient ; la sentine des crimes parut déborder tout à coup dans le sanctuaire des lois, et l'inonder de tout ce que la bassesse et la perversité ont de plus impur. A cinquante hommes près, qui étaient honnêtes et éclairés, l'histoire ne présente point d'assemblée souveraine qui ait réuni tant de vices, tant d'abjection et d'ignorance.

A la vérité, on remarqua dans son sein une faction qui, d'abord, parut distinguée par le calme et l'amour de l'ordre ; mais les girondins ne surent pas frapper à temps les scélérats qui égaraient le peuple.

La faction opposée avait un caractère particulier ; c'était l'audace, ou plutôt ses chefs, ainsi que tous les hommes qui n'ont rien à perdre, prirent pour règle : *tout oser,* principe commode pour l'ignorance et l'incapacité, car il dispense de l'art de gouverner.

Elle choisit donc, parmi les différens ressorts

de l'autorité, celui dont l'action est la plus prompte, la terreur; et elle voulut que, par l'atrocité de ses premiers crimes, on pût juger qu'aucun ne lui coûterait.

Le trône renversé, elle fit les massacres du 2 septembre, et ensuite elle médita le forfait qui, depuis, la conduisit à en commettre tant d'autres. Que de malheurs, en effet, il a produits ! Pour en éviter le châtiment, ses auteurs sont résolus à tout faire, comme à tout risquer. Aussi, le mot familier de leurs meneurs est-il : « Ayons sans cesse devant les yeux l'échafaud » que nos adversaires nous destinent. »

Je passe sous silence cette époque horrible de la tyrannie conventionnelle, où s'est amoncelé sur la France tout ce que le brigandage le plus audacieux, le despotisme le plus farouche, la cruauté la plus effrénée, la licence la plus dégoûtante, peuvent produire de crimes et de malheurs.

Je ne dois cependant point omettre une observation, qui appartient plus particulièrement à l'histoire, c'est que l'audace et l'opiniâtreté, qui ont été le caractère constant de la convention, ont contribué beaucoup aux prodiges de cette époque; prodiges dont aucune nation n'eût été capable sous un gouvernement régulier, et sans le despotisme le plus absolu. Les chefs, si infames aux yeux de la morale, auront, aux yeux de la politique, le mérite d'avoir voulu fortement et d'avoir jugé leur moyens. Ils en avaient de grands. Ils maniaient un ressort nouveau, le fanatisme. Ils exaltaient la multitude par l'image de la liberté et l'espoir de la propriété; ils prodiguaient tous les capitaux comme tous les bras de la nation; ils avaient à leur disposition un trésor immense, dans un signe auquel ils surent long-temps conserver une valeur; ils lui durent en partie les choses prodigieuses qu'ils accomplirent.

Le 9 thermidor arriva, c'est-à-dire le jour où des scélérats, craignant pour leurs têtes, résolurent de faire tomber celle d'un autre scélérat qui les menaçait. Aidés par le bon parti, ils réussirent.

Ce moment était beau pour la convention. La France respirait; elle recevait comme autant de bienfaits les premiers soulagemens après tant de calamités; elle applaudissait avec enthousiasme aux actes d'humanité.

Mais rarement des hommes criminels ont-ils l'esprit assez élevé pour juger que, quand la route du crime les a conduits au pouvoir, ils doivent, pour leur propre salut, reprendre celle de la vertu.

L'instant arriva où ces prétendus bienfaiteurs

de la France laissèrent voir leur ambition à découvert.

Il fallait un terme au gouvernement arbitraire; la constitution de Robespierre était trop anarchique pour que les conventionnels osassent la mettre en activité; la majorité n'en voulait point. Elle abandonna le projet d'adapter des lois organiques à la constitution de 1793, et en projeta une autre sur des bases nouvelles. Ce moment est encore un des plus remarquables de la révolution; c'est celui où la tyrannie a pu être renversée de fond en comble. Les terroristes étaient désarmés dans Paris; les armes y étaient entre les mains de 40,000 propriétaires, marchands ou gens considérables. La jeunesse avait de l'ardeur; la haine de la convention l'enflammait; l'assemblée n'avait pas 3,000 hommes de troupes. Qu'on juge de la situation des affaires par l'attaque courageuse de vendémiaire an IV, attaque qui n'a été impuissante que par faute de plan et de chef, et parce que la faction contraire en eut.

La majorité de la convention s'occupa cependant de la nouvelle constitution, et elle la termina le 30 messidor.

Cet ouvrage, dont l'idée honorait la droiture du bon parti, devait naturellement perdre les conventionnels, car cette constitution appelait nécessairement un nouveau corps législatif. Déjà le peuple était refroidi, il commençait à ne plus se rappeler rien de la convention que ses forfaits, et il allait probablement nommer des députés d'un esprit tout différent. Les soldats et leurs chefs n'avaient cependant point changé d'habitudes et de maximes; la guerre civile était à craindre, et le parti anarchiste, plus audacieux, et secondé par des armées où il était très-nombreux, aurait fini par demeurer maître.

Au reste, la majorité, encore vivante, fut effrayée de la seule pensée d'abandonner le pouvoir. Elle fit les décrets des 5 et 13 fructidor an III, et proposa à la nation de nommer le nouveau corps législatif, à condition d'en choisir deux tiers dans la convention, et à condition aussi que, dans le cas, en effet très-probable où ces deux tiers ne seraient pas nommés, la convention elle-même choisirait dans son sein les députés nécessaires pour les compléter.

On se rappelle l'indignation qu'excita cette proposition, le rejet presque général qui en fut fait par les assemblées primaires, à Paris surtout; les fraudes que l'on employa pour cacher le résultat des scrutins; le soulèvement enfin de vendémiaire an IV, et la sanglante catastrophe du 14.

L'artillerie de la convention décida la question, et alors le parti terroriste, jugeant que l'élection des conventionnels ne ferait que reculer sa perte et l'ajourner aux premières élections faites par le peuple, nomma une commission chargée de proposer des mesures de salut public. Ces mesures n'étaient autres que le plan de suspendre la constitution jusqu'à la paix, et de prendre à l'instant tous les moyens nécessaires pour consolider la tyrannie conventionnelle, en renvoyant le nouveau tiers et les hommes honnêtes des deux autres.

Le projet fut connu de Thibaudeau, qui, au milieu de la terreur générale, eut le courage de le dénoncer. L'assemblée, effrayée, crut voir renaître la tyrannie de la terreur, et ordonna l'installation du corps législatif. C'est Tronson qui me garantit cette heureuse intervention d'un homme que je connaissais peu.

Mais la faction se hâta alors de retenir sous de nouvelles formes la puissance qui lui échappait. Elle composa le directoire d'hommes liés à ses intérêts par le crime qui leur était commun, celui d'avoir voté la mort de Louis XVI. Comme elle avait alors la majorité dans les deux conseils, ce dessein lui réussit.

Une autre scène s'ouvre maintenant; ce nouveau tiers, ce petit nombre d'élus consacré par la nation en était la véritable espérance; on y joignait quelques conventionnels estimés. Je dirai peu de chose de la partie du conseil des cinq-cents qui appartenait à ce nouveau tiers; elle avait de bonnes intentions et des lumières; mais sa marche a été quelquefois brusque et incohérente. Des hommes auxquels on avait autrefois reproché de la pusillanimité, se piquaient d'une roideur qu'ils appelaient du courage; d'autres avaient plus de droiture que de prudence; quelques-uns annonçaient une haine personnelle contre les directeurs, et ce sentiment était qualifié par les jacobins, de haine du gouvernement. Mais une nuance bien essentielle à remarquer, c'est que, hormis cinq ou six hommes qu'on pouvait regarder comme suspects de royalisme, les plus animés n'étaient réellement irrités que contre la conduite despotique et contre les déprédations des directeurs, et non contre le régime républicain.

Quant au conseil des anciens, il me sera sans doute permis de dire, d'après la voix publique, que la conduite du nouveau tiers y fut sage, adroite et heureusement combinée ; mais comme cette conduite même a été un des événemens les plus remarquables de la révolution, et que la marche suivie alors a obtenu les suffrages de la France, il est utile d'en présenter ici le développement.

Nous pensions que, la société une fois constituée, il fallait se conformer à ses lois et à un pacte fondamental dont nous n'eussions même pas adopté sans restriction tous les articles; nous reconnûmes qu'il fallait le respecter, puisqu'il nous protégeait et nous assurait le droit de résidence et d'indigénat.

La France avait vu, dans le cours des siècles, les races succéder aux races, les Anglais, les Français; les Valois, Mayenne, les Bourbons. L'autorité était obéie, pourvu qu'elle fût sincère. S'il y avait dissidence dans cette sincérité, c'était à la force qu'il appartenait d'en décider. C'est sous ce dernier point de vue que nous convînmes de ne rien négliger pour arriver sans secousse à l'époque du premier germinal an V, à l'élection du second tiers.

Nous voulions sincèrement soutenir la constitution républicaine; le peuple l'avait acceptée librement. Après l'avoir jurée, oublier notre serment, c'eût été à la fois bassesse et trahison envers nos mandataires, et crime envers la France. Mais nous reconnûmes bientôt que cette constitution, dans les mains des factieux, et avec la puissance qu'elle donnait au directoire, devenait pour eux un autre instrument de tyrannie; que, disposés à la violer quand elle leur serait contraire, ils l'étaient également à en abuser quand elle leur serait favorable. Leur force paraissait consister dans la majorité; mais ils étaient peu unis, et plusieurs d'entre eux commençaient à prendre confiance dans la la droiture de nos intentions. Germinal approchait, et l'arrivée du nouveau tiers devait assurer notre supériorité par une majorité réelle.

Notre tâche n'était pas facile cependant : les conventionnels ne voyaient en nous que des hommes appelés à les livrer un jour à la justice. Mais ce fut cette terreur même, dont nous reconnûmes bientôt la puissance, qui nous donna l'idée du plan que nous suivîmes.

Nous convînmes d'employer, pour les rassurer, prudence et adresse. Défendre les saines doctrines, mais sans amertume; ne jamais revenir sur le passé; éviter d'irriter les passions, de réveiller les haines et d'effrayer les amour-propres; faire quelquefois des concessions peu importantes, pour obtenir ensuite le retour aux bons principes; ne rien brusquer en un mot, et dissiper peu à peu les préventions, tel fut notre plan. Nous obtînmes au bout de 5 à 6 mois la majorité dans presque toutes les circonstances. Des décrets importans, rejetés d'abord, passèrent ensuite; l'esprit des conseils s'améliorait, on détruisait insensiblement partie des lois révolutionnaires, et plusieurs des hommes du centre parlaient déjà de notre bonne foi, et paraissaient y croire.

Quelques-uns d'entre nous firent plus, ils jugèrent important d'essayer si l'on pourrait gagner, dans le directoire, la confiance d'un ou de deux hommes influens, et leur faire concevoir que leur intérêt était de se rallier aux bons principes. Carnot, dont la tête semblait refroidie, parut propre à cet essai. Il répondit à notre attente, et fut d'autant plus aise de la confiance qu'on lui témoignait, qu'il avait plus de reproches à se faire. On croyait alors pouvoir compter sur son collègue La Revellière-Lépeaux, dont on ne cessait de vanter la modération et la droiture, mais qui a fini par l'explosion d'une ambition perfide, si sa conduite ne fut pas plutôt une insigne lâcheté.

Notre marche, au reste, paraissait assez sûre, car la confiance de Carnot nous répondait de Letourneur; et La Revellière, selon nos calculs, devait faire pencher la balance de notre côté.

Je reviens aux conseils.

Nous avions obtenu la majorité. Malheureusement on fit une maladresse; on blessa l'amour-propre des conventionnels en les nommant rarement au bureau et dans les commissions. On eut l'imprudence de donner toutes ces petites dignités sénatoriales aux membres du côté droit. Les adroits meneurs du parti opposé profitèrent de cette faute. Ils en conclurent que nous avions le projet de dominer, et réveillèrent dans le centre cette défiance, cette terreur fatale que nous avions assoupie. Il nous fut impossible depuis de regagner la majorité dans les questions de grande importance.

Il restait cependant au conseil des anciens, ou plutôt à ce tiers dont la sagesse faisait la réputation, un grand avantage. Notre parti était appuyé par l'opinion publique; et nous avions lieu d'espérer que les élus de germinal prendraient eux-mêmes notre marche pour règle, aussitôt qu'ils nous auraient joints.

Cependant la faction de Sieyes, Tallien et Barras ne s'endormait pas. Un mois avant les élections, nous sûmes de bon lieu qu'on intriguait dans les armées pour les indisposer contre le nouveau tiers du corps législatif, particulièrement contre celui des cinq-cents, et pour leur demander avec éclat l'ajournement des assemblées primaires et électorales. Lebrun, Portalis, Tronson, Dumas et moi, nous fûmes avertis du complot par un homme en place.

Nous nous jetâmes à la traverse, et les assemblées eurent lieu. Ce fait très-important va le devenir davantage.

Sans doute il y eut dans les conseils quelques hommes dont nous avions à nous défier; mais la très-grande majorité voulait la constitution.

De cela même que nous étions parvenus à renverser le complot, et à faire procéder aux élections, il semblait résulter qu'avec de la prudence et de l'habileté, le second tiers que nous attendions parviendrait aussi à détruire les défiances et les craintes. A la vérité, l'extrême perversité qui caractérise la conjuration dont nous sommes les victimes, permet aussi de supposer que rien ne l'eût arrêtée; mais au moins les conjurés eussent été sans prétexte. On voit en effet que, dans la plupart des adresses des armées, le conseil des anciens est respecté, et que sa sagesse est applaudie dans quelques-unes.

Les nouveaux élus arrivèrent, et l'on ne peut s'empêcher d'avouer que dans le club de Clichy, qui fut leur premier point de ralliement, il se fit quelques propositions indiscrètes, violentes, mais toujours blâmées et repoussées par la grande majorité. D'ailleurs on ne disait pas un mot contre la constitution. Le très-grand nombre voulait que, pour éviter de donner des prétextes aux factieux, on ne s'occupât que de l'avenir, et qu'on oubliât le passé.

D'un autre côté, 4 ou 5 membres du conseil des cinq-cents qui ne s'étaient pas défendus de quelque jalousie contre les membres marquans du conseil des anciens, répandaient parmi les nouveaux députés que ceux-là voulaient mener les conseils; c'était une tournure assez adroite pour se donner à eux-mêmes du crédit et faire adopter leur système d'humeur et de violence; et ce préjugé fut si habilement répandu, qu'il gagna une partie du premier tiers des deux conseils. Des défiances pénétrèrent parmi les hommes les plus unis jusque-là; on prêtait à celui-ci des intrigues secrètes; à celui-là on supposait des liaisons suspectes; à un autre l'envie de dominer.

Le bruit se répandit bientôt d'un nouveau complot des directeurs, dans lequel les terroristes devaient agir comme principaux instrumens; mais il paraît qu'une partie des chefs redoutait ces terribles auxiliaires, et préféra le secours des armées. Bientôt le ministère fut changé; Hoche fut appelé à Paris, et des corps de troupes s'avancèrent. Leur cri dans toute la route était qu'*ils allaient mettre à la raison les conseils*.

Bientôt arrivèrent les adresses de l'armée d'Italie; peut-être avait-on jugé sage de les attendre pour jouer à jeu sûr. Déjà, en effet, Augereau avait été mis à la tête des troupes campées autour de Paris. Au moment où le directoire reçut les adresses, Carnot nous dit qu'il n'y avait plus d'autre remède que d'accorder au directoire les mesures violentes qu'il désirait contre les prêtres, les prévenus d'émigration; de retirer tous les décrets qui lui déplaisaient; d'accorder de nouveaux fonds; d'applaudir à ses choix. Portalis, qu'il vit en particulier, lui répondit : que rien au monde ne nous déterminerait à des injustices et à des lâchetés. Carnot parut alors démentir, par crainte, le caractère de fermeté qu'il avait pris, soit par calcul, soit par sagesse. Il blâmait avec une violence déplacée les imprudences de quelques-uns des cinq-cents, criait au royalisme, ne voulait pas prendre des mesures contre nos adversaires, paraissait même ne pas croire aux complots de ses collègues. Le passé lui revenait.

Il contribua par sa sécurité à nous en inspirer. Ces menaces, sans cesse renaissantes depuis six semaines, et toujours sans effet, nous semblaient n'avoir d'autre but que de nous forcer à des concessions. Nous n'en fîmes point, et on sait que trop souvent les premières en nécessitent d'autres.

Madame de..... était fort avant dans toutes ces menées. Cette femme, que nous aimions à mettre au premier rang parmi les femmes célèbres, et la première peut-être parmi toutes celles de ce siècle, a de la droiture et de la sensibilité. Elle fait le bien par le plus heureux instinct, mais quelquefois le mal par les plus faux calculs. Un jour, elle était entraînée par son amitié pour nous. Une autre fois, elle cédait à l'impatience de faire marcher les affaires de l'état à sa fantaisie. Elle essaya d'obtenir de nous des complaisances pour le parti contraire. Nous trouvant inébranlables, elle nous prévint que les complots les plus horribles se tramaient; que le directoire était décidé à tout oser; que les crimes les plus atroces ne lui coûteraient point. M....., qui était ami de madame de....., en dit autant à Tronson, qui se rappelle cette phrase : « Imaginez, lui dit-il, » l'échelle des forfaits, et soyez sûr que le di- » rectoire la montera toute entière. Montrez- » vous faciles *pour l'instant*, et vous conjurerez » l'orage. » Nos refus et nos réponses furent uniformes.

Je croyais cependant, je l'avoue, que l'on s'en tiendrait toujours à des menaces. Je persistais, ainsi que Portalis, Siméon et Tronson, à recommander beaucoup de modération et de prudence, et l'on paraissait enfin y être disposé. Nous étions d'autant plus décidés à prendre ce parti, qu'il n'y avait aucun moyen de résistance. L'apathie des Parisiens, leur désarmement, le souvenir de vendémiaire, la coalition des armées, la présence d'un corps de troupes, à la tête duquel était Augereau, la réunion des terroristes et de tous les officiers réformés à Paris, toutes ces circonstances nous prouvaient l'inutilité de recourir à des moyens de force.

Cependant, le 16 fructidor, j'avais parlé à Lebrun et à Villaret-Joyeuse de mesures à prendre; soit la permanence, soit le transport constitutionnel de l'assemblée dans un autre lieu. On y trouva du danger sans aucun avantage.

Le 18 fructidor arriva. A quatre heures du matin, des corps de troupes s'emparèrent des Tuileries, ainsi que des ponts, des places et des rues voisines.

Le même jour, le directoire expliquait au public ses motifs dans une affiche où, pour toute preuve, on alléguait une correspondance de Pichegru avec M. d'Entraigues, ayant deux ans de date.

A 7 heures du matin, les deux présidens des conseils se rendirent dans leurs salles respectives, où ils trouvèrent quelques membres déjà arrivés. La force armée entra, et les obligea de se retirer.

A 8 heures, trente des nôtres se rassemblèrent chez moi, ainsi que nous en étions convenus. Des membres du conseil des cinq-cents se rassemblèrent aussi dans une autre maison. De chez moi nous nous rendîmes encore une fois au lieu de nos séances, en présence des patrouilles et des postes armés; arrivés aux Tuileries, nous fûmes repoussés; l'on marcha sur nous la baïonnette en avant, et nous nous rendîmes chez Laffon-Ladebat, notre président.

Cette démarche éclatante, faite sous le canon du directoire, et au milieu des troupes qu'il avait réunies, prouve assez que la majorité des législateurs, honorée jusque-là de l'estime publique, en était toujours digne.

Le directoire, craignant que le conseil des anciens n'exerçât sa prérogative constitutionnelle, se détermina à faire arrêter les députés réunis chez Laffon. Nous fûmes conduits dans trois voitures ouvertes chez le ministre de la police, et de là au Temple, à travers les huées des terroristes, et entre deux lignes de soldats.

Les factieux développèrent alors leur plan.

Les directeurs avaient convoqué l'assemblée des deux conseils dans deux emplacemens voisins de leur palais du Luxembourg. Les membres qui s'y étaient réunis rendirent différens décrets, dont le plus remarquable est celui qui prononce la déportation de soixante-cinq représentans et autres citoyens; casse la plupart des dernières élections; chasse de France les prévenus d'émigration; met la presse sous la surveillance de la police, et supprime la garde nationale.

Chaque ligne de ce décret décèle la maladresse des conspirateurs, l'audace de leur imposture, leur mépris pour les premières règles de la justice, leur dessein formé d'opprimer la nation sous le prétexte d'un complot, le renversement des principes les plus sacrés de la constitution, sous couleur de l'affermir; en un mot, l'assemblage du mensonge grossier, de l'injustice réfléchie; de la barbarie gratuite, de la violation formelle du pacte social, de l'immoralité qui brave l'opinion, et de la haine qui se venge.

Il faut, pour mieux distinguer tous ces points, rappeler quelques faits.

On sait que, dans les derniers mois de 1795, quelques jours avant l'installation du premier corps législatif, Barras et Tallien, prévoyant que la constitution une fois en activité, ils finiraient par être dépouillés du pouvoir, avaient essayé de la renverser, en l'ajournant jusqu'à la paix. Cette faction, en s'assurant du directoire, pouvait aussi attendre les nouvelles élections, et cependant renouer ses desseins pour cette époque. Il paraît, en effet, que dans cet intervalle elle se ménagea en secret un prétexte, et une tentative faite par les royalistes le lui fournit.

MM. Lavilleheurnois, Brotier et Duverne (1), mis en jugement, avouèrent, dans leur procès, qu'il y avait un plan formé de profiter des premières élections pour porter au corps législatif, aux administrations et aux tribunaux des hommes dévoués à leur parti. Ils nommaient ministres Portalis, Dumas, Siméon et moi.

Aucun de ces trois royalistes n'était lié avec nous; aucun même ne nous connaissait.

Les accusés le déclarèrent ainsi. Rien, dans le procès, ne contredit leur déclaration. Je ne connaissais pas un seul d'entre eux.

Le directoire inscrivit cependant sur son registre *secret* une déclaration détaillée de Duverne, qui n'était que le développement du

---

(1) Désigné aussi sous les noms de Duverne de Presle.

plan royaliste. C'était une pierre d'attente dans le plan des directeurs.

Cette dénonciation devint le fondement sur lequel ils échafaudèrent tout leur système. Ils supposèrent que la plupart des nouveaux élus étaient royalistes, et travaillaient à détruire la république par la constitution même; et partant de là, ils composèrent leur plan de proscription du plus monstrueux assemblage. Ils allièrent à l'affaire des accusés royalistes, la correspondance de Pichegru, antérieure de deux ans. Ils enveloppèrent dans la condamnation, avec quelques membres du nouveau tiers, plusieurs de l'ancien, qui par conséquent n'avaient aucun rapport à l'affaire des nouvelles élections, et enfin quelques-uns des membres de la convention, dont ils avaient à se venger. Ils y réunirent deux journalistes, dont l'un plein d'esprit et de raison et très-constitutionnel, M. Suard; ils y placèrent aussi Cochon, ministre de la police, qu'ils avaient eux-mêmes appelé, applaudi, encouragé; l'agent de police qu'il employait; le commandant de la garde du corps législatif et d'autres : c'est-à-dire en deux mots, que cette partie du décret est une table de proscription dont le titre est : *Affaire de Brotier, Lavillcheurnois et Duverne.*

Cet amalgame absurde est une des choses les

plus remarquables de cette incohérente production. En effet, il y a dans ce mélange divers élémens entièrement hétérogènes. La faction des royalistes accusés n'était pas celle de Pichegru.

Celle de Pichegru n'avait point de rapport au corps législatif.

Celle de quelques membres du corps législatif n'était pas celle de la majorité.

Celle des cinq-cents n'était pas la même que celle des anciens, auxquels on ne reprochait pas l'étourderie du zèle.

L'affaire du corps législatif n'était celle ni de Cochon, ni de Ramel, ni de Suard, ni de Miranda et autres qui ne se connaissaient même pas.

C'est donc la haine, la vengeance, la crainte qui ont indiqué la plupart des noms; chacun a porté sur la liste celui qui lui déplaisait; et ils ne songèrent pas même, en rédigeant le préambule du décret, à supposer que les individus qui n'appartenaient pas aux nouvelles élections étaient du complot.

Voici ce préambule, auquel deux lignes auraient suffi :

« Le conseil des cinq-cents, considérant que
» les ennemis de la république ont constam-
» ment suivi le plan qui leur a été tracé par les

» instructions saisies sur Brotier, Berthelot-
» Lavilleheurnois et Duverne de Presle, et
» qu'ils ont été secondés par une foule d'émis-
» saires royaux disséminés sur tous les points
» de la France;

» Considérant qu'il a été spécialement recom-
» mandé à ces agens de diriger les opérations
» et les choix des dernières assemblées primai-
» res communales et électorales, et de faire
» tomber tous ces choix sur les partisans de la
» royauté :

» Qu'à l'exception d'un petit nombre de dé-
» partemens où l'énergie des républicains les a
» neutralisées, *les élections ont porté aux fonctions*
» *publiques et fait entrer jusque dans le sein du*
» *corps législatif, des émigrés, des chefs des rebel-*
» *les et des royalistes prononcés;*

» Considérant que la constitution se trouvant
» attaquée par une partie de ceux-là même
» qu'elle avait spécialement appelés à la défen-
» dre, et contre qui elle ne s'était pas précau-
» tionnée, il ne serait pas possible de la main-
» tenir sans recourir à des mesures extraordi-
» naires;

» Considérant enfin que, pour étouffer la
» conspiration existante, prévenir la guerre
» civile et l'effusion générale du sang qui allait
» en être la suite inévitable, rien n'est plus

» instant que de réparer les atteintes portées à
» l'acte constitutionnel, *depuis* le premier prai-
» rial dernier, et de prendre des mesures né-
» cessaires pour empêcher qu'à l'avenir la li-
» berté, le repos et le bonheur du peuple ne
» soient encore exposés à des dangers ;

« Déclare qu'il y a urgence, etc. »

Voilà donc le motif, l'unique motif du décret : les choix royalistes supposés en germinal (de l'an V) et les atteintes portées à la constitution *depuis* l'arrivée des nouveaux élus.

Donc (en prenant même des indices vagues pour des vérités), c'était ces nouveaux élus qu'il fallait, non pas condamner, mais accuser et mettre en jugement.

Point du tout ; à l'égard de ces nouveaux élus, on se contente de casser leur élection, et on les renvoie. Quant aux députés, hommes de courage et de talent, membres de l'ancien tiers, on les proscrit, et l'on associe à leur condamnation des hommes qui n'appartenaient ni à l'ancien, ni au nouveau, ni au corps législatif, ni à aucune place au choix du peuple.

Enfin, par un dernier trait d'audace et de perversité, inconnu même à Robespierre, on les condamne sans jugement, sans accusation, à la peine la plus cruelle après la peine de mort.

Et voilà ce qu'ont fait non-seulement les triumvirs, mais, à leur instigation, une assemblée qui se dit le corps législatif, qui doit être la gardienne des droits de la nation, de la liberté, des propriétés, de l'honneur, de la vie des citoyens. La convention a lutté contre Robespierre; quelques-uns même, dans les temps les plus affreux de la tyrannie, ont eu le courage de combattre ses projets homicides. Les deux conseils, au contraire, ont adopté ceux des triumvirs et les ont consacrés.

Voici maintenant les principaux articles du décret.

Le 1er casse les nominations de 49 assemblées électorales.

Le 4me enjoint aux fonctionnaires qu'elles ont nommés de cesser à l'instant leurs fonctions.

Le 9me renouvelle les articles 1, 2, 3, 4, 5 et 6 de la loi du 3 brumaire an IV, loi de tyrannie et anti-constitutionnelle.

Le 13me condamne à la déportation des citoyens que je crois tous irréprochables, parce que pas un seul ne fut jugé.

Le 15me article bannit du territoire français tous les citoyens inscrits sur la liste des émigrés; disposition atroce, car les inscriptions avaient été la plupart faites par la cupidité ou la haine.

L'article 21 condamne comme complices d'émigrés, c'est-à-dire à mort, quiconque correspondra avec les prévenus, pour autre chose que pour la question d'émigration. Ainsi l'expression du sentiment filial, paternel, conjugal, passe pour un crime capital.

L'article 24 permet au directoire de déporter à son gré, quoique par des arrêtés motivés, les prêtres qui exciteraient des troubles.

L'article 32 anéantit la forme ancienne de la déclaration du jury, et y substitue dans le fait la déclaration à la pluralité.

L'article 33 déporte les Bourbons qui restaient en France, et les comprend nominativement.

L'article 35, au mépris de l'acte constitutionnel, et en abusant d'un mot furtivement glissé dans un § de l'article 355 (de l'aveu même de Baudin, un de ses rédacteurs), supprime la liberté de la presse pendant un mois, puisqu'il la soumet à l'inspection de la police.

L'article 38 rapporte les lois qui rétablissaient la garde nationale, institution qui est l'un des principes les plus sacrés de la constitution.

Enfin, l'article 39 donne au directoire le droit d'employer l'autorité militaire partout où il lui plaira, puisqu'il lui donne le droit de mettre toute commune qu'il jugera à propos en état de siège.

Voilà la théorie du 18 fructidor, et les principaux actes du corps qui leur a prostitué sa dignité et sa puissance.

Voilà des citoyens condamnés par le pouvoir législatif, jugés sans aucune forme constitutionnelle; sans être entendus, ils sont condamnés à une peine que le directoire peut aggraver, et déportés sans que le décret leur soit signifié; des citoyens chassés du territoire français sans délit, même apparent; la liberté de la presse est anéantie; la garde nationale supprimée. On compterait trente violations formelles de la déclaration des droits et de la constitution.

Je reviens aux faits.

Une loi a suivi celle du 19 fructidor; et condamne aussi à la déportation les écrivains périodiques dont les feuilles ont déplu au directoire. On demandait pour eux qu'on les mît en jugement; mais un membre répondit qu'il y avait plus d'humanité à ne pas les juger, parce qu'ils seraient, dit-il, infailliblement condamnés à mort par un tribunal.

Quel sera le terme de cette nouvelle oppression? Il est aisé de voir qu'à présent la majorité conventionnelle, qui en a été l'instrument, ne rendra plus à la nation ses droits, et sera toujours dominée, d'un côté par la soif du pouvoir, de l'autre par la crainte du châtiment, ces deux mobiles de toute sa conduite depuis qu'elle usurpa la puissance.

Cependant, comme, en fait d'autorité, rien de ce qui est violent n'est durable, voici, ce me semble, ce qu'il est permis à la prévoyance humaine de supposer.

Probablement cet amalgame insolent que fait le directoire de la constitution qu'il viole et du despotisme qu'il exerce, cessera bientôt, ne fût-ce que par le ridicule même de cette hypocrisie. Ce fantôme d'assemblée, qu'il charge de traduire ses ordres en lois, disparaîtra quand il lui sera à peu près inutile.

Alors les despotes se diviseront; le parti terroriste qui les hait, qui a plus d'audace, qui a des vengeances personnelles à exercer, formera contre les auteurs de fructidor une faction puissante; les deux partis se choqueront, notre malheureuse patrie sera exposée à la guerre civile.

D'un autre côté, la détresse des finances, l'anéantissement du commerce extérieur, l'absence de tout crédit, la nécessité de se faire des ressources par des violences, aideront les ambitions particulières qui voudront déplacer les anciennes, et bientôt la nation elle-même en fera justice.

Peut-être l'impuissance de satisfaire l'armée

et de faire face au fardeau des pensions accordées aux officiers, aux vétérans, aux veuves, aux enfans des soldats tués au service, les conduira-t-elle au partage des terres, ou à une contribution imposée sur les propriétaires, ou à une imposition extraordinaire sur les domaines payés à vil prix, ou à tout autre moyen violent, tel que la banqueroute.

Quel que soit enfin le système des usurpateurs, à quelques expédiens qu'ils aient recours, il est impossible qu'ils fassent oublier comment ils sont parvenus au pouvoir. Ils n'avaient qu'une manière d'obtenir cet oubli, c'était d'exécuter religieusement cette constitution où la France s'était réfugiée comme dans un asile de repos et de salut; c'était de s'occuper de bonne foi du bonheur intérieur des Français; c'était de s'appliquer à faire régner la justice et la morale, à faire goûter au peuple les avantages d'un régime vraiment libre. Les chefs intrus, qui ne savent pas se préserver du mépris, qui n'ont pas l'art de faire contraster, avec les maux que leur ambition a faits, le bonheur que leur pouvoir peut donner, sont bientôt abattus, car ils n'ont contre la force des peuples que la force de leurs bataillons. Ils n'ont plus pour eux aucun de ces mobiles qui, chez les hommes, suppléent ordinairement aux droits, à la confiance; ils n'ont ni l'admiration, ni le sentiment du bonheur public.

On a vu jusqu'ici un grand attentat, une conspiration profonde et préméditée contre le corps législatif, une usurpation réelle des pouvoirs, en un mot des despotes audacieux, et qui ont foulé aux pieds tous les principes de notre pacte social.

Les étrangers se demandent : « Le corps lé-
» gislatif n'a-t-il pas eu à se reprocher d'avoir
» cherché au moins à entraver la constitution,
» à l'avilir, à en entamer les principes ? n'a-t-
» il pas enfin, sous ce rapport, donné quelque
» prétexte à ses ennemis ? »

Je réponds nettement que non, et pourtant je dois ajouter, qu'ainsi qu'il arrive dans toutes les assemblées nombreuses, nous ne sommes pas tous exempts du reproche d'imprudence et de précipitation.

Toutefois la bonne renommée des principaux d'entre nous garantissait notre sincérité. La confiance était devenue générale, et s'était manifestée par des signes éclatans. Les acquéreurs de domaines nationaux avaient cessé de redouter les appels de fonds ou la révision de leurs titres d'acquisition; l'industrie et le commerce reprenaient une grande activité. On vit les églises plus fréquentées, la justice indépendante du pouvoir et de l'influence, les délits et les crimes moins nombreux, l'administration mieux contenue, quoique la plupart de ses agens fussent des créatures de la faction qui nous était opposée. La division des propriétés faisait prendre à l'agriculture un essor arrêté pendant tant de siècles par la main-morte, la féodalité et le poids accablant de la dîme. L'aisance revenait des campagnes aux villes; les opinions se montraient à face découverte; l'éducation de la jeunesse faisait des progrès; les tumultes des théâtres étaient apaisés. Enfin, quel que soit maintenant l'état de la France, je crois que jamais la prospérité dont j'ai vu tant de marques, quand j'ai été arraché à mes concitoyens, ne s'effacera de leur mémoire.

Cette situation était l'ouvrage des deux conseils.

Il n'y avait point parmi nous de dissidence sur le maintien de la constitution; mais il y en avait sur la conduite à tenir envers le directoire.

Ses excès et ceux de sa faction, la dilapidation des fonds publics, sa conduite révoltante à l'égard du tribunal de cassation, le choix qu'il avait fait d'agens obscurs et incapables dans une grande partie de la France, les intérêts donnés à ses créatures dans la plupart des entreprises, la guerre déclarée par les directeurs à des états neutres, sans la participation du corps législatif; toutes ces causes avaient irrité les hommes honnêtes, et particulièrement la majorité des conseils.

Il y avait vingt causes pour le mettre en accusation; mais plusieurs de nous ne voulaient pas se porter à cette extrémité, et il paraissait plus sage de s'occuper à faire de bonnes lois et d'attendre l'époque si prochaine où l'on aurait enfin la majorité dans le directoire même.

Au reste, voilà précisément le point sur lequel il y avait divergence dans le corps législatif. Mais il faut assurément bien distinguer l'opinion que nous pouvions avoir de trois magistrats prévaricateurs, du projet de renverser la constitution; c'était, au contraire, l'affermir, que de contenir des fonctionnaires qui la violaient sans cesse.

Mais l'art de la faction a été de supposer que ceux qui méprisaient les directeurs ne voulaient pas du directoire; car des griefs véritables, ou seulement spécieux, cette faction n'en avait aucun; si je mets à part les alarmes causées par une poignée de royalistes de la vieille roche, les défenseurs du pouvoir exécutif sont réduits à des suppositions audacieuses et absurdes.

Ils prétendent que le corps législatif favorisait l'assassinat de ceux qu'ils appellent les patriotes; qu'il faisait rentrer les émigrés, les prêtres; qu'il cherchait à paralyser le directoire par des refus de fonds ; qu'il arrêtait la solde des armées; qu'il ne voulait pas la paix.

Tout cela mérite à peine une réponse.

L'assassinat des patriotes, c'est-à-dire des terroristes, était odieux au corps législatif. Il voulait ensevelir dans l'oubli tout le passé, et abandonner ces misérables à leurs remords. Il reprochait sans cesse au ministre de la justice de ne pas faire punir les assassinats dont on se plaignait. Ainsi, ce qui résulte seulement de ce grief, c'est que les terroristes, si calmes quand ils assassinaient des milliers de citoyens, sont devenus très-sensibles depuis que des brigands assassinent des terroristes.

Sur le rappel des émigrés, il faut s'entendre. N'y a-t-il pas des citoyens que la présence de la mort, des échafauds, des vexations de tout genre, ont forcés de fuir; des vieillards, des femmes, et des enfans? Pas un homme vertueux, dans le corps législatif, ne les regarde comme émigrés (1); mais, d'un autre côté,

(1) ... Rege incolumi, mens omnibus una est;
Amisso, rupere fidem, constructaque mella
Diripuere ipsæ, et crates solvere favorum.
(*Virgile,* Géorg. IV, 212 suiv.)

ceux qui ont quitté volontairement la France, pour prendre les armes contre elle, gardent ce caractère. Nous eussions désiré que leurs biens fussent conservés pour être rendus, à la paix, à eux ou à leurs familles; mais on n'a pas songé un instant à les rappeler plus tôt. On ne peut citer ni un décret, ni même un discours, dans les deux conseils, qui laisse à ce sujet le plus léger doute.

A l'égard des prêtres, nous voulions ramener la législation à ce seul point : c'est qu'ils fussent punis s'ils excitaient des troubles. Nous ne voulions que cela, parce qu'il n'y avait que cela de juste.

Quant aux fonds refusés au directoire, c'est une bien hardie imposture; mais il fallait la risquer, toute hardie qu'elle est, pour irriter les armées que le directoire payait mal. Un décret existe qui ordonne que la solde des troupes passera avant toute autre espèce de dépense.

Reste la supposition que le corps législatif s'opposait à la paix. Celle-ci est le comble de l'audace. Vingt discours des orateurs des deux conseils déposent de leurs intentions pacifiques, de leur enthousiasme à la nouvelle de la signature des préliminaires, de leur projet même d'y amener de gré ou de force le directoire qui en fut si long-temps éloigné.

Tout est donc imposture et invraisemblance dans les reproches de la faction ; et criminelle, même avec des suppositions absurdes, combien ne l'est-elle point lorsqu'elle ne peut mettre en avant une seule réalité?

Les directeurs étaient depuis-longtemps déterminés à exécuter leurs desseins, à quelque prix que ce fût. Ils auraient voulu des prétextes; mais le corps législatif ayant eu la sagesse de ne leur en donner aucun, ils en ont supposé; ils ont suppléé à des faits par des impostures, et ont appuyé les impostures par un forfait.

Ici se présente naturellement une autre question. Est-il bien vrai que le corps législatif n'eût aucun moyen d'empêcher la révolution du 18 fructidor? Y mettre obstacle me paraissait impossible.

La faction de Tallien, Sieyes et autres, avait voulu ajourner la constitution au mois de brumaire de l'an IV (1797), c'est-à-dire s'assurer le pouvoir après l'avoir usurpé.

Il est indubitable qu'elle suivait son plan pendant la session du corps législatif. Elle avait déjà retenu le véritable pouvoir, puisqu'elle avait pour elle le directoire et la majorité des deux conseils; elle avait en outre sur cette majorité, en partie conventionnelle, l'autorité qui appartient aux chefs sur des complices, également criminels et tous exposés aux mêmes vengeances. Les armées étaient à sa disposition, puisqu'elles dépendaient du directoire; elles comptaient dans leurs rangs beaucoup de jacobins. Toute armée, d'ailleurs, est essentiellement dévouée au pouvoir qui la fait agir, qui la solde immédiatement, qui distribue les avancemens et les graces. Plusieurs mois avant fructidor, le directoire travaillait les troupes au dehors. Autour du corps législatif, il avait appelé un corps d'armée montant à 10 ou 12,000 hommes, soit pour contenir la faction terroriste, soit aussi dans l'intention de les employer à ses desseins contre nous. La majorité dans les conseils s'arrangeait de cette disposition par les mêmes motifs. La garde militaire attachée à ces deux conseils avait le même esprit et était dans la même dépendance. Tous les décrets préparatoires qu'un plan d'accusation contre le directoire aurait exigés, étaient impossibles avant le 1ᵉʳ germinal an VI, avec une majorité toute directoriale. La prudence et l'adresse, l'art d'attendre le moment de la puissance, était tout ce qui nous restait.

A l'arrivée du second tiers, nous avions eu la majorité; mais déjà tous les effets qui devaient résulter de l'influence précoce du premier, s'étaient manifestés; déjà aussi le directoire avait pris ses mesures, et les armées étaient gagnées.

Supposons la meilleure marche de la part du nouveau corps législatif; supposons que dès l'instant de son arrivée il eût décrété la garde nationale, rapporté les décrets les plus dangereux, assujéti le ministère à une responsabilité dont il se fut réservé d'être juge; qu'il eût ordonné l'éloignement des troupes hors du cercle constitutionnel, demandé au directoire compte de l'emploi des deniers publics, de ses prévarications politiques, de ses attentats judiciaires, n'est-il pas clair que, dès le premier pas, le directoire se fût armé, et que, pour assurer davantage ses moyens, il eût armé en même temps les hommes de sang et de rapine qu'il avait à ses ordres; et où étaient alors les moyens de résistance? Probablement même les indiscrets empressemens de quelques membres enflammés d'indignation, auraient été regardés par les armées et par beaucoup d'amis de la révolution comme la preuve d'un complot royaliste, et auraient ainsi fortifié la cause des directeurs.

Deux partis divisaient la France. L'un, fatigué d'une longue tourmente, et, sans regretter l'ancien régime, ne voulait point de celui qui de force se maintenait au pouvoir. Si les voix eussent été comptées, ce parti aurait montré une immense majorité; mais une faction, peu nombreuse il est vrai, disposait des finances, et l'armée lui était dévouée : un intérêt commun liait son sort à celui des plus grands coupables. En vain les hommes sages auraient voulu procéder avec lenteur et maturité. Il y avait un penchant presque général à tout précipiter, car la tyrannie du directoire était devenue insupportable. La résistance était légitime, mais l'entreprise était au-dessus de nos forces, et je n'hésite pas à déclarer que nous n'avions ni les moyens, ni la capacité nécessaires. La faction victorieuse a usé de son droit; nous avons mérité notre sort par notre imprévoyance; nous devons le subir.

Je n'ai ici de témoin que moi-même. Nul intérêt ne m'excite, ne me retient. Les événemens sont encore présens à ma mémoire, et je crois avoir écrit cet aperçu avec une entière impartialité. J'ai pensé qu'il devait précéder le récit particulier, et pour ainsi dire individuel, que je vais faire de la catastrophe qui m'a conduit de la tour du Temple à la cabane où je cherche par le travail à me distraire de mes peines. Ces pages n'arriveront peut-être jamais à ma famille : je les écris cependant pour elle, et je ne perds pas l'espérance de les lui porter moi-même.

Je les fais précéder d'un document, qui est comme le manifeste du directoire, et qui, je crois, ne se trouve dans aucune collection. Mon Journal ne sera ensuite que le récit des bonnes et mauvaises aventures d'un voyageur ordinaire. L'histoire n'y trouverait pas une ligne; la curiosité peut n'y faire aucune attention; l'amitié les lira avec quelque intérêt.

Document officiel relatif à la déportation du 18 fructidor.

DIRECTOIRE DE LA RÉPUBLIQUE FRAÇNAISE.

Circulaire.

Paris, le 29 fructidor an V (15 septembre 1797)
de la République française, une et indivisible.

Un grand événement vient de se passer, citoyen, le 18 fructidor ; il doit nécessairement avoir la plus énergique influence sur les destinées de la république, et tout ce qui en France a le sentiment de la liberté pense qu'il en affermira à *jamais* la durée. Mais comme la perfidie pourrait chercher à le dénaturer par des écrits infidèles, je dois fixer dès ce moment vos idées, en vous transmettant les principaux détails, ainsi que les proclamations du directoire. Je me réserve de vous faire parvenir successivemnts les pièces, actes et décrets subséquens.

Vous lirez dans les proclamations, qu'une conspiration véritable, et tout au profit de la royauté, se tramait depuis long-temps contre la constitution de l'an III : déjà même elle ne se déguisait plus, elle était visible aux yeux les plus indifférens ; le mot patriote était devenu une injure, toutes les institutions républicaines étaient avilies. Les ennemis les plus irréconciliables de la France, accourus en foule dans son sein, accueillis, honorés un fanatisme hypocrite nous avait transportés tout à coup au 16ᵉ siècle. Les héros de nos armées n'étaient que des brigands. Les vaincus se demandaient entre eux quels étaient les vainqueurs à qui ils pourraient faire grace. Enfin la république française, couverte de gloire au dehors et commandant le respect aux puissances de l'Europe, commençait à devenir un problème en France.

Tout cela eût pu n'être qu'un égarement passager de l'esprit public, ou plutôt tout cela n'eût pas existé un seul jour, si les deux premières autorités constituées s'étaient montrées unanimes dans la résolution de maintenir la république. Mais la division était au directoire; mais dans le corps législatif siégeaient des hommes visiblement élus d'après les instructions du prétendant, et dont toutes les motions respiraient le royalisme. Mais déjà, sous prétexte de police intérieure, s'était élevé dans ce corps un monstrueux pouvoir exécutif qui menaçait le gouvernement, et autour duquel se rangeaient les royalistes les moins déguisés, qu'on enrôlait en foule : enfin tout était prêt pour dissoudre la constitution, lorsque le directoire, par une de ces mesures vigoureuses que commandait le salut de la patrie, se rappelant que le dépôt de la constitution avait été spécialement commis à sa fidélité par l'article 377; que c'est à lui, par l'article 144, à pourvoir à la sûreté extérieure et intérieure de la république; que suivant l'article 112, les membres du corps législatif eux-mêmes pouvaient être saisis en flagrant délit : considérant aussi que le moment où une conspiration armée allait éclater, et où les points de rassemblement étaient dans les salles même du corps législatif, les moyens ordinaires n'étaient plus en son pouvoir; soutenu par un grand nombre de députés fidèles, qui bientôt ont formé l'immense majorité de la législature, et muni de pièces authentiques qui montraient jusqu'au plan de la conspiration; lorsque, dis-je, le directoire exécutif, fort de toutes ces circonstances, a fait saisir, dans un lieu étranger à celui où s'étaient réunis les représentans du peuple en majorité, des individus qui osaient se dire députés, et distribuaient des cartes aux conspirateurs, à qui ils faisaient aussi distribuer des armes.

Cette conduite ferme a reçu l'assentiment général, aucune résistance ne l'a laissée un instant douteuse, aucun désordre ne l'a souillée; les gardes du corps législatif ont obéi à la voix d'Augereau, et gardent maintenant les deux conseils avec un zèle qui n'est plus inquiet; les patriotes n'ont pas laissé égarer leur enthousiasme. Aucun cri de vengeance ne s'est fait entendre; enfin la confiance dans le gouvernement est unanime; et le peuple est satisfait et tranquille.

Les députés ont délibéré avec le plus grand calme; ils ont secondé puissamment les mesures du directoire, et lui ont prêté l'appui de la loi. Éclairés par lui sur l'existence de la conspiration, ils ont remonté rapidement à sa source, et ont rendu plusieurs décrets fermes et rassurans que vous connaîtrez; mais, ennemis de tout ce qui pouvait rappeler ce règne affreux de la terreur, ils ont voulu que le sang même le plus coupable ne fût pas répandu; que toute la punition, pour ceux qui avaient voulu déchirer la république, fût de *ne pas vivre dans son sein;* et c'est ce qui distinguera, dans l'histoire, cette époque mémorable de la révolution. Les opérations de 42 assemblées électorales ont été annulées; 2 directeurs, 54 députés et 10 individus ont été déportés, « non par un jugement, qui était » devenu impossible, mais par une mesure extraordi-» naire du corps législatif, que les circonstances ont » nécessitée. »

On vous dira que la constitution a été violée, et ce reproche vous sera fait surtout par ceux qui regretteront le plus qu'elle n'ait pas été entièrement détruite. A ce reproche voici la réponse : La constitution était presque renversée, et par des moyens qu'elle n'avait pu prévoir ; dès lors il a fallu de toute nécessité se saisir des seuls moyens de la relever et de la raffermir, pour s'y renfermer ensuite, et pour toujours. Ainsi, l'instant d'après a-t-elle été plus que jamais religieusement respectée ; tous les actes du directoire ont été sur-le-champ adressés au corps législatif. Tout ce qu'a résolu le conseil des cinq-cents, il l'a soumis à celui des anciens. Toutes les délibérations ont été parfaitement libres, et aucun murmure de tribune ne les a même interrompues : on va procéder au choix de deux nouveaux directeurs. Enfin, pour confondre à la fois et les espérances et les calomnies de tous ceux qui auraient tant désiré ou qui méditeraient encore la ruine de cette constitution, une *mort prompte* a été prononcée dès le premier jour contre quiconque rappellerait la *royauté*, la constitution de 1793 ou d'Orléans : et c'est ainsi que la constitution de l'an III s'est fortifiée par cette secousse même, et, dégagée maintenant de ses ennemis, se trouve entourée de plus de moyens de défense qu'elle n'en eut jamais.

Voilà ce que vous direz : vous ajouterez que le directoire, par son courage, par l'étendue de ses vues, et ce secret impénétrable, en a préparé le succès, et montré au plus haut degré qu'il possédait l'art de gouverner dans les momens les plus difficiles; que la république française pourra déployer désormais au dehors et au-dedans les plus fécondes, les plus énergiques réponses; qu'elle aura pour elle et cet esprit public qui s'est ranimé tout à coup, et avec lequel chez les Français rien n'est impossible, et cet accord parfait entre les autorités constituées qu'on était parvenu criminellement à désunir, et enfin cette belle expérience de vigueur qui l'a fait triompher, dans une heure, et sans combat, du plus terrible danger qu'elle ait couru depuis qu'elle existe.

Salut et fraternité.

JOURNAL

D'UN

DÉPORTÉ A LA GUYANE.

CHAPITRE PREMIER.

Situation pacifique du conseil des anciens et de celui des cinq-cents en 1796 et 1797, et dispositions menaçantes du directoire avant le 18 fructidor an V (4 septembre 1797.)

Je ne sais comment doit finir la crise qui m'a conduit dans la tour du Temple. Je prévois seulement qu'elle sera longue; je ne reverrai peut-être jamais ma femme et ma fille; elles doivent cependant connaître les causes qui privent l'une d'un mari, l'autre d'un père. Le récit qu'elles liront sera précédé de quelques détails qui ne me regarderont point aussi directement que le reste de ce Journal.

L'assemblée électorale du département de la Moselle me nomma, au commencement de l'an IV, fin de 1795, représentant du peuple au conseil des anciens.

Paris se ressentait encore, lorsque j'y arrivai,

des convulsions du treize vendémiaire. Des gens armés, des chariots, des canons embarrassaient le passage dans les rues qui conduisent aux Tuileries. Des soldats dormaient étendus dans les galeries et sur les escaliers de ce château. Il y avait un camp dans le jardin, et le palais des législateurs ressemblait à une place assiégée. Un parti bien intentionné nous avait appelés à son secours, c'était le parti national; ce fut le nôtre.

Dès lors les conventionnels nous regardèrent comme des usurpateurs de leur domaine. Les mensonges les plus hardis furent mis en avant. On m'accusa d'avoir participé au traité de Pilnitz. Il me fut facile de répondre à cette insigne calomnie. J'entendis un Provençal, nouveau venu comme moi, dire sans trop de mystère : « Ceci » débute mal : si les jacobins ont le pouvoir de » nous chasser d'ici, nous n'y resterons pas long- » temps. » C'était Portalis, que je ne connaissais pas encore. Je fus depuis étroitement lié avec lui.

La session s'ouvrit, et les conseils procédèrent à la nomination des membres du directoire. C'est alors que le parti jacobin, qui avait été sans influence dans les élections populaires, devenu électeur à son tour, reprit toute sa puissance. Les membres nouvellement élus formaient le tiers du corps législatif, et cette introduction affaiblissait sensiblement la faction contraire ; mais elle s'en dédommagea amplement, en tirant de son sein tous les membres du pouvoir exécutif. Nous trouvâmes la partie si bien liée à notre arrivée, qu'on nommait les cinq directeurs avant même qu'on eût commencé l'élection. La Révellière était faible, languissant, infirme, et semblait n'aspirer qu'à la retraite; mais il jouissait d'une bonne réputation, et aucun de nous alors ne le soupçonnait d'hypocrisie. Il fut nommé. Le directoire formé, ses cliens et ses flatteurs s'appliquèrent à l'entretenir dans des dispositions hostiles à l'égard de plusieurs membres du tiers nouvellement introduit. Les directeurs avaient à leur solde des journalistes dont les feuilles se distribuaient chaque matin aux deux conseils; nous y étions fort maltraités : c'est le sort de tout homme public; mais notre silence et le dégoût des lecteurs les réduisirent bientôt à se taire à leur tour.

Leur parti n'était intrinsèquement qu'une section schismatique sortie de la souche-mère des jacobins. Elle y rentra et s'y réunit contre les nouveaux venus, qui lui paraissaient plus redoutables, car elle était persuadée que ceux-ci étaient arrivés de leurs départemens avec le projet de renverser la constitution. Je laisse au temps à déterminer le mérite de cette loi nouvelle; mais, quel qu'il fût, nous sentîmes dès le commencement que, dans l'état où les anarchistes avaient mis la France, un gouvernement, même imparfait, préparait des moyens efficaces pour le rétablissement de l'ordre. Ce sentiment fut général parmi nous, et avant d'avoir fait connaissance, sans nous être concertés, nous fûmes tous d'accord, et nous nous montrâmes religieux observateurs de ce pacte fondamental.

Je n'étais ni royaliste, ni républicain; qu'étais-je donc? Je vais le dire : la France nous avait envoyé les citoyens dont elle faisait le plus d'estime. On entrevoyait que le vœu de ces nouveaux venus était l'union du sceptre et de la liberté, et moi, en présence d'un pacte fondamental, je n'hésitai pas à m'unir à eux; ils étaient les plus nombreux, et, à mon avis, les plus raisonnables.

Nos adversaires crurent d'abord que notre ferveur était feinte, et que, pour nous forcer à dévoiler d'autres desseins, il leur suffisait de se tenir sur le même terrain que nous; ainsi, dans ces premiers momens, tous les partis furent composés de constitutionnels rigides, fort étonnés de se trouver réunis. Mais bientôt la faction qui nous était contraire observa que nous ne changions point de marche, et que nous opposions sans cesse cette loi aux entreprises, aux habitudes conventionnelles. Elle reconnut que la constitution même la perdait par une marche régulière qui introduisait dans toutes les parties de l'administration des hommes éclairés et vertueux, et elle se crut dans la nécessité de ruiner son propre ouvrage. On entravait les presses, on gênait les cultes ou on opprimait leurs ministres; on mettait des départemens en état de siége, et toutes ces persécutions s'appelaient effrontément la république et la liberté.

Dès la première année, le directoire et ses partisans portèrent donc de violentes atteintes à cette constitution qu'ils avaient confirmée par leurs sermens. Auteurs de la loi, ils furent les premiers à l'enfreindre, et ils repoussèrent obstinément toutes nos réclamations. L'année se passa dans une lutte soutenue avec assez d'égalité. Les anarchistes tentèrent plusieurs entreprises, et Barras les appuyait en secret de toute sa puissance; mais il ne put les soustraire aux poursuites des tribunaux ; à peine eut-il le crédit de faire supprimer les preuves de sa complicité avec eux. Des pièces de la procédure, dans la conspiration de Babeuf, compromettaient ce directeur, Fréron, Tallien et plusieurs autres. Le ministre de la police, C..... (1), reçut du directoire l'ordre de ne point les publier. Lors de l'af-

---

(1) Ce n'est qu'à mon retour que j'ai su que ce nom était changé.

faire du camp de Grenelle, un homme condamné à deux ans de détention écrivit à ce ministre pour lui annoncer d'importantes révélations, et lui demander une entrevue avec un de ses premiers commis. D'Ossonville fut envoyé au Temple pour recevoir les dépositions de ce prisonnier. Elles chargeaient surtout Barras et ceux qui étaient dans son intimité, et elles s'accordaient avec les déclarations de plusieurs condamnés. C....., par ordre exprès, raya ces charges.

Nous, qui trouvions la république décrétée, nous étions réduits à constater par une épreuve terrible, et qu'on eût à peine osé faire à Saint-Marin, si cette forme de gouvernement convenait à la France. Dès le début, l'épreuve réussit à demi. On put se convaincre de la puissance des lois même imparfaites, quand elles sont fidèlement observées. Il y parut à la renaissance du crédit, aux victoires de nos armées, à des pacifications avantageuses. La France entière respirait après tant de vicissitudes. La constitution semblait s'affermir, et si le parti qui nous était contraire en troublait quelquefois la marche, c'était pour de courts intervalles; on reconnaissait de jour en jour qu'elle offrait un point d'appui aux amis de l'ordre et de la paix intérieure : si les deux pouvoirs eussent agi de concert, la France eût fait un essai tranquille de cette loi nouvelle, et s'il eût dépendu de nous de placer des hommes vertueux à la tête du gouvernement républicain, les trônes de l'Europe eussent été infailliblement renversés. Le sort (1), au bout d'une année, fit sortir de fonctions Letourneur, qui avait été un des cinq premiers membres du directoire. Il fut dès ce moment facile de distinguer les factions à leurs candidats; mais on reconnut aussi que le choix qui serait fait par le parti national prévaudrait, si ce parti restait uni. Les suffrages furent d'abord divisés entre Bougainville, C..... et Barthélemy. Le directoire, convaincu que chaque jour il perdait du terrain, se serait estimé heureux que la préférence fût donnée au second; il eût ainsi maintenu une sorte d'affinité entre les cinq directeurs. Bougainville avait les suffrages de tous ceux qui désiraient le retour de l'ancien gouvernement, et ils croyaient ce candidat très-propre à les seconder; mais il avait déclaré plusieurs fois qu'il n'accepterait pas. Il fut cependant placé sur la liste des dix, formée par le conseil des cinq-cents, et dans laquelle les anciens étaient tenus de choisir.

Barthélemy était ambassadeur de la république

---

(1) Les gazettes annonçaient, la veille, que c'était Letourneur qui serait, le lendemain, exclu par le sort.

en Suisse; il avait conclu des négociations importantes; c'était un citoyen désintéressé, intègre, sincèrement attaché à son pays, et tous les gens de bien désiraient de voir enfin un homme de cette espèce porté au directoire. Ceux qui redoutaient un semblable choix se prévalurent de son absence pour dire qu'il n'accepterait pas. Sa famille même craignait de le voir dans un poste aussi difficile, et elle répandait qu'il n'aspirait qu'à la retraite. J'étais le plus résolu de ses partisans, et son frère, garde des médailles de la Bibliothèque nationale, vint me trouver peu de temps avant l'élection. Il m'assura d'abord qu'il n'était pas propre à cette place. Je persistai : alors on voulut me persuader qu'il avait annoncé la ferme résolution de refuser s'il était choisi ; mais j'avais pris les devans. J'avais sondé Barthélemy, que je connaissais depuis plus de vingt ans, et je lus une lettre par laquelle il me déclarait « qu'il était résolu de faire ce qui serait » utile à son pays : *Qu'on me nomme, j'accepterai.* »

Dès le point du jour fixé pour l'élection, je vis entrer Bougainville chez moi: « J'ai fait mes ré- » flexions, me dit-il, et puisque les cinq-cents » m'ont mis sur leur liste, je désire d'être élu » par les anciens. » Je lui dis que s'il eût pris cette résolution quinze jours plus tôt, nous aurions pu balancer entre lui et Barthélemy; mais qu'après les longs débats qui avaient précédé notre détermination, il était impossible de la changer au moment même de l'exécution. Barthélemy fut élu à une grande majorité. J'étais président du conseil au jour de l'élection: aussitôt que le scrutin fut dépouillé, j'écrivis, séance tenante, un billet à l'ambassadeur pour l'en avertir et gagner de vitesse le directoire. Comme je finissais ma lettre, songeant aux moyens de l'envoyer à Bâle, une personne se trouva à point nommé derrière mon fauteuil, et me dit: « J'ai un cheval dans la cour, donnez-moi votre dépêche ; je la porterai. » Je profitai de son obligeance. Je n'ai pas besoin de nommer ce courrier si diligent : il le fut au point qu'une personne, qui ne dédaigne pas d'égayer quelquefois les choses les plus graves, disait qu'en cette occasion, M. L.... avait versé son sang pour la patrie.

Après l'arrivée du second tiers des représentans, le parti conventionnel se trouvait réduit à un seul tiers. Il semblait avouer sa faiblesse, solliciter indulgence pour le passé, et reconnaître l'impossibilité de lutter plus long-temps contre nous que secondaient les vœux de la nation. Ainsi, les plus ardens commencèrent à se troubler, et l'on en vit qui recherchaient la protection de ceux même qu'ils avaient si long-temps persécutés. Ce changement se manifestait de mille

manières : je n'en citerai qu'un exemple. Le sort nous donnait tous les mois de nouvelles places sur les bancs du conseil, et m'en avait donné une à côté de Legendre, ce boucher célèbre par une éloquence naturelle et des actions féroces. Un jour qu'on lisait à la tribune des pièces relatives à la conspiration de Brotier, Dunan et Lavilleheurnois, on en vint à un écrit rédigé par Vauxvilliers. « Nous avons été ensemble dans la mu-
» nicipalité de Paris, me dit Legendre ; c'était au
» commencement de la révolution. Vauxvilliers
» était de ceux qu'on appelait alors aristocrates,
» et moi on m'appelait jacobin. Les temps sont
» bien changés ; franchement, si Legendre de ce
» temps-là venait offrir son amitié à Legendre
» d'aujourd'hui, celui-ci n'en voudrait point. »

Peut-être eût-il été sage de ne pas repousser les avances de ces hommes ; mais ils avaient inspiré une haine si juste et si profonde qu'il eût été difficile de se rapprocher d'eux sans user de dissimulation ; nous nous conduisîmes même de manière à rendre une rupture inévitable. Parmi les imprudences multipliées de ceux de notre parti, on remarqua la hauteur avec laquelle ils traitaient leurs collègues acteurs dans les sanglantes tragédies de 1793 et 1794. Le directoire n'épargnait ni bons procédés, ni faveurs, ni distinctions envers ceux qu'il jugeait utile de mettre dans ses intérêts. Ce moyen manquait aux conseils, et surtout aux membres du premier et du second tiers, qui, éloignés la plupart du pouvoir exécutif, n'en voulaient point recevoir de graces, et n'en avaient point à répandre. Ils portèrent l'aversion jusqu'à provoquer quelques hommes que leurs emplois rendaient importans et qu'il eût été facile de s'attacher. C'est ainsi qu'ils aliénèrent entièrement Hoche, homme passionné, mais sensible et généreux, qu'avec les moindres avances nous eussions captivé. Hoche fut chargé de marcher contre Paris, à la tête d'une division considérable, et il obéit. On n'avait rien négligé pour égarer cette armée, et, à n'en juger que par les discours des soldats, ils regardaient les deux conseils comme des ennemis de la patrie. C'est aux approches de ces troupes que la tribune du conseil des cinq-cents retentit de dénonciations, de projets d'accuser Barras, d'appel aux armes.

Le conseil des anciens voyait le danger, mais, par sa composition, il ne pouvait agir en premier ordre, et il n'imprimait le mouvement à rien. Il continuait donc ses travaux accoutumés, sans chercher les moyens de se garantir de l'explosion. Les membres du premier et du second tiers n'avaient, si on en excepte un petit nombre, ni l'intelligence, ni le goût des pratiques révolutionnaires. Remplis de confiance dans la puissance de la loi, ils ne savaient pas assez que cette puissance est nulle contre des hommes qui n'obéissent aux lois qu'autant qu'elles leur sont utiles. On leur exagérait la faiblesse des directeurs ; on leur promettait l'appui des propriétaires et des bons citoyens; mais il n'y avait pas dans ce parti un seul homme exercé dans l'art de découvrir, de combattre une conspiration. Vainement quelques membres, plus attentifs, et qui connaissaient bien cette faiblesse, voulaient temporiser et arrêter le penchant de plusieurs nouveaux représentans vers de brusques et grands changemens. Les novateurs impatiens ne trouvaient dans cette conduite que timidité et matière à soupçons. Je ne sais même si quelques-uns dont l'indépendance et la vertu étaient le plus éprouvées, ne furent pas considérés comme des partisans du directoire. Car, dans ce temps-là, il était plus difficile qu'il ne le sera un jour de tracer exactement les limites qui les séparaient. En effet, on tolère dans son propre parti des choses qu'on ne souffrirait pas de la part de l'autre. Des chefs ambitieux ne laissent voir d'abord qu'un pur et noble attachement au bien public. Ceux qui leur appartiennent se livrent à un certain abandon inévitable dans les grandes affaires. Bientôt cependant les gens sages s'aperçoivent qu'on les mène trop loin. Leurs guides les retiennent par les mots de constance, d'intérêt public, par la crainte du triomphe de leurs adversaires; et souvent il leur est impossible de revenir au point d'où ils voudraient ne s'être jamais éloignés.

Je suis loin d'affirmer qu'il n'y ait point eu de royalistes dans les deux conseils; mais ceux qui pouvaient s'y trouver ne firent aucune ouverture soit à mes amis, soit à moi, et je crois pouvoir assurer qu'ils n'auraient pas trouvé dans notre société un seul individu dont ils pussent espérer de l'appui dans leurs desseins.

Je suis au contraire disposé à croire que Barras avait des rapports particuliers avec la famille régnante en Espagne; Cabarrus, qui avait été à la tête des finances de ce royaume, était en ce moment à Paris; cet homme était beau-père de Tallien, et Tallien était un des amis intimes du directeur.

J'eus à ce sujet des indications remarquables. J'ai entrevu ces lâches transactions où des intrigans, ennemis les uns des autres, se promettaient une indulgence et des secours mutuels, quel que fût le parti qui triompherait. J'ai vu des royalistes, qui semblaient fréquenter Barras pour leur propre salut, et qui concevaient de hautes espérances de ses intentions secrètes. Il

nous rendra un roi, disaient-ils, et il ne se montre corrompu que pour mieux parvenir à ses fins. Il y avait aussi des hommes mitoyens, qui voyaient en même temps Barthélemy, Carnot et Rewbell, qui avaient l'œil sur toutes les girouettes, prêts à mettre à la voile au premier vent fait, de quelque côté qu'il soufflât; imitateurs prudens du timide Antisthènes, « ils regardaient
» les affaires politiques comme un brasier, dont
» il ne faut pas trop s'approcher de peur d'en
» être brûlé; et dont il ne faut pas trop s'éloi-
» gner de peur de mourir de froid. » Aucun de ces hommes n'a été déporté.

Quelques personnages des deux conseils se réunissaient cependant à Tivoli, et dissertaient longuement sur l'état des affaires. On avait donné le nom de *Clichiens* à ceux qui formaient cette réunion; plusieurs croyaient que le décret qui traçait autour de Paris une limite idéale que les armées ne devaient pas franchir, garantissait suffisamment le corps législatif. La Rivière dit à cette occasion : « Si ce décret vous rassure,
» vous connaissez bien mal le danger qui vous
» menace; le directoire a le droit de faire ap-
» procher les troupes à dix lieues de Paris;
» il les portera jusque dans Paris par une seule
» marche forcée, ou bien il les fera filer par
» pelotons déguisés, et nous verrons les mem-

» bres qu'il a proscrits, arrêtés tout en pro-
» nonçant leurs décrets. Vous parlez de votre
» inviolabilité; mais, pour les gens à qui nous
» avons affaire, la constitution n'est qu'un mot,
» et le soldat fera tout ce qui lui sera commandé. »
La Rivière proposa ensuite des mesures, qui eussent été excellentes deux mois plus tôt; mais deux mois plus tôt, on eût objecté que le danger était trop éloigné pour être à craindre, et que les précautions ne feraient que le provoquer.

Ici je dois convenir que nous avions été imprudens et indiscrets, comme les partis le sont presque toujours. Nos opinions bien connues nous avaient rendus odieux à l'armée. Nous avions dit hautement qu'obligés de continuer la guerre, il ne fallait pas la faire avec le projet de nous agrandir par des conquêtes. Les militaires, et ceux même que je comptais parmi mes amis, me reprochèrent ces paroles pacifiques d'une de mes opinions : « Il nous faut une armée suffisante
» pour une défense vigoureuse de notre terri-
» toire, mais soyons économes : un nouveau
» déficit amènerait une nouvelle révolution.
» Assurons par de sages contributions la paix
» intérieure, et tenons pour certain que nos en-
» nemis ont les regards fixés sur nos finances;
» si elles sont bien réglées, si au lieu d'emprun-

» ter, nous payons nos dettes, cette situation
» nous tiendra lieu d'une seconde armée. Effa-
» çons aussi de nos lois fiscales ce mot funeste :
» crédit. Il a bouleversé la France sous le régent.
» Au lieu de proclamer le crédit, établissons la
» confiance. »

La conduite à tenir par le directoire était néanmoins embarrassante. On ne peut supposer que les membres dont il était composé fissent le mal pour le plaisir de le faire; mais aucun d'eux n'avait cet esprit de justice, d'ordre et d'économie sur lequel sont fondés le bonheur et la durée des états. S'ils eussent gouverné suivant la constitution, respecté les élections, on eût vu les emplois publics remplis par ceux que leur capacité, leur bonne renommée, leur aisance même y appelaient. J'ai dit leur aisance, car le fracas démocratique ne m'empêche pas de désirer qu'un fonctionnaire public, doué de toutes les autres qualités, ait encore, s'il se peut, une garantie de plus dans l'indépendance de sa fortune. On lit ce passage remarquable dans un des écrivains les plus judicieux de l'antiquité :
« L'empereur ordonna que les sénateurs auraient
» au moins un tiers de leur patrimoine en biens
» fonds. Il jugeait irrégulier que ceux qui aspi-
» raient à des emplois honorables regardassent

» Rome et l'Italie comme une hôtellerie, au lieu
» d'y voir la patrie (1). »

Mais le directoire ne pouvait se tourner vers nous sans rompre avec ses amis de cœur, sans payer d'ingratitude ses patrons, ses créateurs; il prit un autre parti. Des emplois de la plus grande importance furent conférés à des sujets incapables de les remplir : aux choix du peuple, on substitua des hommes qui n'étaient connus que par leurs excès dans la révolution. L'apanage du talent et des vertus passa dans les mains de ceux qu'il est impossible de compter parmi les membres estimables de la société, et ce renversement de l'ordre est peut-être la plus insupportable des tyrannies. Le pouvoir exécutif devint plus odieux à mesure qu'il devint plus corrompu, tandis que le corps législatif, s'épurant de jour en jour, fixait les regards et les espérances de la nation. Enfin le directoire crut nécessaire de se porter aux dernières violences, et il donna ainsi une preuve manifeste de la vertu des conseils : s'ils avaient été accessibles à la corruption, il aurait été inutile d'employer une ressource qui devait, en dernier résultat, perdre ceux même qui se déterminaient à y recourir. Avant que le directoire en vînt à cette

(1) *Plin. Epist.*, lib. VI, epist. 19.

extrémité, il n'y avait plus d'accord, même apparent, entre lui et les amis de la paix intérieure, partisans du gouvernement par les lois. Bientôt il s'établit aux yeux de la nation une opposition de doctrine et d'actions dans laquelle nous eûmes tout l'avantage, ainsi qu'il arrive à la longue aux défenseurs des règles, armés contre les fauteurs du désordre. Mais, dans cette lutte, nous n'avions que l'opinion pour nous, et notre péril croissait avec nos succès. Les moins clairvoyans commençaient à reconnaître que le directoire, maître de la force publique, s'en servirait pour renverser tous les obstacles qui le gêneraient dans l'exercice du pouvoir absolu. Il faut même convenir qu'il s'était mis dans une situation dont le danger allait tous les jours en augmentant. Nous savons par Barthélemy, collègue des directeurs, qu'après avoir fait approcher Hoche, ils avaient été frappés d'une grande terreur, lorsque la seule puissance de la constitution força ce général de rétrograder avec son armée.

Dès lors il fut évident qu'il y aurait un choc violent entre les deux pouvoirs, et qu'ils étaient mal balancés. Cette partie de l'épreuve, que nous avions été contraints de faire, nous devint funeste. Qu'il me soit permis d'ajouter que ce résultat fut une suite de notre inexpérience et de notre incapacité.

Je ne puis quitter ce sujet sans rapporter les circonstances d'un entretien que j'eus avec un des hommes dont j'étais habitué à écouter les conseils. A ma grande surprise, il me dit que la guerre civile lui semblait préférable à l'état où nous étions. C'est en vain que je voulus combattre cette fatale opinion. Nous nous séparâmes fort opposés de sentimens. Le lendemain il vint me voir, et prétendit que nous n'avions pas d'autre moyen de salut. De mon côté, je ne voyais que dans la paix des moyens assurés de restauration pour la France. J'avais besoin d'une autorité plus puissante que la mienne. Dès la veille, je m'étais procuré les Œuvres du chancelier de l'Hôpital, et je lui lus le passage suivant du testament de ce grand magistrat : « J'a-
» çoit que les armes aient été prises quatre ou
» cinq fois, j'ai toujours conseillé et persuadé la
» paix, estimant qu'il n'y a rien de si dangereux
» en un pays que la guerre civile, ni plus profi-
» table que la paix, à quelque prix que ce fust. »
Mon ami fut ébranlé par ce passage, certainement très-raisonnable, mais qui ne prouvait pas autant que le récit des incendies de la Vendée et des troubles du Midi.

L'armée éparse et presque inaperçue que le directoire avait formée autour de Paris était commandée par le général Augereau. Montrouge, qui n'est éloigné que d'une lieue, était ostensiblement indiqué comme place de rendez-vous pour une revue. Cette disposition, propre à l'attaque ainsi qu'à la défense, ne laissait plus de doutes. Mais la sécurité de nos commissions d'inspection prévalut sur l'inquiétude générale. Elles se réunirent, le 17 fructidor au soir, et délibérèrent long-temps sans rien conclure. Emmery, un des membres, voulut même se retirer, parce que, dit-il naïvement, il croyait toute délibération contraire à la règle; les commissions se séparèrent fort tard; un membre de chacune resta cependant. On dit que ceux-ci reçurent des avis directs et certains. Rovère, banni comme nous, y donna si peu de confiance, qu'il ne les transmit point à ses quatre collègues. Il répondait à tous les avertissemens : « Je sais tout » cela, soyez tranquilles ; il ne s'agit que d'une » revue : voilà bien de quoi s'effrayer ! » Je ne blâmerai point la conduite des inspecteurs. On se supposait depuis si long-temps à la veille de l'explosion, qu'ils sont excusables de n'y avoir point cru, au moment même où la mèche était sur les poudres. S'ils eussent eu des certitudes, rien ne les justifierait de n'en avoir point informé les conseils, ou de n'avoir pas déclaré qu'ils ne se croyaient pas responsables : mais alors même comment empêcher l'événement? On a dit que la permanence aurait tout sauvé. La conduite des troupes prouve le contraire. Les conseils, déterminés à ne point attaquer, n'en ayant pas les moyens, n'étaient pas mieux préparés à se défendre, et peut-être nos adversaires furent plus embarrassés du triomphe facile qu'ils obtinrent, qu'ils ne l'eussent été de notre résistance.

Le corps législatif avait une garde de douze cents hommes, qui faisait le bonheur des gens de guerre qui étaient parmi nous. C'était trop peu pour repousser une attaque ; c'était trop pour une garde d'honneur : une garde d'honneur est une chose bizarre et presque ridicule pour un corps délibérant sur les lois. Ni le parlement d'Angleterre, ni la diète de l'Empire, ni les états de Suède, ni les sénats et législateurs des anciennes républiques n'imaginèrent de se faire garder ou ne tinrent à honneur d'être entourés de soldats. Le congrès américain, pendant toute la guerre, n'eut pour gardiens du lieu de ses séances qu'un concierge qui avait plus de soixante ans. Un portier et des huissiers doivent suffire. Mais les rédacteurs de la constitution n'avaient pas perdu les habitudes conventionnelles ; et tel d'entre eux ne se doutait pas qu'il y eût d'autre moyen d'assurer aux premiers magistrats la révérence et l'affection du peuple, que l'éclat des armes ou la richesse des habits.

Si l'on objecte qu'en révolution la prudence exige du gouvernement qu'il se fasse garder, je dis qu'une aussi triste nécessité se concilie mal avec les institutions républicaines, et que la garde même qui les défend prouve qu'elles ont été trop tôt adoptées.

J'avais tant d'éloignement pour l'intrigue, que, le 17, j'ignorais encore l'extrême proximité du danger; aucun de mes collègues ne m'en parla, et réellement très-peu d'entre eux en étaient instruits. Je dînai, ce même jour, avec le général Montesquiou, qui n'attendit pas la fin du dîner, et partit pour la campagne, m'offrant de m'emmener avec lui. Mes amis me pressèrent fortement de ne point retourner dans ma maison; mais je n'avais aucun motif pour me cacher, aucune crainte personnelle; je ne voulus pas même découcher. Parmi les agens du complot, il y en eut qui firent des demi-confidences à quelques-uns de ceux qui étaient déjà secrètement proscrits, croyant par là se ménager des protecteurs, en cas de fortune contraire.

CHAPITRE DEUXIÈME.

Événemens du 18 fructidor. — Les représentans chassés du lieu de leurs séances par les soldats. — Division dans le directoire. — Triumvirat. — Carnot s'évade. — Barthélemy, directeur, conduit au Temple. — Déportation. — Générosité et courage d'un domestique de Barthélemy.

Le dix-huit fructidor (4 septembre 1797) arriva. Cette journée doit attirer de grands maux sur notre patrie; je crois à propos d'en rapporter les principaux événemens.

Dès le point du jour, deux de mes collègues, Meilland et Gigault-Grisenoy, m'éveillèrent et m'apprirent les événemens de la nuit. A deux heures et demie du matin, le canon avait donné le signal aux généraux et officiers de l'armée qui occupait Paris. Le directoire et l'état-major étaient incertains du parti que prendrait la garde du corps législatif. Je crois fermement qu'ils s'attendaient à une résistance. Des proclamations, rédigées et imprimées plusieurs jours d'avance, et qui furent affichées dans la matinée du 18, contenaient ces paroles remarquables : « Les avant-
» postes du directoire ont été forcés. » C'est une insigne imposture; on eût été très-embarrassé

à produire un seul individu blessé, ou seulement égratigné, dans cette action imaginaire (1).

A quatre heures et demie du matin, quinze cents hommes entrèrent dans la cour des Tuileries. Il y avait des canons pour défendre la principale porte qui conduit du palais au jardin; mais les canonniers la livrèrent. Augereau pénétra le premier, à la tête d'une forte colonne. Il fit aussitôt occuper tous les postes, confiés jusqu'alors aux grenadiers du corps législatif, qui les cédèrent sans obstacle. La troupe, cernée de toutes parts, et menacée par une forte artillerie, avait ouvert les portes extérieures; il n'y eut de la résistance qu'à une grille par laquelle on arrivait à la salle du conseil des cinq-cents. Ce poste était, par sa situation, moins facile à forcer que celui du conseil des anciens. Un officier, appelé Bruniaux, le gardait encore à cinq heures du matin. Le général Lemoine s'y présenta, et lui ordonna de livrer le passage : « Ma » consigne me le défend, répond l'officier; je » garde le conseil et les archives; je défendrai » mon poste. » Lemoine menaça de se faire jour à coups de canon : « Faites tirer, » répondit Bru-

---

(1) « Commode avait inventé une conjuration : il feignit de croire qu'on conspirait contre sa vie : sous cette méchante couverture, il fit mourir un grand nombre de citoyens romains. » (*Plutarque.*)

niaux. Un peu après, cependant, les soldats ouvrirent eux-mêmes. Ceux qui étaient au Pont-Tournant ouvrirent aussi les grilles ; et une autre colonne de deux mille hommes entra par ce côté, avec douze pièces de huit. Les pièces de position furent braquées de la place de la Révolution contre le jardin; cette artillerie était gardée par une forte réserve de cavalerie et d'infanterie. La terrasse des Tuileries, devant le palais, était couverte de soldats. On y vit les représentans Lepaige et Derenty, tenant chacun une bouteille, et versant de l'eau-de-vie aux soldats.

Il n'y eut nulle part le plus léger conflit. L'espèce de neutralité facile de nos grenadiers prouva que nous n'avions compté que sur la protection de la loi. Vers sept heures du matin, plusieurs membres des deux conseils s'étaient rendus dans les salles de leurs séances : ils n'y étaient point en nombre suffisant pour délibérer. Les présidens et les secrétaires s'y trouvaient cependant; environ trente membres étaient présens au conseil des anciens, et parmi eux Baudin, que le président avait été chercher lui-même dans l'appartement qu'il occupait aux Tuileries. Baudin semblait très-agité, et ne prit aucun caractère à ce moment d'une crise dont le résultat était encore incertain. Notre président (c'était Laffon-Ladebat) avait inutilement tenté de pénétrer jusqu'à la commission des inspecteurs. Une garde les empêchait de sortir, et ne permettait pas qu'on communiquât avec eux. Il revint occuper son fauteuil. Le nombre des membres s'augmentait lentement. Il attendait qu'il se complétât, lorsqu'une poignée de soldats l'arracha de son siége, et le contraignit, par des violences accompagnées de discours brutaux, à se retirer.

La même scène se passait au conseil des cinq-cents. Siméon était président, et, forcé de sortir, il prononça ces paroles, et les fit écrire par les secrétaires : « Le conseil est dissous par la force » armée. » Ce furent les dernières paroles proférées sous l'empire de la constitution de l'an III, qui, dès ce moment, cessa d'être la loi des Français. Les membres de ce conseil, ainsi repoussés, se retirèrent chez André de la Lozère, au nombre de quatre-vingt-six. Ils rédigèrent une protestation contre la violation de la constitution. Elle était signée par presque tous, et personne ne refusait d'y mettre son nom, lorsque Jean-Jacques Aymé fit quelques observations qui déterminèrent ses collègues à la supprimer. L'assemblée se sépara, après qu'on fut convenu de se réunir au même lieu, le soir du 18. Mais, dans l'intervalle, le triomphe du directoire fut connu, et il n'y eut pas plus de douze membres

CHAPITRE II.

à cette seconde réunion. Elle se dispersa sans avoir rien arrêté.

Dès le point du même jour, 18 fructidor, dix à douze députés s'étaient assemblés dans la salle de la commission des inspecteurs du conseil des anciens. Des cinq membres dont elle était composée, Rovère seul était présent. Dumas voulut y pénétrer; mais ses collègues eux-mêmes lui jetèrent un billet portant qu'il eût à s'enfuir promptement. Cet homme, recommandable par sa fidélité en amitié, et par son intrépidité dans le péril, s'éloigna à regret. Il était en petit uniforme. On raconte qu'à la sortie des Tuileries, les sentinelles lui dirent : « Nous avons pour con-
» signe de ne laisser sortir personne. » — « Votre
» consigne, répondit Dumas, c'est moi qui l'ai
» donnée, et c'est la troisième fois qu'on la change.
» Qu'on me fasse venir l'officier au corps-de-
» garde, où je vais l'attendre. » Les gardes, trompés par cette ruse, le laissèrent passer, craignant même d'être repris pour l'avoir arrêté. Deux membres de la commission du conseil des cinq-cents s'étaient réunis à celle des anciens : c'étaient Pichegru et Delarue : celui-ci tira un pistolet de sa poche quand on l'arrêta, et il voulut s'en servir; mais l'arme fit long feu, et ce fut un bonheur pour lui. Poinçot vint dire à Pichegru de descendre dans le jardin, où le général Le-

moine le faisait appeler. Sur le refus de Pichegru, et après quelques paroles assez vives, l'officier, sans insister, s'empara de l'intérieur du palais. Dès cinq heures du matin, les inspecteurs avaient été investis par cinquante hommes armés; mais alors il n'y avait pas encore ordre de les arrêter, et ces députés eussent pu se disperser. A sept heures, les ordres du directoire arrivèrent, et le général Verdier leur annonça qu'ils allaient être conduits au Temple. Ils mirent en avant les lois, la constitution, la garantie du corps législatif et d'autres lieux communs. Un officier, feignant d'être Allemand, leur répondit : « Moi pas entendre c'té français là. » D'autres militaires, plus embarrassés du personnage qu'ils faisaient, et peut-être encore incertains du dénoûment, répondirent : « Nous » ne devons qu'obéir. » Quelques-uns des représentans résistèrent quand on voulut les faire descendre. Un officier dit à Bourdon de l'Oise : » Retirez-vous, citoyen, nous n'avons point or- » dre de vous arrêter. » Celui-ci fit une réponse qui doit nous rendre moins sévères sur d'autres époques de sa vie. « Je veux, dit-il, aller au Tem- » ple avec mes collègues, et je repousse l'indigne » faveur par laquelle on veut me déshonorer. »

Le directoire, qui depuis plusieurs mois préparait cette entreprise, fut très-inquiet tant

qu'elle ne fut pas consommée. Les messagers arrivaient des casernes, des conseils et de la police, au palais du Luxembourg, et se succédaient rapidement. Les amis d'une faveur naissante entouraient les directeurs et soutenaient leur courage. L'ambassadeur de Suède passa une partie de la nuit près d'eux. Il avait souvent montré de l'affection à plusieurs d'entre nous. Nous sûmes depuis, pendant notre séjour au Temple, qu'il nous avait abandonnés pour passer vers nos ennemis, et un jour, qu'à Sinnamari, nous parlions des événemens de cette journée, il s'éleva une querelle assez vive, à ce sujet, entre Tronson et Rovère. » Je ne crois pas à sa défection, » dit celui-ci, car je n'en ai pas été informé. »
— « Je ne l'ai pas été plus que vous, dit Tron-
» son ; mais j'y crois. Je connais ce diplomate.
» Il s'imagine qu'un ambassadeur doit arriver
» aux secrets du prince, même par le plus sale
» chemin. Je gagerais qu'il était chez Barras. »

Barras, qui n'avait pas toujours été d'accord avec Rewbell et La Révellière, fut entraîné par la haine qu'il portait à Carnot. Ainsi, il y eut en ce moment de l'accord entre les triumvirs, et la perte de Carnot fut arrêtée. Quant à Barthélemy, il ne suffisait pas de se cacher de lui, il fallait encore l'envelopper dans la proscription, pour mettre à sa place quelque homme entièrement dévoué, et dont on ne dût craindre ni la surveillance ni la vertu. Il fut donc résolu que Barthélemy donnerait sa démission, et que s'il la refusait, il subirait le même sort que Carnot. Celui-ci avait bien plus de moyens que l'autre de pénétrer les desseins de ses collègues, et il connaissait depuis long-temps leur audace. Le 17, il sut que le lendemain les coups décisifs seraient frappés. Il eut fort tard un entretien avec willot, membre du conseil des cinq-cents. Il ne s'opposait plus à un coup de main contre le directoire, mais il fut bientôt assuré, par les renseignemens que lui donna willot, qu'il n'y avait ni dispositions faites, ni moyens de résistance. Il rentra encore chez lui, au Luxembourg; et il faut conclure de cette sécurité, ou qu'il était mal informé des détails du complot, ou qu'il s'était procuré des moyens infaillibles d'évasion. Il réussit en effet à s'échapper.

Des gens armés entrèrent chez Barthélemy, le même jour 17, à onze heures du soir, et on se contenta de le faire garder par deux sentinelles placées à sa porte. Il pouvait s'échapper, mais il ne le voulut point.

Pendant que les événemens que j'ai rapportés plus haut se passaient dans les salles des deux conseils, d'autres membres, n'y pouvant pénétrer, vinrent chez moi au nombre de trente à quarante.

Nous nous entretînmes sur le parti que la circonstance exigeait. Les sentimens furent divers. Bernard Saint-Affrique et Chassiron se montrèrent timides, irrésolus et inquiets de l'événement. Dupont opina mollement, et parla de fuite. Marmontel et Muraire marquèrent beaucoup plus de fermeté. Je dis à tous que, les croyant irréprochables comme moi, j'étais d'avis de rejeter tous les partis timides; qu'il était indigne de nous de fuir ou de nous cacher: que le seul moyen, s'il y en avait un, de prévenir une catastrophe, était de nous mettre en évidence, de servir, pour ainsi dire, de fanal et de centre de réunion aux gens bien intentionnés; que, loin de nous disperser, comme pourraient faire des coupables, il fallait, après avoir été chassés du lieu de nos séances, y retourner sans délai; que c'était le seul où il nous convînt d'être réunis. Cet avis, appuyé par le froid Muraire et le sage Tronchet, fut adopté unanimement. Je reçus, vers la même heure, divers billets, et des visites de personnes qui m'exprimaient l'anxiété générale. Ferrand-Vaillant vint me dire qu'un officier supérieur, dont je ne me rappelle plus le nom, était à deux pas de là, et qu'il réunirait à l'instant un grand nombre d'hommes prêts à se dévouer pour le maintien de la loi. Des chefs de deux grandes administrations voisines de ma maison vinrent me proposer d'armer un bon nombre de leurs commis; nous répondîmes à tout le monde que nous nous rendions au lieu de nos séances, que nous étions bien résolus d'éloigner de nous tout secours étranger.

Nos efforts se réduisirent à nous présenter deux fois seuls et désarmés au conseil. Il est clair que le directoire n'avait pas prévu ce genre d'hostilité. S'il s'y fût attendu, l'accès des cours ne nous eût pas été si facile. Nous nous rendîmes de chez moi, par le boulevard, à notre conseil. Pendant la marche, un de nos huissiers vint nous dire qu'une partie de nos collègues étaient rassemblés aux écoles de chirurgie, près du palais du directoire, et qu'ils nous faisaient inviter à venir les y joindre. Nous leur envoyâmes trois des membres qui étaient avec nous, pour les prier de se réunir à nous dans le lieu ordinaire de nos séances, dont le changement ne paraissait fondé sur aucun motif raisonnable.

Nous avancions cependant dans la rue Saint-Honoré, et nous entrâmes dans les cours du palais des Tuileries, après une faible opposition d'une sentinelle de notre propre garde; mais, pour cette fois, toutes les salles étaient fermées. Parvenus aux galeries qui règnent le long de la terrasse du parterre, un détachement d'environ cent hommes accourut, et nous repoussa. La le-

CHAPITRE II.

çon était bien faite à leurs chefs, et ils tenaient des discours très-insolens. Ils appuyaient la crosse de leurs fusils sur ceux qui, à leur gré, ne se retiraient pas assez vite, et leurs baïonnettes sur la poitrine de ceux qui se retournaient. Nous revenions chez le président par la rue Saint-Honoré, quand un détachement de cavalerie galopant derrière nous nécessita notre dispersion : nous étions quarante. Tous pouvaient arriver chez Laffon, comme nous en étions convenus; je poursuivis mon chemin, et ne m'écartai que pour lire les longues proclamations du directoire, affichées sur une colonne du portail des Feuillans. Des soldats lisaient avec moi. J'écoutais leurs observations, j'y mêlais les miennes; j'étais libre, et je ne prévoyais aucunement qu'avant la fin du jour je serais prisonnier dans la tour du Temple.

Il y avait chez Laffon cinq de nos collègues. On vint nous dire que la gendarmerie s'avançait par le boulevart; la fuite nous était encore facile, mais la proposition n'en fut pas même faite. La maison, bientôt investie, fut en même temps envahie par un détachement de gendarmerie. Le chef se fit remettre des pistolets dont un de nous était muni. C'était le seul qui eût des armes. J'avais toujours jugé inutile d'en porter, et quelques-uns, qui ne les quittaient jamais, et qui annonçaient une grande détermination, n'en ont par bonheur fait aucun usage. Le détachement n'était entré chez Laffon que par un malentendu; car il était envoyé pour arrêter des membres du conseil des cinq-cents, assemblés dans une maison voisine. L'officier s'aperçut de son erreur; mais il refusa de montrer son ordre, et nous ne pûmes alors la constater. Cependant, comme nous étions aussi représentans, il crut que, malgré cette méprise, il avait encore fait une bonne affaire. Il prit les noms de chacun de nous, et les envoya au ministre de la police. En attendant sa réponse, il nous parla de rassemblemens défendus par la loi, comme s'il n'eût pas été absurde d'appliquer cette interdiction à six représentans du peuple, qui, chassés de leur salle, s'étaient retirés chez leur président. Comme nous lui demandions en vertu de quelle loi nous étions arrêtés, nous eûmes pour réponse la définition de la loi sous un gouvernement tyrannique; elle est remarquable par sa précision et sa justesse : « *La loi, c'est le sabre.* »

Nous ne vîmes revenir chez Laffon, qu'au bout d'une heure et demie, le messager envoyé par l'officier de gendarmerie à Sotin, ministre de la police. Celui-ci avait pris les ordres du directoire, et la décision nous fut fatale. L'officier nous fit monter dans des voitures. Nous fûmes conduits chez ce ministre à travers des groupes peu nom-

CHAPITRE II.

breux de citoyens qui semblaient diversement affectés. On nous introduisit dans son appartement; et comme nous lui demandions à voir l'ordre en vertu duquel il attentait à notre liberté, il nous en refusa la communication ; mais il nous dit qu'il lui était commandé de faire arrêter les députés assemblés rue Neuve-du-Luxembourg, dans une maison dont il nous lut le numéro. « Ce n'est point le numéro de la mienne, dit » Laffon ; il est manifeste qu'on a pris ma mai- » son pour une autre, et qu'il n'était pas ques- » tion de nous faire arrêter. » Le ministre sourit, et, sans prendre la peine de nous donner une explication, il répondit par ces mots, qui ne sont pas les moins mémorables de la révolution et qu'il faut redire textuellement : « Vous » jugez bien qu'après ce que j'ai pris sur moi, » un peu plus ou un peu moins de compromis- » sion n'est pas une affaire. »

Nous montâmes dans quatre voitures, accompagnés d'agens de la police, et sous une escorte de gendarmerie à cheval. Il était environ quatre heures de l'après-midi. Il y avait sur les ponts et dans les rues par où nous passions une double haie de gens armés. Le peuple paraissait consterné à la vue des armes et de cet étalage de force contre sept hommes âgés et sans défense; quelques groupes, il est vrai, se montraient, au contraire, fort animés contre nous.

Un homme d'une haute stature, mal vêtu, affectant la fureur ou l'ivresse, tenant un bâton, en frappait les portières de notre voiture, et nous accablait d'imprécations. Il nous criait de temps en temps : « Répétez donc, scélérats, » chiens que vous êtes, répétez donc : Vive la » république ! » Mais ces emportemens de commande n'excitèrent aucun mouvement. Il y eut cependant un moment d'embarras dans le convoi. Un de nos conducteurs mit la tête à la portière, et, la retirant brusquement, il nous dit d'un air effrayé : « On massacre une voiture der-» rière nous. » Il se trompait, ou voulait faire le facétieux. Enfin, nous arrivâmes au Temple; à notre entrée dans cette fameuse prison, nos poches furent visitées. Nous trouvâmes plusieurs de nos collègues des deux conseils; Lavilleheurnois et Brotier y étaient depuis plusieurs mois. Ils étaient les agens d'une conspiration en faveur du prétendant. Les détails en ont été rendus publics lors du jugement qu'ils ont subi. Ces minces conspirateurs avaient, de leur autorité privée, nommé sept à huit ministres, et ils en prenaient une partie dans les conseils. Ils avaient mis dans leur confidence des gens de guerre dont ils avaient besoin, et qui les dénoncèrent; mais ils n'avaient pas même imaginé de faire sonder ceux à qui ils distribuaient si généreusement les premiers emplois civils.

CHAPITRE II.

On nous installa dans les chambres qu'avaient habitées la famille royale, et plus récemment les conspirateurs désignés sous le nom du camp de Grenelle. Nous eûmes, pendant le temps que nous passâmes au Temple, la liberté de nous promener dans la cour, qui est spacieuse. Il fut aussi permis à ceux qui avaient des femmes et des enfans de les voir en présence de témoins. Les fenêtres de ce château sont garnies de hottes, qui n'y laissent entrer le jour que par en haut. Les soldats qui nous gardaient faisaient fort strictement leur service; dès la fin du jour, nous étions enfermés sous beaucoup de verroux et de serrures.

19 *et* 20 *fructidor* (5 et 6 septembre 1797).— Je croyais fermement qu'un acte aussi violent, aussi contraire aux lois, serait suivi d'une reconnaissance éclatante de mon innocence, et que je serais mis en liberté aussitôt que, par l'examen de ma conduite, et la lecture de mes papiers, on se serait assuré qu'il n'y avait pas même un prétexte d'accusation contre moi. Cette époque ne pouvait être éloignée; je l'attendis tranquillement.

La prison célèbre où nous étions renfermés devint l'objet de notre curiosité. Le Temple est un vaste édifice carré, flanqué de quatre tours. Il était dans les champs voisins de Paris avant les accroissemens de cette ville. Il est aujourd'hui dans l'enceinte, mais entièrement isolé. Les Templiers avaient fait construire cette forteresse pour contenir leurs trésors et leurs archives, et comme place de défense dans les guerres étrangères et intestines qui désolaient la France. Les ouvertures par où le jour pénètre dans les tours n'ont que cinq ou six pouces de largeur, sur une hauteur d'environ deux pieds et demi ; et la lumière, avant d'arriver à l'intérieur, se perd dans des murailles de neuf pieds d'épaisseur. Elles sont de pierres de taille. L'édifice est bien conservé sur trois faces ; la quatrième est lézardée.

Nos gardiens, et des prisonniers qui nous ont précédés au Temple, nous ont transmis quelques détails sur le traitement que Louis XVI et sa famille y ont éprouvé. Tout ce qui regarde ce prince a été publié par son valet-de-chambre Cléry, qui ne l'a quitté qu'au dernier moment; et son livre nous est parvenu à Sinnamari, où je revois les notes d'après lesquelles je rédige mon journal. Je supprime les faits qu'il a dû mieux connaître que moi, et je ne rapporterai qu'une seule circonstance qui paraît avoir échappé à ce narrateur fidèle. Madame Élisabeth, sœur de Louis XVI, dit à ce prince, en le quittant : « Nous nous reverrons. » Il lui ré-

CHAPITRE II.

pliqua : « Oui, dans l'autre monde. » Cette réponse ne se concilie pas avec l'ensemble du récit de Cléry. Si elle a été faite, elle tend à détruire une opinion qu'on trouve dans quelques autres narrations. C'est que Louis XVI ne croyait pas que le jugement porté contre lui par la convention serait exécuté. Si, au contraire, il regardait son exécution comme inévitable, le courage qu'il a montré lui reste tout entier. Le jeune prince a fini d'une manière si misérable qu'on n'a jamais osé publier les circonstances de sa mort. Il ne paraît pas qu'il ait été empoisonné; on a prétendu que les maîtres ignorans et pervers, placés près de ce malheureux enfant, lui avaient donné d'affreuses leçons, qu'il pratiqua avec une docilité funeste. Ce qu'il y a de plus certain, c'est que les insectes le dévoraient ; son linge était très-rarement renouvelé; l'air de sa chambre était infect. Il était agité de terreurs toujours renaissantes et trop légitimes ; il s'attendait à être tué par quelqu'un de ceux qui l'approchaient, et le jeune innocent implorait quelquefois leur pitié comme un coupable. « N'est-ce
» pas, leur disait-il, on ne me tuera pas? » Il fut long-temps dans cet état, et presque oublié. Quand enfin on s'occupa de lui, il était trop tard. De Sault, chirurgien de l'hôpital, après l'avoir visité, déclara qu'il ne pouvait vivre au-delà

d'un an. Il fut mieux traité depuis ; mais l'art des médecins ne put le conserver qu'onze mois (1). De Sault ne lui survécut que de quelques jours. On avait tant de motifs de présumer des crimes de la part de tous ceux qui participaient à ces événemens, que plusieurs personnes furent persuadées que ce chirurgien avait été sollicité d'accélérer la mort de cette jeune victime, qu'il s'y était refusé, et qu'on l'avait ensuite empoisonné lui-même, pour étouffer cet horrible secret. Cette anecdote semble entièrement dénuée de fondement. Que le Dauphin soit mort empoisonné ou des mauvais traitemens qu'il a certainement éprouvés, les auteurs du forfait sont également coupables.

Dès le 18 fructidor, tous les magistrats qui n'avaient pas marqué assez de dévouement au directoire furent destitués, les commandans militaires changés. Les membres du corps législatif qui lui donnaient de l'ombrage étant dispersés, fugitifs ou dans les cachots, le gouvernement, contenu jusqu'alors, devint tout à coup absolu. Les presses des imprimeurs qui n'étaient point à sa dévotion furent détruites. Ces actes pouvaient, dans le premier moment, être

---

(1) Il mourut à deux heures de l'après-midi, le lundi 8 juin 1795.

accueillis par la multitude, qui n'examine rien;
mais il eût fallu faire cesser en même temps tous
les maux qu'on nous attribuait; autrement il devenait manifeste, même pour les plus aveugles,
que c'était la tyrannie qui avait triomphé. La
faction qui nous était contraire dans le conseil
des cinq-cents était bien éloignée de chercher
des preuves ou d'attendre le résultat d'une enquête. Plusieurs détails nous parvinrent au
Temple, pendant notre voyage, et à Sinnamari
même. Je vais raconter les principaux. Le dix-
huit (4 septembre 1797), à huit heures du
matin, des membres du conseil des cinq-cents
se rendirent au lieu ordinaire de leurs séances.
Il y avait sur les portes des affiches anonymes
pour les inviter à se rendre à la salle du Théâ-
tre-Français appelé l'Odéon. Quelques-uns pénétrèrent, comme je l'ai dit, dans la salle du
Manége, sous la présidence de Siméon; mais un
plus grand nombre se rendit docilement à l'O-
déon. Une commission fut chargée de proposer
des mesures propres à sauver la patrie. Les
commissaires furent Poulain-Granprey, Chazal,
Villers, Sieyes et Boulay de la Meurthe. Comme
dans toutes les révolutions les factieux flattent
les plus forts, ainsi les orateurs de ce conseil
appelèrent à eux la force armée. « Soldats de la
» patrie ! s'écria l'un d'eux, vous êtes nos frères

» d'armes, nos amis, nos défenseurs; nous brû-
» lons de vous voir, de vous embrasser ; nous
» ne connaissons pour vous que deux sentimens,
» celui de l'amitié et celui de l'admiration. »
Bailleul parla du milliard, des monumens à
élever aux défenseurs de la patrie. Quelques-uns
paraissaient hésiter à introduire les troupes dans
Paris. Merlin de Thionville s'écria : « Prenez
» garde, il faut écraser vos ennemis, ou demain
» vous ne serez plus. » L'admission des troupes
fut résolue. Il fallait colorer les violences auxquelles on allait se porter, et le directoire envoya
aux conseils des volumes de pièces où trois
membres étaient inculpés. Les autres, dont la
proscription était convenue, n'étaient pas même
nommés. C'est sur cette base mensongère que
la commission fonda les résolutions qu'elle proposa au conseil. B..... (1) eut l'intrépidité de se
charger du rapport. Son discours tendait à pré-
cpiter le décret, à épouvanter ses auditeurs.
« Adoptez sur-le-champ les mesures nécessai-
» res, dit-il; qu'elles soient rigoureuses. La
» conspiration est matériellement prouvée par
» les pièces. Un des grands foyers était dans le

(1) Je me conforme à la loi d'oubli, en taisant aujour-
d'hui (1834) les noms de ceux qui furent, en 1797, glorieux
d'être nommés.

» corps législatif. Ce parti avait souvent la ma-
» jorité. L'activité, la sagesse du directoire ont
» tout prévu. Il n'y a pas de temps à perdre; il
» faut sauver la chose publique; que vos mesu-
» res soient promptes, rigoureuses et avouées
» par la véritable politique. Point de sang,
» point d'échafauds! Les propriétés, les person-
» nes, tout sera respecté. Il n'est pas ici ques-
» tion de vengeance, mais de salut public. Il
» faut déporter nos ennemis, la déportation doit
» être désormais le grand moyen de salut pour
» la chose publique. Cette mesure est autorisée
» par la justice, avouée par l'humanité. Com-
» prenons-y les prêtres, les émigrés. La nation,
» toujours grande, toujours généreuse, fera vo-
» lontiers un sacrifice pour leur établissement
» et pour les coloniser. Ainsi, au lieu de vous
» abattre, citoyens représentans, il faut vous
» élever à des sentimens nobles et courageux, à
» des idées grandes et vraiment politiques, en
» un mot, sauver la patrie, la constitution et la
» liberté. Mais il n'y a pas un moment à per-
» dre. Si vous ne profitez aujourd'hui de la vic-
» toire, demain le combat sera sanglant et
» terrible. Frappons les coups nécessaires; re-
» mettons l'ordre dans nos finances, ravivons le
» crédit. La paix comblera les vœux de nos ar-
» mées et les nôtres; et le bonheur public cou-

« ronnera les efforts et les sacrifices de la na-
« tion. »

Après B....., V..... monta à la tribune, et proposa la loi de déportation. T...., C...., B..., J..... de B....., et bien d'autres se signalèrent en ce moment. Je pourrais indiquer des membres moins connus ; mais à quoi bon, quand il est démontré que ces amis du directoire eussent pareillement suivi nos signes, si nous eussions triomphé? Les simulacres des deux conseils furent en permanence pendant cinq jours; celui des cinq-cents suivit sans résistance l'impulsion qui lui était donnée pour le bouleversement des institutions qui gênaient le directoire. Déportation, destitutions, élections annulées, nominations nouvelles de fonctionnaires de tous les ordres, pouvoirs pour ainsi dire illimités conférés aux directeurs, adresses au peuple, aux armées, rien n'éprouva d'obstacles. Un seul objet fournit matière à débats. Il est curieux d'entendre B..... « Les chefs de l'horrible conspiration que
» nous déjouons, dit-il, sont bien atroces, bien
» coupables ; mais ils se sont servis d'hommes
» plus horribles encore, d'hommes dont l'exis-
» tence accuse la nature. Elle compromet l'es-
» pèce humaine. En y pensant, l'honnête
» homme voudrait fuir ses semblables; il vou-
» drait en quelque sorte s'échapper à lui-

» même. » Les auditeurs ne savaient que penser, et croyaient qu'on allait leur dénoncer un nouveau Carrier. B..... les tira d'incertitude, en continuant ainsi : « Vous entendez que je veux » parler des journalistes complices de la cons- » piration. » Il proposa une résolution assortie à ce préambule contre les auteurs des feuilles périodiques. C'était à qui se distinguerait par l'exagération et l'emphase, pour faire passer le projet. T..... ne fut surpassé par personne. Il exprima en ces termes les terreurs dont son parti était agité : « Si nos ennemis eussent triomphé, » nous périssions tous ou par la corde ou par » l'échafaud. Nous marchons entre la guillotine » et la potence. » On aurait cru entendre un chef de bande exhortant ses camarades à une vigoureuse défense.

En parcourant les feuilles dont je tire ces détails, je me trouve moins à plaindre avec les nègres qui me gardent, que s'il me fallait vivre avec de tels compagnons.

Rien ne parut trop violent au conseil des cinq-cents, et tout ce qui fut proposé passa sans résistance.

Nous étions instruits dans notre prison du Temple des événemens du dehors, et sir Sydney Smith, qui, depuis plusieurs mois, y était détenu, nous transmit quelques gazettes, qui arrivaient assez librement jusqu'à lui. Nous apprîmes avec une douleur profonde que pas une seule voix ne s'était fait entendre pour notre défense dans le conseil des cinq-cents. Nous conservions cependant encore de l'espérance, et elle reposait tout entière sur le conseil des anciens. J'ai dit comment nous avions été repoussés du lieu ordinaire de nos séances et dispersés. L'invitation anonyme de se rendre aux écoles de chirurgie suffit à un grand nombre de membres pour s'y transporter. Roger-Ducos se chargea de la présidence. Mais, parmi nos collègues, plusieurs réclamèrent contre ce déplacement. Laussat manifesta une mâle et généreuse indépendance ; ce représentant et Legrand proposèrent de retourner aux Tuileries. Marbot, Brival, Girod-Pouzol et Le Breton se montrèrent les premiers dans les rangs des amis du directoire. Mais Regnier s'éleva à plusieurs reprises contre les violations de la constitution, bien assuré qu'il n'y avait pas assez de membres pour délibérer ; il insista avec force sur un appel nominal ; « formalité oiseuse, criait » M....., nous sommes bien près de la majorité. » Le faible B....., conservant son caractère, demanda que la question fût divisée. On nomma une commission pour faire un rapport : les commissaires furent Baudin, Regnier, Lacuée, Laussat et Picault. J'ai toujours tenu Baudin pour un flatteur de la puissance. Les quatre autres, quoique d'une couleur peu décidée, étaient gens d'honneur et de capacité; et, vu les circonstances, le choix n'était pas mauvais. Une résolution pour faire entrer des troupes dans l'enceinte prohibée, fut proposée par Baudin, et approuvée par le conseil.

18 *fructidor* (4 septembre 1797). Le même jour, vers minuit, sous la présidence de Bernard Saint-Affrique, le décret de déportation fut reçu au conseil des anciens. On nomma sept commissaires pour en faire le rapport. C'étaient Cretet, Baudin, Girod-Pouzol, Creuzé-Latouche, Le Brun, Regnier et Rabaud. Les bons, dans ce mélange, prédominaient. On voyait autour de l'amphithéâtre où siégeaient nos collègues, des groupes de grenadiers à l'air hagard, à la parole brusque, au geste menaçant. L'éclat des baïonnettes, les cris de plusieurs jacobins forcenés effrayaient les gens timides. Cette délibération nocturne, au sein d'un tumulte effroyable, les injures, les menaces, la joie qu'éprouvent des juges corrompus quand ils peuvent immoler des innocens, telle était la scène qu'offraient les écoles de chirurgie. Quelques représentans paisibles y avaient été entraînés. Un d'eux nous écrivit : « Ce lieu où l'on disséquait hier des « cadavres, n'a jamais offert un spectacle aussi

» hideux que celui du corps législatif se déchirant
» de ses mains, et arrachant ses propres en-
» trailles. »

La commission aurait bien voulu gagner du temps, et elle fut d'avis de procéder à un examen particulier concernant chaque individu. Girod-Pouzol, chargé de faire le rapport, tint une marche oblique, et après avoir énoncé l'opinion de ses collègues, il ajouta : « Mais je vous déclare » en même temps que ce n'est pas mon avis. » Plusieurs commissaires prirent notre défense; mais les tyrans menaçaient, et quatre d'entre ces commissaires craignaient intérieurement d'être mis sur la liste fatale. Lecouteulx se montra plus courageux : il proféra ces paroles, que, dans ce moment, je ne puis transcrire sans émotion : « La » déportation est une peine égale à la mort. Peut-» être même est-elle plus terrible pour un père » qui serait arraché à sa femme, à ses enfans. » Il demandait des preuves de la conspiration. « Des » preuves! répliqua M....., il n'en faut point contre » la faction des royalistes. J'ai ma conviction. » Regnier demanda un délai au nom de la patrie et de l'honneur du corps législatif. Rousseau, Cretet furent du même avis. L..... voyant les opinions flottantes, se rendit garant de l'existence d'une conspiration. « Le peuple est là, dit-il, en » désignant une douzaine d'hommes de mauvaise

» mine qui étaient présens; le peuple entier doit
» l'emporter sur quelques individus. » Le peuple
fit son effet. Regnier persista à demander l'ajournement; et, vers six heures du matin, le conseil, fatigué, se rangea à son avis. Le lendemain 19, la délibération recommença; nos espérances n'étaient pas éteintes. Mais, parmi beaucoup d'hommes vertueux, il n'y en avait pas un seul doué de ce courage qui, à la vue du danger, s'anime de cette inflexibilité qui ne cède point à des clameurs séditieuses. Beaucoup d'étrangers entouraient les bancs. Un soldat cria aux délibérans: « Patriotes! avancez au pas de charge. » Creuzé-Latouche, ainsi que bien d'autres, aurait voulu que la déportation fût décrétée sans avoir l'embarras de paraître à la tribune; mais il n'était plus possible de louvoyer. Creuzé était un de ces orateurs modérés et froids, dont les opinions, raisonnables et énoncées avec justesse et simplicité, font, sur une assemblée où il y a beaucoup de gens mûris par l'âge, plus d'impression que les mouvemens déclamatoires et les paroles animées. Nous savions qu'il était un de nos ennemis; mais nous ne pensions pas qu'il pût être poussé par la haine jusqu'à proférer, pour nous perdre, une opinion subversive de tout gouvernement. Il eut d'abord recours au lieu commun du salut de la patrie. Mettant ensuite à part

toute retenue, il ajouta : « Que la république
» s'était vue au moment de tomber sous les
» coups de ses plus cruels ennemis: profitons de
» notre victoire; assurons-en les fruits. Les enne-
» mis de la république ne peuvent invoquer les
» formes qu'ils auraient méprisées s'ils eussent
» triomphé. Il s'agit de prendre des mesures ex-
» traordinaires. Il s'agit donc aussi de s'écarter
» des règles communes. »

Ces paroles firent leur effet. O puissance irré-
sistible de la faiblesse et de la crainte ! Lecouteulx dit lui-même qu'il était convaincu de la
conspiration, qu'il approuvait la plus grande
partie des mesures proposées; il alla jusqu'à se
montrer inquiet sur la sûreté des patriotes. Après
lui vinrent Boisset, Brival, Ysabeau, Bordas,
Clauzel, tous gens qu'une période de Portalis
ou une exclamation de Dupont de Nemours
avaient si souvent anéantis. Ils parlèrent de flots
de sang, de poignards, de mines embrasées, de
volcan, de brèche, de fer et de flammes. Regnier fit un dernier et vain effort. Il demanda
une discussion particulière sur chaque individu.
«Un ou deux, dit-il, pourront paraître inno-
» cens. » Mais il gâta son discours, en ajoutant
qu'on ne pouvait douter de la conspiration et de
la nécessité de prendre de promptes mesures.
Cette lutte, ainsi prolongée, avait jeté l'épou-

vante parmi les trois directeurs et leurs complices. Ils jugèrent nécessaire de frapper les conseils de la même terreur, et ils leur envoyèrent un message, aussi honteux pour ceux qui l'avaient dicté, qu'humiliant pour ceux qui devaient le recevoir. On y lisait : « Le 18 fructidor a dû sau-
» ver la république et vous; le peuple s'y attend;
» vous avez vu hier sa tranquillité et sa joie. Il
» demande aujourd'hui où en est la république,
» et ce que vous avez fait. Si vous tardez une
» minute, c'en est fait! vous vous perdez avec
» la république. Les conjurés ont des intelligen-
» ces jusque parmi vous. Ils parlent déjà de pu-
» nir les républicains du commencement de
» triomphe qu'ils avaient obtenu, et vous hési-
» tez à purger le sol de la France d'un petit nom-
» bre de conspirateurs royaux, qui n'attendent
» que le moment de vous dévorer! Vous êtes au
» bord du volcan, il va vous engloutir; vous
» pouvez le fermer, et vous délibérez! Demain il
» ne sera plus temps, la moindre incertitude est
» la mort de la république. On vous parlera de
» principes, on cherchera les formes, on invente-
» ra des excuses; on assassinera la constitution,
» en ayant l'air de l'invoquer. Cette commiséra-
» tion qu'on implore pour certains hommes vous
» conduira à les voir ramasser dans votre sein les
» horribles brandons de la guerre civile, pour

» incendier la patrie. Quelle pitié mal entendue!
» quel sentiment funeste! quelles vues rétrécies!
» Le directoire s'est dévoué! Il a cru que vous
» vouliez sincèrement la liberté, la république,
» et que les conséquences de ce premier principe
» ne devaient pas vous effrayer. Si les amis des rois
» trouvent des amis parmi vous; si vous attendez
» un instant, il faut désespérer du salut de la
» France, fermer la constitution, et dire aux
» patriotes que l'heure de la royauté est sonnée
» dans la république; mais si cette idée affreuse
» vous contriste et vous frappe, soyez les libéra-
» teurs de votre pays, et fondez à jamais son
» bonheur et sa gloire.» Creuzé, l'infatigable
Creuzé dit encore : « L'urgence des circonstan-
» ces et le salut de la liberté ne souffrent pas le
» moindre retard dans l'adoption de la résolu-
» tions sur les mesures de salut public.» Quatorze ou quinze membres se levèrent en signe d'approbation, et sept pour improuver. Tout le reste de l'assemblée fut immobile. C'est ainsi que la résolution fut adoptée dans l'après-midi du 19. Nous apprîmes avec horreur que nous étions condamnés à une peine infamante (1) et

(1) Les peines afflictives sont : la mort, la déportation. Elles ne peuvent être prononcées que par les tribunaux criminels (Code des délits et des peines). Toute peine afflictive est en même temps infamante (ibid.).

capitale, sans avoir été accusés, ni entendus. On nous assura qu'il n'y avait pas moitié des membres nécessaires pour rendre un décret. Un jour viendra où pas un seul peut-être ne voudra convenir qu'il y a concouru. Nous sûmes aussi que plusieurs membres condamnés n'avaient pas d'abord été compris dans la liste; qu'on n'avait même eu pour premier but que l'exclusion de plusieurs représentans du dernier tiers, en annulant leurs élections. Il ne faut que lire le préambule du décret du 19 fructidor pour s'en convaincre. On n'avait pas osé, au mépris des lois, proposer, dès le début, une peine capitale sans jugement; mais l'exécution devint bientôt si facile, que nos ennemis y prirent goût, et la proscription s'étendit à tous ceux qui avaient parmi les jacobins un ennemi secret ou connu; on se fit des sacrifices réciproques; les articles furent amplifiés, et le préambule resta. C'est ce qui explique la discordance entre ces deux parties du décret, et cette association de membres qui ne se connaissaient pas même de vue, et qu'on accusait de complicité. On rapporte que plusieurs représentans bien intentionnés n'osèrent résister, parce qu'on leur dit que le directoire nous ferait assassiner si nous n'étions pas condamnés. Le directoire ne commettait que des crimes utiles. Sans doute il eût désiré nous faire périr tous sans exception ; mais il n'y avait pour lui aucun profit à faire assassiner dix proscrits, quand il y en avait quarante-trois en fuite.

Rabelais a souvent raison, et plus que jamais quand il dit : « Je recommande à tous présens » et à venir de bien noter ceci : c'est que par le » monde, y a plus de quenouillons que d'hom- » mes. »

Nous fûmes punis pour avoir dit la vérité à la tribune : encore l'avions-nous dite avec trop de réserve. On parle avec infiniment moins de ménagement au parlement d'Angleterre. La liberté n'est plus, si, pour des hommes incorruptibles et courageux, la tribune est le chemin des cachots ; d'ailleurs, il faudra en même temps leur interdire la liberté de la presse ; et le directoire y fut en effet réduit.

Deux inspecteurs du conseil des anciens, D'Alphonse et Lacuée, furent dénoncés, et leur destitution fut proposée. Dentzel, accusateur du premier, défendit le second. « C'est Lacuée, dit-il, » qui nous a ouvert les yeux sur nos dangers. » Lacuée fut conservé. Je parcours les actes qui furent publiés alors ; chaque assertion, chaque ligne est une imposture. Le corps législatif, ainsi *épuré*, rédigea à la hâte une adresse aux départemens et aux armées, et la publia deux jours après le 18 fructidor. Le passage suivant est tex-

tuel. Il mérite d'être conservé. « Dans les deux
» conseils, une minorité courageuse et clair-
» voyante sentait que la constitution, en ne
» prévoyant pas le cas où une faction de légis-
» lateurs la renverserait en s'environnant de
» l'apparence des formes, laissait par cela même
» à ceux qui voudraient la sauver *le droit d'em-*
» *ployer tous les moyens.* Aucune tache de sang,
» aucune violence n'a souillé la journée du 18
» fructidor. » Les rédacteurs en concluaient que
*leur parti n'était pas composé de pillards et de
scélérats.* Cette conséquence n'était pas d'une
trop bonne logique. Mais il est bien autrement
effronté d'avancer que nous n'avions éprouvé
aucune violence, nous, qu'on traînait dans la
prison du Temple, tandis qu'on préparait des
cages de fer pour nous conduire dans des contrées dont le séjour est mortel. On finissait par
des éloges de la constitution qui venait d'être
renversée, et par des promesses de la restauration des finances, du commerce, de l'industrie, de l'agriculture, du soulagement de la
classe indigente, des hôpitaux, des rentiers, du
paiement de la dette de nos immortels défenseurs, et même de la paix.

Le directoire adressa aussi une nouvelle proclamation au peuple français. Dans l'ivresse d'un
triomphe obtenu par l'anéantissement de la cons-

titution, il osa interroger en ces termes toutes les classes des citoyens : « Avez-vous rempli vos » sermens? Avez-vous gardé le dépôt de notre » charte fondamentale remis à votre fidélité? » Il parlait ensuite de fêtes, d'éloquence, de poésie, de musique, d'instruction, de lumières, de justice, de liberté, de respect des lois, de goût et de propreté dans les vêtemens, d'humanité, de miséricorde ; jamais, dans le cours de la révolution, on n'avait insulté plus hardiment, et par un fatras aussi ridicule, à la misère et à la raison.

Il fallait cependant de l'argent, et, pour en obtenir, le directoire faisait briller aux yeux de la nation fatiguée l'espoir d'une paix prochaine. » Quelques instans de plus, disait-il, et la répu- » blique française jouira du bonheur qu'elle » procurera au monde (1). » Mais il avait beau crier à la grande nation de se cotiser, de prêter, de fournir des fonds pour une prétendue descente en Angleterre : la lassitude et le dégoût se manifestaient de toutes parts, et le peuple, jusque-là si crédule, commençait à se montrer revêche. Cependant si une funeste expérience l'avait mis en garde contre l'imposture, il restait encore aux despotes la ressource d'empêcher la

(1) Proclamation du 5 brumaire an vi (26 octobre 1797)

vérité de parvenir jusqu'à lui, et de s'attribuer le privilége exclusif des gazettes et des journaux.

La loi dont j'ai parlé proscrivit quarante-deux rédacteurs. « C'était, disait-on dans le préam-
» bule, pour prévenir la guerre civile et l'effusion
» du sang, qu'on ordonnait la déportation des
» propriétaires, entrepreneurs, directeurs, au-
» teurs et rédacteurs, et la séquestration de leurs
» biens. ».

Presque tous ces journalistes avaient fui. Le directoire s'empressa d'ordonner qu'ils seraient emprisonnés et mis en jugement : c'était les traiter moins durement que nous, car il ne fut jamais question de nous juger. Il n'y en eut qu'un d'entre eux à l'égard duquel la loi fut entièrement exécutée : ce fut Perlet, dont le journal s'était long-temps soutenu en prenant successivement la livrée des partis dominans. Suard, qui présidait à la rédaction d'un autre journal, averti à temps, partit avec des passeports deux ou trois jours avant que le coup fût porté. Il ne me fit point confidence de son secret, mais il ne me laissa point ignorer la proximité du danger.

Il faut convenir que le directoire était fort embarrassé à contenir tous ces écrivains. Il y en avait d'incorruptibles. Quant aux autres, il les pratiquait de toutes les manières. Len... L....., qui écrivait pour La Révellière-Lepaux, et fai-

sait ses discours, était un des entremetteurs de ces marchés, et, par des places, par de l'argent, par des promesses, il réussissait à faire quelques apostats; mais on pénétrait aisément la cause de leur changement; et la voie à la fortune ainsi indiquée, c'était à ne jamais finir. Je ne puis m'empêcher, en parlant de la liberté de la presse, de citer cette pensée de Hume, un des écrivains les plus sages du siècle : « La liberté de
» la presse est le plus ferme appui de la liberté
» publique. Elles s'élèvent et tombent en même
» temps. » Je citerai aussi un beau passage de Tacite, touchant la liberté d'écrire sous Tibère. C'était alors la liberté de la presse. Cet historien rapporte « que Cremutius Cordus fut accusé
» par les créatures de Séjan d'un crime d'un
» genre nouveau. C'était d'avoir publié des an-
» nales dans lesquelles il louait Brutus, et ap-
» pelait Cassius le dernier des Romains.

» Tibère était au sénat quand cet historien s'y
» présenta pour se défendre. A l'air sinistre de
» l'empereur, l'accusé jugea que c'en était fait
» de lui, et parla en ces termes : « Mes paroles,
» Pères Conscrits, ne seraient point devenues
» un sujet d'accusation, si on n'avait pas trouvé
» mes actions innocentes; mais je n'ai parlé ni
» contre le prince, ni contre sa mère, envers
» qui seuls on peut être coupable de lèse-ma-

» jesté. J'ai, dit-on, loué Brutus et Cassius;
» d'autres ont fait en termes honorables le récit
» de leurs actions. Tite-Live, recommandable
» par son éloquence et son exactitude, a donné
» tant de louanges à Pompée, qu'Auguste l'ap-
» pelait le Pompéien, et n'en était pas moins son
» ami. Il a souvent traité de personnages illus-
» tres, Scipion, Affranius, Brutus et Cassius lui-
» même; il ne leur donne nulle part ces noms
» de brigands et de parricides, dont on les charge
» aujourd'hui; Pollion témoigne qu'ils jouis-
» saient d'une bonne renommée. Messala Cor-
» vinus s'honorait d'avoir servi sous Cassius;
» mais Pollion et Corvinus ont vécu riches et
» honorés. Quand Cicéron, dans un de ses li-
» vres, éleva Caton jusqu'au ciel, le dictateur
» César s'en tint à lui répliquer comme si l'af-
» faire eût été en justice réglée. Les épîtres d'An-
» toine, les harangues de Brutus contiennent des
» reproches à Auguste; ils sont faux, sans doute,
» mais très-amers. On lit les vers de Bibaculus
» et de Catulle, quoique injurieux aux Césars;
» mais le divin César et le divin Auguste, soit
» par modération, soit par prudence, ont toléré
» ces écrits. Ce qui est méprisé tombe dans l'ou-
» bli, ce qui excite le ressentiment semble fondé.
» Je ne parle pas des écrivains grecs, dont la li-
» berté et même la licence demeurent impunies;

» ou si on réplique à leurs paroles, ce n'est que
» par d'autres paroles. Mais il est surtout permis
» de s'exprimer franchement quand il s'agit de
» ceux que la mort a placés loin de la haine et
» de la faveur. Ai-je enflammé la guerre civile,
» excité le peuple à se joindre en armes, dans
» les champs de Philippes, à Cassius et à Brutus?
» Il y a plus de soixante ans qu'ils sont morts.
» Leurs images, que le vainqueur même n'a pas
» détruites, nous les rappellent, et c'est ainsi
» que les historiens nous transmettent leurs ac-
» tions. La postérité départ à chacun la gloire
» qu'il mérite; et si je suis condamné, on ne
» s'en souviendra pas moins de Brutus, de Cas-
» sius, et même de moi. »

Sorti du sénat, il se laissa mourir de faim. Le sénat ordonna aux édiles de brûler ses livres. Comment ne pas se rire de ceux qui croient qu'une violence présente étouffera jusqu'aux traditions futures? Le cardinal de Wolsey disait: » Si nous ne détruisons les presses libres, elles » nous détruiront. »

La police a beau faire, les écrits et les imprimés circulent. Une seule copie est prêtée mystérieusement à cent personnes. Les despotes, dans cette perplexité, sont donc réduits à poursuivre les lecteurs eux-mêmes, et à punir ceux chez qui les livres défendus sont trouvés; mais les recherches les plus sévères ne peuvent les découvrir tous, et il ne restera plus qu'un moyen d'empêcher qu'on lise les écrits qui causent tant d'alarmes : on défendra d'enseigner à lire.

Retournons au Temple.

21 *fructidor* (7 septembre 1797). — Dans la nuit du 20 au 21, notre sommeil fut troublé par le commandant de notre garde. Il se retira après nous avoir comptés.

22 *fructidor* (8 septembre 1797). — Les portes de la prison et des chambres s'ouvrirent encore, avec le fracas ordinaire, au milieu de la nuit du 21 au 22. C'était pour Sotin, ministre de la police, qui apportait lui-même à Goupil-Préfeln, membre du conseil des anciens, l'ordre qui le mettait en liberté. Cette distinction, ce soin pris par Sotin lui-même, par un homme aussi important, et qui nous avait d'abord traités aussi cavalièrement, donna matière à d'amples conjectures. Nous eûmes la solution du problème : c'est que Goupil-Préfeln est associé à la secte des Théophilantropes, et que le directeur La Révellière-Lepaux est une des colonnes de l'association : or, il est de l'essence de toutes les sectes naissantes que les adeptes se prêtent un mutuel secours.

Nous sûmes qu'au milieu de la consternation publique, quelques personnages qui, étrangers aux deux conseils, entraient cependant dans toutes les intrigues, avaient pris un air triomphant; qu'ils se servaient de tournures mystérieuses propres à faire croire qu'ils étaient les auteurs de cette journée, et qu'ils aimaient mieux se charger du crime que de passer pour l'avoir ignoré. Un jour viendra qu'ils se défendront de cette honteuse influence, et ils n'auront pas de peine, car je crois fermement que le directoire doit rester exclusivement chargé du poids de cette iniquité.

On dit qu'une personne qui, peu de jours auparavant, avait pour nous l'empressement de la plus tendre amitié, a célébré ce grand succès, et s'est écriée : Nous avons vaincu !

Le général Rossignol rassembla quelques hommes de la lie du peuple, les arma et les conduisit aux directeurs, pour les féliciter. Ils eurent peur de ces amis, et se hâtèrent de les congédier.

Nous fûmes avertis, dans l'après-midi, que nous serions incessamment transportés au port d'où nous devions faire voile pour le lieu de notre déportation. Nous demandâmes un jour ou deux pour nous pourvoir d'habits et d'autres choses nécessaires. On nous en donna l'espérance; mais elle fut trompée par la précipitation de notre enlèvement.

25 *fructidor* (11 septembre 1797). — Nous fû-

mes éveillés subitement à deux heures du matin. Notre porte-clefs prit une voix compatissante, et qui n'allait point du tout à son visage. Il nous dit que nous allions partir pour un port inconnu, et qu'il fallait nous disposer en diligence. Nous descendîmes précipitamment chez le concierge; Barthélemy, destiné comme nous à être déporté, venait d'arriver. Il subissait son sort avec sa tranquillité ordinaire; il était accompagné de Le Tellier, homme fidèle et zélé, qui se dévouait par attachement à un bon maître. Cet excellent serviteur avait été conduit au palais du Grand-Prieuré, qu'on traverse pour arriver à notre prison. Il y avait trouvé Augereau, commandant la 17e division, et Dutertre, général de brigade, chargé de nous conduire et de nous garder. Dutertre, condamné pour cinq années, avait, au bout d'un an ou deux, profité de l'amnistie. Il venait d'être réintégré dans son grade militaire à l'occasion de la révolution qui nous mettait dans les fers. Dutertre et Augereau se firent des complimens réciproques sur leur habileté, et, s'adressant ensuite à Le Tellier, ils s'efforcèrent de le détourner de sa résolution. Ils lui firent de la déportation un tableau hideux et trop réel. « Tous ces scélérats, lui dirent-ils, sont » destinés à périr, et tu partageras leur sort. » Ils craignaient que l'innocence de Barthélemy ne reçût un nouveau lustre de la détermination d'un homme de bien qui lui était attaché depuis long-temps, et qui, connaissant son caractère et sa vie, n'avait pas voulu l'abandonner dans son malheur. Le Tellier persista, et, devenu l'ami de Barthélemy, il n'a eu aucun regret de sa résolution, même dans nos plus grandes adversités.

On nous avait fait descendre trop tôt; rien n'était prêt. J'étendis mon manteau à terre, je priai un soldat de m'éveiller quand il serait temps. Je me couchai, et m'endormis profondément.

CHAPITRE TROISIÈME.

Départ pour Rochefort dans les cages de fer. — Noms des seize déportés. — Cachots. — Général Dutertre. — Ma femme vient à Blois, et veut m'accompagner. — Dispositions du peuple. — Il nous juge innocens, parce qu'on refuse de nous juger. — Arrivée des déportés au port de l'embarquement.

Des berlines avaient été d'abord destinées pour nous. Le directoire y substitua les cages de fer, et l'on nous dit que c'était à la demande du général Augereau. Dès qu'elles furent arrivées, on nous fit sortir pour y monter. Plusieurs d'entre nous avaient un sac de nuit ou un petit paquet de voyage : des soldats qui nous gardaient trouvaient fort étrange qu'on nous eût fait cette faveur. « On voit bien, dit un d'eux, » que les royalistes ont toujours de l'influence. » A les entendre, nous leur faisions un larcin.

Nous nous mîmes en route à quatre heures et demie du matin. Nos voitures étaient de grandes cages de fer lourdes et non suspendues, ayant une seule porte verrouillée et cadenassée. Si elles eussent versé, nous ne pouvions éviter d'avoir les bras et les jambes cassés.

Les claires-voies, mal couvertes, laissaient arriver sur nous un vent froid, et comme il pleuvait à verse, l'eau tombait par beaucoup de gouttières. Lorsqu'un de nous se trouvait dans l'obligation indispensable de descendre, on appelait le porte-clefs. Le détachement et tout le convoi suspendaient leur marche, et elle ne continuait que quand chacun était rentré et renfermé.

Les cages de fer ont une origine fort ancienne. On trouve, à l'occasion de ces machines, le passage suivant dans un chapitre que Plutarque a écrit sur le bannissement :

« Le roi Lysimachus avoit fait enfermer Té-
» lesphore dans une cage de fer, et le montrant à
» ceux qu'il vouloit frapper d'épouvante, il leur
» disoit : « Voilà comme j'accoustre ceux qui me
» font déplaisir. » Il leur faisait aussi couper le nez et les oreilles. Lysimachus ne faisait donc pas mourir, et n'entendait pas son affaire aussi bien que Rewbell.

On a vu des hommes doués de qualités supérieures, méchans avec une sorte d'éclat. La gloire de quelques belles actions donnait même à leurs crimes une apparence de grandeur qui fascinait les yeux de leurs contemporains, et qui a séduit quelquefois la postérité ; tels ont été Alexandre, Sylla, César (1). Mais il y a d'autres

(1) César raconte lui-même, avec une élégance féroce et une froideur cruelle, combien il a fait périr de milliers de

scélérats que leur bassesse condamnait à une obscure perversité ; si dans le chaos ils s'élèvent un moment, ils portent dans les postes éminens qu'ils ont usurpés, leurs viles passions, leur humeur vindicative. Les flatteurs du directoire lui offrirent une petite satisfaction, en nous faisant passer sous ses fenêtres, et Barthélemy devant le palais même où, quelques heures auparavant, il demeurait avec eux.

Quand, la veille, on nous avait dit que nous serions déportés sans jugement, nous avions demandé instamment à l'être dans quelque ville de Suisse ou d'Allemagne. Bonnes gens que nous étions ! nous n'avions pas encore perdu cette espérance. Il fallut y renoncer, quand nous vîmes qu'on nous faisait cheminer au Midi. La gendarmerie et un escadron de cent chevaux commandé par le général Dutertre composaient notre escorte. Nous étions seize déportés.

Le cours sanglant de la révolution entraîne les hommes, précipite les événémens, presse,

---

Germains, de Gaulois, de Belges : il n'épargnait ni les femmes ni les enfans. Il n'exerçait l'humanité qu'envers les Romains, et il sacrifiait sans pitié cent mille Bretons, qui n'avaient rien à démêler avec la république, qui ne savaient pas même qu'elle existât avant qu'il allât les chercher. Les Romains admiraient ces hauts faits, et nous les admirons aussi sur leur parole.

entasse les crimes. Ceux d'une année disparaissent devant ceux de l'année suivante. On oublie successivement ce qui semblait auparavant le plus propre à exciter l'horreur de la postérité. Notre histoire particulière sera confondue avec celle des autres victimes de la révolution; mais une destinée plus extraordinaire nous donne au moins le triste privilége d'une attention passagère. Je vais vous nommer tous les déportés, dans l'ordre des appels fréquens que l'on faisait de nous.

1° Laffon-Ladebat, de Bordeaux, âgé de cinquante ans, membre du conseil des anciens; il est banquier, et sa déportation mettait le plus grand embarras dans ses affaires. On ne lui accorda pas même quelques heures pour informer ses commis de beaucoup de détails dont lui seul avait connaissance. Banni, parce qu'il était président du conseil des anciens.

2° Barthélemy, né à Aubagne, âgé de cinquante ans, membre du directoire. Il y avait été porté par le vœu de la nation, encore plus que par nos suffrages. Témoin, depuis quelques mois, des scènes violentes qui se passaient entre les directeurs, de leurs alarmes, de leurs emportemens, du peu de décence de leurs délibérations, de plusieurs manœuvres qu'on ne pouvait entièrement lui cacher, ils avaient de bonne heure été gênés par sa présence; mais ils désiraient qu'il abdiquât volontairement sa place, pour pouvoir y appeler, avec une apparence de légalité, quelqu'un qui leur fût mieux assorti. Le général Chérin lui fut envoyé plusieurs fois, le 18, et le pressa vivement de donner sa démission. Ses refus constans le firent comprendre parmi les déportés.

La Révellière-Lepeaux versa des larmes quand les amis de son collègue, après lui avoir prouvé son innocence, invoquèrent sa justice. Le théophilantrope se retrancha derrière les maximes du politique de Florence, et il se mit à l'aise avec sa conscience, en disant qu'il y *avait des actes d'une justice douteuse commandés par l'intérêt public*. Il ignorait ou feignait d'ignorer qu'il n'y a point de société sans justice.

3° Delarue, né à Lozon, âgé de trente-trois ans, du conseil des cinq-cents, banni sous prétexte de royalisme. Je dis prétexte, parce que l'accusation n'est appuyée sur aucune preuve, et parce que Delarue est banni sans jugement.

4° Barbé-Marbois, de Metz, âgé de cinquante-deux ans, du conseil des anciens.

5° Berthelot-Lavillcheurnois, de Toulon, âgé de quarante-huit ans; il était intendant de Pau, quand la révolution commença. Il avait été mis en jugement comme conspirateur en faveur de la royauté ; condamné à une année de détention par un conseil de guerre, il avait déjà souffert une partie de cette peine. Il est difficile d'expliquer pourquoi on y ajoutait par une nouvelle condamnation. Peut-être que le directoire, ne pouvant fonder sur aucune cause, même apparente, la déportation de la plupart d'entre nous, s'était flatté de donner du corps à des accusations chimériques, en nous associant ceux qui avaient réellement conspiré contre lui. Aggraver les peines par une seconde condamnation, c'est assassiner.

6° Ramel, né à Fontaine, département du Lot, âgé de trente ans, banni pour n'avoir pas montré une obéissance servile au directoire.

7° Rovère, né à Bonieux, département de Vaucluse, âgé de quarante-neuf ans, du conseil des anciens. Creuzé-Latouche nous dit, à plusieurs reprises, dans des assemblées de comité, que la nomination de ce député aux fonctions de commissaire-inspecteur avait causé beaucoup d'ombrage au directoire.

Peu importe à Sinnamari que Rovère, né dans l'obscurité, n'ait fait qu'usurper le nom qu'il porte, ou qu'il le porte légitimement. Il est banni avec nous. Je dois même m'exprimer avec beaucoup de réserve sur sa conduite pendant les premiers temps de la révolution. Nous évitions cependant trop de familiarité avec un homme aussi peu constant dans ses principes.

8° Pichegru, né à Arbois, département du Jura, âgé de trente-six ans, du conseil des cinq-cents. Il y a des accusations directes contre ce jeune général, et, au moment où la liberté de la presse expirait, on a lu dans une gazette : « Qu'après tant d'actions brillantes et de services » rendus à la république, on n'avait pas voulu » le perdre, et que, pour lui sauver la vie, on lui » avait associé beaucoup d'innocens. » Je lui demandai un jour s'il était vrai qu'on lui eût préféré Hoche, moins ancien que lui, pour le commandement en chef des armées réunies après la bataille de Keisberg. Il me dit que Lacoste et Baudot lui avaient effectivement fait éprouver cette injustice.

Pichegru est peu communicatif; mais je l'ai déjà assez vu pour reconnaître en lui de hautes qualités. Je ne puis me persuader qu'il ait été capable de trahir la cause qu'il devait servir. J'ose à peine exprimer un doute, qui serait une injure. J'aime mieux l'absoudre de cette imputation.

9° Aubry, de Paris, âgé de quarante-neuf ans, du conseil des cinq-cents. Il n'aimait pas le directoire. Je ne connais pas d'autre cause de son bannissement.

10° Murinais, né à Murinais, département de l'Isère, âgé de soixante-sept ans, du conseil des anciens et de la commission des inspecteurs. Ce vieux militaire fut arrêté le 19 fructidor, en se rendant au conseil. Il fut banni pour l'exemple, et afin de dégoûter les gens de bien, ses pareils, de prendre part aux affaires publiques.

11° Brotier (l'abbé), de Taunai, département de la Nièvre, âgé de quarante-six ans. Il avait été jugé avec Lavilleheurnois, et pour la même cause, mais condamné à une plus longue détention. Il fut banni, comme lui, pour donner une couleur de royalisme à notre proscription: homme de lettres, ou plutôt mathématicien.

12° Tronson-Ducoudray, de Reims, âgé de quarante-cinq ans, du conseil des anciens. Il démontra, dans un discours prononcé à notre tribune, que le directoire, en vingt mois, avait dévoré un milliard et demi. Ce fut la cause de son exil. Avocat justement distingué. Il avait été chargé de la défense de la reine.

13° Willot, de Béfort, département du Haut-Rhin, âgé de quarante ans, du conseil des cinq-cents, homme brave, résolu, capable d'un coup de main, banni à cause de ses liaisons avec Carnot.

14° D'Ossonville, né à Honas, département d'Eure-et-Loir, âgé de quarante-cinq ans ; il était, sous le ministre Cochon, inspecteur de police; il savait beaucoup de mystères que le directoire voulait ensevelir avec nous. D'Ossonville avait successivement servi tous les partis; mais il affectait parmi nous de se montrer royaliste modéré. C'était, au fond, un homme inoffensif.

15° Bourdon, natif du Petit-Roui, département de la Somme, âgé de trente-sept ans, du conseil des cinq-cents, plus connu sous le nom de Bourdon de l'Oise. Banni pour avoir abandonné les drapeaux des terroristes, et pour n'avoir pas voulu se séparer de nous. Il s'était lié avec Rovère à Sinnamari.

16° Le Tellier, né à Fresnoy, âgé de quarante ans. Ce digne et respectable camarade n'était point compris sur les listes des déportés. La loi du 18 fructidor ne pouvait l'atteindre en aucune manière; c'est de son propre mouvement qu'il accompagna Barthélemy. Il fut placé sur tous les procès-verbaux comme déporté, et partagea toutes les rigueurs exercées contre nous. On outrageait en nous l'innocence et les lois, et on punissait en lui le plus généreux dévoûment.

Dans ce nombre de seize, il y avait cinq membres du conseil des cinq-cents. Sur quarante-un de ce conseil, qui avaient été condamnés à la déportation, trente-six s'échappèrent, mais depuis on en arrêta deux autres, Jean-Jacques Aymé et Gibert Desmolières, qui furent envoyés à la Guyane.

Il y eut onze membres du conseil des anciens compris dans le décret : six s'enfuirent, cinq furent arrêtés.

Des deux membres du directoire, Carnot s'évada; Barthélemy ne voulut point fuir.

Victimes de l'acte le plus arbitraire, nous étions unis par un malheur commun; mais il eût été facile de distinguer parmi nous trois ou quatre partis. D'abord, celui des vrais et francs royalistes : Lavilleheurnois et Brotier. On les appelait les commissaires du roi. Ils trouvaient fort bon qu'on leur donnât cette qualité. On aurait pu compter avec eux quelques petits royalistes mitigés, à qui notre circonspection et notre respect pour la constitution semblaient complètement ridicules. Venaient ensuite les Français dans le cœur, qui formaient une section à part : Barthélemy, Murinais, Laffon, Tronson-Ducoudray et moi. Il y avait enfin Bourdon de l'Oise, dont personne ne voulait, et qui était réellement un hors-d'œuvre parmi nous. Rovère, dont nous ne voulions pas, s'était associé à Bourdon. Il y eut quelquefois des divisions dans le sein de chaque petite troupe; mais la mort seule put entamer la nôtre, et on remarquera que, des

CHAPITRE III.

membres du conseil des anciens, pas un seul n'a pris la fuite. Cependant, à nous voir ainsi condamnés à la même peine, on pouvait se demander : Quel parti a succombé? lequel a triomphé? On comptait bien parmi nous des royalistes, des terroristes ; mais nous seuls pouvions être considérés comme la tête du parti national.

Partis de Paris, notre première station fut Arpajon. Nous y arrivâmes extrêmement fatigués. On nous fit entrer dans deux petits cachots, l'un et l'autre destinés à un ou tout au plus à deux criminels. Nous ne pouvions qu'à peine y trouver place, même en restant tous debout. Le jour n'y pénétrait que par une ouverture d'un pied carré, fermée par un double grillage de barreaux. On nous annonça que nous dînerions dans ce repaire. La chaleur était grande ; je n'avais jusqu'à ce moment fait entendre aucune plainte. Je m'écriai que si nous restions plus long-temps dans ce local étroit, on nous retirerait suffoqués. Le concierge et sa femme protestèrent brutalement qu'ils n'avaient pas d'autre prison sûre. Une prison sûre! et nous étions gardés par plus de cent hommes. Mais, peu après, un officier municipal arriva, il nous fit placer plus spacieusement, et nous eûmes pour la nuit de la paille fraîche. Les fenêtres de la prison donnaient sur une place publique. Vers minuit, j'entendis converser assez haut; on nomma Barthélemy et moi ; on parla des résidences de Vienne, de Londres, de Dresde, de Munich et de Philadelphie, où nous avions été avant la révolution. Il est probable que les interlocuteurs nous y avaient connus, et voulaient, par leur entretien, nous apprendre que nous étions près de quelques amis. Nous observâmes le silence, et nous n'aurions pu le rompre sans danger. Les gendarmes qui nous gardaient étaient établis dans le lieu même où nous étions couchés. Ils y fumaient, ils y buvaient. D'autres hommes de ce corps continuèrent à nous garder de ville en ville, pendant les nuits, et nous éprouvâmes de leur part plus ou moins de duretés, suivant les dispositions des corps administratifs.

24 *fructidor* (10 septembre 1797). — Le lendemain, le convoi s'arrêta, vers le milieu du jour, à Étampes, devant une auberge. Nous restâmes dans nos cages. L'adjudant-général Hochereau, chargé de pourvoir à notre subsistance, nous y apporta lui-même les plats, le pain et le vin; et, passant de la sorte la mesure des égards qui nous étaient dus, il relevait, pour ainsi dire, la mission qu'il avait reçue.

25 *fructidor* (11 septembre 1797). — Nous nous étions assortis dans les trois cages suivant nos liaisons précédentes. Nous étions six dans

la nôtre : Le Tellier, Barthélemy, Murinais, Laffon, Tronson et moi. Le lendemain, 25 fructidor, nous dînâmes à Arthenay, et pendant le repas, Hochereau, dont les soins ne se ralentissaient point, vint nous annoncer qu'il avait ordre de retourner à Paris ; nous comprîmes que Dutertre, mécontent de ses attentions, l'avait fait rappeler. Nous couchâmes à Orléans et y reçûmes des témoignages de véritable intérêt.

Une dame se déguisa en servante, et en remplit les devoirs pour pouvoir librement nous offrir des secours de toute espèce. Le souvenir de cette ville nous est cher. Nous ne pouvons en dire autant de Blois et de deux autres villes ; mais nous sommes loin de nous plaindre des habitans en général. Il suffisait, tant la terreur et l'étonnement avaient frappé les esprits, qu'un factieux ou un homme prévenu nous qualifiât de conspirateurs, pour enchaîner la bonne volonté du plus grand nombre.

Plusieurs inconnus nous apprirent par des billets leurs sentimens particuliers et la douleur générale. Un d'eux nous écrivait : « La justice « ne périt jamais ; vos ennemis ne peuvent avoir « que des craintes, vous que des espérances ; « vous ne pouvez que vous relever, eux que « choir. » Les mots suivans terminaient ce billet, et nous indiquaient la profession de celui qui l'avait écrit : « *Cunctis diebus suis hostis impius superbit et numerus annorum incertus, et tyrannidis ejus : sonitus terroris semper in auribus illius, et cum pax sit, ille semper insidias suspicatur.* »

Mes compagnons avaient eu la consolation de s'entretenir au Temple avec leurs femmes, leurs enfans; et moi, à quatre-vingts lieues de ma famille, j'avais ignoré quel parti ma femme avait pu prendre à la nouvelle de mon incarcération. Étrangère dans mon pays, Elise avait dû compter, en quittant Philadelphie, que nous ne serions jamais séparés. Tout le temps de son enfance s'était passé dans les agitations de la révolution des Etats-Unis de l'Amérique. Fugitive avec son père, proscrit par le parti royaliste, elle avait espéré jouir, dans son union avec moi, d'une existence plus tranquille, et, au lieu de ce repos, elle avait trouvé la France livrée aux excès de la révolution; l'appui d'un époux lui était plus nécessaire qu'à toute autre femme, et elle restait, pour ainsi dire, seule dans mon pays, par l'événement qui me déportait. Ces réflexions tristes m'occupaient. Je m'éloignais chaque jour davantage, et j'allais être embarqué sans avoir eu connaissance du sort de tout ce qui m'était cher. Le matin du 27, au moment de quitter Blois. Cordubar, qui avait remplacé Hochereau, vint me dire que j'étais attendu dans le logement du concierge. Je montai, avec l'indifférence que j'éprouvais pour tous les événemens, depuis celui de ma condamnation; ma femme se jeta inopinément dans mes bras. Élise, que je croyais si loin de moi, venait de faire cent vingt lieues pour me dire peut-être un éternel adieu. Cette femme, la plus parfaite que j'aie connue et qu'une union de treize années m'a fait chaque jour aimer davantage, était venue, sans s'arrêter, de Metz à Paris, où elle n'avait passé que peu d'heures, et elle avait aussitôt après poursuivi son voyage. J'eus tant de satisfaction de son arrivée à Blois, que je ne remarquai pas d'abord l'impression que la fatigue et l'inquiétude avaient faite sur une santé aussi délicate.

Nous n'avions que peu de minutes à être ensemble; Élise se hâta de me dire qu'en traversant Paris, elle avait vu plusieurs de mes amis, qu'ils lui avaient fait espérer qu'on nous tiendrait pendant quelque temps, tout l'hiver peut-être, à Oléron. Elle me parla de ma mère octogénaire, de notre enfant, qui n'avait pu l'accompagner dans un voyage aussi précipité; nous avions matière à un long entretien, mais il fallut nous séparer au bout d'un quart d'heure. Je la conjurai de compter sur ma fermeté.

Avec le consentement de Cordubar, et à condition qu'Élise garderait un profond silence, je la conduisis dans la chapelle humide où nous avions couché, et où mes compagnons, ignorant la cause de mon absence, n'attendaient que moi pour partir. Je les nommai à ma femme les uns après les autres, afin qu'elle pût informer leurs familles de l'état où elle les avait laissés. Cette apparition d'une femme, belle, courageuse, supérieure à l'extrême faiblesse de sa constitution, émut tous ceux qui étaient présens : c'était un ange du ciel descendu dans notre prison, mais qui ne fit que paraître. Sur un signe de nos gardiens, elle sortit. J'avais le cœur brisé, et je crus l'embrasser pour la dernière fois de ma vie. Dans son trouble, au lieu de me dire *adieu*, elle me dit : »Je reviendrai.» Je lui criai, en présence des magistrats de Blois : « Sollicitez mon « jugement, et jamais de grace. » Le bonheur que sa présence m'avait fait goûter passa comme un éclair. On m'a dit que, rendue au grand jour, et traversant les cours de la prison, elle s'était évanouie à la vue de nos cages. Un capitaine de gendarmerie s'aperçut que le domestique dont elle était accompagnée la soutenait à peine. Cet officier humain et généreux, appelé du Liman, n'hésita pas à lui donner le bras, et la conduisit jusqu'à son auberge. Le directoire, informé de cette action, destitua du Liman. Dans d'autres temps, un officier eût été destitué pour ne l'avoir pas faite.

Le souvenir de cette visite m'a souvent consolé; mais, sous les barreaux de notre chariot, je n'éprouvai en ce moment que la douleur extrême de notre séparation. Élise et Sophie m'occupèrent uniquement. J'étais privé, sans aucune justice, et même sans l'ombre d'un prétexte, du bonheur de voir mon enfant. Sophie peut me perdre sans avoir reçu mes instructions et mes soins paternels, et, pour ainsi dire, sans qu'il lui reste aucun souvenir de son père. Ce qui devait faire le bonheur de ma vieillesse m'est ôté sans retour; et si je la revois jamais, il sera trop tard pour lui distribuer chaque jour les instructions convenables aux différentes époques de l'enfance et de la jeunesse.

Il ne me vint pas même à la pensée, dans cette courte entrevue, de parler à Élise de nos affaires domestiques; et cependant, chef de ma famille, dépositaire des papiers de plusieurs des miens, j'emportais des notions dont la privation devait les plonger dans toutes sortes d'embarras. Une confusion extrême allait s'introduire dans mes affaires, car je n'avais eu ni le temps ni la permission de transmettre aucun renseignement à ceux qui en prirent la conduite. Si l'homme qui se conforme strictement aux lois n'a aucune protection contre la haine et la vengeance, la société est en proie à des désordres qui finissent par accabler ceux même qui l'ont opprimée.

Livré à ces réflexions douloureuses, je ne pus faire attention à rien, et c'est de mes compagnons que j'appris qu'à Blois, des curieux nous voyant passer de la prison dans nos cages, s'étaient écriés : « Voilà ceux qui voulaient rétablir » les aides et la gabelle, les emprunts forcés, » faire la banqueroute, lever des contributions » et des droits de patente Nous sommes présen- » tement quittes de tout cela. »

27 et 28 fructidor (13 et 14 septembre 1797).— Nous fûmes enfermés à Tours dans les mêmes prisons que les galériens. La malpropreté et le mauvais air règnent dans ces maisons. Nous étions quelquefois plus de vingt dans un espace resserré, couchés sur la paille, que nous préférions, quand elle était fraîche, aux méchans matelas qu'on nous donnait dans quelques endroits. Combien de fois nous avons dit, qu'avant de construire des palais et de donner des fêtes, il fallait rendre les prisons et les hôpitaux habitables! Les officiers municipaux de Tours introduisirent leurs amis dans notre prison, et nous fûmes montrés comme objets de grande curiosité. Ces amateurs s'entretenaient librement en notre présence, et ne nous épargnaient pas. Les municipaux nous empêchèrent même d'écrire, parce que, disaient-ils, ce qui n'est pas spécialement permis à des prisonniers d'état est censé leur être défendu. Après une mauvaise nuit, troublée par l'infection du lieu, l'aboiement des chiens du geôlier, le bruit des chaînes des galériens nos voisins, nous partîmes, aux acclamations de quelques jacobins. Un d'eux, de petite mine, et très-maigre, dit à Lavilleheurnois : » Veux-tu bien crier Vive la république ! » — » Oui, dit Lavilleheurnois, quand elle t'aura » rendu plus gras. » Nous arrivâmes, le 29 fructidor, à Sainte-Maure, d'assez bonne heure ; nous n'y manquâmes de rien : l'agent municipal qui répondait de nous dirigea sa surveillance contre toute évasion ; mais en même temps il nous procura tout ce qui pouvait nous soulager. Je mis sous mon chapeau une lettre pour ma femme, je m'éloignai et le priai de la lui envoyer. Il exécuta fidèlement cette commission. On pressait vivement notre marche. La cage de fer faisait cependant des pauses, et j'en profitais pour écrire ; je disais, en finissant quelques ligne : « Tôt ou tard » Élise et Sophie les liront. »

30 *fructidor* (16 septembre 1797). — On nous logea, à Châtellerault, dans un cachot, auquel il n'y a de comparables que ceux d'Arpajon : ni

le jour, ni l'air ne pouvaient y pénétrer. De grosses chaînes et un carcan pendaient à un poteau. Un peu de paille nouvelle, semée sur l'ancienne, nous servait de lit. J'avais grand besoin de repos ; les cahots de la cage de fer m'avaient occasionné une légère blessure à la tête, j'avais de la fièvre; un de mes amis entra en négociation avec un prisonnier, qui me loua son grabat pour cette nuit. Bien portant, je n'en aurais approché qu'avec répugnance, et le pavé m'eût semblé préférable; mais l'épuisement de mes forces me rendait le sommeil nécessaire, et je m'estimai heureux de reposer sur cette paillasse, et sous la plus sale couverture. Le lendemain, je demandai à cet homme un bout de corde pour nouer un sac qui contenait mon linge. Ce prisonnier me le donna secrètement, en me disant :
» Il nous est défendu d'en avoir ; mais, entre nous
» autres, nous aimons à nous rendre ces services.»
Nous sûmes ensuite que ce collègue était condamné pour vol avec effraction : le mystère qui nous accompagnait était si grand, qu'il ne savait ni qui nous étions, ni quel était notre crime. Il nous croyait destinés aux travaux publics. On peut confondre des hommes considérables avec les plus vils criminels, et, lorsque ces châtimens sont mérités, leur faire subir des traitemens ignominieux. Lorsque des coupables, accusés et

légalement condamnés, les éprouvent, le vulgaire
peut y prendre plaisir; quelquefois même il se
plaît à la vue des victimes d'une politique injuste
et barbare.

1ᵉʳ *jour complémentaire* (17 septembre 1797).
— Vous m'avez dit à Blois, ma chère Elise, que
vous vouliez un journal où il fût souvent question
de moi; il me sera facile de vous obéir, et peut-
être ne serai-je, comme vous venez de voir, que
trop obéissant; mais les moralistes m'ont excusé
d'avance. Il est, disent-ils, permis à un accusé,
non-seulement de parler de lui-même, mais encore de faire son propre éloge. Qu'eussent-ils dit
d'un innocent condamné sans jugement!

2ᵉ *jour complémentaire* (18 septembre 1797).
— Nous passâmes la nuit à Lusignan, dans une
auberge. Pichegru s'était placé sous la cheminée,
pour fumer sans nous incommoder; un gendarme s'assit près de lui, et parut redoubler de
vigilance : « Craignez-vous, lui dit le général,
« que je m'en aille en fumée? »

Un événement de quelque conséquence eut
lieu cette nuit-là : nous remarquâmes des mouvemens dont nous ignorions la cause. Les gendarmes s'approchèrent de nos lits le sabre au
poing, et s'assurèrent que nous y étions. Ils se
disaient à voix basse : Voilà Pichegru, voilà Barthélemy ; et ils nous nommèrent tous ainsi suc-

cessivement. Les chasseurs de notre garde, parmi lesquels il y avait de la bienveillance à notre égard, ignoraient d'où procédait tant d'agitation. Ils chuchotaient et semblaient craindre une catastrophe. La garde nationale du lieu, aussi mal informée, faisait la garde à l'extérieur. Un homme aux fenêtres est aperçu d'en-bas. On lui crie qu'on va tirer sur lui; il veut parler, on le met en joue; enfin il parvient à faire comprendre qu'il est lui-même en faction à cette fenêtre, qu'on voulait lui faire quitter mort ou vif.

Au point du jour l'énigme fut expliquée.

Le général Dutertre était parti de Paris en petit équipage. Dès les premières stations, il tira des caisses publiques l'argent qu'il disait nécessaire pour sa mission (1). Un courrier arriva de Paris,

---

(1) Le payeur d'Étampes a depuis adressé au trésor public les pièces de cette dépense, pour qu'il lui en fût tenu compte; c'était quatre ans après que sa caisse eût été violée; et, ministre du trésor, à cette époque, j'ai pris soin de le mettre à couvert des suites d'une violation exercée envers lui, pour me conduire au lieu de mon bannissement.

La lettre suivante appartient au Journal de la déportation.

» Paris, le 13 thermidor an IX (1er août 1801).

» *Le ministre de la guerre au ministre des finances.*

« Le citoyen Charpentier-Laboulaye me demande, mon
» cher collègue, d'être couvert, par mon ordonnance, d'une
» somme de 2,072 fr. qu'il a avancée, en l'an V, au général

pendant la nuit, apportant l'ordre de l'arrêter. Un autre officier prit le commandement de l'escorte.

Nous éprouvâmes à Lusignan ce que nous

« Dutertre, chargé par le gouvernement de commander l'es-
« corte destinée à conduire les déportés jusqu'à Rochefort.
« Je vous prie de proposer aux consuls de m'ouvrir un crédit
« de ladite somme de 2,072 fr.

« *Signé* : ALEX. BERTIER. »

Je fis payer le citoyen Charpentier.

Dutertre, à qui le directoire avait confié les clefs de nos cachots roulans, jugea ensuite ses services mal récompensés ; il se brouilla avec ses maîtres, et c'est à notre retour de la Guyane qu'il remit à Barthélemy et à moi un mémoire imprimé, où il exposait ses griefs. Il vante la haute vertu qu'il eut de ne pas simuler une attaque pour nous mettre en liberté, et de n'avoir pas usé de cet abominable stratagème pour nous faire fusiller dans le conflit. Je cite deux articles des instructions qu'il publie :

« Le général Dutertre se pénétrera si fort de la nécessité
« de prévenir la fuite, l'évasion ou l'enlèvement des dépor-
« tés, qu'en cas d'attaque de quelque individu, ou d'insulte,
« il doit agir militairement sur les condamnés, plutôt que de
« se les voir ravir. »

Dutertre lève tous les doutes, en ajoutant : « On avait
« formé le projet de faire assassiner les déportés en route ;
« l'ordre et mes instructions me donnaient toute latitude. Je
« pouvais, si j'avais été un assassin, commettre un crime.
« Les adjudans-généraux Colin et Gilet avaient la confiance
« des deux directeurs qui avaient dirigé le 18 fructidor. J'i-
« gnore s'ils avaient reçu des instructions particulières; mais,

avions eu à remarquer dans plusieurs autres lieux de la route. Des proclamations, des imprimés répandus avec profusion nous annonçaient au peuple comme une troupe d'ennemis conjurés pour sa perte. A notre arrivée, nous étions traités avec rudesse, quelquefois même injuriés, soit par ceux des habitans du lieu qui nous gardaient, soit par quelques groupes peu nombreux d'hommes et de femmes accourus pour nous voir descendre de nos cages; mais peu d'instans suffisaient pour les détromper; au départ, les préventions avaient cessé, et notre traitement ne ressemblait pas à celui de l'arrivée. Dans l'intervalle, on avait appris que les lois les plus saintes avaient été violées en nos personnes. La tristesse et la consternation se faisaient remarquer.

Le changement survenu dans le commande-

« à plusieurs reprises, la multitude a été provoquée à des « excès. »

Les annales de la révolution ont abondé en actes d'une semblable atrocité; mais les instructions qu'on donnait alors étaient verbales, et le directoire se montra moins scrupuleux que Robespierre.

C'est à notre retour en France que nous sommes plus complétement informés de la perversité de nos ennemis. Échappés à la peste de Conanama et de Sinnamari, félicitons-nous de l'inaction de nos amis. Les secours d'un zèle imprudent eussent été le signal de notre mort.

ment de l'escorte n'influa pas sur le traitement que nous éprouvions.

3ᵉ jour complémentaire (19 septembre 1797). — A notre arrivée à Niort, on nous fit descendre au fort, dans un local spacieux, voûté et humide. Des sentinelles, placées sur les remparts et dans les fossés, troublaient fréquemment notre repos, en s'excitant d'une guérite à l'autre à faire bonne garde. Les voûtes de cette vaste cave sont construites de manière que, malgré sa grande étendue, des discours proférés à voix basse, à une de ses extrémités, sont entendus distinctement à l'autre. On se croirait à deux pas de celui qui est éloigné de cinquante. Nous appelâmes cette cave l'*Oreille du directoire*. Le fracas des verroux, des serrures et de leurs énormes clefs, le bruit des portes tournant sur leurs gonds rouillés, les entretiens bruyans de nos gardes, nous rappelaient, même au milieu de notre sommeil, le lieu où nous étions. Il m'arriva bien des fois, en m'éveillant, de me demander à moi-même : « N'est-ce pas un rêve? Ces armes, ces chaînes, » ces barreaux existent-ils réellement autour de » nous? Ces gardiens, ces soldats, tenant à la » main des sabres nus, ne sont-ils pas des fan- » tômes qui disparaîtront quand je m'éveillerai? » Dans un autre songe, je croyais que les amis de tant de citoyens innocens parvenaient à les faire rappeler, pour être jugés. Le réveil dissipait cette illusion, et la grandeur de nos peines ne nous laissait aucun doute sur leur réalité.

4° jour complémentaire (20 septembre 1797).—Depuis plusieurs jours on avait renforcé notre garde à cheval, et nous étions accompagnés par des détachemens de volontaires nationaux. A Surgères, le peuple s'attroupa pour nous voir signaler et compter. Il nous regardait avec curiosité et étonnement. Quelques-uns, en petit nombre, nous firent entendre des imprécations; d'autres laissèrent échapper des marques de tristesse. La plupart semblaient s'embarrasser fort peu de savoir si nous étions innocens ou criminels. Venus à notre rencontre, ils nous suivirent par curiosité, nous regardèrent, nous laissèrent, et chacun retourna à sa profession. Ici, le corps-de-garde fut notre chambre même. Pendant toute la nuit, les soldats et les gendarmes fumèrent, sifflèrent, parlèrent; les fenêtres fermées, et même clouées, rendirent la fumée et le bruit encore plus insupportables.

Le convoi approchait de Rochefort. Les chasseurs nous firent comprendre qu'on s'était attendu à de la résistance de notre part. En cas de fuite ou de révolte, dit un de ces hommes, les ordres donnés contre vous étaient absolus, et plus que menaçans. Pendant notre souper, nous entendîmes une conversation, tenue dans une chambre dont nous n'étions séparés que par une mince cloison. C'étaient les officiers de l'escorte qui parlaient à haute voix, comme pour se faire entendre, et nous préparer à notre sort. Ils rédigeaient d'avance le procès-verbal des formalités à observer en nous remettant aux officiers de mer. Nous redoutions par-dessus tout un embarquement, qui eût fait cesser toutes nos espérances d'être jugés : nous avions compté passer quelque temps à Rochefort, et y acheter tout ce qui nous manquait. Nous jouissions d'avance du repos que nous devions y trouver. Tout le temps qu'on pouvait gagner était au profit de la justice. Il n'y avait pas lieu de douter que nos amis n'en fissent un bon emploi. Nous consentions, au pis-aller, à résider à Oléron, et le projet de procès-verbal ne nous inquiéta pas beaucoup. Nous ne songions pas que, par des raisons contraires, nos ennemis étaient intéressés à précipiter notre départ de France.

1er *vendémiaire an VI* (21 septembre 1797). — Le premier jour de l'an républicain, partis de Surgères, nous arrivâmes, avant midi, à la vue de Rochefort. Nous touchions à la porte par laquelle nous pensions entrer dans la ville; et, à la vue d'un grand corps de bâtimens, dont les fenêtres étaient garnies de barreaux, nous goûtions en espérance la douceur d'y être emprisonnés ; nous eûmes des inquiétudes, lorsque le convoi, au lieu d'entrer dans la ville, en fit le tour, et fut dirigé vers le port. Les chasseurs nous avaient accompagnés depuis la prison du Temple jusqu'au rivage de la Charente, où nous devions quitter la terre de France. Dès le premier jour, ils nous avaient traités avec une sorte de rudesse; mais, soit que bientôt notre maintien tranquille et fermement résigné les eût changés, soit que l'opinion générale eût influé sur eux, leur surveillance, toujours exacte, cessa d'être dure.

Une multitude d'habitans de Rochefort et des environs couvrait les remparts et les glacis. Nous descendîmes de nos cages, et, après avoir été comptés et signalés à terre pour la dernière fois, nous fûmes enlevés de cette France où réside tout ce qui m'est cher, de cette belle contrée à laquelle nous avions consacré notre vie.

Nous entrâmes dans une chaloupe, pressés entre des rangs de soldats chargés de garder et contenir seize hommes désarmés. J'eus le cœur froissé au souvenir de ma femme, de ma fille, de ma mère. Je ne les reverrai peut-être jamais. Un seul sentiment me rendait cependant supérieur à une aussi grande infortune : je me sentais irréprochable. Je dirai plus, dussé-je m'exposer à la risée des ennemis de mon pays, je ne formais pas un vœu qui n'eût pour objet le bonheur de ma patrie.

J'envoyai à Élise le journal qu'elle m'avait demandé dans notre entrevue à Blois. Les occasions ne manquaient pas, et l'intérêt que nous inspirions augmentait de jour en jour ; mais on a trompé nos amis sur notre destination. Nous sommes environnés de formes mystérieuses et absolues. Il me faudra user d'artifice pour faire passer un autre cahier de bord à terre.

Adieu, Élise! Adieu, Sophie! Adieu, France et tous les objets de mes affections ! J'ai été près de m'écrier : Adieu pour jamais ! A cet instant, l'espoir est rentré dans mon cœur, et ces fatales paroles ne sont point sorties de ma bouche.

CHAPITRE QUATRIÈME.

Embarquement des déportés. — Mauvais traitemens. — Ils devinent le lieu de leur déportation. — Consignes sévères. — Maladies. — Prise d'un navire portugais et d'un navire anglais. — Licence et désordre. — Réflexions sur les événemens. — Vue de terre.

Une seule voix se fit entendre quand nous quittâmes le quai pour entrer dans la chaloupe. Un homme cria : « A bas les tyrans ! » De quels tyrans s'agissait-il? Les chefs le firent taire. Nous fûmes conduits sur le lougre *le Brillant*, et logés fort à l'étroit. Quatre hommes, armés de sabres nus, nous gardaient; appareil inutile, car la faim nous avait rendus très-faibles. Il était huit heures du soir, et nous étions à jeun depuis la veille. A la fin d'une journée aussi fatigante, le besoin se faisait sentir. Un de nous demanda du pain. On répondit que le souper allait être apporté. Je me sentais fort échauffé, et je dis que je ne voulais que quelques fruits. Un mousse, qu'on nous avait donné pour maître-d'hôtel, se mit à rire de ma naïveté, et promit de me servir des pêches, des raisins et des oranges.

Il mit devant nous deux seaux contenant des gourganes bouillies dans l'eau; nous eûmes peine à obtenir des cuillers de bois, et les matelots qui nous les prêtèrent nous avertirent d'en user avec propreté, si nous voulions éviter le scorbut. Un de nous, qui ne pouvait atteindre jusqu'au pain, le demanda à un de nos gardiens, âgé de quinze à seize ans. Celui-ci se fit répéter la demande, et, soulevant nonchalamment le pain, il le lui jeta d'un air dédaigneux. C'était au général Pichegru. « Quand le soleil est couché, » dit celui-ci, il y a bien des lâches à l'ombre. » — « Ménagez vos expressions, dit l'adolescent » au conquérant de la Belgique, et prenez garde » à qui vous parlez! »

Vers dix heures du soir, des chaloupes armées nous transportèrent du *Brillant* à bord de *la Vaillante*, corvette de seize canons. Le capitaine parut me connaître, et me présenta la main d'une manière qui, malgré son silence, annonçait le désir de nous épargner des rigueurs inutiles. Un cadre fut assigné à chaque déporté.

On nous communiqua les consignes. Il nous était permis d'être quatre à la fois sur le pont pendant une heure le matin, et autant le soir; le reste du temps, il fallait demeurer dans notre chambre, déjà méphitisée. Un silence absolu avec les soldats et les matelots était ordonné. Nous étions la plupart valétudinaires, et obligés de nous adresser fréquemment à un des quatre canonniers qui nous gardaient; mais nous ne recevions aucune réponse, et ceux à qui nous parlions semblaient eux-mêmes effrayés de notre témérité. Nous devions être à la ration des matelots; mais nous nous aperçûmes dès le premier jour que nos subsistances étaient gâtées.

Notre embarquement avait été imprévu; tout nous manquait. Nous allions d'abord naviguer dans des latitudes froides, pour passer ensuite dans des climats fort chauds. Dépourvus de tout ce que l'habitude rend nécessaire à des hommes âgés, jamais un aussi long voyage n'avait été entrepris avec aussi peu de préparatifs. On ne nous avait pas laissé le temps de recevoir nos malles; nous avions compté sur la ressource des achats à Rochefort ou à la Rochelle. Du fond de notre prison, nous écrivîmes au capitaine, pour le prier d'envoyer à terre faire ces achats; mais l'instant d'après, un officier rapporta l'argent et la lettre, en nous disant : « Vous avez » violé la consigne, malheureux que vous êtes ! » vous ne savez pas à quoi vous vous exposez; » et il disparut. Nous fûmes surpris de ce traitement. Le capitaine Jurieu, qui nous avait reçus la veille, avait montré des dispositions humaines qui s'accordaient mal avec la dureté de ce procédé; mais nous sûmes que, pendant la nuit, il avait été remplacé par un lieutenant de vaisseau de Bayonne, appelé Laporte, et que ce changement aurait une fâcheuse influence sur notre traitement pendant la traversée. « C'est, » nous dit-on, un homme qui exécutera avec » rigueur et dureté ses instructions. Comme » elles lui prescrivent de vous nourrir de biscuit » et de viande salée, vous pourrez avoir le re- » but des galériens de Rochefort. »

Nous étions toujours en vue de la Rochelle, et les vents continuaient à refuser. Le fils de Laffon-Ladebat était accouru de Paris avec une extrême diligence; il se jeta dans une chaloupe; il arriva, par un gros temps, jusqu'à portée de la voix, et cria : « Je suis le fils de Laffon-Ladebat; accordez-moi la grace d'embrasser mon père! » Le porte-voix répondit : « Éloignez-vous, ou nous ferons feu sur la chaloupe. » Ainsi il avait fait cent trente lieues pour ne remporter que la certitude des mauvais traitemens que nous éprouvions. Juste ciel! quels barbares ont pu ordonner qu'on empêchât un père d'embrasser son fils pour la dernière fois! Si le directoire, si le conseil des cinq-cents eussent été composés de pères de famille, ces ordres n'eussent point été donnés. Mais Rewbell n'était-il point époux et père! mais le conseil des anciens!.....

Du 1ᵉʳ au 4 vendémiaire an VI (25 *septembre*

1797.)—On était si pressé de nous faire partir, que *la Vaillante* mit à la voile le jour même de l'équinoxe. Plusieurs d'entre nous étaient vieux; quelques-uns avaient des maladies que les chaleurs excessives rendent quelquefois mortelles. Quand, au temps de Robespierre, des prêtres furent déportés, on les fit visiter par des médecins, et il fut permis aux malades de rester. Non-seulement nous ne fûmes point visités, mais on ne tint même aucun compte des attestations que Barthélemy produisit touchant le mauvais état de sa santé. La petite terreur (on donne ce nom au régime actuel) assassine sans l'appareil du supplice, et se croit moins cruelle parce qu'elle tue sans faire couler le sang.

L'équinoxe nous tourmentait d'autant plus, que nous étions renfermés dans un plus petit espace. Je ne vous dirai pas à quel degré l'infection avait été portée dans l'entrepont, par suite de l'impossibilité absolue d'en sortir. Cette sévérité ne dura cependant qu'un jour; si elle eût continué, la contagion aurait passé de nous à tout l'équipage. On nous permit aussi de rester sur le pont au-delà du temps prescrit par la consigne. Il faisait froid, et je ne pus y tenir qu'enveloppé de mon manteau; mais je m'aperçus que la cage de fer l'avait criblé. Je le raccommodai de manière à exciter une admiration gé-

CHAPITRE IV.

nérale. L'orgueil perçait à travers les trous du manteau de Diogène; d'autres en verront peut-être autant aux pièces mises par moi au mien.

L'incertitude sur notre situation était un malheur de plus. Le Sénégal, Cayenne, les Séchelles, nous venaient successivement à la pensée. Tout annonçait que les climats les plus rudes seraient préférés. Après quelques jours de navigation, une circonstance particulière fit cesser nos doutes. Nous avions remarqué sur le pont une caisse fort haute enveloppée de toile cirée. On y portait tous les jours de l'eau potable en abondance, et nous ne devinions pas la cause de cette prodigalité et de ce mystère; mais l'enveloppe fut enlevée aussitôt que nous fûmes arrivés à des latitudes tempérées. Je reconnus dans la caisse l'arbre à pain, et je le dis à mes compagnons. Barthélemy s'écria aussitôt : Nous allons à Cayenne! La Révellière-Lépeaux, parlant devant lui au ministre de la marine, avait montré plusieurs fois l'impatience d'apprendre que cet arbre était parti pour la Guyane. On me questionna aussitôt sur le climat, le sol, les habitans, le prix du pain, des viandes, les salaires dans cette colonie; car le rapport que je devais faire, au 18 fructidor même, sur le traité de paix avec le Portugal, m'avait rendu plus savant qu'aucun de nous sur la Guyane française, limitrophe de la colonie portugaise. Mais un nègre de Cayenne, qui se trouvait à notre bord, laissa voir qu'il en savait bien plus que moi, et on abandonna aussitôt mes leçons pour les siennes.

Notre nourriture était malsaine, et le concours des peines de l'ame avec les maux du corps engendra des maladies. Le chirurgien et les officiers de quart pouvaient seuls descendre dans notre chambre, sans être accompagnés par un homme de notre garde. Un matin, nous vîmes entrer le commandant des canonniers. Il nous dit deux mots indifférens, et aussitôt il se retira précipitamment. Nous nous aperçûmes qu'il nous avait laissé une cafetière pleine de thé et de la cassonade. Peu de jours après, un autre officier nous annonça que ses camarades et lui se disposaient à nous faire une importante libéralité. En effet, à l'entrée de la nuit, un charpentier vint mystérieusement, la scie à la main, ouvrir une communication entre notre chambre et celle qui était voisine. Le moment d'après, on fit entrer par cette ouverture deux pains et un gros gigot. Depuis plusieurs jours nous n'avions, pour la plupart, pris aucune nourriture substantielle. Ce gigot nous venait des officiers, qui se privaient pour nous d'une partie de leur souper, et la terreur qui régnait à notre bord les obligeait à user d'un grand secret en nous faisant cette largesse. Il fallait procéder au partage; quoique j'eusse la réputation d'être très-vorace, l'opinion de ma justice prévalut, et mes compagnons me chargèrent de la distribution. L'obscurité était profonde, et je ne prends pas sur moi d'assurer que les parts furent parfaitement égales. L'os, qu'on appelle aussi le *manche*, me resta, et je conviens qu'il n'était pas entièrement dégarni. Quelques convives avaient déjà dévoré leur morceau, quand je commençai à manger. Il me sembla, après ma sévère et longue diète, que toutes les parties de mon corps s'emparaient des sucs de ces alimens. Je songeais au contentement d'un malheureux, mourant d'inanition, quand il reçoit une aumône faite en bonne nourriture. Chacun digérait; le silence était profond, quand tout à coup Ramel, l'insatiable Ramel, s'avisa de me demander « sa seconde tranche ». A ces mots, je fus pétrifié, et je lui dis qu'il me demandait l'impossible. « Comment, l'impossible! mais » vous mangez encore! votre part a donc été la » plus forte? » Cet argument, vraiment révolutionnaire, entraîna la multitude; vainement je voulus parler, un cri unanime sortit de ces estomacs affamés. Le jacobin Bourdon fit un affreux tapage; chacun, dans l'obscurité, se crut mal partagé; d'ailleurs, eût-il fait grand jour, j'aurais voulu en vain me justifier. Les preuves de mon innocence avaient complètement disparu. Je pris Barthélemy et Laffon à témoin. Laffon se tut, Barthélemy lui-même m'abandonna; lui, qui me connaît depuis trente ans, dit tout bas à Tronson qu'il ne savait que penser, et qu'il ne prendrait pas sur lui de répondre de mon innocence. Ainsi délaissé par mes amis, je m'adressai à Brotier, comme s'il eût été question de résoudre un problème de géométrie. Après y avoir suffisamment réfléchi, le savant abbé, se croyant incapable d'éliminer tant d'inconnus, s'écria : *Auri sacra fames, quid non mortalia pectora cogis!* et traduisant ce beau vers à la manière de Scarron, il ajouta :

Sacré gigot, sujet de nos débats stériles,
Jusqu'où ravalez-vous nos estomacs débiles!

Des affamés n'ont aucune envie de rire, et cette saillie de collége ne parut plaisante à personne. Je n'étais donc ni absous, ni condamné. Je déclare cependant que l'accusation était aussi fausse que celle de ma participation au traité de Pilnitz; mais il ne m'était pas aussi facile de confondre les calomniateurs. L'affaire de cette distribution est une de celles sur lesquelles le jugement de la postérité restera à jamais incertain.

Il y eut, à la vue de notre faiblesse physique

et de notre constance, d'autres relâchemens dans les mesures de rigueur. Il s'établit insensiblement quelques communications entre nous et des hommes qui, au début, loin de nous parler, n'osaient un moment arrêter leurs yeux sur les nôtres. Les mousses nous procurèrent des oignons, de l'ail, des choux, et quelques autres mets du même luxe. Leur adresse alla jusqu'à nous livrer la moitié d'un mouton que les maîtres nous vendirent. Aristide, un jeune mousse actif, complaisant et d'un bon naturel, nous avait pris en amitié, et s'exposa plusieurs fois, pour nous servir, à la punition d'usage.

Le temps s'écoulait, tantôt dans la tourmente, et tantôt dans le calme, quelquefois pire que la tempête. Les vents changeaient fréquemment, et nous revenions pendant la nuit sur la route faite pendant le jour.

Le 15 vendémiaire, nous fûmes avertis, au milieu de la nuit, que nous étions dans le voisinage d'un gros navire, pavillon et force inconnus, nous en étions si près, qu'il fallait parler bas, de peur d'être entendus. On se prépara à combattre. Toute la nuit se passa en mouvemens; mais, au point du jour, les deux vaisseaux ne se voyaient plus.

22 *vendémiaire* (13 octobre 1797). — Nous eûmes connaissance d'un autre bâtiment, sur

lequel nous courûmes. Il amena. C'était *la Diane*, vaisseau portugais, venant de Para, possession portugaise à l'embouchure de l'Amazone. C'était un mauvais bâtiment, manœuvrant mal, ce que les marins appellent un *sabot*. Il fallut prendre les prisonniers, et mettre un équipage français à leur place. Le capitaine portugais nous apprit que le grand vaisseau dont la rencontre nous avait inquiétés trois jours auparavant, était de sa nation; qu'il n'était point armé; et il désespéra notre capitaine, en lui disant que sa cargaison valait deux millions. Il avait eu sans doute encore plus peur que nous. Nous vîmes peu d'autres bâtimens. Une partie du commerce entre les nations était interrompue, ou se faisait sous des convois anglais. Saint-Domingue seul, avant la révolution, consommait, tous les ans, les cargaisons de trois cent-cinquante navires français, et les renvoyait à la métropole chargés de ses précieuses productions. Toute cette navigation était passée à l'Angleterre, et sa marine militaire protégeait des flottes marchandes de cent à deux cents navires, quand nos ports n'en voyaient plus.

C'est dans cette situation de notre commerce, que le directoire s'obstine à créer, à recréer une marine, et à faire des sacrifices dont l'inutilité lui est, d'année en année, démontrée avec une triste évidence. La guerre de terre exige tous nos efforts; examinons, sans rien dissimuler, si nous pouvons être à la fois puissans par terre et par mer, et si un état qui aura cette prétention ne s'expose pas à n'être redoutable qu'à demi dans l'une et l'autre arme.

La marine française s'est montrée dans tous les temps égale et souvent supérieure à toutes les autres marines. La science navale et la valeur guerrière l'ont illustrée, et le siècle qui va finir en a donné des preuves éclatantes. Un sang précieux a été versé; la France y a dépensé près de trois milliards depuis la guerre de la succession d'Espagne; nos forêts ont été dépeuplées : qu'avons-nous obtenu par tant d'efforts? J'éprouve de la peine à le dire, et cependant il ne faut pas craindre de faire connaître des vérités utiles : l'Acadie, Terre-Neuve, l'Ile Royale, le Canada, sont devenus des possessions anglaises; après une glorieuse résistance, nous avons cédé à notre constante rivale la domination entière de l'Inde, que nous ne demandions qu'à partager; sa jalousie a été, en 1769, jusqu'à ne pas souffrir que nous eussions une relâche aux îles Malouines. La Louisiane, qui nous a tant coûté, est passée à l'Espagne; Saint-Domingue, source de tant de richesses, n'est plus qu'un monceau de ruines, où la race africaine persiste à rester oisive. Si nous conservons quelques îles, elles sont peu ambitionnées par l'Angleterre, depuis que la traite et l'esclavage sont abolis; les denrées, dont elles eurent si long-temps le privilége, appartiennent maintenant aux vastes contrées continentales qui sont entre les tropiques, et nos colonies, devenues un fardeau, ne peuvent lutter contre cette concurrence. Notre alliance avec l'Espagne n'est plus désirable pour elle et pour nous qu'à raison de nos intérêts en Europe, et les colonies échappent aussi à la monarchie espagnole. Obéissons enfin à des nécessités plus puissantes que toutes les résistances, et attendons les secours du temps; bornons-nous à tenir nos côtes, sur l'Océan et dans la Méditerranée, à l'abri de toute insulte; encourageons, aidons notre commerce maritime, soit par l'instruction, soit par d'utiles traités; que toute notre attention, que nos ressources libres soient appliquées à notre puissance continentale; des événemens qu'on peut prévoir feront le reste.

Le café, l'indigo, le cacao de la prise que nous avions faite furent partagés et distribués. Les uns semblaient satisfaits, les autres se croyaient lésés au partage. Le capitaine portugais, témoin de la distribution de ses dépouilles, avait une contenance assortie à son malheur.

Puissent les nations renoncer à ces droits ou plutôt à ces usages barbares qui enveloppent dans les calamités de la guerre des hommes paisibles dont la profession a pour objet d'étendre des relations utiles entre tous les peuples de la terre! Une puissance, la seule qui soit aujourd'hui redoutable à la mer, osera mettre ses intérêts privés au-dessus de la justice générale. Sa résistance sera vaine, si les autres peuples qui naviguent sont d'accord, sans aucune exception, pour faire respecter leur neutralité.

Un prisonnier portugais s'étant placé près de moi sur le banc de quart, je rassemblai quelques mots de sa langue, qui a beaucoup d'analogie avec l'espagnol. Nous nous comprîmes assez bien, et la conversation était engagée, quand un nègre affranchi, soldat du détachement qui nous gardait, s'approcha de moi; il me toucha légèrement de son sabre, et me dit : « Vous, parlez point à blanc là. » Nous nous séparâmes. C'est à l'âge de cinquante et soixante ans qu'il nous fallait faire l'apprentissage de la soumission, et la leçon nous en était donnée par un noir à peine sorti d'esclavage.

Les vivres frais trouvés sur *la Diane* mirent un peu d'abondance à bord de *la Vaillante;* mais nos privations continuèrent. Cette brèche si mystérieusement ouverte ne servit qu'une fois.

Nos alimens étaient ordinairement gâtés. Nous mangions sur le pont, incommodés tantôt par la pluie, tantôt par le soleil. Des gourganes, des fèves, et rarement du riz, nous étaient servis dans des seaux. L'un puisait avec une assiette, l'autre avec un gobelet de fer-blanc.

Un jour, à la suite de notre dîner, nous engageâmes l'officier chargé du détail à s'approcher des seaux qui contenaient les débris de la viande gâtée qu'on nous avait servie. L'infection le repoussa. Un de nous observa que le directoire avait dîné plus délicatement. « Oui, dit un jeune » marin, mais avec plus d'inquiétudes et d'alar- » mes que vous. » Au commencement de notre navigation, les matelots et les canonniers étaient curieux de nous voir prendre nos repas. Quelques-uns riaient grossièrement de notre répugnance aux prises avec notre faim, de notre embarras à tenir une assiette de légumes apprêtés à l'eau, sur le plan incliné et glissant du pont. Ils paraissaient délectés de notre maladresse. Peu de jours après, ces gens étaient changés. Notre maintien paisible, cette fermeté à laquelle nous ne mêlions aucune plainte, la gravité, les cheveux gris du général Murinais, leur inspiraient une sorte de respect. Leur présence cessa d'être importune ou offensante.

Je ne souffris que de l'épuisement de m*es*

forces. Quelquefois incapable de me guinder sur le pont, la cage de fer me semblait à regretter. Les plus faibles cependant obtinrent quelques alimens moins indigestes. Les autres comparaient la nourriture de ces privilégiés à la viande corrompue qui leur était donnée. Les malades faisaient envie. J'obtins, pour quelques jours, une place parmi eux. Un de mes compagnons, en voyant qu'un peu de riz à l'eau m'était donné, me dit : « Vous êtes bien heureux, vous voilà malade ! »

Les vents continuaient à nous contrarier; nous fîmes, dans notre loisir, plusieurs observations sur cette clarté qui, dans quelques mers, environne le vaisseau pendant la nuit, et le suit dans son sillage, comme la queue suit une comète. Ce phénomène, que les uns attribuent à des animalcules huileux et lumineux dont la mer est parsemée, d'autres à une matière phosphorique, et que plusieurs enfin rapportent à l'électricité, a souvent excité l'attention des physiciens, et je n'en parle que pour mentionner une expérience qui peut-être n'a été faite qu'une fois. En 1779, je passai de Lorient à Boston, sur la frégate *la Sensible*. A la suite de toutes les expériences connues, j'imaginai de jeter à la mer un boulet cassé; la nuit était fort obscure. Le corps, tombé de l'arrière de la frégate, fit jaillir des étincelles en touchant la surface de l'eau, il descendit ensuite dans l'abîme comme un globe lumineux, et disparut à la vue au bout de trois ou quatre secondes.

Lorsqu'une violence véritablement imprévue me sépara de vous, ma douleur fut extrême. Incertain si je reverrais jamais vous et Sophie, si j'habiterais encore cette maison, cette terre que j'ai pris plaisir à planter, à orner, pour y jouir près de vous du repos auquel mon âge va me donner des droits, je me voyais destiné à passer tout le reste de ma vie dans un pays sauvage. L'ignorance de l'avenir, mes journées consumées dans une oisiveté longue et forcée, le désordre qui s'emparait de toutes mes affaires par un revers au-dessus de la prévoyance humaine, toutes ces causes réunies me jetèrent dans une grande inquiétude. Et cependant je me souvins d'une époque de ma vie où je n'avais pas été moins malheureux. Je comparai ma peine présente à celle que me causa la mort de notre petite Betzi, à cette douleur, que le temps n'a point effacée, que la moindre circonstance me rend presque aussi vive que quand cette aimable créature s'éteignit sur mon bras, en obéissant à l'ordre que je lui donnais de prendre de mes mains une médecine inutile. Ma peine d'aujourd'hui n'est pas plus

CHAPITRE IV.

grande que les angoisses mortelles que j'éprouvai. Alors nous faisions une perte irréparable; mais la plaie que la fortune vient de me faire peut être guérie. Je me consolerais même des dilapidations d'un séquestre, si vous et Sophie n'en deviez être atteintes. J'ai eu, vous le savez, plus d'embarras pendant une partie de ma vie à consommer un grand revenu, qu'à me réduire à une dépense modeste, quand les temps ont changé. Il est d'autres biens que la fortune ne peut me ravir: voyez à quels hommes estimables un commun malheur m'associe! Ne parlons pas de ceux dont je vais, dans le bannissement, partager la destinée; mais Portalis, Muraire, Paradis, Siméon, tous si recommandables par des talens, par une éloquence unie à la vertu? Y a-t-il de meilleurs citoyens, des hommes qui aient des mœurs plus pures, et qui soient plus religieux observateurs de leurs devoir?

Quoiqu'il puisse m'arriver dans ma déportation, fût-ce la mort, plus de la moitié des hommes n'ont-ils pas subi ses lois avant l'âge où je suis parvenu? Qui sait même si, en m'envoyant dans un désert insalubre, mes ennemis ne m'ont pas garanti, contre leur propre intention, de pires calamités? Je vais, dans la captivité, me trouver plus libre que je ne l'ai été à aucune époque de ma vie. Je ne serai plus obligé de prolonger mon travail jusque dans la nuit, ou de devancer le jour. Je prendrai du repos à ma volonté. Je n'aurai de devoirs importans à remplir qu'envers moi-même, et ceux-là n'ont rien de gênant. Mes devoirs envers les autres se réduiront à des procédés d'amitié, d'égards, de civilités; on ne se plaindra plus de mes refus, de mon austérité. Je n'aurai plus à rendre de jugemens qui mécontentent infailliblement une des parties. Je n'ai plus que moi-même à juger.

Je ne croyais pas, ma chère Élise, finir par vous parler des plaisirs de la zone torride; n'en dites rien à personne.

> Si mes persécuteurs pénétraient ce mystère,
> Je pourrais payer cher une ombre de bonheur;
> Pour les pôles glacés, Barras, en sa colère,
> Me ferait arracher aux feux de l'équateur.

Mais c'est plus sérieusement que je vous annonce l'espérance de me réconcilier avec mon malheur, et déjà je vous assure qu'il ne m'arrivera de m'en plaindre que quand je songerai à vous et à Sophie.

28 *vendémiaire* (19 octobre 1797). — Nous eûmes, le 28 au soir, connaissance d'un navire qui, par suite de la sécurité avec laquelle les Anglais naviguent sur ces mers, ne faisait point observer, et ne nous aperçut point. Nous le re-

CHAPITRE IV.

vîmes au matin, et la corvette lui donna la chasse. Il amena sans se faire long-temps poursuivre, nous croyant de sa nation. C'était *la Polly*, allant de Londres à Antigues; l'équipage fut transporté à notre bord.

La langue anglaise, familière à trois d'entre nous, rendit les communications faciles, malgré les prohibitions, et nous fîmes usage d'un stratagème assez simple. Lavilleheurnois et moi, placés près des Anglais, nous paraissions nous parler l'un à l'autre, et nous nous adressions à ces étrangers. Ils nous répondaient de même, sans nous regarder, et en feignant de s'entretenir ensemble.

Nous eûmes, les jours suivans, des calmes dont le capitaine profita pour faire apporter à son bord une partie de la cargaison de sa prise. La distribution, les ventes, une foire en règle établie sur le pont, furent des causes de relâchement dans la discipline. Nous avions d'abord absorbé toute l'attention du capitaine. Nous étions, pour ainsi dire, l'article capital de son chargement. Nous ne fûmes plus que l'accessoire quand on eut mis à bord la cargaison anglaise.

Du 1er au 5 brumaire an VI (22 au 26 octobre 1797). — Je n'avais pu transmettre à mon frère à l'Ile de France la nouvelle de ma déportation. Un navire de Boston, qui se rendait dans cette colonie, coupait notre route dans celle qu'il faisait. Nous nous rencontrâmes au point d'intersection. Le second maître vint à notre bord, et informa notre capitaine de sa destination. Je me hâtai d'écrire à mon frère, et portai aussitôt ma lettre au capitaine ; mais déjà la chaloupe américaine voguait en s'éloignant de nous.

Du 6 au 18 brumaire an VI (8 novembre 1797). — Nous eûmes enfin des indications du voisinage de la terre. Des oiseaux fatigués venaient se reposer sur le navire, et on en prit plusieurs.

CHAPITRE CINQUIÈME.

Arrivée à Cayenne.—Hospitalité des habitans.—Le citoyen Jeannet, agent.—La détention continue.—Détails sur le climat.—Lettre de Tronson à l'agent.—Les déportés sont exilés à Sinnamari.—Description du lieu.—On leur offre des concessions provisoires.—Nouvelles consignes.—Murinais demande à aller à Cayenne ; refus.—Sa mort.

Les mauvais traitemens avaient rendu notre traversée fâcheuse : nous éprouvâmes donc un grand contentement à la vue du lieu de notre bannissement, où nous n'avions cependant point d'amis, point d'affaires, point d'intérêts; et dont le sol dévore ses habitans. Nous passâmes entre deux roches appelées, l'une le *grand*, l'autre le *petit Connétable*. Nous approchâmes de la première à une demi-portée de canon. Deux coups tirés à mitraille firent prendre la volée à des milliers d'oiseaux, qui sont, avec les lézards et les serpens, les seuls habitans de ce rocher stérile. Nous mouillâmes, au soir, à quatre lieues de Cayenne, en vue d'une côte où la nature étale une grande magnificence. Ces beautés ne se trouvent qu'entre les tropiques. La mer baigne ici un rivage couvert d'une verdure continuelle. Les regards, bornés au loin par des montagnes, reviennent se reposer sur des collines dont les pentes sont faciles et les aspects variés. La nature n'est plus inanimée pour nous. Des canots se font voir au sommet de la vague qui les porte, et disparaissent aux yeux quand elle s'abaisse. Des Indiens et des nègres, armés de flèches et de harpons, poursuivent le poisson. La fumée s'élève du faîte de quelques cases éparses le long de la côte. Elles sont environnées d'arbres que leurs formes et leurs nuances nous firent reconnaître. Nous remarquâmes les orangers, les manguiers, le cocotier, le palmiste et l'utile bananier. Quelques-uns de nous crurent même distinguer les odeurs du girofle, de la fleur d'oranger et du cannellier. Mais ce qui embellissait par dessus tout la Guyane à nos yeux, c'est que sa vaste étendue devait autoriser, même au sein de l'exil, l'illusion de la liberté. Nous y comptions.

22 *brumaire en* *VI* (12 novembre 1797).— Le 22, nous quittâmes *la Vaillante;* une goëlette nous débarqua à Cayenne. Le port, où il y avait quelques vaisseaux, ce fort qui domine la ville, les îles et les montagnes qui l'avoisinent, offrent un ensemble pittoresque et varié, et aucun sentiment pénible ne troubla en ce moment notre attention.

CHAPITRE V.

Un navire américain, parti d'Amsterdam depuis le 18 fructidor, était arrivé à Cayenne avant nous. Il avait apporté la nouvelle de notre bannissement, mais on n'avait pas voulu y croire. Il avait même été question de punir le capitaine, comme un imposteur. Notre arrivée fit cesser les doutes. Il était midi quand nous descendîmes. Nous vîmes la plage se couvrir de blancs, de noirs, de mulâtres, attirés par la curiosité. Les hommes et les femmes portaient des parasols, qui, au loin, ressemblaient, par leur mobilité et la variété de leurs couleurs, aux fleurs d'un parterre, quand un peu de vent les agite.

La ville de Cayenne est petite, mais il y a un faubourg étendu et peuplé. Nous fûmes entourés d'une grande foule, et cet empressement n'avait rien de désobligeant. Les habitans nous prêtaient leurs parasols, et se chargeaient des paquets dont quelques-uns de nous étaient embarrassés. Ils nous indiquaient les meilleurs sentiers, nous donnaient la main pour nous aider à passer d'une roche à l'autre. Dans toute leur contenance, et le peu qu'ils purent nous dire, ils n'annoncèrent que le désir de nous recevoir hospitalièrement.

Les directeurs avaient pu nous ôter la liberté, et n'avaient pu commander à l'opinion. Le nom de déporté, abhorré à la Guyane, quand il n'y en avait point d'autres que Billaud-Varennes et Collot-d'Herbois, devint un titre d'honneur et de recommandation dès que nous fûmes arrivés.

Nous pûmes remarquer, en cette circonstance, que les talens militaires sont les plus capables d'exciter l'admiration, et que la renommée acquise par les actions guerrières est supérieure, dans l'opinion générale, aux autres genres de gloire. Pichegru fixait les regards. On s'empressait sur ses pas avec une préférence marquée; personne ne demandait : Où est l'orateur Tronson, le royaliste Lavilleheurnois? Barthélemy, comme directeur, homme de bien, excitait cette curiosité qui attire vers les phénomènes, et sa haute stature le faisait aisément distinguer. Pas un seul n'eut l'idée de demander : Où est Barbé-Marbois? et sans un bon mulâtre, qui eut pitié de moi, j'aurais succombé sous le poids de mon sac de nuit. Quelques-uns se faisaient montrer un terroriste qui était parmi nous, et ignorant qu'il était converti, ils se détournaient de son chemin.

Le commandant de la place, qui nous avait reçus au rivage avec quelques hommes armés, nous conduisit jusqu'à la maison du citoyen Jeannet, agent particulier du directoire, exerçant dans la colonie un pouvoir qui n'a point de limites. Nous entrâmes dans son cabinet ; il

CHAPITRE V. 119

nous adressa quelques paroles qui convenaient à sa situation et à la nôtre, et nous fit présenter des rafraîchissemens. Le secrétaire-général du gouvernement lut le procès-verbal de notre débarquement à Cayenne. L'agent nous dit quelques mots honnêtes, et nous nous retirâmes.

On nous logea à l'hôpital. Cet établissement est desservi par des sœurs hospitalières. Elles possèdent et pratiquent au plus haut degré les vertus de leur état. Nous éprouvâmes de leur part tous les soins de l'humanité. Nous étions exténués et affamés. Rien de ce que le lieu fournit ne nous manqua; les bons alimens, la saveur et la variété des fruits guérirent la plupart d'entre nous. Seize personnes, il est vrai, n'étaient pas au large dans deux chambres dont les lits occupaient tout l'espace; mais on ne pouvait faire mieux, et l'apprentissage dont nous sortions nous eût fait supporter bien d'autres incommodités.

Vers la fin du jour, nous nous disposâmes à profiter de notre liberté pour voir Cayenne et ses environs. Nous descendions, quand on nous notifia une consigne à laquelle nous étions loin de nous attendre. On nous dit que nous ne devions nous promener que sur la place publique, à certaines heures, gardés par des soldats, et qu'on ne pourrait nous parler sans une permission spéciale. Enfin, nous apprîmes que notre captivité n'était point finie, et que l'inquiétude de nos ennemis nous poursuivait jusque dans un lieu où cet excès de surveillance était sans objet.

Une croix de bois, placée dans la savane, frappa nos regards. C'était peut-être l'unique monument de ce genre qui fût encore debout sur le sol français. Elle disparut deux jours après.

Lavilleheurnois, mis dans une chambre particulière, eut occasion de s'entretenir avec un jacobin fort exalté. « Vous et vos camarades, lui
» dit cet homme, avez été précédés ici par Col-
» lot-d'Herbois et Billaud-Varennes. C'est Collot
» qui a démoli Lyon et fait fusiller ses habitans;
» mais c'est parce que le salut public en dépen-
» dait. Il est le père de la république française,
» et c'est sur sa proposition que la convention a
» aboli par acclamation la royauté en France. Le
» fondateur de notre république, banni par ses
» concitoyens, a été indignement reçu par les
» colons. Le désespoir lui a causé une fièvre in-
» flammatoire. Il craignait jusqu'aux remèdes
» qu'on lui donnait. Il but du vin immodéré-
» ment, et hâta sa mort par cet excès. Rien ne
» fait connaître, dans le cimetière de Cayenne,
» le lieu de sa sépulture. Personne n'a accompa-

« gné son cercueil; et vous, ajouta le jacobin,
» vous, royaliste! vous habitez dans la chambre,
» vous couchez dans le lit même où est mort cet
» excellent républicain. Qu'il vous arrive de mou-
» rir ici, je suis sûr que la moitié de Cayenne
» assistera à votre enterrement. » — « Je vais, lui
» répondit Lavilleheurnois, vous faire à mon
» tour une histoire : Un jour, Charles-Quint
» étant à Gênes, et voulant honorer André Do-
» ria, s'embarqua dans un canot, et fit ramer
» vers la galère amirale. Il y monte, et dit au gé-
» néral surpris : André, je viens dîner avec toi.
» Sacrée majesté, répondit Doria, vous serez
» reçu du mieux qu'il me sera possible; mais je
» n'ai pas un fauteuil, pas même un tabouret,
» et nous dînons assis sur les bancs des forçats.
» Le monarque s'y asseyant, lui dit : Un siège
» où l'empereur se place devient aussitôt un
» trône impérial. Mon lit, continua Lavilleheur-
» nois, a été occupé par un insigne scélérat ;
» quand j'y couche, c'est le lit d'un homme de
» bien. »

C'était un bonheur d'être arrivés dans la saison où les grandes chaleurs allaient finir; il était plus facile de nous habituer au climat. Les petites pluies commencent au mois de novembre (fin de brumaire); elles durent environ deux mois et demi. Le petit été commence aux premiers jours de février Les pluies sont rares, et il n'est pas possible d'appeler ici ce mois pluviôse. La chaleur est modérée, l'air est rafraîchi de temps à autre par des brises assez régulières, et quelquefois par des pluies douces : c'est le temps le plus sain de l'année. Les grandes pluies durent depuis le milieu de mars jusqu'au commencement d'août. Si quelquefois le soleil perce les nuages, il est d'une chaleur accablante.

Les grands secs succèdent aux grandes pluies, et ils finissent au milieu de novembre. C'est le temps le plus chaud et le plus malsain de l'année.

Vous voyez que les pluies tombent tandis que le soleil s'approche des tropiques. Deux fois par an, il passera à plomb sur nos têtes. Il dessèche la terre, et il soulève des vapeurs souvent mortelles. Ces lieux seraient inhabitables, si les nuits, aussi longues que les jours, ne rendaient quelque fraîcheur à la terre et à l'air, et si, par une providence vraiment admirable, le soleil n'était caché par des nuages. Les chaleurs sont plus supportables ici que dans toutes les parties de l'Afrique, sous les mêmes latitudes. Un thermomètre de Réaumur, placé dans un lieu presque fermé, varie, dans le cours de l'année, entre 17 degrés et 21 $\frac{1}{10}$.

Le baromètre varie entre 28 pouces et 28

pouces 1 ligne et demie. A Saint-Domingue, où je l'ai régulièrement observé, les extrêmes de la variation étaient entre deux lignes un sixième de pouce. Cependant, lors des grands ouragans, il baissait subitement de 3 ou 4 lignes, et remontait aussitôt après. La quantité d'eau tombée dans une année ordinaire a été de 8 pieds 1 pouce 9 lignes $\frac{5}{10}$ à Cayenne.

Les raz de marée sont fréquens ici, mais ils font peu de dommages, parce qu'ils ne peuvent arriver jusqu'aux édifices et aux cultures. Les tremblemens de terre sont rares et peu dangereux.

Nous voilà à la Guyane! On a eu le pouvoir de nous y déporter sans jugement, sans accusation. On s'est affranchi de ces formes que le gouvernement le plus absolu n'omettrait envers aucun coupable. Nous ne connaissons que par le fait la peine qui nous est infligée, et elle change au caprice de l'agent. Le décret ne lui avait pas même été adressé officiellement ; mais il le trouva dans une gazette, avec plusieurs pièces relatives au 18 fructidor. Il fit copier cinq ou six feuilles de ce journal, et les fit imprimer et publier. Les colons reçurent sous cette forme les nouvelles les plus fausses à notre sujet.

1er *frimaire an VI* (22 novembre 1797). -- Il

m'est impossible d'écrire cette date, sous la zone torride, sans être frappé de l'inconséquence de cette application de toutes les lois de la métropole à un climat qui les repousse. Les frimas, les neiges, les pluies, la fenaison, la moisson, la vendange servent aujourd'hui à désigner, en France, les mois de l'année; ici, le soleil brûlera la Guyane en frimaire et en nivôse.

À notre arrivée, l'agent du directoire se proposa d'abord de nous donner pour demeure ou l'habitation de l'état, qui est à un quart de lieue de Cayenne, ou celle de Beauregard, qui en est éloignée de deux lieues. Celle-ci avait appartenu aux jésuites.

Nous n'avions pu prévoir qu'il nous serait interdit d'habiter le lieu de la colonie qu'il nous plairait de choisir. Mais, puisque notre détention continuait, nous eussions préféré l'une ou l'autre de ces deux habitations. Nous apprîmes avec peine qu'on avait alarmé l'agent sur notre voisinage, et qu'il venait d'arrêter qu'on nous transférerait à Sinnamari, un des lieux les plus malsains de la colonie. On nous faisait subir ainsi une déportation nouvelle, en aggravant le poids de la première; plusieurs la regardèrent comme un arrêt de mort, et voulurent y résister. Murinais adressa à l'agent des réclamations pressantes. Tronson lui écrivit une lettre qui mérite d'être rapportée.

Cayenne, 1er frimaire an VI.

« Citoyen agent, nous vous avions demandé
» de ne pas prononcer sur notre sort sans nous
» entendre. Il est pourtant arrêté, dit-on, et vous
» nous envoyez tous à Sinnamari. Vous trouve-
» rez juste que nous vous adressions une récla-
» mation contre votre propre décision. Un ad-
» ministrateur ne peut trouver mauvais qu'on
» proteste devant lui contre ses erreurs. Vous
» nous avez dit, à notre arrivée ici, un mot aussi
» humain qu'ingénieux : *Là où il me sera permis
» d'avoir une volonté personnelle, elle vous sera
» toujours favorable :* chacun de nous a retenu ce
» mot obligeant. Permettez-moi de dire qu'il
» devient notre texte aujourd'hui, lorsque nous
» cherchons à expliquer votre conduite à no-
» tre égard. Comme homme public, nous vous
» voyons la loi à la main ; comme homme privé,
» nous consultons avec vous les principes de
» justice et d'humanité ; et, en vérité, sous ces
» deux rapports, il est difficile de croire que
» vous nous exiliez à Sinnamari.

« On a beau nous répéter tous les jours que
» nous nous alarmons trop, que nous y serons
» très-bien traités, que nous y serons libres, ect.,

» je vous le dis franchement, c'est pour nous
» tous un nouveau et véritable supplice, et
» cela pour des raisons qui nous sont com-
» munes ou particulières. Je vais vous instruire
» des miennes. J'ai une femme et plusieurs en-
» fans; j'ai, en outre, des parens dans la misère;
» je suis leur seul appui à tous, et ma fortune
» est très-médiocre. J'avais donc besoin de
» m'occuper utilement ici, et j'y comptais; j'a-
» vais déjà projeté, avec quatre de mes amis,
» quelques opérations commerciales. Je voulais,
» dans l'intervalle, m'occuper de quelques
» travaux comme homme de loi. Je me conso-
» lais d'ailleurs de mon exil par l'espérance de
» me lier avec quelques hommes instruits, que
» déjà on m'avait indiqués. Tous enfin nous es-
» périons, une fois arrivés ici, c'est-à-dire le
» décret de déportation exécuté, jouir chacun
» de nos droits comme citoyen. Comment se
» fait-il que, tout à coup, nous en soyons pri-
» vés? Ce n'est pas, sans doute, par une volonté
» qui vous soit personnelle; celle-là, vous l'avez
» dit, nous sera toujours favorable. C'est donc
» une volonté qui n'est pas la vôtre. Mais alors
» cette volonté est celle de la loi; or, permettez-
» nous d'examiner celle-là, et de vous la remet-
» tre sous les yeux. Que dit le décret? Que nous
» serons déportés dans le lieu que le pouvoir

» exécutif désignera. Donc le pouvoir exécutif
» nous ayant déportés dans cette colonie, le dé-
» cret a reçu toute son exécution, du moment
» que vous y avez constaté notre arrivée. Veut-
» on nous mettre sur la ligne des condamnés
» ordinaires à la prison, aux fers? quand ils ont
» subi leur peine, ne rentrent-ils pas aussi dans
» les droits de citoyens, ne sont-ils pas complè-
» tement libres?

» Que dit encore le décret? Qu'en France,
» aussitôt qu'un procès-verbal authentique
» constatera l'exécution du décret même, le
» scellé apposé sur nos biens sera levé; ainsi,
» par suite du même principe, nos biens vont
» être libres en France, comme devraient l'être
» ici nos personnes. Qu'a dit encore le rappor-
» teur de la commission, composée des citoyens
» Sieyes, Jean de Bry, Chazal, Eschassériaux
» aîné, Villers, Poulain-Granprey? Colonisons-
» les! s'est-il écrié; la république leur fournira
» des instrumens de culture. Nous sommes
» donc ici colons comme les autres citoyens. C'est
» l'esprit, c'est le vœu du décret. Que vous faut-
» il de plus? et comment voulez-vous, citoyen
» agent, que nous puissions concilier, avec les
» principes et avec des textes aussi clairs, notre
» destination forcée pour Sinnamari? A nos
» yeux, nécessairement elle est une déportation

« nouvelle ajoutée à la déportation que nous
» avons subie.

» Supposerons-nous des instructions parti-
» culières? Mais celles-là ne peuvent être con-
» traires au décret, et elles ne le sont pas, puis-
» que, pendant les deux premiers jours, il était
» question, ou de nous disséminer dans les ha-
» bitations voisines, ou de nous réunir dans
» l'habitation de l'État, à une demi-lieue de la
» ville. Alléguera-t-on, qu'au moins pour la
» tranquillité de la colonie, vous avez dû voir
» en nous des hommes dangereux? Mais cette
» théorie, qui appartient aux temps affreux de
» la terreur, ne peut vous appartenir, citoyens
» agent, vous qui jouissez ici de la réputation
» d'un administrateur humain et philosophe.
» Ce n'est pas à vous sûrement qu'on pourra
» jamais reprocher d'avoir ramené ici la doc-
» trine des *suspects;* vous avez sur nous l'action
» de la police, et vous pouvez nous surveiller,
» mais non pas nous priver d'avance de nos
» droits, dans la supposition que nous pourrions
» en abuser. Vous êtes trop éclairé pour contes-
» ter ce principe, et trop honnête pour en pra-
» tiquer volontairement un autre.

» Au surplus, une observation très-simple se
» présentera à tout le monde. Des hommes si
» dangereux ne seront-ils pas bien mieux sur-

» veillés et contenus ici sous vos yeux, et au
» milieu de la force armée qui vous entoure?

» Avons-nous d'ailleurs donné prétexte à de
» nouvelles rigueurs? Quels faits nous reproche-
» t-on? Quelles tentatives, quelles plaintes même?
» Non-seulement nous sommes irréprochables,
» mais informez-vous aux officiers de la corvette
» de la conduite que nous avons tenue à bord.
» Résignation, discrétion, nulle plainte, nulle
» humeur : voilà ce que vous en apprendrez.
» Aussi, et à terre, et pendant la traversée, les
» personnes chargées de nous ne se sont occu-
» pées que d'adoucir la sévérité de leurs ordres.
» Ici, au contraire, et par je ne sais quelle fata-
» lité, à un début plein d'humanité succèdent
» tout à coup des mesures sévères et presque pé-
» nales! L'autorité devient rigoureuse à notre
» égard au moment même où la loi cesse de l'être!
» Cette autorité nous exile dans un coin de la colo-
» nie, lorsque la loi nous l'ouvre tout entière!
» Elle nous condamne à des privations cruelles
» pour des hommes instruits et sensibles, sexagé-
» naires, infirmes, lorsque la loi ne nous en
» impose aucunes. Elle nous prive des moyens
» de nous occuper utilement, lorsque la loi nous
» les laisse, et même nous en promet de nou-
» veaux! Elle nous enchaîne en partie, lorsque
» la loi nous déclare libres! Elle nous dépouille

»de nos droits de citoyens, lorsque la loi nous
» les rend tous !

» Je finis en vous observant que, dans tous les
» temps, l'homme public s'est bien trouvé d'avoir
» suivi les principes. C'est sa véritable sûreté, et
» quand il redescend à l'état d'homme privé,
» c'est sa consolation.

» TRONSON-DUCOUDRAY. »

Nos réclamations furent inutiles. Toute la correspondance du citoyen Jeannet tomba ensuite entre nos mains. Voici comment il rendit compte au directoire des demandes de Tronson : « Toute relation avec les citoyens a été
» interdite aux déportés, et leurs promenades
» ont été circonscrites à la savane qui fait face à
» l'hôpital. Je me suis réglé sur votre dépêche
» du 19 fructidor, et sur l'article du code pénal
» qui prive les déportés des droits de citoyen,
» conformément à la constitution. Le libre exer-
» cice des droits de citoyen était la grande pré-
» tention de Tronson-Ducoudray. »

Notre départ pour Sinnamari fut fixé au 26 novembre. Cette nouvelle condamnation une fois prononcée, je me résignai, et je finis par la trouver assez indifférente. Je désapprouvais toutes ces correspondances avec l'agent ; je regardais ses persécutions comme une maladie que la patience guérirait, et je me trouvais aussi libre que mon état le permettait.

6 *frimaire an VI* (26 novembre 1797). — Nous quittâmes Cayenne sans avoir vu d'autres maisons que celle de l'agent et l'hôpital. On nous embarqua, et nous fîmes voile à midi. Nous passâmes près des îles du Salut. Elles sont inhabitées ; une verdure charmante les couvre. A la vue de ce séjour, que l'injustice des hommes semble respecter, nous eûmes le désir d'y être établis et abandonnés.

Le vent et les courans nous portaient, et, quoiqu'il y ait vingt-quatre lieues de Cayenne à Sinnamari, nous arrivâmes en huit heures de temps; mais il ne fut pas possible d'entrer en rivière. La mer baissait, et nous restâmes échoués sur un fond vaseux. Nous vîmes passer autour de nous des milliers de poissons appelés *gros-yeux;* leur longueur est de sept à huit pouces ; ils vont à la file, en sillonnant rapidement la vase à peine couverte, à basse mer, d'un ou deux pouces d'eau.

Au matin, des pirogues vinrent nous prendre, et nous transportèrent au bourg de Sinnamari, qui est dans les terres, à une lieue de l'embouchure de la rivière du même nom.

Le commissaire chargé de nous, dressa procès-verbal de la *remise de nos personnes au comman-*

dant du lieu. A lire cette pièce, on aurait pu croire qu'il s'agissait d'autant de têtes de bétail. Elle était ainsi terminée : « Toutes ces précau-
» tions prises, le commandant du poste, nanti
» de la personne des quinze déportés, qui de-
» meurent à sa charge, j'ai clos le présent pro-
» cès-verbal. » Lavilleheurnois, malade, était resté
» à Cayenne.

Sinnamari est à l'ouest de Cayenne. Ce bourg est bâti sur un plan régulier. A peine a-t-on pu trouver des habitans pour le quart des emplacemens, et même il n'y a sur chaque islet occupé qu'une mauvaise case et un jardin entouré de haies vives. On voit quelques chaumières abandonnées, et qui servent de retraite aux Indiens, lorsqu'ils viennent au village. Des ronces couvrent le reste du terrain et jusqu'aux rues. La place publique produit une bonne herbe, qui sert à la pâture du bétail. Toutes les cases sont construites en bois et en terre, la plupart couvertes de feuillages secs. Les fenêtres n'ont qu'un contrevent sans jalousie et sans canevas. Les carreaux de verre sont peu en usage dans les colonies. Plusieurs cases ne sont fermées que par un loquet. Il n'y a ici qu'une maison carrelée; le sol de toutes les autres est une terre battue, moins solide et moins propre que les aires de nos granges. L'église est une grande halle ouverte de tous côtés, construite, il y a quarante ans, par les jésuites. Le crucifix est encore sur l'autel ; les ornemens du prêtre sont dans la sacristie. Quelque Dibutade de la Guyane a peint un saint Joseph, aux pieds duquel sont prosternés des Indiens et des Européens. Nous vîmes, peu de temps après notre arrivée, l'église convertie en magasin. Les jésuites avaient aussi une bonne case, dont on avait fait le presbytère. Nous y fûmes logés. Vis-à-vis est un corps de caserne, et un peu plus loin un hôpital, maison malheureusement trop nécessaire à Sinnamari. La rivière est la limite du bourg au couchant. Il est borné des trois autres côtés par des savanes en partie submergées, et souvent impraticables. Il y a vingt-un ménages, ou, pour mieux dire, vingt-une cases habitées ; et le plus misérable village de France est mieux construit et plus peuplé que celui-ci. Le maire, le juge de paix, le garde-magasin et le commandant avaient tous la fièvre ; le médecin lui-même ne pouvait se guérir. Enfin, tous les habitans avaient quelque infirmité. Des vapeurs malfaisantes s'élèvent des marais voisins. On y trouve de petits caïmans, et quelquefois d'énormes reptiles.

Nous sommes donc confinés à l'extrême frontière de cette colonie française, et à deux lieues d'un village galibis! A la vocation près, nous ressemblions assez, dans cette Thébaïde, à une société de cénobites voués, loin du monde, à la retraite, à la contemplation, aux travaux des défrichemens, à l'abstinence et à toute l'austérité de la discipline monacale. Notre réformateur le citoyen Jeannet-Oudin nous avait donné des statuts dont voici les principaux :

« Le séjour des déportés à Sinnamari, quoi-
» que conforme aux intentions du gouverne-
» ment, n'est cependant que provisoire. L'ingé-
» nieur est autorisé à assigner à chacun d'eux
» un arpent *à titre d'usufruit.* » Ce provisoire nous frappait d'épouvante. Les malheureux voudraient savoir où s'arrêteront leurs misères, et l'agent nous faisait entrevoir un avenir encore plus affreux que le présent.

On déterminait ensuite les limites de nos excursions. « Les déportés étaient tenus de se trou-
» ver chez eux le cinquième et le dixième jour
» de chaque décade, pour y être visités par le
» commandant du poste, *chargé de transmettre*
» *leurs mouvemens.* » On nous assignait pour subsistance une ration de mer.

« Il ne leur sera accordé par la république
» d'outils aratoires, instrumens de pêche et de
» chasse, qu'au moment où ils seront en posses-

» sion du local qui leur est définitivement
» destiné. »

Les logemens, ou, pour mieux dire, les numéros des lits, dans chaque chambre, furent tirés au sort. Il y en avait cinq dans une seule, quatre dans une autre. Nous eûmes, Pichegru et moi, une même cellule ; mais, dès le lendemain de notre arrivée, j'appris qu'une dame, demeurant dans le bourg, consentait à prendre un déporté en pension ; qu'elle désirait seulement que ce fût à l'année. Cette condition fit reculer d'effroi tous mes compagnons, qui ne se proposaient nullement de vieillir à Sinnamari. Pour moi, résolu d'y attendre la chute du directoire, j'avais fait tous mes arrangemens avec moi-même, et ils ne contrariaient point ceux de madame Trion. Je convins avec elle que je me fournirais de pain, de vin et de quelques autres objets, et que, pour le surplus, je lui paierais une pension annuelle de huit cents livres. Ma chambre n'était pas en état de me recevoir de suite. Je relevai le sol avec de la terre nouvelle ; car vous jugez bien qu'il n'est question ici ni de carreaux, ni de planchers. Pendant ces travaux, je restai dans notre hospice commun ; mais Pichegru, mon compagnon de chambrée, s'impatienta de ma lenteur à le laisser seul maître du logis. Il eut recours à divers

expédiens pour me forcer à évacuer. D'abord, il essaya, avec des déportés de sa société, des soupers un peu bruyans, qui se prolongeaient fort tard. Il s'aperçut que mon sommeil en était à peine troublé. Il tint ensuite un petit conseil de guerre avec nos jeunes généraux, et ils arrêtèrent un siège en forme, persuadés que, pris au dépourvu, je ne pourrais tenir long-temps. On fit des approches, on mina la muraille, et, sous prétexte de détruire les scorpions et les mille-pattes, on brûla quelques grains de poudre dans les fentes qu'on avait ouvertes. « Vous ver-
» rez, me dit l'artilleur Aubry, que Pichegru
» fera sauter la case. » — « Je ne crains rien, lui
» répondis-je, aussi long-temps que le mineur
» y reste. » J'avais fixé le jour de ma sortie, et je ne l'avançai pas d'une heure. Enfin, au terme arrêté par moi, j'allai m'établir chez madame Trion. Cette dame n'était plus jeune, était veuve, depuis deux mois, d'un ancien capitaine d'infanterie ; et la mort de son mari la réduisait à vivre des faibles produits d'une petite habitation. Le citoyen Rodrigue, son neveu, demeurait avec elle. Ce jeune homme, bon, docile et laborieux, était le meilleur chasseur et le pêcheur le plus adroit du canton ; pour ces deux exercices, il ne le cédait pas aux Indiens eux-mêmes. Il sera mon compagnon pendant un temps

dont la durée m'est inconnue. J'ai eu part, comme bien d'autres, aux jouissances de la fortune ; les délices de nos tables, les amusemens de la société, la pompe de nos fêtes ne m'ont pas été étrangers. J'éprouve cependant qu'on peut se passer de tout cela. Je m'attendais à être seul dans un désert, et je vais vivre avec deux êtres civilisés. Madame Trion et son neveu prennent part à mes peines ; ils en écoutent le récit avec intérêt ; ils me racontent les leurs. Rien ne me manquera dans leur cabane hospitalière. Je m'y trouverais heureux, je vous en assure, sans des souvenirs, qui ne sont pas ceux de mon ancienne aisance. Si la vie me paraît bonne à conserver, même à Sinnamari, jugez du prix que j'y attacherai, si jamais je me retrouve près de vous.

Je ne voulus avoir que des occupations casanières. Plusieurs de mes compagnons se mirent à cultiver les légumes et les plantes potagères du pays, et leurs jardins eurent d'abord pour eux tout l'attrait de la nouveauté. Nous savions tous que les plus occupés éprouveraient le moins d'ennui. Pendant la traversée, nous avions formé des projets qui devaient s'exécuter à notre arrivée à la Guyane. Bourdon était résolu d'y introduire la charrue ; Tronson se préparait à plaider ; Laffon, Barthélemy, Murinais et moi avions formé une société de commerce ; Delarue voulait exercer la médecine, et comptait sur le climat pour avoir des pratiques. Les plus jeunes et les plus robustes, les militaires surtout, à qui la chasse rappelait la guerre, se chargeaient d'approvisionner les autres de gibier. Enfin, les moins agiles devaient s'adonner à la pêche. Mais la chasse, autrefois si profitable, est présentement fort négligée ; une épizootie a tellement diminué le gibier, que les meilleurs chasseurs parcourent les bois des jours entiers sans rien tuer. La terre est couverte de reptiles et d'insectes dangereux. L'air est rempli de moustiques redoutables. Les eaux stagnantes, échauffées par le soleil, en produisent des nuées, que le plus intrépide chasseur ne peut braver. Le déporté médecin inspira peu de confiance. Quant au commerce, il se réduit à Sinnamari, à vendre du tafia, des pipes, du tabac, quelques toiles grossières. Le coton est la principale production du canton ; mais les planteurs le vendent eux-mêmes à des caboteurs de Cayenne. A l'égard de la plaidoirie, chacun est ici son avocat. Il n'y a guère de démêlés que ceux qui prennent naissance et qui meurent au cabaret. Les procès sont fort rares ; et ce serait un grand bonheur, si la cause de ce bon accord n'était l'abandon de presque toutes les propriétés. Ici, le tien et le mien sont à peine applicables à la terre. Ceux qui aspirent à de vastes domaines n'ont qu'à choisir; des milliers d'arpens d'un sol franc s'offrent à leur activité; mais il sera long-temps stérile, faute de bras pour cultiver, et de capitaux pour la construction des édifices sans lesquels il n'y a point d'exploitation. Sous tous les rapports, il n'y avait rien de plus ridicule que la distribution provisoire d'un arpent à chaque déporté.

Le commissaire qui nous avait installés crut se rendre agréable à Jeannet par un récit tragicomique de son opération. Il lui écrivit une lettre dont j'extrais quelques lignes. « J'ai trouvé
» le local un peu étroit, mais assez commode au
» moyen de l'église, qui pourra servir d'atelier
» pour travailler, de promenade et de salle à
» manger. Mais on murmure, on crie; le local
» est insalubre; on y mourra bientôt. A tout
» cela je n'ai à opposer que le silence et l'exécu-
» tion de mes ordres; mais ces hommes ne sont
» pas raisonnables, le malheur les aigrit, et la
» raison ne les ramène pas aux principes d'éga-
» lité qui doivent leur rendre communs leurs
» maux et les adoucissemens que vous leur pro-
» curez. Quelques-uns veulent leur arpent de
» terre; la majorité n'en veut point. En pren-
» dra qui voudra! Je leur ai fait donner tous

» les soirs une chandelle par chambrée. Il m'en
» faudrait pour les distribuer par livre à ceux
» qui m'en demanderaient, à la charge de les
» payer...... Murinais, ce matin, avait sur son
» corps son habit boutonné sans linge, pendant
» qu'on lave le peu qu'il a. L'eau est si rare et si
» mauvaise, que le plus grand service à leur ren-
» dre est de leur faire chercher quelques jarres
» pour la purifier. » On saura, vers la fin de ce
Journal, par quelles circonstances non prévues
nous eûmes connaissance de ces correspondances et de tous les secrets de l'administration.

Ceux de nous qui voulurent cultiver ne s'aperçurent pas d'abord que le plus grand obstacle
viendrait du climat. Bourdon, le plus ardent
de tous, demandait sérieusement des bœufs. Il
tourmentait l'ingénieur et le forgeron pour avoir
une charrue. Il voulait la conduire lui-même,
et quand on lui parlait de l'ardeur insupportable du soleil, il répondait qu'il fixerait un parasol sur l'essieu. Si j'eusse objecté le vent, il y
aurait adapté une caisse de cabriolet. Réduit à
la bêche, à la houe, il travailla sans relâche pendant plusieurs jours. Une maladie grave et longue l'arrêta soudainement ; d'autres furent in-
disposés. Celui dont la maladie nous causa de
trop justes alarmes, fut Murinais. Il était le plus
âgé, mais aussi un des plus robustes d'entre

CHAPITRE V.

nous ; sa constance, que les traitemens de la traversée n'avaient point ébranlée, le fut par une seconde déportation à Sinnamari. A son arrivée dans cette sauvage demeure, nous le vîmes soucieux, et lui-même il connut son danger ; mais, encore plein de vigueur, il demanda à être transporté à Cayenne. L'agent seul pouvait le permettre, et Murinais lui adressa une lettre dont ce qui suit est extrait :

Sinnamari, le 17 frimaire an VI.

« Citoyen agent, malgré l'inviolabilité de mon
» caractère de représentant, j'ai été compris dans
» une loi du 19 fructidor. Enfermé dans une
» cage de fer, et conduit par la force armée à
» Rochefort, j'ai été entassé dans l'entrepont
» d'une corvette, nourri comme soldat-matelot
» de vivres de la plus mauvaise qualité. Arrivé à
» Cayenne, je croyais qu'on n'aggraverait pas
» mon sort, en prolongeant ma détention, et en
» prononçant contre moi un nouvel ordre de
» déportation. Mais je me vois déporté provi-
» soirement à Sinnamari, où il n'existe plus
» qu'une vingtaine de familles luttant contre un
» climat brûlant et malsain.

» C'est là que vous venez de déporter seize
» citoyens, dont quatorze n'ont été ni accusés,
» ni entendus, ni jugés, et dont les jours seront

» abrégés par les privations et les incommodités
» sans nombre auxquelles vous les assujétissez.
» A mon âge et dans les circonstances présentes,
» on est peu effrayé de sa fin, et on désirerait
» même la voir approcher, mais je dois aussi à
» moi-même, et au caractère dont je suis encore
» revêtu, de vous prévenir, pour éviter toute dé-
» pense superflue, que je ne veux ni ne puis
» accepter aucune concession de terrain, qui
» puisse, sous aucun rapport, être regardée
» comme une indemnité ou comme un acquiesce-
» ment à la privation de ma liberté. Les anciens
» habitans ne peuvent eux-mêmes, faute de bras
» et de moyens, soutenir leurs cultures.

» En attendant que ma situation dépende de
» mon choix libre et volontaire, je resterai dans
» l'état de captivité où vous me tenez, et j'atten-
» drai de la justice du gouvernement, et de
» soixante-sept années d'une vie sans reproche,
» un sort moins malheureux, et qu'il ne tiendrait
» qu'à vous d'adoucir en ne consultant que la loi.

» D'AUBERJON-MURINAIS. »

L'agent écrivit, le 27, au commandant du poste, de dire au déporté Murinais que la copie de sa lettre serait envoyée au ministre par le premier bâtiment. La lettre d'un homme qui, se voyant mourir, demande du secours! C'était une ironie barbare; et le jour suivant, le chirurgien de Sinnamari écrivit qu'il n'y avait pas de temps à perdre pour le transporter à Cayenne. L'agent se courrouça, et, sans interrompre son jeu, il refusa d'un ton absolu.

Murinais avait d'abord tenté des travaux manuels; obligé, dès le troisième jour, de renoncer à sa bêche, privé, par la faiblesse de sa vue, de la faculté de lire, il était condamné à une inaction qui, dans notre situation, est aussi mortelle que le travail sous le soleil. Il n'avait pu trouver un jeu d'échecs; il commençait à en sculpter un, quand la fièvre le prit. Il était alors chez le maire de Sinnamari, mais il y manquait des choses nécessaires à un malade; et, dès le lendemain, on prit le parti de le transporter au poste commun. On amarra aux extrémités d'une perche les cordes d'un hamac. Le moribond y fut mis sous une couverture, et deux nègres le portèrent. Une famille d'Indiens était au milieu du chemin; ils étaient occupés à peindre leur corps avec du rocou; ils ne se détournèrent pas même pour faire place à ce triste convoi (1).

---

(1) C'est le sujet d'un dessin que j'ai fait à Sinnamari. M. Robert en a depuis peint le paysage; M. Perrin a peint les figures.

Sa famille était à deux mille lieues : je le suivais, avec mes compagnons, en songeant à la mienne.

Murinais était résigné ; j'allai le voir au milieu de la nuit ; il était étendu sur une paillasse, dans un lit sans rideaux ; une vieille négresse en écartait les insectes et les chauve-souris. Il me reconnut à la lueur de la lampe, et me regarda fixement, sans me parler. Il observa pendant deux jours, et jusqu'au dernier instant, un silence profond, comme pour ne laisser après lui aucune trace de ressentiment. Nous avons cependant retenu cette parole : « Plutôt mourir à Sinnamari » sans reproche, que vivre coupable à Pa- » ris. » Il meurt sur cette terre de proscription, lui à qui la nature destinait peut-être encore vingt ans de vie ! et la tyrannie l'enlève prématurément à la société, sans qu'aucun des siens ait pu lui fermer les yeux ! Il mourut le 27 frimaire (17 décembre 1797), le jour même où l'agent Jeannet lui faisait écrire que ses demandes seraient envoyées à Paris. Nous l'accompagnâmes jusqu'à la fosse. Des enfans et quelques femmes suivaient. Celles qui avaient connu ce bon vieillard pleuraient, s'agenouillèrent et récitèrent des prières. Le 1ᵉʳ nivôse (21 décembre 1797), l'agent lui fit expédier une permission de revenir à Cayenne. Il ne pouvait ignorer que depuis quatre jours la mort avait rendu sa permission inutile.

Chaque représentant du peuple avait un jeton d'argent, sur lequel cette qualité, ainsi que son nom, étaient gravés. Cette médaille fut enterrée avec Murinais.

Il est mort du chagrin que lui a causé un refus. Je n'ai rien à demander, et voilà une cause de mort écartée.

CHAPITRE SIXIÈME.

Occupation des déportés.—Le travail à la bêche et au soleil est mortel pour les arrivans. — Billaud-Varennes. —Vue et description de Sinnamari.—Insalubrité.—Tronson malade est forcé d'y rester.—Correspondance et communications interceptées.—Emploi de la journée. —Habitations des déportés.—Prix des comestibles et du travail.

Voila, ma chère Élise, des pages bien mélancoliques! tous nos momens ne sont pourtant pas consacrés au deuil. Je vous ai dit que, dans notre traversée, *la Vaillante* avait pris un navire anglais ; mais vous ne savez pas qu'il y avait sur cette prise des assortimens d'outils de menuiserie. J'achetai les plus nécessaires, et aujourd'hui j'ai l'avantage d'exercer mes bras à l'ombre, et sans sortir de chez moi. Je m'occupe à fabriquer différens petits meubles qui me coûteraient beaucoup, et que j'estimerais moins que ceux que j'ai faits. Je commençai par un cadran : on ne connaissait auparavant les heures ici que par le sablier ; cet instrument fragile est passé, à Sinnamari, des mains d'un vieillard, qui pour nous vole trop lentement, dans les mains des soldats du détachement. Ils sont chargés de sonner les heures du jour et de la nuit. Vous savez que les prodigues s'entendent fort mal à tenir les comptes : ceux-ci avancent ou retardent l'horloge au gré de leurs besoins, de leurs amusemens, de leur ennui. Quelques-uns des nègres du détachement ne savent compter que jusqu'à cinq, et, passé ce nombre, ils ne sonnent plus; mais eux et nous, avons beau faire, il faut que l'année ait son compte, et le jour ses vingt-quatre heures. Ceux qui connaissent le prix du temps inventèrent les clepsydres, les horloges, les montres. Mon cadran fut bientôt fini; mais les pluies commencèrent, et, souvent pendant plusieurs jours de suite, le soleil ne paraissait que dans des éclaircies.

Je fis ensuite un niveau, des règles, des équerres, un pupitre, une escabelle et beaucoup d'autres petits meubles grossiers, mais, tels qu'ils étaient, précieux pour un solitaire. J'entrepris même de fabriquer un violon, et il n'y a personne qui, en le voyant, ne dise : Voilà un violon, plutôt que : Voilà un sabot: Une brouette est aussi rare à Sinnamari. C'est un présent que la France dut à Pascal. Si la mienne réussit, j'en serai plus glorieux que d'avoir fait un violon. Je prenais grand plaisir à finir tous ces petits ouvrages, et ils contribuaient à me distraire. Mais un produit inestimable de mon industrie fut une étagère, un vrai corps de bibliothèque, dont je fis toutes les pièces. Malheureusement, quand il fallut les assembler, tout Sinnamari ne put me fournir quelques clous d'épingles nécessaires. Un faiseur de rébus me conseilla d'user de la ressource des mauvais poètes quand ils sont embarrassés. Le corps de bibliothèque fut donc lié par des chevilles. J'employais à ces ouvrages le baratta, les bois de lette, de satinet, l'acajou, le cèdre. Ils sont la plupart fort durs, et j'aurais donné vingt acajous, debout dans les forêts voisines, pour une planche de sapin.

Ce corps de bibliothèque vous surprend, car j'étais, en quittant la France, entièrement dépourvu de livres; mais la fortune répara ce malheur. J'en trouvai partout à emprunter ou à acheter. La prise anglaise fut la plus abondante source de nos richesses. Il y avait un assortiment de livres anglais et latins; et comme chacun de nous avait eu son lot, nous nous faisions des prêts, et j'étais sûr de ne pas manquer.

J'avais apporté quelques barriques de vin de Cayenne à Sinnamari. Mes camarades, mal approvisionnés, vinrent me demander de leur en vendre quelques bouteilles, et se montrèrent d'abord blessés de mes refus. Quelques jours se passèrent, et bientôt je vis arriver Pichegru avec une partie de ses livres. L'échange fut facilement conclu ; je fis d'autres trocs, et c'est ainsi que ma bibliothèque fut plus que triplée.

Pichegru était fort libéral du vin ainsi acquis. Nous étions quelquefois en contestation sur une bouteille de plus ou de moins, pour un Hérodote ou un Tite-Live ; semblables à beaucoup de négociateurs, un de nous d'eux croyant avoir dupé son adversaire, riait en secret de sa crédulité. Les convives de Pichegru se moquaient de ma simplicité, lorsque, faisant les honneurs de ses joyeux banquets, il leur disait : « Buvons un verre de mon Virgile, sablons une « strophe de mon Horace, une rasade à la mé- « moire d'Homère. » Pour moi, je croyais sincèrement m'être enrichi. Celui qui arrondit son domaine par l'acquisition de quelques arpens n'est pas plus heureux que moi, quand un nouvel ouvrage peut grossir ma collection, et je n'eus jamais tant de goût pour la lecture et le travail. Je n'éprouve rien de semblable dans une grande bibliothèque. Parmi tant d'ouvrages immortels, je ne sais auquel donner la préférence, et je renonce à lire. Suis-je tenté d'écrire ? il suffit, pour en perdre l'envie, de regarder autour de soi. Toutes les places sont prises. Qui oserait ajouter un seul volume aux cent mille ouvrages qui remplissent ces vastes dépôts, et parmi lesquels il y en a de très-beaux, qu'on ne lit cependant plus?

Désormais je n'ai à redouter, ni le désœuvrement, ni l'ennui. Pour la première fois, Virgile, Corneille, Racine, Horace, Cervantes, le Tasse, Pope, Bossuet, sont lus dans le voisinage d'une peuplade d'Indiens Galibis, et ces beaux génies exercent souvent à Sinnamari la superbe prérogative de nous consoler de l'injustice des hommes.

Les soirées nous semblaient longues. Il n'y a qu'une différence de douze minutes entre les jours les plus courts et les jours les plus longs. Il me fallait donc lire et écrire à la lampe; ma faible lumière était agitée par le vent, ou attirait mille insectes. Un bocal, ou même une lanterne de verre passait les bornes de mon industrie, et on n'aurait pas trouvé dans tout Sinnamari un carreau de verre grand comme la main. Madame Trion se souvint qu'il y avait sous le toit un vieux fanal, qui servait à son mari quand il faisait ses rondes et visitait les postes. Ce fut une trouvaille; et quoique cette machine couvrît la moitié de ma table, je me félicitai d'en avoir l'usage, et je fus le citoyen le mieux éclairé de Sinnamari. Ma chambre s'embellissait de jour en jour. Au lieu de ces tableaux dont je me plaisais à l'orner à Paris, des scies, des rabots, des équerres, des maillets tapissaient la muraille. Mon manteau fut converti en baldaquin, pour me défendre, à mon bureau, de la poussière du toit, et quelquefois même de l'eau qui en tombait; mes habits, mes bottes étaient pareillement étalés, car la chaleur, l'humidité, les vers détruisent tout ce qui n'est pas exposé à l'air.

29 *frimaire* (19 décembre 1797). — Quand nous fûmes transférés à Sinnamari, Lavilleheurnois resta seul à l'hôpital de Cayenne. Dès qu'il fut rétabli, il vint nous rejoindre, sous la garde d'un soldat. Il prit la chambre de Murinais, qu'on avait enterré quelques jours auparavant. Barthélemy, malade, eut la permission de se rendre à Cayenne.

Les hommes en place à Sinnamari étaient moins réservés dans les marques de leur intérêt que ceux de Cayenne, gênés par la présence de l'agent. Nous dînions chez eux, et eux chez nous, en toute liberté; on donna même une espèce de festin aux déportés. Vous ne comprendrez sûrement pas parmi les convives un autre déporté fameux, qui nous a tous précédés ici de quelques années : c'est Billaud-Varennes; et puisque je vous l'ai nommé, autant vaut ajouter quelques circonstances relatives à cette déportation. Vous savez qu'on y condamna

Collot, Billaud et Barrère, à la suite d'un jugement où ils eurent du moins la faculté de se défendre. Barrère s'évada; les deux autres apportèrent au gouverneur de la Guyane des lettres de recommandation. Celles du ministre de la marine étaient conçues d'une manière fort équivoque. On pouvait juger à son style qu'il redoutait l'instabilité de la fortune, qui, ainsi que d'autres que moi l'ont dit, relève souvent ceux qu'elle a renversés, et rend à la vertu les faveurs qu'elle ôte au crime. Après la mort de Collot-d'Herbois, Billaud-Varennes fut envoyé de Cayenne à Sinnamari. Il y débarqua le 27 octobre 1795. Le tonnerre, à cette époque, se fait rarement entendre; mais il gronda et éclata sur Sinnamari au moment de son débarquement. Les colons et les Indiens virent un prodige dans un accident naturel, et prétendirent que le ciel tonnait contre un grand coupable. Cet homme parvint difficilement à trouver une pension, et la maison où on le reçut fut aussitôt abandonnée par les amis qui la fréquentaient auparavant. Il la quitta quelque temps après notre arrivée, et fut, dès ce moment, réduit à une profonde solitude. Il s'amusait à faire parler une perruche, qu'il portait sur le poing dans ses promenades. Un jour, un oiseau de proie, appelé Pagani, fondit sur elle, et la dévora à ses yeux. Cette mort fit verser des larmes à celui qui prononça tant d'affreuses exécutions, et les vit d'un œil sec. Vous voudrez savoir comment il se comporte ici : sa conduite a toujours été réservée, décente, égale, et sans bassesse comme sans arrogance. Je ne lui ai jamais parlé, mais, quatre fois par jour, il passait devant ma case; c'était sans éviter et sans chercher ma vue; il me saluait d'un air simple et courtois. Son isolement devait être un supplice, quand il songeait à la cause qui éloignait de lui tout le monde. Si nous eussions ignoré son histoire, nous aurions pu le prendre pour un philosophe chagrin, mécontent de la race humaine, et qui, sans la haïr, se borne à la dédaigner.

2 *ventôse an VI* (20 février 1798).— C'est à trois mois de sa date, ma chère Élise, que je reçois votre lettre de frimaire an VI. Vous êtes plus touchée de mon bannissement que je ne dois le paraître moi-même. Je ne veux pas être plaint plus qu'il n'est nécessaire, et j'ai à cœur de dissiper une partie de vos inquiétudes. Je vais redire vos paroles pour mieux y répondre.
« La déportation, dites-vous, ôte un chef à sa
» famille, arrache la famille à son chef. Ma soli-
» tude doit être une insupportable calamité. »

Il est vrai, ma bien-aimée, que votre amitié

est pour moi un besoin de première nécessité, et ici rien ne peut me tenir lieu de votre présence.

Je suis même menacé d'une grande perte; Tronson est mourant; si j'excepte Barthélemy et Laffon, rien ne me rapproche des autres proscrits, et leurs habitudes ne les attirent point vers moi. Je m'attendais à être seul à Sinnamari, et déjà avancé en âge, la solitude me semblait doublement à redouter. Je veux cependant que vous appreniez par moi-même, que si je faisais cette grande perte, je serais un peu moins à plaindre que vous ne le pensez. Madame Trion me resterait : par bonheur, elle n'est plus jeune, et l'amitié entre nous a pu s'établir sans alarmer les plus scrupuleux. Loin de ce qui m'est le plus cher au monde, notre entretien n'a souvent pour objet que le malheur que j'ai d'être séparé de vous.

Les forêts, les cataractes, les rochers et les lieux les plus sauvages sont les trésors de la peinture. Le pays où nous sommes ne laisserait rien à désirer à Robert. Le bourg n'offre cependant pas des aspects variés, mais la rivière et ses bords méritent d'être dessinés. Ils sont couverts de verdure; les eaux, claires et pures quand elles coulent des montagnes, sont troublées par la vase quand la mer les refoule. Au-

CHAPITRE VI.

cune habitation, nul ouvrage de la main des hommes ne se présente aux yeux sur le rivage opposé. Une forêt profonde le borde, et la vue est arrêtée par ce rideau impénétrable.

Des Indiens et des noirs dans leurs canots, des pêcheurs dans leurs pirogues, donnent du mouvement à la scène; tout cela, me suis-je dit, est au bout de ces crayons et dans ces coquillages à couleur; il ne s'agit que de placer la rivière, les arbres, les cases et les hommes sur le papier; essayons : Sophie verra avec intérêt une image du lieu où son père fut déporté, et elle fera un jour une copie meilleure que le modèle. Je me livrai avec plaisir à cette nouvelle occupation. Je plaçai dans le tableau Murinais porté mourant dans un hamac, suivi de tous ses compagnons. Je fis plusieurs autres dessins; j'introduisis de la sorte quelque variété dans mes petits travaux, et j'eus une ressource de plus contre l'ennui.

Ce tableau resta pendant plusieurs jours exposé dans mon atelier. Beaucoup de curieux vinrent le voir, et les louanges me furent prodiguées. Je faisais aussi entrer chez moi les passans, sous quelque prétexte; mon tableau était là comme par hasard, et, de gré ou de force, ils remarquaient les beautés de cet ouvrage; mais Willot, qui est peintre comme moi, me refusa son admiration. Je ne vis dans son dédain que jalousie de métier. Les Indiens admirèrent beaucoup le groupe d'une famille de leur couleur; je leur en sus bon gré. J'éprouvai qu'à la Guyane, comme en Europe, on ne prend de la peine que pour être regardé, les uns par l'univers, et moi par les sauvages et les négrillons de Sinnamari. Je me mis aussi à peindre le portrait; mais n'étant pas encore grand coloriste, je crus prudent de commencer par celui de mon nègre Adonis. Je m'en tins même pour ce premier essai à un simple profil. Le nègre posa trois fois, et il ne se tenait pas d'aise de voir, à chaque séance, son portrait plus ressemblant. J'avais fini, tout le monde me félicitait sur la vérité de ce profil. Encouragé par ce succès, je me préparais déjà pour d'autres travaux, quand Adonis vint me demander une nouvelle séance. » Tout est fini, » lui dis-je. « Comment, fini! ci- » toyen déporté; vous donc pas voir que je ne » suis là qu'à moitié. Quand me ferez-vous l'au- » tre zieu et l'autre zoreille ? »

Parmi les écoles de peinture, ma petite Sophie, celle de Sinnamari n'est pas encore très-connue, mais j'en suis incontestablement le fondateur et le premier peintre.

Cultivez avec soin, ma chère Élise, les dispositions de Sophie pour le dessin : qui sait si les femmes ne seront pas un jour déportées comme les hommes? Jusque là le système de colonisation du citoyen Boulay demeure incomplet. Ne perdez pourtant pas de vue ce que je vous ai dit à ce sujet, à Blois. Quand notre enfant est privé de son père, vous n'avez pas le droit de lui ôter aussi sa mère; et si ma fille elle-même vous demandait à venir, j'use de mon autorité pour le lui interdire

Que Sophie, sans négliger les talens agréables, cultive tous ceux qui sont utiles. J'observe que ceux d'entre nous qui ont le plus travaillé à étendre leurs connaissances, ont aussi plus de moyens de combattre l'ennui, et même les maladies. Ils supportent leur malheur avec plus de constance, ils ne s'irritent ni contre la Providence, ni contre une injustice dont ils prévoient le terme.

Il est vrai que nous avons ici mille chances d'une mort prématurée, et, pour retourner en France, *il faut vivre*, c'est là le *hic*, dit notre juge de paix, et vous voyez bien qu'il sait le latin ; mais toutes mes infirmités se réduisent à une faiblesse de vue si grande, qu'il me faut quelquefois suspendre mon travail. Je suis néanmoins résigné à la mort, et c'est peut-être le moyen de prolonger ma vie.

Quelques voyageurs, après un mois de séjour

à Paris et à Londres, en ont fait la description. J'ai attendu plus long-temps pour faire la statistique de Sinnamari. Ce hameau est le chef-lieu d'un canton du même nom, où l'on compte cent quatre-vingts citoyens votans. La population de Sinnamari est composée d'environ cent dix individus de tout âge, sexe et couleur. Les habitans, presque tous dans le malaise, vivent ou de la pêche, ou de quelques cultures; celles-ci ont été tout à coup arrêtées dans leurs progrès par la révolution. Elles produisent aux plus riches un revenu de deux à trois mille livres, et à d'autres à peine le strict nécessaire. Le coton est la plus importante production de ce canton; il est remarquable par sa beauté, sa finesse et sa blancheur.

La rivière de Sinnamari, dont l'eau nous désaltère, dont le poisson est notre nourriture principale, a donné son nom au bourg où nous sommes. Elle a sa source dans les montagnes moyennes de la Guyane, à environ trente-cinq lieues de la mer. Les cataractes, les récifs, appelés *sauts*, ne permettent pas de naviguer au-delà de quinze lieues de son embouchure, si ce n'est dans des canots qui tirent peu d'eau. Les terres qu'elle baigne sont meilleures dans l'intérieur que vers la mer; mais les établissemens indiens y sont rares. Ils sont plus nombreux à mesure qu'on s'éloigne des lieux habités par les Européens.

Il ne faut pas attribuer toutes les maladies qui règnent actuellement aux intempéries du climat. Les habitans se rappellent leurs anciennes jouissances, et une aisance dont il ne reste plus de trace. Le chagrin de leurs pertes, des dangers toujours menaçans, voilà des causes trop naturelles de la fréquence des maladies à la Guyane. Ce pays est d'ailleurs malsain presque partout où l'on introduit de nouvelles cultures, et plus encore dans les lieux où il a fallu les abandonner. Les blancs sont, dans tous ces lieux, ou malades, ou près des rechutes; et la Guyane semble être pour notre race une vaste infirmerie, où tout l'art de la médecine consiste à différer la mort du patient.

Il y a d'autres fléaux dont l'homme le mieux portant ne peut se garantir. Ce sont des milliers d'insectes ailés, qui s'annoncent par des bourdonnemens précurseurs d'une piqûre venimeuse. Le linge, les habits, les livres, les papiers sont la proie des ravets, des poux de bois; heureusement nous avons les fourmis, les araignées et les scorpions, qui leur font bonne guerre. Mais ces auxiliaires nous sont aussi quelquefois fort à charge. L'araignée-crabe, les mille-pattes et d'autres bêtes, dont le venin est très-subtil, quoiqu'il ne soit pas mortel, sont plus communs ici qu'à Saint-Domingue, où ils vous ont souvent épouvantée. Les bains à la rivière ne sont pas sans danger, car les caïmans et les requins la remontent en été jusqu'au dessus de notre village. Les couleuvres d'eau sont plus communes et fort grosses, mais elles ne font pas de mal. Il y a ici des serpens à sonnettes semblables à ceux que j'ai vus aux États-Unis. On est persuadé, dans les deux pays, du pouvoir que les regards de ce reptile exercent sur d'autres animaux. Vous savez comment les chiques se cantonnent dans la chair; elles y multiplient et y font de terribles ravages, si on leur en laisse le temps. Mais je ne puis me taire sur les persécutions d'un autre insecte, qui, dans ce moment même, me vexe d'une manière insupportable. C'est le pou d'Agouti; fléau de l'Agouti, il l'est aussi, à la Guyane, de toutes les créatures terrestres, à l'exception des nègres, qu'il n'attaque point, et des Indiens, qui, en se teignant de rocou, en sont suffisamment garantis. Nous ne pouvons marcher sur l'herbe sans en être assaillis. La grande mouche à drague fait des piqûres plus sensibles, mais, ainsi que l'abeille, elle ne pique jamais que pour sa défense. Ces mouches s'obstinent à faire leurs cellules dans les maisons.

CHAPITRE VI.

J'ai inventé les bottines de gros papier contre tous ces ennemis des jambes humaines. Ma découverte est fort approuvée, et ces bottines sont à la mode. L'embarras, c'est d'en faire nous-mêmes une paire neuve tous les jours. On vient chez moi comme chez un bottier de profession.

Un jour, Lindor, nègre de madame Trion, après m'avoir rendu compte du travail de la journée, me dit, en s'en allant, qu'il avait tué un serpent. Je le rappelai, et lui demandai s'il était venimeux. — « Moi, crois pas. » — « Était-il grand? » — « Cinq ou six fois comme lit à vous, » c'est-à-dire trente à trente-cinq pieds. Il ajouta que cet animal femelle avait, en mourant, et avec d'horribles convulsions, mis deux serpens au jour; qu'il l'avait ouvert, et en avait trouvé neuf autres. Lindor me contait cet événement comme un fait très-ordinaire, et ne se doutait pas que c'était un exploit.

Je n'ai jamais vu de serpent qui eût plus de six à sept pieds.

Vous me demandez comment, au milieu de tant de tribulations, il est possible de se bien porter. D'abord, personne ne se porte bien; mais ceux d'entre nous qui ont un peu mieux résisté doivent beaucoup à leur résignation et à leur sobriété. Préparés à manquer de tout, il leur fut aisé de se contenter de peu. Ceux que l'abondance environne, qui dissipent les années dans la recherche du plaisir, apprendraient peut-être de nous en quoi consiste le bon emploi du temps, et que la tempérance est le meilleur médecin.

Je vous ai dit que plusieurs déportés avaient d'abord imaginé qu'ils pourraient eux-mêmes cultiver la terre; sept à huit prirent résolument la bêche et la houe, mais en peu de jours ils tombèrent tous malades. Vous connaîtrez successivement la destinée des uns et des autres. Aux ravages épouvantables que la mort fit parmi nous, vous jugerez que Sinnamari était le pays le plus malsain de la domination française. Le citoyen B... connaissait-il bien la force de ces paroles, qu'il proféra au conseil des cinq-cents : *Colonisons-les !* Autant eut-il valu dire : Commençons par les assassiner, et quand ils ne pourront plus répondre, nous prouverons que leur mort était juste. C'est pour nous *coloniser*, sans doute, que le directoire ordonna à son agent de nous placer sur des terres incultes, qui devaient nous être concédées. Le citoyen Jeannet envoya, en conséquence, un ingénieur à Sinnamari, pour nous annoncer que nous n'y étions que *provisoirement*. Cet officier avait ordre de mesurer, pour chacun de nous, un arpent de terre, dont la jouissance nous serait ôtée dès que nous serions prêts à nous établir sur les terres qu'on voulait nous donner à défricher. Cette offre était dérisoire; et si de tels ordres étaient émanés du ministre des colonies, ils annonçaient une profonde ignorance du régime colonial. Devions-nous rester à Sinnamari ? un arpent ne pouvait suffire pour aucune culture. Mais si, comme on nous l'annonçait, nous devions, dans peu de mois, être transférés ailleurs, il eût été insensé de consumer nos ressources et nos forces par des avances et des travaux sur une terre donnée à titre précaire, pour être abandonnée après le défrichement. Deux d'entre nous acceptèrent cette offre; un seul commença à cultiver, et en fut bientôt las. Le grand bétail, qui vague sans gardiens dans le poste, rompait les clôtures, dévorait les légumes, et détruisait en une nuit les travaux d'une décade.

Il y a des terres destinées aux grandes cultures, mais une loi récente en interdit les concessions jusqu'à la paix; interdiction inutile, personne n'en veut, et on voit de toutes parts des établissemens abandonnés au moment où ils commençaient à prospérer. Cette interdiction de concéder est un stratagème inventé par des hommes bien coupables, pour faire croire aux armées qu'on leur réserve des terres, et qu'elles leur seront distribuées à la paix. On n'envoie pas impunément des milliers d'hommes habiter et défricher des terres malsaines sous la ligne, sans moyens de culture, et les armées ne se laissent pas déporter. Et puis, où trouver en pareil nombre les femmes nécessaires?

L'ingénieur remonta la Sinnamari jusqu'au village indien de Simapo, pour y marquer, disait-il, le terrain qui nous était destiné. De retour, le jour suivant, il se transporta sur la rivière de Conanama, à quatre lieues ouest d'ici, pour y répéter la même simagrée. Il revint, et nous invita par écrit à déclarer sur laquelle des deux rivières nous voulions des concessions. Pichegru dit qu'il en demandait une où il y eut de l'indigo, du café, du sucre, des vignes, du gibier, de la pêche, et les hommes nécessaires à l'exploitation. Je promis de faire ma réponse après mon jugement. Nous ne pouvions regarder comme sérieuse la proposition d'aller, à notre âge, sous la ligne, sans capitaux, sans ouvriers, entreprendre des constructions, des édifices, des abatis, des défrichemens auxquels des hommes même robustes succombent le plus souvent.

Les maladies faisaient des progrès parmi nous. Tronson avait des infirmités compliquées, et les médecins prononcèrent qu'elles ne pouvaient être traitées qu'à l'hôpital de Cayenne; il écrivit à Jeannet, le 25 pluviôse an VI (13 février 1798), la lettre suivante :

« C'est à vous-même que je veux m'adresser, » car il n'est pas possible, qu'instruit de mon » état, vous me refusiez d'aller à Cayenne; le » refus me mettrait au désespoir, et *serait un ar-* » *rêt de mort.* Il n'y a ici rien de ce qui est né- » cessaire pour une maladie aussi compliquée » que la mienne. Le mauvais air, d'ailleurs, et » l'humidité contrarieraient l'effet des remèdes. » Il ne s'agit point de m'accorder un privilège. » Tout homme, en pareil cas, a le droit de » vous demander son transport à Cayenne. »

Le citoyen Jeannet trouva plus simple de lui envoyer de Cayenne un médecin, à qui cette mission ne plut guère. Tronson écrivit une seconde lettre, ainsi conçue: « 4 ventôse an VI » (22 février 1798). — Ce n'est pas un médecin » de plus qu'il me faut, mais un air pur et des » moyens de guérison que je ne puis avoir ici, » du bouillon, des bains, des soins domestiques, » c'est-à-dire tout ce qu'il est impossible de se » procurer à Sinnamari. Le local est excessive- » ment humide et marécageux; tout manque et » ne peut être suppléé; vous pouvez d'un seul » mot trancher la difficulté. Ce mot, le direz- » vous? vous en êtes le maître. S'il faut rester,

» je me résignerai, *quoique convaincu que j'en*
» *serai la victime*. J'attends votre réponse avec
» confiance, car l'humanité vous la dicte. »

Le malheureux ne put rien obtenir. Il se débattait déjà contre la mort ; mais il eut encore à souffrir pendant quelque temps. Nous comprîmes qu'il fallait tirer toutes nos ressources de nous-mêmes, et ne nous laisser aller ni à l'abattement ni au découragement.

L'administration mettait une grande importance à nous cacher la vérité. Les gazettes américaines ne nous arrivaient que par des voies indirectes et mystérieuses. Nous fûmes, depuis notre départ de France, six mois sans avoir des nouvelles. Vers cette époque, nous reçûmes de Surinam des gazettes hollandaises. Pour pouvoir les déchiffrer, il fallut apprendre cette langue; les nuits même furent employées à cette étude; mais ce ne fut pas une longue affaire. J'aurais appris le syriaque pour savoir des nouvelles. Toute communication avec la France était pour ainsi dire interrompue, et la correspondance, même par les neutres, était fort hasardée. Ils ne se chargent pas volontiers de lettres, ou ils les jettent à la mer à la moindre poursuite, de peur qu'elles ne deviennent des prétextes ou des motifs de saisie et de condamnation de leurs navires et cargaisons. Cette longue incertitude sur la destinée de tout ce qui nous était cher aggravait notre malheur. Votre situation, à cet égard, ma chère Élise, est peut-être pire que la mienne. Par une barbarie gratuite, on vous a laissé ignorer où j'existe, si même j'existe. Vos pensées sont errantes sur tous les lieux du globe. Pour moi, moins incertain, je me figure ici tout ce qui vous occupe. Je vois l'emploi utile de votre temps, la paix mélancolique et solitaire de votre maison, les leçons données à notre enfant, les soins domestiques auxquels vous l'habituez. Tous les matins, Sophie venait nous embrasser et déjeuner avec nous. Je l'entends nous raconter une fable, et nous demander une histoire. Mais ici, je prends souvent seul ce repas, si aimable et si gai quand nous étions trois.

Encore une fois, cependant, n'allez pas me croire plus à plaindre que je ne le suis. Otez de mes souvenirs notre enfant et sa mère, je pourrais me croire ici avec mes parens. J'éprouve chez madame Trion les soins de l'hospitalité, et toute sa conduite prouve à quel point la bienveillance lui est naturelle. Bien accueilli dès le premier jour, j'ai constamment trouvé chez elle tout ce qu'on peut avoir dans un lieu aussi sauvage. On n'est ni gêné, ni embarrassé de ma présence. Si j'ai été absent une partie du jour, on paraît content de me revoir. La petite peuplade de Sinnamari s'empresse à nous donner des preuves d'affection. Le nom de déporté est une distinction honorable, et l'on ne voit dans notre bannissement qu'une vengeance politique. Je me suis, à cette occasion, rappelé bien souvent votre excellent ami le vieux Benezech, de Philadelphie. Ce bon et vertueux quaker portait avec orgueil le titre de réfugié, que l'on avait donné aux protestans fugitifs de France. Je ne l'ai jamais vu montrer de vanité, si ce n'est quand il pouvait parler de son père mis aux galères, de ses parens persécutés pour cause de religion. La vénération que nous attirait une infortune non méritée nous était marquée par les soldats, par les nègres, et même par des étrangers qui ne faisaient que traverser Sinnamari. Ils venaient nous voir comme on visite des ruines, ou pour nous offrir des consolations. Il y avait au bas de notre rivière un parlementaire. Un jour, de grand matin, comme j'ouvrais mon volet, deux matelots de ce bâtiment passaient, et un d'eux, me saluant, me dit: « Puissiez-» vous revoir bientôt votre pays et votre famille! » L'autre ajouta: « Voilà comme nous pensons » tous; » et ils poursuivirent leur chemin. Ces paroles me réjouirent pour toute la journée.

Vous ne serez pas étonnée de me voir levé d'aussi grand matin, quand je vous aurai appris l'heure du coucher. Voyons comment se passe la journée, et d'abord il faut que vous sachiez où chacun est logé. Je vous envoie le plan de Sinnamari. Je l'ai levé pour vous, par un temps où le soleil était caché. Ce chef-lieu de canton n'a guère plus de cent toises en carré, dans sa partie habitée. C'est une ville de huit à dix arpens d'étendue, et les jardins prennent plus des neuf dixièmes de cet espace.

Le pavillon appelé le Gouvernement ne pouvait nous contenir tous, et au bout de quelques mois, il n'y eut plus que dix personnes dans cette maison. Rovère et Bourdon, que leurs goûts et leurs habitudes semblaient devoir séparer, étaient réunis par leur désertion du parti auquel tous deux avaient été attachés.

La patience et la flexibilité de Rovère, et l'usage qu'il avait du monde, lui rendaient supportables les emportemens et la pétulance de son compagnon; mais il était souvent obsédé de la société de cet homme, qui ne pouvait ni lire ni écrire, et qui s'en dédommageait par du *parlage*. Ils demeuraient et faisaient ménage ensemble.

Pichegru réunissait le soir Aubry, Delarue, Ramel; il s'exerçait sans cesse à tirer de l'arc, à conduire un canot, et il y était devenu aussi adroit qu'un Indien. Sa persévérance à ces exercices me fit penser qu'il se préparait à fuir déguisé en Galibi, si on peut appeler déguisement la nudité et l'application de quelques couches de rocou sur la peau. Au reste, il n'usa point de ce stratagème.

Delarue habitait une case louée.

Barthélemy, toléré pendant quelque temps par Jeannet à Cayenne, avait été contraint de revenir à Sinnamari. Il demeurait, ainsi que son fidèle domestique, dans la case du Gouvernement, avec huit autres déportés. Ils y étaient fort gênés, quoique réduits de seize à dix. Vous verrez tous ces détails sur le plan du bourg et de ses environs.

Nous avions la liberté de nous lever quand nous voulions; les plus diligens devançaient l'aurore. Les premières heures de la matinée, et celles qui suivent le déjeuner, étaient employées à lire, à écrire, à dessiner. Lavilleheurnois donnait des leçons d'anglais à Tronson, qui s'y livrait laborieusement; il en donnait aussi au général Pichegru, qui n'en faisait qu'un jeu; mais le soldat laissait bien loin derrière lui l'homme de cabinet. Quelques-uns faisaient de petits ouvrages de menuiserie ou de marqueterie. Il n'était plus question de culture. L'art dont autrefois nous eussions fait le moins de cas, était à Sinnamari le plus utile et le plus prisé. Un mauvais charpentier s'y tirerait mieux d'affaire que le plus habile orateur, et il y avait tels d'entre nous qui eussent troqué tout le droit public de l'Europe et toute leur science militaire contre la force ou l'adresse nécessaire pour construire et gouverner un canot. Il y a cependant d'autres professions moins rudes dans lesquelles il est plus facile d'exceller. Enlevés précipitamment de la prison du Temple, embarqués avec des précautions barbares, nous étions tous fort mal pourvus d'habits. Nous prîmes le parti d'en faire nous-mêmes de neufs, et de *rajeunir* les vieux. Willot n'est pas aussi bon tailleur que moi. Nous sommes rivaux dans tous les arts.

Un travail d'utilité publique me semblait préférable à tous les autres. J'entrepris de convertir en promenades et en communications faciles les rues de Sinnamari, jusqu'alors bourbeuses et impraticables dans le temps des pluies. Les routes que j'ai fait ouvrir à Saint-Domingue ne m'ont pas occupé plus agréablement; j'étais levé avant le jour, j'animais les nègres par de petites libéralités; je leur rendais familier l'usage des voyans, des jalons, du niveau. Je m'admirais dans mes succès. Je demandais avec orgueil aux censeurs ce qu'ils pensaient de leur objection de la veille. Je me trouvais heureux de laisser après moi quelque bien. Pichegru, Aubry, D'Ossonville prenaient plaisir à me seconder. Quand ils eurent quitté Sinnamari, j'eus pour piqueurs, au lieu de généraux, des curés, des chanoines et des grands-vicaires.

Les déjeuners étaient ordinairement pris séparément, mais on se réunissait quelquefois, suivant les liaisons. L'abbé Brottier, qu'on appelait le commissaire du roi, était mal avec tous les partis. Il avait trouvé le moyen de hanter un autre déporté, unique ici dans son espèce. Cette liaison avec Billaud avait le plus contribué à nous éloigner de Brotier.

Le général Willot, sans habiter chez madame Trion, était avec moi son pensionnaire, et nous étions débarrassés du soin d'apprêter notre subsistance. Réduits quelquefois à faire petite chère, nous avions recours à de mauvaises salaisons. Mais Willot, homme d'esprit, d'une société douce et gaie, avait aussi un talent dont je m'accommodais fort, et qui est très-utile en déportation. Il faisait en perfection le macaroni et quelques plats d'entremets. Je profitais de son habileté, et je conviens que ce fut sans pouvoir y atteindre. Les autres déportés étaient pour la plupart du temps mal pourvus de vivres. Ils avaient d'abord employé des Indiens à chasser et à pêcher pour eux, mais ils y renoncèrent bientôt. L'abondance régnait un jour ou deux, il y avait ensuite disette ; c'est vivre comme les Indiens eux-mêmes, et rien n'est plus dangereux pour nous que leurs excès ou leurs irrégularités. La tempérance, nécessaire partout, est commandée ici sous peine de mort.

Quelquefois aussi un habitant tue un bœuf, une vache ou un mouton. C'est à coups de fusil qu'on abat le grand bétail ; souvent l'animal mutilé fuit dans les bois, où il faut de nouveau le poursuivre. On le met en quartiers sur la place où il a expiré. Des nègres apportent ou traînent les morceaux jusqu'au poste : vous jugez quelle viande cela peut donner. Les chasseurs tuent des pièces de gibier grand et petit ; mais rien n'est plus rare, et cette prétendue abondance, si vantée par les voyageurs, n'est connue ni à Sinnamari ni à Cayenne. On ne s'avise pas de chasser pour son plaisir; quant au profit, il ne paie pas toujours la peine. Les tortues de mer sont assez communes dans une saison de l'année. Celles de terre, beaucoup plus petites, se trouvent en tout temps; mais elles sont rares. C'est un mets sain et quelquefois délicat. La volaille est encore une ressource, mais elle exige de grands soins. Nos cases étant constamment ouvertes, nous sommes souvent importunés de la visite des mères et des couvées. Elles ne se retirent qu'après avoir reçu une poignée de riz ou de millet. Laffon a trois ou quatre poules couveuses dans sa chambre.

Nous avons, suivant les saisons, des oranges, des mangues, des bananes, et plusieurs autres fruits fort bons. Moins délicats que ceux d'Europe, ils sont cependant savoureux, rafraîchissans et assez sains. Il y a, pendant le mois de juin, une grande abondance d'ananas, d'un goût exquis. « Le bon pays ! disait un matelot, les porcs y sont nourris d'ananas et d'oranges, et les oies avec du riz au lait. »

Avant l'évasion de huit déportés, et la mort de six autres, nous nous assemblions, au nombre de quatre ou cinq, chez l'un de nous, et plus communément dans la chambre qu'habitaient Tronson, Barthélemy et Laffon. On causait, on revenait sur le passé, on prédisait l'avenir. Si la prédiction ne s'accomplissait pas, le prophète en était quitte pour garder un silence prudent et modeste. Si elle s'accomplissait, il se félicitait de sa pénétration, et ne manquait pas de dire : « je l'avais bien prévu. » J'aurais fait comme un autre, si je ne me fusse rappelé l'histoire de votre meunière, à qui son mari, las de ses prédictions posthumes, vint dire : « Le che-
» val a mangé la meule du moulin. » — « Ce
» n'est pas ma faute, je te l'avais bien dit. » Ce-

lui qui prédit sans cesse est quelquefois prophète. Rovère, qui voulait avoir tout prévu, nous disait un jour : « J'avais tout annoncé aux » commissions des inspecteurs de nos conseils, » et j'étais sûr de mon fait. » Tronson lui répondit : « Il ne fallait pas annoncer, il fallait con-» vaincre. » Tronson nous faisait des lectures; nous étions, par bonheur, en possession des Lettres Provinciales. Il les lisait parfaitement. Je n'ai pas pris plus de plaisir à voir représenter Phèdre qu'à l'entendre réciter par Tronson.

Les déportés étaient à Sinnamari tout aussi peu unis que dans les conseils et nous y représentions, comme par extraits, les élémens inconciliables de la révolution. Souvent nos débats s'établissaient sur un fait dont nous avions tous été les témoins, et cependant nous ne pûmes presque jamais nous accorder.

On soupe à sept heures; on se promène ensuite, si le temps le permet. Nous voilà à la fin de la journée, et vous concevez comment, couchés à neuf ou dix heures du soir, il ne faut pas être fort diligent pour se lever à cinq ou six. On ne peut cependant, par une belle nuit d'été, se retirer de bonne heure, sans regret. Le firmament brille d'un éclat extraordinaire. Les astres ont un feu plus scintillant, et l'atmosphère, plus transparente ici qu'en Europe, laisse arriver jusqu'aux yeux la lumière des moindres étoiles. Les planètes donnent plus de clarté, et la lune, dans certains temps, réfléchit des rayons si vifs, que l'œil a peine à la fixer. La terre est couverte de mouches lumineuses, et ces petits météores sont si multipliés qu'ils éclairent le lieu dans lequel ils sont rassemblés. On emploierait ces belles nuits à veiller, s'il était possible de dormir pendant le jour; mais l'extrême chaleur ne le permet pas. Au moment où je vous écris, une transpiration excessive me réduit à une faiblesse générale. Un vent sec et brûlant soulève une poussière impalpable; elle se mêle à l'air que je respire, et pénètre jusqu'à mon corps, à travers mes vêtemens.

Quelques déportés ne négligeaient pas une seule des distractions qu'ils croyaient propres à rendre leur bannissement plus supportable. Tronson en montra de l'inquiétude. Il craignait que cela ne fît un très-mauvais effet à Paris. »Soyez tranquille à cet égard, lui dis-je; Paris »est toujours un lieu de plaisir et de dissipation, »et à l'exception de quelques maisons, qu'on »peut compter, on ne s'y embarrasse guère si nos »jeunes déportés augmentent ou non la race mé- »tisse à la Guyane.» Puisque vous voulez et devez savoir tout ce que je fais, vous n'ignorerez plus rien, en apprenant que je passe sept à huit heures avec mes compagnons et dans mon cabinet, et environ deux avec mes hôtes. Quelquefois aussi je lime, je scie et pousse le rabot. Rodrigue, neveu de madame Trion, est honnête, attentif, et aussi peu causeur que les Indiens, dont il a tous les talens, sans avoir un seul de leurs défauts. Les maîtres de cette maison ont une des qualités que j'aimais le plus dans les hôtes de la mienne : un caractère égal.

La livre de poisson coûte ici trois ou quatre sous tournois, et la viande, quand il y en a., neuf à dix sous, ainsi que le pain. Les comestibles plus délicats, tels que la volaille, sont un peu moins chers qu'à Paris. Tout ce qui est l'ouvrage de l'art coûte des prix exorbitans. Un ouvrier d'un talent médiocre demande six livres pour sa journée. Il y avait un prix fait de dix-huit livres tournois pour la seule façon de nos cercueils; il en coûtait autant pour la fosse, et nous en fîmes beaucoup faire.

D'un autre côté, le sol est presque sans valeur. J'ai uv vendre pour cent vingt livres tournois un terrain d'environ un quart d'arpent, situé au milieu du bourg, avec une case.

La société est ici composée du maire, d'un juge de paix, du commandant, du chirurgien et de trois ou quatre cabaretiers et boutiquiers. La plupart sont mariés, et ont des enfans. Nous sommes assez bien avec tout le monde. Cette petite peuplade provient, en partie, des Français et des Allemands que le gouvernement fit passer ici, en 1764. Cette déplorable expédition a donné à la Guyane une bien mauvaise réputation. Elle est regardée comme désolée par une contagion perpétuelle. Ce pays dut naturellement s'offrir à l'idée de ceux qui conçurent notre déportation.

Et vous, Élise, quels lieux habitez-vous? Parcourez-vous quelquefois, avec Sophie, le vallon écarté et solitaire de *Bérupt*? Vous demande-t-elle de la mener vers cette prairie que traverse le *joli ruisseau?* Cherche-t-elle dans le troupeau la brebis qui arrachait de ses mains l'herbe qu'elle feignait de retenir? Va-t-elle prendre part au déjeuner des enfans de la fermière? Qu'il me soit permis un jour d'habiter avec vous le petit manoir de cette métairie; et si nous sommes dépouillés du reste, si la vue du château excite mes regrets, ils s'apaiseront au souvenir de Sinnamari.

CHAPITRE SEPTIÈME.

Voyage de cinq déportés à Simapo, peuplade d'Indiens. —Festins : ivresse des indigènes, leurs habitations, leurs usages, leur industrie.—Histoire d'un Indien formant une société à part.—Leurs pratiques et leur régime dans les maladies.—Des Indiens. Sauvages de l'Amérique, et particulièrement de ceux de la Guyane française.—Retour à Sinnamari.

Les Indiens Galibis ont leurs villages épars dans les forêts qui avoisinent les Guyanes française et hollandaise. Il y en a une petite peuplade à trois lieues de Sinnamari. C'est la tribu de Simapo. Les Indiens viennent fréquemment ici de différens endroits, soit pour la pêche ou la chasse, soit pour servir, comme rameurs, les caboteurs dans les voyages que ceux-ci font à Cayenne ou à Surinam. J'ai visité, il y a quatorze ans, dans leurs forêts, les Indiens voisins du Canada et des grands lacs, et j'étais curieux de voir les Galibis, à Simapo. Cette peuplade aurait encore son innocence et sa barbarie originelles, si le voisinage des blancs ne l'avait à la fois un peu civilisée et fort corrompue. Malgré ces changemens, et après deux cent-cinquante années, le caractère primitif prédomine.

Nous désirions de voir leur état naturel sur les lieux mêmes. Ces excursions nous étaient permises, et je crois que le directoire eût appris sans regret que nous étions perdus parmi les sauvages.

Pichegru, Laffon, Willot, Rodrigue Trion et moi, nous fîmes la partie d'aller à Simapo. Il n'y a par terre que deux à trois lieues d'ici à ce village; mais le chemin est peu praticable. Nous préférâmes la rivière, quoiqu'il y ait cinq lieues par cette voie. Tronson eut une lueur de santé. Il désira être du voyage, et nous vîmes avec satisfaction qu'il pouvait en supporter les petites fatigues.

5 *pluviôse an VI* (24 janvier 1798). — Nous partîmes avant le jour, par un beau temps. La marée nous portait. Nous avions trois bons rameurs, et cependant nous fûmes cinq heures en route. Nous trouvâmes les Indiens *en boisson*. Nous eûmes occasion de voir un de ces festins dégoûtans et brutaux dont les liqueurs fermentées font les frais, et qui ne sont qu'un état d'ivresse qui dure plusieurs jours. C'était une fête qu'ils rendaient à ceux d'une tribu voisine, car ils s'invitent réciproquement, et c'est dans ces orgies circulaires que le temps s'écoule. On trouve bien, parmi les peuples civilisés, des gourmands qui se plaisent aussi à de fréquens ban-

quets, mais ce n'est pas, comme ici, la société tout entière. Ils ne nous attendaient pas ; notre apparition les déconcerta, et Rodrigue nous dit qu'à la vue de nos deux pirogues et des fusils que nous portions ils avaient d'abord pris l'alarme, et s'étaient imaginé que nous remontions pour fuir les Anglais, débarqués sur la côte en force supérieure. On leur a inspiré une grande haine contre cette nation. Telle était la politique réciproque des Français et des Anglais, quand nous étions possesseurs de la Louisiane et du Canada. Rodrigue les rassura, et leur vieux capitaine se détacha de la fête, avec un peu de répugnance cependant, pour venir nous recevoir. Il nous installa dans le *tapouï*. On appelle de ce nom la case commune, et il nous dit que nous en avions l'entière disposition; mais ni lui, ni aucun Indien ne s'occupa de notre dîner, et il fallut y songer nous-mêmes. Nous avions apporté du pain et du vin. Deux de nos nègres abattirent à coups de hache un chou-palmiste dans la forêt. Les Indiens aperçurent des bouteilles de tafia dans nos bagages, et vinrent alors nous proposer des poules en échange; mais ces volailles et les autres articles qu'ils nous vendirent ne nous furent livrés que quand ils tinrent nos bouteilles. A coup sûr, les blancs leur ont donné des leçons pour se garantir contre la fraude.

Les hamacs sont les sièges ordinaires des Indiens. Ils s'y asseyent, ils y prennent leurs repas, ils y dorment, et dans quelque lieu que la nuit ou le besoin de reposer les surprenne, il leur suffit d'y trouver un arbre pour attacher le tissu de coton qui leur sert de lit, et ils sont sûrs d'être logés. Nos hamacs furent d'abord placés; nous eûmes aussi trois sièges d'une forme bizarre; un coffre, de fabrique hollandaise, était là par hasard, et nous servit de table. Le vieux capitaine dîna avec nous; il avait à la main ou près de lui sa canne de commandement; les chefs ou capitaines la recoivent du gouvernement français, lorsqu'ils ont été élus par leurs compagnons. Après notre dîner, nous allâmes les voir manger, ou, pour parler plus exactement, voir une de leurs scènes de boisson. La fête avait commencé la veille, de grand matin, et elle devait durer encore quelques jours, jusqu'à ce qu'ils eussent épuisé cinq grands vases, de terre cuite, remplis chacun d'environ deux cents pintes d'un breuvage fermenté, qu'ils appellent *vicou*. Il est composé des sucs de quelques plantes, et surtout de cassave infusée. Ces fêtes finissent quand on a tout bu. On ne réserve rien pour les absens, et c'est pour cette cause que personne ne voulut aller à la chasse ou à la pêche pour nous, quoique le village touche d'un

CHAPITRE VII.

côté à la forêt, et soit baigné de l'autre par le Sinnamari. Soit ivresse, soit indifférence, ils ne parurent pas s'apercevoir de notre présence, et ils continuèrent la fête, sans s'embarrasser des témoins. Les femmes seules parurent un peu plus attentives. Les hommes, assis ou couchés sur leurs hamacs, recevaient d'elles des jattes pleines de *vicou*; à peine avaient-ils bu, qu'ils se faisaient vomir, pour boire de nouveau. Nous remarquâmes un vieillard devant lequel étaient deux femmes debout; elles se tenaient embrassées d'une main posée sur l'épaule l'une de l'autre, et portaient un enfant sur les deux autres mains entrelacées. Elles formaient un groupe qui ne manquait pas d'agrément. Elles chantaient, et, sans sortir de place, elles se portaient en cadence d'un pied sur l'autre. L'homme assis les écoutait et les regardait fixement. Une ivresse profonde avait rendu ses yeux humides et rouges, et il semblait égaré. Il tenait aussi un enfant sur ses genoux, et lui enseignait à bien boire. D'une main, qu'il n'étendit pas sans peine vers nous, il nous présenta la coupe où il avait bu. D'autres donnaient à leurs femmes ce qui restait au fond du vase, et elles se soûlaient à leur tour. Le capitaine, vieillard de soixante-dix ans, ne nous avait pas quittés, et il avait été sobre depuis notre arrivée; mais il ne put résister en revoyant le festin, et se remit à boire avec les autres. Il nous importunait sans cesse pour avoir du tafia; nous en fûmes avares, car on nous avait avertis que l'excès de cette liqueur donnerait lieu à quelque scène violente.

Les femmes, en présence des hommes, nous baisèrent à la bouche, non sans un petit inconvénient, qui vient de la manière de parer leur menton. Elles percent, au-dessous de leur lèvre inférieure, un trou assez grand pour y faire passer un faisceau de huit à dix épingles. Elles les font entrer par la bouche, de sorte que les têtes touchent le bas de leur gencive inférieure; les pointes sortent en dehors, et, retombant sur le bas de leur menton, s'agitent comme une touffe de barbe, quand elles mangent ou parlent.

Les Indiennes sont, en général, d'une petite stature. Les jeunes filles sont assez bien faites; mais les proportions sont bientôt détruites par le travail, et par l'usage où sont tous les peuples non civilisés de faire porter par les femmes de lourds fardeaux, soit sur la tête, soit sur les épaules. Les femmes galibis ont une coutume inconnue dans le reste de l'Amérique. Dès l'âge de deux ou trois mois, elles ont les jambes entourées de bandelettes ou jarretières en deux endroits, l'une au-dessous du genou, l'autre au-dessus de la cheville. Ce tissu ne les quitte point, quand même la jambe grossit. Ces parties, ainsi pressées et contenues, restent fort menues. La chair, refoulée entre les deux ligatures, forme un large bourrelet vers le milieu du tibia ; le mollet, au lieu d'être en arrière, se répand tout autour de la jambe, qui prend la forme d'un fuseau à dentelle, ou d'une colonne de balustrade ; et cette difformité charme les yeux d'un Galibi. Les femmes cessent, pendant leur veuvage, de porter ces bandes. Elles marquent aussi leur douleur en coupant leurs cheveux, tandis que les autres femmes et les filles les laissent croître et tomber sans art sur leur sein et sur leurs épaules. Il est d'usage chez les peuples barbares que les femmes donnent des témoignages extraordinaires de douleur à la mort de leurs maris. Cette coutume s'est même perpétuée chez quelques nations, après leur civilisation. Solon défendit aux Athéniennes de déchirer leur visage, de meurtrir leur sein aux funérailles, et d'ensevelir les morts avec plus de trois robes. Les jésuites parvinrent à cette réforme par la religion, et elle eut sur les Indiennes le même empire que les lois sur les Athéniennes.

Elles ont autour de leurs bras et à leur cou des colliers de rassade : elles y suspendent des dents de tigre, ou de quelques autres animaux féroces, et des pièces de monnaie de cuivre ou d'argent.

Elles se couvrent quelquefois d'un voile, ou de quelques aunes de toile peinte; mais plus habituellement, et même quand elles sont parmi nous, le vêtement de la Galibi la plus modeste ne consiste qu'en un petit morceau de toile de coton grand comme une feuille de figuier. Ce n'est pas qu'elles dédaignent de se parer, mais elles ont un goût assez bizarre dans leurs parures. A Sinnamari et dans leurs villages, elles ne manquent pas, quand elles doivent être vues, de se peindre de rocou, depuis le sommet de la tête jusque sous les pieds. Lorsqu'elles viennent au bourg, la cruche aux couleurs et la brosse de coton sont tirées de la pirogue tout en débarquant. Elles prennent tour à tour le pinceau, et se rendent le service réciproque de se colorer de rocou. Cette graine, broyée avec de l'huile de carapat, prend sur la peau des hommes et des femmes la couleur de la brique. Elle les garantit efficacement de la piqûre des insectes, dont le dard nous atteint même à travers nos vêtemens. Sur ce fond rouge, on dessine avec une couleur brune des figures au trait. On voit dans leur irrégularité une sorte de symétrie, et cet assemblage de spirales, de losanges, de serpens, d'oiseaux, de feuilles, rappelle, malgré sa grossièreté, les dessins arabesques. Celle qui peint est assise, l'autre, à genoux ou debout, présente les bras, les jambes, et se retourne pour faire peindre le devant, quand le dos et le derrière sont achevés. Notre présence ne les gêne point. Notre attention les fait quelquefois sourire. Au moyen de cette couche de rocou, et des figures qui y sont tracées, elles se croient à la fois parées et vêtues. Leur modestie et leur coquetterie satisfaites, elles paraissent avec une entière assurance. Une Galibi fort belle entra un jour chez moi, au moment où elle venait d'être ainsi *tapirée ;* elle tenait l'arc et les flèches de son mari. C'était comme une Bacchante ayant un thyrse à la main. Elles rendent aussi quelquefois aux hommes le service de les peindre, et rien n'est oublié.

L'homme est habituellement sans vêtement, à l'exception d'un pagne de six pouces en carré. Quelques-uns portent un grand morceau d'étoffe étroit et long. Tantôt ils le laissent flotter et descendre à terre, tantôt ils le replient et le jettent sur l'une ou l'autre épaule, comme la draperie de l'Apollon du Belvédère. Ils ne sont pas grands, mais ils sont bien proportionnés et robustes. Ils se tiennent fort droits, sans aucun air de contrainte, et nos soldats, bien roides et bien empesés, ont mauvaise grace auprès d'eux. Leurs dents sont blanches et fort belles, sauf cependant les accidens des rixes et des coups,

Leur chevelure, épaisse, courte et plate, ne blanchit pas, même avec l'âge. Une vieille Indienne, qui exerce à Cayenne la profession de sage-femme, m'a assuré qu'elle n'avait jamais vu naître d'Indien qui n'eût des cheveux, quelquefois même longs d'un pouce. On m'a dit aussi qu'il n'y avait pas un seul indigène aux cheveux blonds, roux ou cendrés. On les croirait imberbes; mais ils s'épilent ou se rasent aussitôt que la barbe vient à paraître. Ils ne gardent pas un poil des sourcils. Il sont, dans leurs cases bien plus fréquemment que les femmes, le miroir et la pincette à la main.

On ne les voit presque jamais sans leur arc, leurs flèches, leur casse-tête et une calebasse. Quelques-uns ont aussi dans leur équipage une flûte, faite d'un gros roseau; elle n'a que trois trous; elle rend des sons graves, mélancoliques et doux. Un seule n'est pas désagréable à entendre; mais ils ne savent pas en mettre plusieurs à l'unisson, à l'octave, ou tirer de quelques flûtes réunies des accords capables de plaire a l'oreille. Leurs concerts ne sont qu'une bruyante cacophonie.

Les hommes n'étalent point de douleur à la mort de leurs femmes. Esclaves pendant leur vie, elles excitent rarement des regrets à leur mort. Je crois que cette indifférence, et même cette oppression, est une des principales causes qui, pendant tant de siècles, a retenu ces peuples dans leur misérable état de barbarie. Partout les arts, les sciences, et tout ce qui embellit la vie de l'homme, semblent être le prix de l'égalité entre les sexes. Ici, les femmes, presque aussi féroces que les hommes, n'ont aucun moyen et n'ont pas même le désir d'adoucir les mœurs de leurs sauvages époux. Il n'y a d'aucun côté ni intention, ni besoin de plaire. La femme n'est point la compagne de l'homme ; c'est une propriété qu'il conserve comme son arc et ses flèches, et il veut la trouver aussi docile à toutes ses volontés. Cette injustice paraît doublement odieuse à celui pour qui l'union conjugale a été une source inépuisable de félicité domestique.

Leurs cases, au dehors comme au dedans, annoncent la paresse, l'insouciance, et j'ajouterais une extrême misère, si l'homme pouvait être misérable quand il a peu de désirs, et quand tous ceux qu'il forme sont aisément satisfaits. Quelques vases placés au hasard, entiers ou brisés, debout ou renversés; des tas d'argile préparés pour en fabriquer d'autres; ici, quelques morceaux de bois à brûler; là, du poisson gâté, des lambeaux d'étoffe très-sales, des os, de la cassave rebutée par les chiens, du rocou de tous les côtés, voilà ce qu'on trouve ordinairement dans la cabane d'un Indien. Ils ne savent pas même arranger quelques planches pour y poser leurs meubles et leurs alimens. La poussière et la boue qui tombent sur leurs plats et leurs écuelles sont encore moins malpropres que la graisse qu'ils y laissent vieillir. Ils ne prennent soin que de leurs armes, et ils les placent dans l'endroit le plus apparent de la case. L'arc et le casse-tête sont le produit de la patience et d'une sorte d'industrie. Nous admirons ces ouvrages, parce qu'ils sont sortis des mains d'hommes fort ignorans et mal pourvus d'outils; mais si nous considérons, d'un côté, qu'ils y emploient beaucoup de temps, et de l'autre, que le moins adroit de nos menuisiers est d'une habileté bien supérieure, cette admiration ne sera guère différente de celle que nous accordons aux abeilles, aux castors, aux fourmis.

L'ensemble des ceses ou carbets qui forment leurs villages n'offre pas un plus bel ordre que l'intérieur de leurs habitations. Elles sont éparses sans règle et sans symétrie; les sentiers sont embarrassés par des herbes ou des arbustes. Ils prennent plus de soin de leurs grandes plantations de manioc, de patates, d'ignames, de maïs, et leur subsistance est un peu mieux assurée que celle des Indiens septentrionaux, qui souffrent bien souvent de la longueur des hivers.

CHAPITRE II.

Les Galibis n'ont à craindre pour leurs plantages que des sécheresses ou des pluies trop constantes, des vents du nord trop violens, les insectes, les animaux des forêts, et quelquefois le feu, qui s'y met par leur négligence. Il faut assez souvent semer ou planter jusqu'à trois fois.

Sur la rive gauche du Sinnamari, vis à vis du village de Simapo, on voit l'habitation d'un Indien qui n'est membre d'aucune tribu. Semblable au sauvage dont a parlé Dryden, « c'est le
» noble fils de la nature, tel qu'on le voyait avant
» les honteuses lois de la servitude, parcourant
» en liberté les forêts;

>I am as free as nature first made man
>Ere he base laws of servitude began,
>When wild in the woods the noble savage ran (1).

Ouravagaré avait appartenu à une tribu éloignée. Elle fut détruite et dispersée par la guerre. Il se réfugia à Simapo, dont le chef venait de mourir, et il s'offrit pour le remplacer. Sur un refus, auquel il aurait dû s'attendre, il annonça qu'il consentirait à vivre au sein de la nation, pourvu qu'il n'en fût point membre et restât indépendant. Il élevait ainsi, dans une petite peuplade, et sans s'en douter, une des grandes

(1) DRYDEN *first part of the conquest of Grenada.*

questions qui puissent être agitées dans l'état social : Y aura-t-il un état dans l'état ? Le bon sens des Indiens de Simapo fit pareillement rejeter cette ouverture. C'est ainsi que l'ambitieux s'est trouvé dans l'isolement. Comme dans ce pays il y a place pour tout le monde, il s'est établi près de la nation qui le repoussait, et cependant il en est séparé par le Sinnamari. Sa femme et ses enfans composent avec lui une société de sept individus, sur laquelle il règne par le droit paternel et par celui de la force. Seul maître dans son domaine, il réunit les pouvoirs législatifs, exécutifs et judiciaires. Je crois bien que tour à tour, suivant la nécessité, l'un des trois prédomine, mais aucun des trois aussi n'a sujet de craindre la déportation. Ses enfans sont ses peuples. Ils n'entendent jamais parler ni de réquisitions fort dures, ni de contributions, ni d'emprunts forcés ou volontaires, pour faire une prétendu deescente chez son voisin Simapo. L'inconvénient le plus réel de son isolement, c'est qu'aucune société ne lui doit protection et secours ; mais il prétend que, dans l'état de confusion et de faiblesse où celles des Indiens qui sont voisines des blancs sont tombées, il perdrait plus qu'il ne gagnerait à en être reconnu membre, et que, tout balancé, un homme robuste, intelligent et courageux comme lui, trouve mieux son compte à être seul.

CHAPITRE VII.

Le pur état de la famille séparée de toute association n'a peut-être jamais existé. Certainement il n'est point connu dans les peuplades indiennes, et l'on peut y remarquer les premiers linéamens de la société. Mais si Dominique ne dépend de personne, et fait tout ce qu'il veut, je ne crois pas qu'il en soit plus heureux. Il prétend avoir droit à tout, et au fond rien ne lui appartient que ce qu'il a fabriqué ou cultivé lui-même; ce droit idéal à toutes les choses ne lui procure aucun avantage réel; et cet homme isolé, qui voit des rivières et des forêts dans son domaine, n'a souvent ni poisson, ni gibier pour nourrir sa famille. Il ne reconnaît point de chef, mais, sans être en guerre avec tous les hommes, il est du moins exposé à tout souffrir de leur part; son industrie ne peut lui tenir lieu d'un bon voisinage, qui lui assurerait un échange de bons offices. Ses passions n'ont d'autre frein que sa sagesse : et qu'est-ce que la sagesse d'un homme dépourvu d'instruction, et qui n'est contenu par aucune règle intérieure ou extérieure? Sa famille, il est vrai, partage sa solitude et son isolement; mais elle le craint, elle éprouve sa brutalité, et souvent il est seul, même entouré de sa femme et de ses enfans.

La case d'Ouravagaré est sur un plateau élevé de dix pieds au-dessus de la rivière; les racines des arbres voisins du rivage ont été disposées avec art, et tiennent lieu de marches pour monter à sa demeure. Un palétuvier incliné sert de rampe. La cabane est couverte de feuillages. Elle n'est fermée d'aucun côté, et elle porte sur des poteaux dont les intervalles ne sont pas même remplis. Le froid ne l'incommode pourtant jamais, et à l'époque de notre visite, au 25 janvier, il y faisait plus chaud qu'en France au milieu de l'été. Cette case est moins malpropre que celles du village de Simapo : on y voit moins de confusion et de désordre. Nous étions attendus ; les femmes nous reçurent d'un air satisfait; elles nous montrèrent leurs ouvrages, et répondirent avec complaisance à nos questions. Dominique prit plaisir à nous faire voir son jardin et ses abatis. Un sentier, où le soleil ne pénètre jamais, y conduit, et nous les trouvâmes mieux soignés que ceux des autres Indiens. S'il veut pêcher ou chasser, et que le temps le favorise, la rivière lui fournit du poisson et la forêt du gibier. Il a du manioc, des ignames, des patates, un peu de maïs et des ananas; moins fainéant que les autres Indiens, il jouit aussi d'une plus grande aisance. Il conserve néanmoins leurs mœurs et leurs habitudes ; aussi passionné pour les liqueurs fortes, il s'enivre comme eux. Despote, à leur exemple, dans sa famille, il parle,

CHAPITRE VII.

et son premier esclave, sa femme, obéit. Il ne connaît point la félicité de ces entretiens consolateurs, de ces communications égales et franches qui augmentent le bonheur, diminuent les peines. Le mari et la femme ont ici peu de chose à se dire. Séparés dans leurs occupations, souvent même dans leurs plaisirs, ils se négligent réciproquement. L'homme est loin de savoir combien les attentions, le respect pour les femmes sont propres à élever son ame. Elles ne se doutent guère à leur tour des avantages que la douceur, la sensibilité, la patience même, leur donneraient sur les maîtres qu'elles servent. Transportez Ouravagaré dans notre Europe, qu'il ait reçu une éducation soignée, et qu'avec les connaissances que nous devons aux travaux de cent générations, il arrive à l'âge où l'ambition, l'amour de la gloire et de la renommée se développent chez les hommes; qu'il conserve parmi les Européens ce sentiment d'indépendance qui est ici son principal mobile, Ouravagaré ne pourra être indépendant qu'en se faisant chef de parti; et si la fortune l'a placé dans un pays mûr pour une grande révolution, il en sera le César, le Richelieu, ou même le Cromwell.

La vie s'écoule pour les Indiens sans qu'ils aient occasion de développer les talens qu'ils ont reçus de la nature Ce flûteur, qui tire des sons touchans et mélancoliques de son roseau à trois trous, eût été un autre Gluck. Cet Orano, si renommé à Simapo pour peindre les ornemens sur les corps des Indiens, serait le rival de l'Albane ou de Raphaël; et l'adroit SaraTousin, qui a construit avec tant d'industrie la cabane où je vous écris en ce moment, le disputerait au Palladio et à Vitruve. Simapo me disait un jour : « Mes gens m'obéissent, parce que je » ne leur demande rien que de bon pour eux. » Simapo instruit eût peut-être été Lycurgue.

Quels changemens pourront s'opérer sur le globe entier, quand toute l'Amérique sera civilisée comme l'Europe ! A la marche rapide des républiques des États-Unis, c'est l'affaire de peu de siècles; mais qui sait si, avant cette époque, l'Europe ne sera pas dans un état rétrograde.

Le sauvage, qu'anime l'instinct de sa force, parcourt en maître les vallons, les forêts qui environnent sa peuplade. Il s'indigne des lois qui ailleurs divisent les propriétés, des conventions qui les conservent aux héritiers de ceux qui en ont joui en vertu d'un premier partage, ou comme premiers occupans. Le testament qui transmettrait un lac, une cabane, une pirogue, cet acte, qui fait que la volonté d'un homme vit encore lorsqu'il a cessé de vivre, lui semblerait un excès de folie. Il comblera, bouleversera ces canaux d'arrosement, et il veut que le ruisseau coule en liberté, quand ce serait avec dommage. Il traversera, il foulera le champ et les moissons de son voisin, selon ses propres besoins. Il le privera des produits de sa chasse et de sa pêche, s'il en est dépourvu lui-même, et l'assailli se laissera dépouiller sans résistance, s'il est plus faible que l'assaillant. Vous que la nature n'a pas doués d'une grande force de corps, de beaucoup d'adresse à la chasse, d'une agilité extraordinaire à la course; vous qui ne soulevez qu'avec peine un poids de deux quintaux, qui ne maniez pas une massue aussi aisément qu'une baguette, faites des vœux pour que votre état social se maintienne! Il n'y a pas de salut pour les débiles parmi les sauvages.

Nous repassâmes la rivière pour retourner à Simapo. Les femmes, très-familières, traversèrent d'une rive à l'autre, nageant autour du canot ainsi que des sirènes. Un moment immobiles, et reposant sur le dos, le moment d'après elles disparaissaient en plongeant; elles revenaient bientôt se montrer, nous appelaient, nous jetaient de l'eau, poussaient la pirogue ou la retenaient, s'y suspendaient, comme pour la submerger. Toutes ces agaceries ne servant de rien, elles nous dirent : » Restez, nous vous » apprendrons encore quelque chose. » Celles d'Homère, pour arrêter Ulysse, lui dirent de même : « Personne, après être demeuré avec » nous, ne nous a quittées sans être riche de » connaissances nouvelles. » Elles ne pouvaient nous adresser rien de plus séduisant, car le désir de savoir des choses nouvelles est peut-être un des mobiles les plus puissans des actions humaines; mais, comme le sage Ulysse, nous résistâmes à la tentation, et même sans boucher nos oreilles. Je crois pourtant que quelques-uns ne purent échapper à la séduction qu'en fermant les yeux.

A notre retour à Simapo, nous trouvâmes les Indiens ainsi que nous les avions laissés; les uns buvaient, les autres dormaient; quelques-uns, comme hébétés, allaient, venaient sans rien faire. A la vue de cette crapule, de cette fainéantise, nous fûmes tous attristés.

La nuit venue, nous allions nous coucher, quand Laffon s'aperçut que la terre était nouvellement remuée sous son hamac. On lui dit que, deux jours auparavant, les Indiens avaient enterré la femme du capitaine, qui était morte de la petite vérole, presque toujours incurable parmi eux. L'usage les gouverne si absolument, qu'ils enterrent dans leurs cases ceux mêmes qui sont morts de cette maladie contagieuse. Cette insouciance excessive me rappelle une précaution bien opposée à cette négligence. On m'a raconté le fait dans votre pays, où il a dû se passer, et je veux le consigner ici.

On allait enterrer un mort, et les prêtres dans l'église récitaient les prières accoutumées, quand une femme, veuve depuis six mois vint en hâte interrompre le service, et tirant l'officiant par la manche, lui dit : « Il faut que je vous parle. » Il répondit : « Bonne femme, attendez la fin du » service. » — « Je ne puis, monsieur, il n'y a » pas un moment à perdre ; cet homme est mort » de la petite vérole, et on fait sa fosse auprès » de celle de mon pauvre défunt, qui ne l'a ja- » mais eue. » Le bon curé la rassura, et il se servit depuis de cette histoire comme d'une raillerie propre à tranquilliser de zélés protestans, qui craignaient une autre contagion si l'on souffrait qu'un catholique entrât dans leur église.

Les Galibis de tout âge, de tout sexe, sont inhumés avec les meubles qui leur ont servi pendant leur vie ; l'arc, les flèches, les colliers, les hamacs, souvent d'un grand prix parmi eux, sont mis en terre avec le mort. On scie même la pirogue en deux. Une partie est enterrée si elle n'est pas trop grande, l'autre renversée couvre le tombeau. Cet usage s'observe moins rigoureusement partout où les missionnaires ont pu faire prévaloir la raison et l'intérêt sur la superstition.

Nous fûmes tourmentés, pendant la nuit, par des légions d'insectes fort avides du sang des blancs. Je m'assis le matin sur mon hamac; et, les pieds assez près de terre, je dessinais l'intérieur de la case, quand tout à coup Laffon me crie : « Prenez-garde ! un serpent est sous vos » pieds. » Je relevai mes jambes, et Pichegru le tua d'un coup de fusil. Le plomb ricocha jusqu'aux cases des Indiens; ils accoururent, et à la vue du serpent, ils nous dirent que c'était un de ceux qu'on appelle *chasseurs*, et dont la morsure est souvent mortelle. Exposés à ces accidens, les naturels combattent le venin par des simples; mais quand il est très-actif, ils ont recours au *piaye* ou médecin. Au reste, les serpens, communs dans ce pays, et les autres animaux, ou féroces ou venimeux, attaquent rarement l'homme, et ne sont dangereux que quand ils sont provoqués.

Il n'est pas facile à un malade de faire venir le *piaye* à Simapo. Il demeure à six lieues. Il a des malades à dix ou douze lieues les uns des autres, et ne peut guère les visiter tous. Il faut, pour devenir *piaye*, passer par de rudes épreuves. Ces hommes connaissent des simples d'une grande vertu ; mais la superstition est le fond de leur science. Ils prétendent aussi exercer une puissance qui les met en communication avec les mauvais esprits. Pour les évoquer, ils s'enveloppent la tête d'une grande pièce d'étoffe, sous laquelle ils leur parlent, les gourmandent, les interrogent, et même en obtiennent des réponses que tous les assistans entendent. La voix du démon ressemble beaucoup à celle du *piaye*; mais les Indiens ne sont pas difficiles sur les miracles. Ce magicien tient ordinairement la peuplade à une distance respectueuse de sa personne. Son poisson, sa viande cuisent à part, et on prétend qu'il y en a qui se laisseraient mourir plutôt que de manger des mêmes choses que les profanes, et en commun avec eux. On dit que le *piaye* tue plus de malades qu'il n'en guérit ; et, quoique tous les hôpitaux de la colonie leur soient ouverts, pour y être soignés gratuitement, il est rare qu'ils en profitent. La diète qu'il faut y observer leur est insupportable.

Les Indiens se louent aux blancs. Ils s'engagent aussi pour des voyages par mer; comme on les nourrit, peu leur importe qu'ils aient plus ou moins de durée. Ces occupations, conformes à leurs habitudes, leur plaisent ; mais on ne pourrait les assujétir aux mêmes travaux que les nègres. Porter de l'eau, servir à table, faire la cuisine pour un autre; enfin, la plupart des occupations de la domesticité, leur paraissent indignes d'eux.

L'Indien n'est point attaché à la propriété territoriale; son affection pour le lieu où il est établi diminue, au contraire, à mesure qu'il y demeure plus long-temps, et il aspire à se transporter sur une terre plus riche en gibier. Nous vîmes plusieurs fois des Galibis arriver à Sinnamari en quatre ou cinq pirogues; les femmes, les vieillards, les enfans les accompagnent; tout leur mobilier est dans la barque; ils amènent même leurs chiens et leurs volailles. Ces voyages sont quelquefois des émigrations; plus souvent ce sont de simples promenades, ou bien ils ont pour objet de prendre beaucoup de poisson ou de récolter du carapat.

C'est aux Indiens de la Guyane qu'on attribue spécialement la bizarre coutume de se mettre au lit quand leurs femmes sont accouchées, et d'y prendre de bons consommés que celles-ci leur préparent. Les Indiens de Sinnamari n'ont point de lits, et ils n'ont jamais pris de consommés; mais quand leurs femmes mettent au jour un enfant, leurs voisins, leurs parens viennent les féliciter. Le père les reçoit sur son hamac, qui est son siége ordinaire. On lui apporte du *vicou*, du *cahiri;* ils boivent et célèbrent, en s'enivrant, l'accroissement de la famille et de la peuplade.

Cette passion pour les liqueurs spiritueuses

détruit ces petites nations, et elle exerce aussi ses ravages parmi les blancs. Ces breuvages funestes furent inconnus des anciens ; on n'en trouvait que dans les pharmacies, et on s'en servait seulement comme de remèdes. Nos gouvernemens surveillent, interdisent même la fabrication des poisons; ils encouragent cependant celle de ces philtres brûlans, d'autant plus dangereux, que leurs ravages, moins apparens, sont moins redoutés. Qui sait si un usage, qui devient de jour en jour plus général, ne finirait pas par abâtardir l'espèce humaine? On donne ici du tafia aux enfans des blancs, sous prétexte de détruire les vers, et dès le berceau, on leur fait un besoin des liqueurs fortes : elles ne contribuent néanmoins à la formation ni du sang, ni de la chair, ni des os. Elles tendent plutôt à rendre les enfans rachitiques, et contiennent les germes de plusieurs maladies incurables. Les Indiens ne résistent pas à la violence de ce penchant, et on ne leur voit presque jamais garder du tafia pour le lendemain. Ils prirent avec une avidité incroyable celui que nous leur donnâmes.

Il y a trente-cinq ans qu'ils étaient encore nombreux sur le Sinnamari. Les jésuites exerçaient sur eux, par la religion, un empire qui semblait tenir du prodige. A l'extinction de l'ordre, ces nations furent tout à coup privées de leurs guides, et des protecteurs qui les défendaient contre les exigences continuelles des blancs.

Ceux-ci les voyant sans appui, voulurent les gouverner militairement, les employer à des constructions, à des cultures, et les payaient fort mal. Les Indiens, sans rien entendre aux leçons dogmatiques des missionnaires, avaient bien compris leurs préceptes de douceur et d'humanité. Ils s'y montraient dociles, quand la révolution en arrêta les bons effets. Ils ont conservé néanmoins un grand attachement pour les pratiques religieuses. Ils célèbrent encore aujourd'hui le dimanche par le repos, et en s'abstenant de la chasse et de la pêche; mais ils n'ont aucunes notions justes du christianisme.

Il y a quinze ans que le gouvernement s'occupa sérieusement de leur civilisation. Le grand obstacle se trouva dans leur indifférence pour la propriété et dans leur paresse. Ils rient de celui qui plante aujourd'hui un arbre, pour n'en cueillir les fruits que dans six ou sept ans; il leur faut des jouissances promptes, et malgré des disettes assez fréquentes, ils croient faire un grand effort lorsqu'ils sèment ou plantent pour ne recueillir que dans huit mois. Ils recevaient néanmoins avec plaisir les instrumens aratoires qu'on leur prêtait ou dont on leur faisait don, et on espérait que leur industrie ferait des progrès à mesure qu'ils connaîtraient les jouissances qu'elle procure. On leur demandait du coton, du simarouba, de la salsepareille, du tabac, des gommes et diverses productions de leurs forêts. Ils recevaient en échange des marchandises d'Europe. On avait inspiré à quelques-uns la vanité de s'habiller comme les blancs; mais les autres ne souffraient cette distinction que dans les habits de leurs chefs, et ceux-ci en étaient très-vains. L'ancien gouvernement leur avait donné des vaches, des taureaux, des buffles : ils avaient des moutons, des volailles; mais on ne put les faire passer de la vie vagabonde et libre de chasseurs à l'état sédentaire et laborieux de pasteurs. Ils ne comprenaient pas qu'un homme employât son temps à garder des bêtes. Un d'eux, à qui on avait donné une vache pleine, vint, au bout de quelques jours, en chercher une autre; on lui demanda ce qu'il en voulait faire : « La tuer comme la première, » dit-il ingénûment, et vendre la viande pour » du tafia. »

Nos aïeux ont élevé des temples, des palais; ils ont fortifié des places, creusé des canaux, ouvert des routes, fertilisé des lieux stériles qu'habite aujourd'hui leur postérité; nos entreprises seront utiles à nos descendans; mais les races sauvages ne songent point à l'avenir. L'homme y pourvoit comme il peut à son existence passagère : ceux qui l'ont précédé n'ont rien fait pour lui, il ne fait rien pour ceux qui le suivront. Il ne laissera aucune trace de son passage sur la terre; et sa cabane, son canot, les monumens les plus durables de son industrie, ne lui survivront pas.

J'ai eu avec eux de fréquens entretiens, où Rodrigue me servait d'interprète. J'ai recueilli ce qui m'a paru digne de quelque intérêt. Tout se réduit à peu de pages, dont voici les principales. Je les interrogeais sur le passé; ils étaient si ignorans, qu'ils ne pouvaient me dire leur âge. Ils ne connaissent point de périodes finies, si ce n'est celle des deux ou trois années précédentes. Un siècle leur semblerait une durée incompréhensible; et au fond, qu'est-ce qu'un siècle? ne serait-il pas de cent quarante-quatre ans, si le système duodécimal eût été adopté?

L'administration s'appliquait surtout à maintenir l'égalité entre les indigènes et les Français. Elle encourageait les mariages entre les deux races. Ce régime bienfaisant s'étendait jusqu'à récompenser ceux qui, dans leurs forêts, détruisaient les bêtes féroces. On payait quarante francs pour chaque peau de tigre. On les exhortait à ne point se louer aux blancs pour la chasse, la pêche, la navigation, et à rester sur leurs plantages et dans leurs familles. On tâchait de leur donner sur le juste et l'injuste les notions reçues parmi les nations policées. On s'abstenait en même temps de l'exercice de toute juridiction sur eux. Si quelques-uns avaient fait une bonne action, ou rendu des services au gouvernement, on les récompensait en présence de toute la peuplade, et ils recevaient des éloges publics, auxquels ils n'étaient point insensibles. Les Anglais n'ignorent point les ravages que les liqueurs fortes font parmi les Indiens, et cependant ils leur en distribuent avec profusion. Le gouvernement français avait proscrit cette politique, et le tafia était sévèrement exclu des articles d'échange. La révolution ruina cet ouvrage. Les Indiens retombèrent dans leur ancienne apathie, surchargés des vices européens. Ils sont devenus méfians, trompeurs et voleurs. Ceux de Sinnamari sont les plus paresseux de tous. On en comptait encore quatre cents, il y a dix ans. Aujourd'hui, ils ne sont plus que soixante-neuf; ils prévoient l'extinction prochaine de leur tribu. Ils ne prennent plus intérêt à sa conservation. Avant cette grande réduction, ils furent souvent engagés comme alliés ou auxiliaires dans des guerres contre les Indiens du

Maroni. Les causes étaient souvent légitimes, et quelquefois frivoles : c'était le désir de faire restituer quelques femmes enlevées, le dessein d'en enlever eux-mêmes, parce qu'ils en manquaient, ou que leurs chefs n'en avaient pas assez ; le besoin de venger le meurtre d'un des leurs. Ces guerres entraînent des pertes réciproques, et souvent l'extinction totale d'une des deux nations.

Les Indiens de la Guyane française parlent des langues dont quelques-unes sont sans analogie avec le galibi. Ces langues sont perdues, si la nation vient à s'éteindre. Les interprètes rapportent au langage galibi les différens dialectes qui se conservent, comme à une souche commune. Au reste, on n'a pas encore pénétré loin des côtes, et, après trois siècles, l'état de cette grande région, au-delà de quarante lieues dans les terres, est presque inconnu.

Lorsque des navigateurs venus d'Europe abordèrent pour la première fois aux côtes de la Guyane, les populations offrirent à Christophe Colomb les alimens dont ils se nourrissaient, et ne lui présentèrent ni or, ni argent. Il ne vit point d'anneaux à leurs oreilles, point de cercles de ces précieux métaux à leurs bras, point de plaques sur leur poitrine. Il jugea ce pays indigne

CHAPITRE VII.

de son attention, et il poursuivit sa navigation. La Guyane française fut visitée par d'autres navigateurs, et dès le commencement du 17ᵉ siècle, les Portugais, les Hollandais, les Français et les Anglais y avaient formé des établissemens. D'autres écrivains ont raconté leurs progrès et fait connaître les avantages que leur commerce en retire. Je veux seulement considérer si les indigènes ont gagné ou perdu à cette communication : une épreuve de trois siècles suffit sans doute pour décider cette question, et cette recherche ne sera pas entièrement inutile, si elle contribue à améliorer le sort de ces malheureuses nations.

Jean Laet est un des premiers voyageurs qui nous aient donné des détails sur la Guyane ; Walter Ralegh et Keymis s'y arrêtèrent en 1595 et 1596, et nous avons leurs journaux. M. Biet, missionnaire français, publia, il y a cent quarante-cinq ans, le récit d'une expédition faite dans cette contrée, et des détails intéressans sur les sauvages qui l'habitent. J'ai comparé les récits de ces voyageurs avec l'état actuel, et je me suis assuré qu'il n'y était survenu aucun changement. On n'aperçoit d'amélioration nulle part. Les mœurs, les usages, la culture, sont les mêmes. On remarque seulement que partout où ils sont dans le voisinage des Européens, leur nombre diminue sensiblement. Il n'y a qu'environ soixante individus dans la capitainerie de Simapo, la plus voisine de Sinnamari, notre demeure, et l'on en comptait, il y a trente ans, quatre cent cinquante. Ce ne sont pas les guerres qui les détruisent, quoiqu'il y en ait de cruelles dans l'intérieur du pays. Cette peuplade voisine jouit de la paix depuis plus d'un siècle; mais la débauche, les liqueurs, la malpropreté et la petite vérole exercent parmi eux d'affreux ravages. Le poison sert leurs vengeances, leurs jalousies, et quelquefois des familles entières en ont été victimes. Ils se déplaisent aussi dans le voisinage des blancs, et quelques-uns s'en éloignent et vont se réunir à d'autres nations de l'intérieur. Ceux qui restent, et qui nous fréquentent continuellement, n'en sont pas moins plongés dans la plus profonde barbarie : nos leçons, notre exemple, la vue des avantages que nos sociétés ont sur les leurs, l'usage même qu'ils font des produits de notre industrie, de nos instrumens de culture, de nos meubles, de nos armes, rien n'a pu les tirer de l'état d'ignorance et d'apathie dans lequel les premiers voyageurs les ont trouvés. Ils voient la terre produire au décuple et davantage par les procédés d'une culture régulière, ils demeurent les bras croisés devant ces prodigieux succès de l'industrie humaine, et notre supériorité ne développe parmi eux aucun genre d'émulation. Ils savent combien nos arts et nos connaissances contribuent à nous rendre puissans; ils ne peuvent ignorer que de petites colonies d'Européens ont pu assujétir des peuples mille fois supérieurs en nombre, et l'intérêt même de leur propre conservation n'a pas été assez fort pour les arracher à leur indolence. L'expérience a prouvé cependant que les habitudes des nations de ce continent ne sont pas tellement enracinées, qu'il ne soit possible de former parmi eux des sociétés régulières, gouvernées par de bonnes lois. Quand les Européens arrivèrent, ce nouveau monde était en proie à la plus profonde ignorance, à l'exception du Mexique et du Pérou. Il n'y avait pas quatre siècles, si on doit en croire leurs imparfaites annales, que Manco-Capac et sa femme avaient civilisé les Péruviens. Les Mexicains n'étaient sortis que depuis cent trente ans de l'état que nous appelons sauvage. Des temps aussi courts avaient suffi néanmoins pour changer entièrement les pays et les hommes soumis à leur pouvoir. Ces peuples, si récemment civilisés, s'étaient sensiblement avancés dans les arts utiles.

Une circonstance semblait s'opposer aux progrès de ces sociétés; les chevaux et le grand bétail à cornes, ces agens utiles et puissans de l'agriculture et du commerce, n'existaient point au Mexique et au Pérou, et il paraît qu'il n'y en avait point dans le reste de l'Amérique.

Rien ne cause autant d'effroi aux Galibis que d'être contraints à nous ressembler. Un capitaine guyanais, qui sait le français, fit, il y a quelque temps, un voyage à Cayenne; on l'entretint d'un projet de civilisation des Indiens; il en parla, à son retour, à ceux-ci, et tous, ainsi que lui, en conçurent de grandes alarmes. Civilisation ne leur présente aujourd'hui d'autre idée que celle du travail sans salaire, de l'obéissance sans récompense, et de la dépendance sans protection. En un mot, l'état social et ses charges sans dédommagement leur paraissent le dernier degré de la misère humaine. La civilisation, c'est pour eux l'esclavage. On ne peut oublier, parmi les extravagances qu'a enfantées la révolution, un décret de l'assemblée coloniale de 1790. Il ordonne que les Caraïbes ou Indiens se choisiront des officiers militaires et des officiers municipaux; sans doute aussi des notables, des greffiers, des agens, et le reste.

Je me suis entretenu avec plusieurs Indiens qui parlaient français; j'ai conversé avec quelques autres par le moyen d'un interprète; j'ai tenté, sans succès, d'obtenir d'eux des notions sur leur histoire : ils n'ont point de traditions.

CHAPITRE VII.

On ne trouve point parmi eux de ces faits extraordinaires que la mémoire des hommes conserve; aucun de ces noms que la reconnaissance, l'admiration et la superstition rendent fameux chez les peuples les plus barbares, et que les générations se transmettent. Ils n'ont point leur Thésée, leur Hercule, leur Ossian, leur Confucius, leur Abraham, leur Irminsul. Les époques, l'ordre des temps leur sont entièrement étrangers.

Tout ce qu'on peut constater, c'est que ces peuplades ont toujours été barbares, et n'ont été soumises à aucunes lois; car on ne peut donner ce nom à leurs usages. Tout annonce des peuples très-ignorans. On n'y trouve aucuns monumens publics qui approchent de ceux du Mexique et du Pérou. Les Guyanais fabriquent un canot à l'aide du feu, de l'eau et de quelques outils grossiers; ils taillent avec intelligence et propreté un casse-tête, un arc; et les joncs leur fournissent des flèches auxquelles il ne manque rien que le fer. Ils y suppléent par un bois fort dur qu'ils aiguisent. Les femmes filent le coton au fuseau, et leurs hamacs sont tissus proprement et solidement. Leurs paniers et les outils nécessaires à la préparation du manioc sont si commodes, qu'ils ont été imités par les Européens eux-mêmes. Leurs cases, grossièrement construites, sont de simples abris contre le soleil et la pluie. A ces fabriques, joignez celle des vases de terre, et vous connaîtrez tous les arts des sauvages. Leur poterie est cuite au feu; ils mêlent un peu de cendre à l'argile dont ils se servent, et ils savent former et cuire des vases qui tiennent jusqu'à trois cents pintes, et qui sont assez bien proportionnés.

Ces peuples nous résistèrent lorsque nous entreprîmes, au milieu du siècle dernier, de nous établir dans leur pays. Ils nous firent une guerre obstinée, et ils parvinrent même à chasser la colonie entière, qui se réfugia à Surinam, et de là aux îles de la Martinique et de la Guadeloupe. Des entreprises mieux conçues ont depuis rendu leur résistance inutile. Le gouvernement français, en cessant de les craindre, a cessé de les tyranniser; il a même fait des efforts réitérés pour les civiliser: il a voulu s'assurer de leur affection par la bienfaisance.

Mais on n'a pu parvenir jusqu'à ce jour à les rendre dépendans et dociles à nos lois. Les chefs reçoivent les présens, se parent des uniformes, et portent la canne du commandement qu'on leur donne; mais ils se gouvernent à leur manière et dans une indépendance absolue de nous. Il n'y a d'exception qu'à l'égard de quelques villages qui touchent à nos établissemens, et dont les chefs, sous le nom de capitaines, transmettent aux Indiens les réquisitions que nos commandans leur font quelquefois.

Ils s'empressaient, au temps de la monarchie, à exécuter tous les travaux qui leur étaient demandés par le gouvernement français. Quelques libéralités, des présens peu coûteux et assortis à leurs goûts et à leurs occupations, les attiraient à Cayenne. Ils étaient exactement et suffisamment payés pour tout ce qu'ils faisaient ou fournissaient. Il n'est plus question aujourd'hui de présens; et, quant aux salaires, ils ne sont pas mieux payés qu'on ne paie en France tous les travaux de réquisition. Aussi les voit-on de jour en jour plus indociles : ils fuient les commandans et les officiers du gouvernement; ils craignent des vexations auxquelles ils sont incapables de résister, et qu'ils n'évitent qu'en s'éloignant de nos postes, et en se retirant dans l'intérieur du pays. En énonçant la cause du mal, j'en indique suffisamment le remède.

Quelques sauvages croient que les différentes peuplades de Galibis ont formé autrefois un corps de nation, et il est au moins certain qu'ils avaient des intérêts communs, qu'ils se réunissaient pour faire la guerre à des nations ennemies, et qu'ils s'assistaient réciproquement en fidèles alliés. Aujourd'hui ils sont divisés en plusieurs petites tribus. Elles n'ont d'affinité que dans leur langage, qui diffère plus ou moins, selon leur éloignement les unes des autres.

En pénétrant plus avant dans l'intérieur du pays, on trouve des nations qui n'ont aucune connaissance des Européens, ou qui du moins sont sans relations avec eux. Elles sont assez souvent en guerre, et il paraît certain qu'elles mangent leurs prisonniers. Mais c'est moins pour satisfaire un horrible appétit, que pour contenter leur haine et nourrir leur animosité. Plusieurs boivent seulement le sang de leurs ennemis, et réduisent les corps en cendres. Ils font entrer ces cendres dans un breuvage qu'ils donnent à leurs enfans, pour perpétuer les haines et les vengeances. Ils ne mangent jamais ceux de leur propre tribu qui sont tués dans leurs querelles privées ou dans une bataille.

Nous revînmes par eau à Sinnamari. La rivière est bordée d'habitations abandonnées; on en compte dix que l'activité des colons avait fait fleurir. Les propriétaires ont fui à l'époque d'une trop juste terreur. Quelques-uns sont revenus, mais les bras ont manqué à la culture. Cette scène, qu'elle animait autrefois, maintenant déserte; ces cases, que les pluies, les vents et le soleil ont presque détruites, présentent un aspect plus misérable que les lieux qui n'ont jamais été cultivés.

CHAPITRE VII.

De retour à Sinnamari, je comparai ma situation à celle des sauvages que je venais de quitter. Jeté sur cette terre inculte, en proie à plus de misère que je n'avais jamais dû en craindre, j'ai cependant conservé des amis dont rien ne peut me séparer : c'est le travail, ce sont mes livres. Comme le voyageur arrêté dans ses marches longues et pénibles se repose dans le bain, ou répare ses forces par de bons alimens, ainsi, dans le bannissement, et privé de tant de choses que l'on croit nécessaires au bonheur, l'étude a toujours ramené la sérénité dans mon cœur, et rempli mon ame de courage et de force.

Agé de cinquante-deux ans, je n'ai pas encore renoncé à m'instruire. J'ai tout sujet de craindre que ma course ne finisse dans ce lieu de mon exil. Je touche peut-être au dernier terme, et cependant je fais des provisions comme pour continuer un long voyage.

CHAPITRE HUITIÈME.

On inquiète les colons qui fréquentent les déportés—Déportation.—Relégation.—Évasion de huit déportés.—Motifs qui empêchent les autres de fuir.—Les fugitifs sont bien accueillis à Surinam.—Belles actions récompensées.

21 *germinal an VI* (10 avril 1798). — Les gazettes et les journaux auraient fait cesser l'ignorance absolue où nous étions sur ce que nous avions tant d'intérêt à savoir; mais Jeannet semblait se jouer de nos incertitudes. Il témoignait du mécontentement à ceux des habitans qui nous donnaient quelque marque d'amitié. Un déjeuner fait avec nous était un délit. On parlait de l'arrivée prochaine d'un grand nombre de prêtres déportés. On répandait que la terreur et les sévérités ne faisaient que croître en France, et on se réglait, dans le traitement qu'on nous faisait éprouver, sur la rigueur des actes du directoire.

Dans ces circonstances, un corsaire français de Cayenne arrêta un navire danois, qui, sur la foi des traités, faisait tranquillement route pour Surinam. Sa cargaison était riche ; mais, pour nous, ce qu'il portait de plus précieux était une collection de gazettes allemandes de fraîche date. Elles furent promptement traduites, et nous eûmes de la sorte quarante pages de nouvelles à la main, qui fournirent abondamment à nos conjectures. Nous n'y trouvâmes rien qui permît d'espérer une justice prochaine ; et ceux d'entre nous qui ne pouvaient se résigner à rester captifs, éprouvèrent un grand découragement. Quatre de nos compagnons étaient mourans, et les mieux portans craignaient de succomber à leur tour.

Les projets d'évasion occupent sans cesse des prisonniers. La nécessité de fuir devint bientôt le sujet de nos entretiens. J'excepte de ces communications Brotier, Lavilleheurnois, Bourdon et Rouvère ; on ne cessa jamais de leur montrer de la défiance, et les auteurs de l'entreprise ne voulaient point les y associer. On garda aussi le silence envers Laffon et Tronson, trop malades pour qu'il fût à propos de les consulter. Les huit étaient bien sûrs de ma discrétion. Je leur avais cependant déclaré que j'étais bien résolu à ne pas fuir. Les entretiens furent bientôt concentrés entre Pichegru, Willot, Barthélemy, Aubry, Delarue, Ramel, D'Ossonville et Le Tellier. Ils se proposaient de faire voile pour Surinam, où les vents et les courans pouvaient les conduire en deux jours. Ils trouvèrent aisément une petite pirogue : c'était une barque entièrement découverte, appelée *Postillon* dans ce pays. Elle a deux mâts et deux voiles. Mais pas un d'entre eux ne connaissait la côte, ne savait la manœuvre, et n'était capable de jeter l'ancre à propos. La grande difficulté était d'avoir un pilote.

Les déportés associés au projet allaient tous les jours se promener au bord de la mer. Le 8 *prairial* (27 mai 1798), ils virent un petit navire qui s'efforçait de gagner l'embouchure du Sinnamari, en remontant contre le vent et le courant. Il eut à manœuvrer assez long-temps avant d'y parvenir, et il était près d'entrer en rivière, quand il fut arrêté par un corsaire de Cayenne. Cette prise était *l'Eulalie*, bâtiment marchand venant de Philadelphie. Le subrécargue, appelé Tilly, fut, suivant l'usage, interrogé par les capteurs, et leur dit que son navire, chargé de comestibles, était destiné pour Cayenne. C'était, en effet, sa destination. Il devait de là s'expédier en apparence pour un port neutre ; mais son véritable dessein était de faire voile pour l'établissement ennemi de Para, appartenant aux Portugais. Il fut permis à tout l'équipage et à Tilly lui-même de venir à Sinnamari. Les déportés entretinrent ce subrécargue, et apprirent de lui

CHAPITRE VIII.

un des objets secrets de sa relâche : c'était de se concerter avec Barthélemy sur les mesures à prendre pour enlever lui et même les autres déportés. Des amis avaient déterminé Tilly à cette entreprise hardie. Ce premier voyage avait pour objet d'en préparer d'avance les moyens, et il s'était proposé de revenir une seconde fois pour l'exécuter.

Il devait aussi se procurer clandestinement, à Cayenne, des plans et semences des épiceries venues des Moluques, et les porter au Para. Ce larcin se faisait par ordre de la cour de Lisbonne, comme on s'en assura par des lettres interceptées. Les puissances refusent de se faire réciproquement les préseps de la nature. Elles les dérobent au lieu de se les demander avec franchise, et de se les donner avec une générosité réciproque, dont la guerre même ne devrait pas interrompre l'exercice.

La prise de *l'Eulalie* offrait à ceux qui voulaient fuir une facilité inattendue pour avoir sur la pirogue un homme capable de gouverner et entendu à la manœuvre. Ils convinrent très-secrètement avec Tilly, que le patron du navire, appelé Bary, se chargerait de gouverner leur petit bâtiment. Dès qu'on fut d'accord sur ce point capital, l'attention des fugitifs se porta sur le chargement de leurs effets et des subsistances nécessaires jusqu'à Surinam. Il fallait avoir des vivres pour quatre jours, car toutes sortes d'événemens pouvaient prolonger la traversée. Il y avait une lieue et demie depuis Sinnamari jusqu'à l'anse d'où l'on devait faire voile. Le pain, la viande salée, l'eau, le vin, furent prêts en temps utile.

Tous les soirs, D'Ossonville, le plus fort d'entre eux, prenait le paquet d'un de ses camarades, et le jetait, par-dessus la haie, dans le jardin d'un habitant de nos amis. Celui-ci réunit tous ces effets dans une barrique, et la fit déposer hardiment comme marchandise dans le petit fort qui gardait l'embouchure de la rivière, en recommandant aux soldats d'en avoir grand soin. Ils n'y manquèrent pas, et contribuèrent ainsi, sans s'en douter, à l'évasion. Cependant tous ces mouvemens n'avaient pu se faire sans exciter l'attention du commandant. Ses affidés l'assuraient qu'il y avait un complot dont l'exécution était prochaine; il en avait donné avis au citoyen Jeannet, et l'on nous a dit depuis que cet agent avait aussitôt expédié des ordres pour qu'on nous transférât sur la rivière d'Oyapok, lieu encore plus malsain que Sinnamari, et d'où l'évasion eût été beaucoup plus difficile.

Le 15 *prairial* an VI (3 juin 1798), l'officier fit son inspection accoutumée à sept heures du

CHAPITRE VIII.

matin. Il nous vit tous, et, tranquille pour ce jour-là, il s'embarqua dans une chaloupe, pour aller dîner à bord de *l'Apollon*, ce navire danois dont j'ai parlé et qui était à deux lieues au large.

A l'instant même, les huit associés s'acheminèrent successivement vers le lieu où la pirogue devait les attendre. Le général Willot et Ramel étaient à pied et faisaient l'avant-garde. Ils entrèrent chez moi un peu avant midi. « Il est » encore temps, me dit Willot; vous avez jusqu'à » la nuit pour nous joindre; comment pourriez- » vous hésiter? vous êtes prisonnier dans un » lieu pestiféré; Tronson et Laffon sont expi- » rans; vous aurez votre tour, ou bien, livré » au désespoir et à l'ennui, vous resterez seul » parmi les sauvages, perdu pour votre famille, » qui n'existe déjà plus pour vous. Décidez-vous: » après cette occasion, n'en espérez plus d'au- » tres. » Je déclarai fermement au général que ma résolution était invariable. Je les embrassai, et nous nous séparâmes.

Peu de momens après, Barthélemy entra et fit une nouvelle tentative. « N'attendez pas plus » long-temps, me dit-il; ne comptez plus sur » un jugement solennel, cet espoir n'est qu'une » illusion de votre persévérance ou de votre » courage. » Je lui répondis: « Ne me faites pas » plus grand que je ne le suis. Je reste, mais ce

» n'est pas seulement dans l'espérance d'obtenir
» justice pour moi. Voyez aussi ceux qui seraient
» atteints par ma fuite ; vous qui partez, vous
» n'avez ni femme, ni enfans qu'on puisse dé-
» pouiller, en vous inscrivant sur la liste des
» émigrés ; et moi..... »—« Ah! je vous com-
» prends, me dit alors mon ami ; adieu pour
» toujours ! » L'entretien s'était prolongé; son
canot touchait au seuil de ma case, pour le conduire à la pirogue destinée à l'évasion, il s'y jeta
en me disant de faire ses derniers adieux à ses
amis. Laffon était mourant ; les fugitifs crurent
même qu'il était mort, et, sur la nouvelle qu'ils
en donnèrent à sa femme, à leur arrivée en
Europe, elle prit le deuil.

Barthélemy se sépare de moi, et je veux consigner ici les souvenirs qu'il me laisse. Né plébéien,
c'est sans effort et sans ambition qu'il se vit
élevé au rang d'ambassadeur, et qu'il fut ensuite
nommé à la plus haute magistrature qui existât
alors en France. Disgracié par ses codirecteurs,
ils n'eussent désiré de sa part qu'une abdication
volontaire. Il crut qu'elle donnerait lieu de penser qu'il n'était pas sans reproche, et le comble
de l'infortune lui sembla préférable à un mensonge humiliant. Modeste au faîte des grandeurs,
il fut simple dans le bannissement ; je ne l'entendis pas se plaindre une seule fois de son

CHAPITRE VIII.

sort. L'amitié qui nous avait unis au temps de sa fortune devint encore plus étroite dans un malheur qui nous était commun, et il ne se souvint peut-être jamais, qu'auteur principal de son élévation, c'était moi qui avait ainsi contribué à son exil.

Les fugitifs s'éloignèrent vers deux heures de l'après-midi, tant en canot qu'à pied. Ils affectèrent de faire entendre des chants et des cris de joie à leur départ, et paraissaient se rendre à une partie de chasse ou de pêche. C'est sans mystère que le canot quittait la rive pour aller vers le *Postillon*. Je leur criai : Bon voyage ! et je me retirai dans ma cabane, inquiet de l'événement, et attristé par ma solitude. Avant la fin du jour, ils étaient tous dans le bois, sur le bord de la mer. Du lieu de leur retraite ils virent la chaloupe qui portait le commandant quitter *l'Apollon* et rentrer dans la rivière de Sinnamari. Ils craignaient que la vue de leur pirogue ne lui donnât l'éveil. Elle s'avançait en ce moment ; mais le patron Bary découvrit le commandant sans en être aperçu, et il rama vers des palétuviers, qui le cachèrent.

Les fugitifs, s'acheminant vers le lieu convenu pour l'embarquement, furent arrêtés par un incident inquiétant. Le Tellier, fort chargé de paquets, marchait plus lentement. Barthélemy

réglait ses pas sur ceux de son fidèle compagnon. Tout à coup il entend une voix forte, et les cris redoublés: « N'avancez pas! n'avancez pas! » Des nuages recevaient quelques rayons du soleil, du côté où cet astre s'était couché, et les réfléchissaient sur le sentier où les fugitifs marchaient. A la faveur de cette faible clarté, Barthélemy aperçut un nègre, et courut aussitôt vers Le Tellier. « Nous voilà surpris: lui dit-il; le com-
« mandant nous a découverts, et nous fait arrê-
« ter. » Ils déploraient leur sort, quand le nègre leur cria : « Avancez maintenant, avancez! » Ils allèrent à lui. « Je vous ai crié d'arrêter, leur
« dit-il, parce que je venais d'apercevoir cette
« tortue que la mer a jetée sur l'anse. Je vais
« l'assommer. » Ce qu'il fit aussitôt.

La brise, qui était forte, avait porté les cris du nègre aux six autres déportés. Ils accoururent et apprirent de cet homme qu'il appartenait à l'habitation voisine. Ils continuèrent à errer sur la plage, entre la mer et le bois. Il était onze heures du soir : la pirogue n'arrivait pas. Inquiets et troublés, ils se dispersèrent sur l'anse pour la chercher; ils allumèrent un feu de signal, et enfin elle parut. Il fallait, pour la joindre, faire douze à quinze pas dans la mer. Le patron Bary, homme grand et robuste, les transporta successivement sur ses épaules, et ensuite ils levèrent l'ancre. Les fugitifs étaient armés de fusils et avaient une bonne provision de poudre. Ils étaient gens de courage, la plupart habitués à bien se battre, tous résolus à une défense vigoureuse s'ils étaient poursuivis, et même à se jeter à l'abordage sur tout navire, plutôt que de devenir sa proie; mais on n'eut, pendant près de deux jours, aucun soupçon de leur évasion. Depuis long-temps on était habitué à les voir pêcher en canot, chasser dans la savane, et leur absence ne fut pas remarquée. Il est difficile de penser que les domestiques qu'ils laissèrent à Sinnamari n'eussent rien pénétré; mais leurs maîtres n'avaient jamais cessé de les traiter avec bienveillance, et si ces gens furent instruits de l'évasion, il n'y eut point de dénonciateur parmi eux.

D'ailleurs, tout favorisait l'entreprise : la mer était belle et descendait au moment même où ils s'éloignèrent du rivage. La soirée avait été obscure ; la lune, dans son plein, se leva, et ils firent beaucoup de chemin cette première nuit. Quelques-uns craignaient encore que le commandant de Sinnamari ne les fît poursuivre par des canots à la voile et à la rame ; d'autres, au contraire, devinrent si confians après avoir perdu de vue l'embouchure du Sinnamari, qu'ils voulurent, dès le lendemain, aller à terre pour prendre le plaisir de la chasse. Ce n'est qu'après un débat fort animé qu'on les fit changer de sentiment. Il était bien extraordinaire de voir neuf hommes, gênés dans leur pirogue, ne pouvant pour ainsi dire se mouvoir d'une place à l'autre, se disputer la barre pour gouverner, les uns vers la terre, les autres en route. Les plus raisonnables l'emportèrent.

Le patron américain ne connaissait point cette côte, et comme il était le seul marin à bord, la manœuvre était fort irrégulière dans les changemens de vents. Contraints d'aller à terre, à la Mana, sur le territoire français, découragés par diverses contrariétés, affaiblis par le mal de mer, quelques-uns voulaient passer un jour ou deux dans cette relâche. Pichegru prit un ton de commandement qui en imposa aux étourdis; ils remirent à la voile, et arrivèrent sur la côte de Surinam. Des soldats hollandais reconnurent Pichegru et Willot. Tous furent accueillis par Frédérici, gouverneur, sous les noms qu'ils avaient empruntés, et il feignit, en public, de ne pas les connaître. Ils furent logés chez divers habitans, qui se disputaient l'avantage de les bien recevoir. La conduite de Pichegru, lorsqu'il commandait l'armée française dans les Pays-Bas, et quand il conquit les Provinces-Unies, n'avait laissé que des souvenirs honorables; il s'était surtout rendu recommandable par son humanité et un désintéressement au-dessus de tous les éloges. Les Hollandais de Surinam s'empressèrent d'ouvrir leurs bourses à ce général ; il pouvait y puiser à discrétion ; il ne voulut rien recevoir. « Je ne puis, disait-il, manquer ni d'eau, ni de » pain, ni de tabac à fumer; c'est tout ce qu'il » me faut. » Il passa en Angleterre avec une partie des compagnons de sa fuite.

Willot, pendant qu'il commandait à Marseille, avait mis en liberté un grand nombre d'Algériens, de Tunisiens. Les Africains, par reconnaissance, avaient, à leur tour, et aussi sans rançon, brisé les fers, non-seulement de plusieurs Français, mais aussi de beaucoup d'autres captifs, et particulièrement d'Américains des États-Unis. Il fut reconnu à Surinam par un capitaine pensylvanien, qui l'appela son bienfaiteur, son père, son sauveur. Le lendemain, cet homme vint le trouver. Il lui dit : qu'instruit qu'il manquait d'argent, il lui apportait mille piastres, que le général lui rendrait quand il pourrait.

Tous, à l'exception de Barthélemy et de Le Tellier, passèrent de Surinam à Démérary, où mourut Aubry. L'état désespéré de Willot ne lui permettait pas de s'embarquer; les quatre autres fugitifs partirent sans lui pour l'Angleterre. C'étaient Pichegru, Delarue, Ramel et D'Ossonville.

On accuse la convention d'un crime si abominable, que je ne puis encore y croire, et dans le bannissement, je n'ai pas le moyen de connaître la vérité.

Pichegru, dit-on, ayant fait prisonniers huit ou neuf cents Anglais, reçut de la convention l'ordre de les faire fusiller. Il désobéit. Cette généreuse résistance ne pouvait être oubliée, et, à son arrivée en Angleterre, Le duc d'Yorck crut devoir lui en témoigner la reconnaissance nationale. Après les bruits, fondés ou non, qui avaient couru, nous eussions désiré que Pichegru se réfugiât dans un pays neutre.

Barthélemy ne quitta Surinam qu'après y avoir séjourné près de deux mois. Il se rendit à Démérary, où il trouva Willot convalescent. Ils firent voile pour l'Angleterre. C'est dans cette traversée que Barthélemy perdit son fidèle domestique Le Tellier. Que nos noms restent confondus et oubliés parmi tant d'autres, le sien sera conservé aussi long-temps que la fidélité et l'amitié seront en honneur.

L'agent du directoire se hâta d'envoyer à Sinnamari un officier supérieur pour faire une enquête, et recueillir les circonstances de l'évasion. Ce militaire y mit plus d'appareil que de sévérité, et nous n'eûmes en ce moment à nous plaindre d'aucun surcroît de rigueurs. Un colon, voyant même que cette évasion était approuvée par tous les honnêtes gens, laissa croire, pour se donner de l'importance, qu'il n'avait pas été inutile aux fugitifs : il n'avait pas même été instruit de leur projet ; mais son indiscrétion le fit conduire à Cayenne, et par suite de cette imposture, que lui avait suggérée sa bienveillante vanité, il allait être envoyé en France, quand, par bonheur pour lui, le hasard apprit à l'agent tous les secrets que l'enquête n'avait pu lui découvrir.

Le subrécargue Tilly, en partant de Philadelphie, avait caché, dans un baril de farine, des papiers relatifs au vrai but de son voyage, et une lettre confidentielle que les amis de Barthélemy lui écrivaient. Arrivé à Cayenne, Tilly apprit que sa cargaison était confisquée, et que les farines, déposées dans le magasin public, devaient servir aux rations des soldats. Dans la crainte qu'il eut d'être découvert, il se hâta de demander un baril de farine pour sa nourriture, et il indiqua maladroitement celui qu'il lui importait de retirer. C'était dire qu'il fallait l'examiner avec soin. On y trouva les lettres et d'autres pièces qui furent remises à l'agent. Le pauvre sinnamarien, qui, par son babil, avait attiré sur lui des soupçons mal fondés, fut justifié, et toute l'animadversion se tourna contre Tilly. Ce marin fut embarqué sur la frégate *la Décade*, qui fit voile pour Rochefort. On prévoyait un sort malheureux pour lui, mais *la Décade* fut prise par les Anglais. Tilly cessa d'être prisonnier, et il retrouva à Londres ceux qui lui avaient l'obligation de leur liberté.

Peu de temps après l'évasion, les fugitifs furent, par une proclamation, déclarés émigrés, et le peu d'effets qu'ils avaient laissés furent vendus. En ouvrant la case de Pichegru, on trouva sur sa table le billet suivant : « Je donne à Victoire tout ce que je laisse à Sinnamari; je ne dois rien. Adieu. » Un sauvage vit parmi les effets laissés par ce déporté une coupe de coco. Il la prit. « Je la garde, dit-il, parce que celui à qui elle appartient me la présentait toujours pleine de tafia. »

Sinnamari, après cette évasion, devint d'autant plus triste que la plupart des déportés restés étaient malades. Aucun du conseil des anciens n'avait fui, et ceux qui ne furent pas consultés eussent probablement refusé de fuir. Tous étaient pères de famille.

Vous voyez que je me sers des mots de *déporté* et *déportation*; mais c'est improprement que je les emploie. Nos rois ont quelquefois confondu l'exil et la relégation ; les lois nouvelles ne connaissaient point ces peines. Elles exigent que la déportation n'ait lieu qu'en vertu d'un jugement, et je n'avais été ni jugé, ni même accusé ou entendu. Je n'étais point déporté, j'étais relégué, aux termes des lois romaines; cependant j'ai rarement employé les mots de *relégué* et de *relégation*. Ils ne seraient pas si facilement compris, quoiqu'ils soient les seuls propres aux actes illégaux dont je subis la rigueur.

Nous avions quelquefois occasion de voir des voyageurs arrivant de France; et malgré le danger de nous fréquenter, ils cédaient à l'intérêt que nous inspirions, ou à la curiosité de nous voir. Bourdon, toujours impatient, demandait un jour à l'un deux : « Que dit-on de notre ban- » nissement? » — « Je n'en ai pas entendu par- » ler, » dit le jeune homme. Bourdon, le seul membre du conseil des cinq-cents qui fût resté à Sinnamari, se livra alors à toute sa colère. Je crus entendre Philoctète parlant à Pyrrhus, et maudissant Ulysse et les Atrides :

« O comble de l'injure !
» La France de mes maux n'est pas même informée,
» On en étouffe ainsi jusqu'à la renommée ;
» Et quand le mal affreux dont je suis consumé
» Devient plus dévorant et plus envenimé,

CHAPITRE VIII.

» Mes lâches oppresseurs, dans leur secrète joie,
» Insultent aux tourmens dont ils m'ont fait la proie. »

LA HARPE, *Philoctète.*

Bourdon supportait le bannissement avec impatience. Les fugitifs n'avaient point voulu pour compagnon de leur fuite un homme plus connu par ses excès révolutionnaires que par son repentir. Il fut consterné du mystère qu'ils lui avaient fait.

Ils avaient pareillement célé leur projet aux deux commissaires royaux, Brotier et Lavilleheurnois, et ils témoignaient ainsi que nulle liaison et nuls intérêts particuliers ne les rapprochaient d'eux. Rovère portait à Sinnamari l'esprit de recherche et de contre-police qu'il avait voulu introduire dans les commissions des inspecteurs, quand il en était membre. Il y eut, à ce sujet, entre lui et moi, une scène dont je m'amusai. Il voulait avoir la réputation d'être informé ponctuellement de tout ce qu'un bon comité de recherches doit savoir. Le lendemain de l'évasion, j'allai le voir, et je lui demandai d'un ton mystérieux s'il savait ce qui s'était passé la veille. « Et vous ? » me dit-il. — « Je le sais, ré-
» pondis-je ; mais qu'en pensez-vous ? » — « Ce
» que j'en pense, c'est que la chose mérite grande
» attention. » — « Que parlez-vous d'attention,
» lui répondis-je à mon tour ; c'est chose faite,

CHAPITRE VIII.

» et je voulais en savoir votre sentiment. »
— » Mon sentiment, c'est que c'est un événe-
» ment assez étrange. Au surplus, il faut atten-
» dre. » — « Fort bien dit; mais si, en atten-
» dant, on nous rend responsables? » — A ce
mot, Rovère fut décontenancé : « Expliquez-
» vous nettement, » me dit-il d'un air inquiet.
— « Vous saurez tout demain. » Rovère répliqua :
« Je sais tout présentement peut-être ; mais
» pourquoi ne voulez-vous pas dire vous-même
» ce dont il s'agit? » Je le tins ainsi pendant un
quart d'heure entre la peine extrême de ne pas
être instruit le premier d'une nouveauté, et la
curiosité de l'apprendre; à la fin, il se leva im-
patienté, et me dit : « Je vais déjeuner chez Au-
» bry, qui sera moins mystérieux. » — « Aubry,
» lui dis-je, et sept de nos compagnons sont en
» ce moment à trente ou quarante lieues en mer. »
Il fut un moment stupéfait; puis, se rassurant,
il me dit : » Ils m'avaient confié leur dessein de
» fuir, mais je n'y comptais que pour ce soir. »

Me voilà seul! car Tronson et Laffon sont en
danger. Mes routes sont désertes; je n'ai plus à
qui montrer mes dessins. Plus d'admirateurs,
plus de censeurs! Je ne prendrai désormais plaisir à rien.

Mais si le départ de mes compagnons m'at-
triste, je ne regrette pas pour cela d'être resté;

et si je puis jamais m'en aller d'ici, ce ne sera que pour retourner en France. Le ramier, le pigeon, transporté à deux cents lieues de son colombier, y est ramené en un seul jour par son instinct. S'il y retrouve sa compagne, il oublie la violence qu'on lui a faite, et ce long trajet ne l'a point fatigué. C'est dans sa famille, dans sa patrie qu'il est revenu ; et j'aurais pu fuir pour un autre lieu que celui qu'habite Élise, pour un autre pays que celui où j'ai ma mère, ma fille, où sont tous mes amis! Mon esprit se révoltait à la pensée que ma fuite aurait rompu les liens qui m'unissaient encore à mon pays, et que, victime d'un décret injuste, j'aurais pu cesser d'être Français. Je reverrai mon colombier (1).

(1) La vie que mène le pauvre en sa cabane est meilleure que viandes excellentes en pays étrangers sans domicile.

Prov. de Salomon.

CHAPITRE NEUVIÈME.

La Guyane française a été possédée par les Hollandais.—L'arbre à pain.—Le manguier.—Le cannellier.—Le giroflier.—Le muscadier.—Le poivrier.—États de ces productions à la Guyane française.—Le sol et le climat leur conviennent.

Les Hollandais ont été possesseurs de la Guyane française, et on rencontre des traces de leur présence dans les environs du bourg que nous habitons. Nés au milieu des eaux, dont ils ont à se défendre de tous côtés, ils ont assujéti cet élément, et l'ont rendu un des agens les plus puissans de leur prospérité. On trouve ici des canaux à demi comblés, et des tranchées qui conduisaient jusque dans le Sinnamari les eaux des savanes submergées. Ils ont apporté dans ce continent l'art qui a conquis sur la mer une partie des Pays-Bas; et sans doute ils eussent donné une grande valeur aux terres de notre Guyane, s'ils en fussent demeurés les maîtres. Les Français, qui la reprirent sur eux, ne profitèrent pas de leurs travaux, et l'industrie hollandaise n'a servi qu'à rendre témoignage de la bonté d'un sol que nous avons négligé pendant plus d'un siècle.

Les Français avaient aussi formé un établissement, en 1640, sur les bords du Surinam ; mais les terres étant marécageuses et malsaines, ils l'abandonnèrent. Les Hollandais nous remplacèrent, et en les fertilisant, ils les ont rendues moins insalubres. Ainsi, le sol que nous avons reconquis, et celui qu'ils ont occupé après nous, attestent en même temps leur habileté et notre maladresse.

Il y a beaucoup de bons ouvrages sur l'histoire naturelle de la Guyane. Je ne vous dirai rien de ce qu'ils peuvent vous apprendre ; mais les auteurs n'ont pu parler de quatre productions dont la possession exclusive a long-temps enrichi les négocians hollandais, et que les Français n'ont dérobées à leur avarice que depuis peu d'années : ce sont le girofle, la cannelle, la muscade et le poivre.

Un hasard heureux me fit avoir à Sinnamari le superbe ouvrage de Rumphius, et les Belges déportés m'aidèrent à en traduire plusieurs articles.

Les épiceries précieuses ont été apportées de l'Ile de France à Cayenne en 1772, 1783 et 1788. On est parvenu par la même voie à y naturaliser le manguier et l'arbre à pain.

Le *socus* fut trouvé par nos navigateurs dans les îles de la mer du Sud, où il est un des principaux alimens des insulaires. Les Français et les Anglais l'appelèrent l'*arbre à pain*, et ce nom fit sa fortune parmi nous. On s'empressa d'envoyer l'arbre à pain dans des contrées où il était inconnu. La nature l'avait placé à peu de distance des côtes occidentales de l'Amérique. Il n'était séparé des Antilles que par l'isthme de Panama; et des siècles innombrables s'écoulèrent sans qu'il franchît cette digue étroite qui sépare les deux mers. Il eût semblé plus court de l'apporter par cette route à Saint-Domingue et aux Antilles. On renonça à ce moyen, par la crainte d'alarmer la jalousie qui ferme les colonies espagnoles aux étrangers. On envoya donc ces arbres à la Guyane en leur faisant parcourir les trois quarts du tour du globe, dans une navigation de huit à neuf mille lieues. L'Ile de France servit de station intermédiaire, et c'est par elle que l'Amérique a reçu de l'Asie ces utiles et magnifiques présens. L'arbre à pain se plaît à la Guyane; il y donne des fruits en abondance; ils peuvent servir à la nourriture de l'homme, et les animaux en mangent avec avidité. Ils ressemblent aux châtaignes, moins par la forme que par le goût. Je plantai à Sinnamari des semences provenant des arbres qui sont à Cayenne;

au bout d'un an, mes plants avaient quatre pieds de hauteur. Cet arbre se déplaisait à Paris, malgré les secours des poêles et des serres. Le directoire l'envoya dans une contrée qui lui est favorable, par le même vaisseau qui nous a enlevés aux climats tempérés de l'Europe, pour nous faire subir les rigueurs de la zone torride.

J'ignore si l'envoi qui fut fait à Saint Domingue, il y a douze ans, a pareillement réussi : il était composé des plus précieuses productions de l'Asie. Une frégate anglaise vint de la Jamaïque au Port-au-Prince ; je fus informé que M. Gardner, capitaine, s'était adressé sans succès au jardinier du gouvernement pour obtenir des plants de chaque espèce ; j'en parlai au gouverneur, et nous n'hésitâmes pas à lui faire donner une caisse de chaque article. Nous pensions qu'il était peu digne de notre grande nation d'être avare de trésors qui appartiennent à tout l'univers, et dont on est sûr d'augmenter la consommation, en les distribuant libéralement. Les Hollandais continuent, au contraire, à empêcher autant qu'ils peuvent la sortie des productions privilégiées capables d'être propagées. Je les compare à ces jardiniers qui ne vendent les fruits précieux de leurs jardins qu'à condition que le noyau leur sera rendu.

Le manguier a pareillement réussi à la Guyane :

ce fruit balsamique et sain y est très-abondant. Les Indiens en sont avides; mais, par une suite de leur paresse et de cette instabilité qui les fait errer d'un lieu à un autre, ils en ont négligé la culture. Elle est facile cependant : il ne faut que laisser tomber un noyau à terre, et sarcler autour de l'arbuste qui lève immanquablement. Il y a dans l'Inde des mangues grosses comme la tête d'un enfant. « C'est, dit Rumphius, » un fruit humide; il échauffe pourtant le » sang, et il est bilieux. » Je n'en ai jamais été incommodé. Peut-être que cet arbre réussirait dans les provinces méridionales de France.

Le cannellier prospère dans cette colonie autant qu'à Ceylan même. Il y en a plusieurs dans les jardins de Sinnamari et dans ceux des autres cantons; mais jusqu'à présent, cette culture n'est pour ainsi dire qu'un objet de curiosité. Les cannelliers apportés de l'Asie à la Guyane sont de la meilleure espèce, et viennent originairement de Ceylan. Il y en a deux arbres à quelques toises de ma case. Ils ne sont plantés que depuis quatre à cinq ans, et le tronc a déjà quinze pouces de circonférence, à un pied et demi du sol. Le cannellier vient ici en haie ou en plein vent. Il ne demande presque point de culture; la plupart des terrains lui conviennent.

Le giroflier a été cultivé avec soin à la Guyane

Française ; le girofle qu'on y récolte est au moins fégal à celui d'Amboyne. Rumphius a décrit cet arbre précieux avec son exactitude ordinaire. Ce savant était au service de la compagnie hollandaise ; mais cette circonstance n'excuse point ce qu'il dit de l'impossibilité de le naturaliser ailleurs qu'aux Moluques. « Les habitans
» de Java, dit-il, et ceux de Macassar ont trans-
» porté chez eux des arbustes et des semences
» du giroflier. Les plants ont crû jusqu'à la
» grandeur ordinaire de ces arbres, mais ils
» n'ont pas porté de fruits. On en peut con-
» clure que Dieu a sagement distribué à chaque
» nation des richesses, des productions diverses,
» et qu'il a renfermé le girofle dans l'enceinte
» des Moluques, hors desquelles aucune in-
» dustrie humaine ne peut le propager, ou le
» cultiver jusqu'à sa perfection. »

Heureusement, le gouvernement français s'est bien gardé de prêter ces vues d'épiciers à la Providence. La Guyane française est au nord de la ligne, à à la même distance que les Moluques en sont au midi.

L'intention du gouvernement était d'encourager cette culture dans la colonie, et plusieurs habitans s'y livraient avec succès, lorsque le baron de Besner, gouverneur, interrompit leurs

CHAPITRE IX.

progrès. On a prétendu qu'un privilége exclusif avait été donné au comte de Provence, et que le gouverneur, bon courtisan et mauvais administrateur, avait été chargé de l'exécution. Quoi qu'il en soit, en 1779, il fit prendre par le conseil supérieur de Cayenne un arrêté portant « que » ceux des habitans qui avaient planté des giro- » fliers, eussent à en faire la déclaration; et dé- » fense fut faite à eux et à tous autres d'en » planter à l'avenir, à peine de cinq cents livres » d'amende. » Villebois, administrateur éclairé, succéda heureusement à Besner : il était porteur des ordres du maréchal de Castries, ministre de la marine, citoyen sous la monarchie.

Villebois s'empressa à réparer le mal qu'avait fait son prédécesseur. Cette culture reprit faveur, et ses progrès étaient rapides, quand la révolution l'arrêta tout à coup. Les nègres coupèrent les girofliers sur plusieurs habitations; sur d'autres, ils négligèrent les sarclages et l'entretien. Cependant de nouveaux efforts ont triomphé de tant d'obstacles. Plusieurs habitans ont des plantations florissantes: celle de *la Gabrielle* doit être citée; c'est là que le marquis de Lafayette, constamment animé de sentimens généreux, voulut faire en grand un essai de noirs affranchis, et en même temps cultivateurs. Il ignorait que les races africaines, essentiellement fainéantes, ne croient à la liberté qu'autant qu'elle a l'oisiveté pour compagne. L'expérience n'a pu être conduite à son terme. L'habitation de *la Gabrielle* est aujourd'hui cultivée par de prétendus affranchis retombés dans une condition très-voisine de l'esclavage. On y comptait (en 1796) cinq mille girofliers sur vingt-huit carrés, le carré ayant cinquante toises sur chaque côté. Un seul arbre a donné jusqu'à cinquante-quatre livres de fruit. Cette fécondité est rare (1).

Au reste, la conquête des épiceries est consommée; les Hollandais n'auront pas plus long-temps la jouissance exclusive de ce trésor, et quand même les espérances de ceux qui cultivent présentement le giroflier à la Guyane seraient renversées par le malheur des temps, il appartient irrévocablement à tous les peuples qui ont des colonies et un commerce.

On n'a pas cultivé à la Guyane le poivre avec

---

(1) Quand je revins de la Guyane à Paris, j'eus occasion de parler de *la Gabrielle* au premier consul, et je lui fis connaître qu'elle avait été vendue comme bien d'émigré. Il me demanda ce que cette habitation pouvait avoir coûté à M. de Lafayette; je le lui dis, et j'ignore s'il a été donné quelque suite à cette communication.

la même activité que le giroflier. Cette épicerie est cependant d'une consommation plus générale. On se propose d'en établir l'exploitation en grand. Cet assaisonnement à bon marché est le luxe du pauvre.

Rumphius, fidèle aux vues de la nation qu'il servait, commence la description du muscadier par un préambule qu'un homme aussi éclairé n'a pu écrire sérieusement. « Le Créateur, dit-il,
» pour obliger les hommes à s'occuper de tra-
» vaux et d'exercices utiles, a caché dans les
» entrailles même de la terre les diamans, l'or
» et les choses les plus précieuses, et c'est par
» la même raison qu'il lui a plu de recéler dans
» un des coins de l'Orient, à la plus grande
» distance, et dans de petites îles peu nombreu-
» ses, la muscade et le girofle. La noix muscade
» croît néanmoins dans un plus grand nombre
» d'îles que le giroflier, et on la trouve dans
» presque toutes les Moluques. » Il ajoute, et ceci peut être vrai, « qu'autrefois il y eut des
» conventions entre les habitants d'Amboyne
» et ceux de Banda, en vertu desquelles la cul-
» ture du giroflier était interdite à Banda,
» comme celle du muscadier à Amboyne. Car
» le Dieu tout-puissant, disent ces insulaires,
» a réparti ses dons divers aux différentes îles,

» et chacune doit en être satisfaite. Les musca-
» diers croissaient cependant à Kelangeeram et
» dans les îles du sud-ouest; mais ils y ont été
» détruits, soit par la guerre, soit par des traités
» conclus entre nous et les indigènes. »

Les bonnes gens que ces Hollandais! ils croient qu'avec des traités et un peu de force armée, les décrets de la Providence n'en iraient que mieux.

Le jardin botanique de la Guyane est éloigné de Cayenne d'environ une lieue. Il est, pour ainsi dire, abandonné; on y trouve encore les principales productions apportées de l'Asie; mais, à l'exception du giroflier et du cannellier, on prend peu de soin de les multiplier. Des sommes considérables ont été dépensées pour ces utiles transplantations. La nature a secondé les efforts des hommes. Le plus difficile est fait; un peu de zèle et de très-modiques dépenses bien appliquées suffisent pour que tant de peines et d'avances ne soient pas perdues. Il faut empêcher qu'un désordre général ne dépouille l'Amérique des trésors si heureusement dérobés à l'Asie.

J'ai aussi mon jardin des plantes, et comme il touche à ma case, je n'y travaille qu'avant le lever du soleil et quand il est couché. *Le travail délasse les peines du cœur.* Je désire que cette vérité se propage, et j'y reviens souvent pour la rendre familière. C'est là ce que j'ai dans le bannissement; d'autres voyageurs ont vu plus de pays, et tous n'ont pas fait une découverte aussi importante.

Je ne dois pourtant pas vous cacher que j'use ma vue à lire à la lampe. Madame Trion m'a dit souvent : « Vous deviendrez aveugle. » Elle me gronde et s'afflige de mon obstination. Hier matin, elle est entrée dans ma chambre un bandeau à la main, et, moitié gré, moitié force, je l'ai laissée l'attacher sur mes yeux. « Je vous conjure, m'a-t-elle dit, de le garder jusqu'au soir. » Il a fallu sérieusement en prendre l'engagement; et, en effet, pendant toute la journée, j'ai été aveugle, marchant à tâtons, m'ennuyant de ne pouvoir lire ou travailler, obligé de me faire couper les morceaux à table, me heurtant pour aller d'un lieu à un autre. J'ai même cassé un vase. « Eh bien ! me dit-elle
» au soir, en dénouant mon bandeau, vous
» savez maintenant ce que c'est; lirez-vous en-
» core à la lumière? » Je répondis : « Non, » bien résolu de tenir ma promesse. Mais pas plus tard que le lendemain, je reçus de Surinam un gros paquet de gazettes allemandes.

Il me parvient aussi des pamphlets et des mémoires où nous sommes indignement traités. Mes compagnons morts ou mourans ne peuvent plus y répondre. On n'a pas trouvé dans toute ma conduite en France la matière d'un reproche. Pour y suppléer, on s'est donné carrière sur mon administration à Saint-Domingue; mais si vous avez pu conserver les documens qui s'y rapportent, vous n'y trouverez que des témoignages du contentement des habitans de cette colonie, ceux des chambres d'agriculture, les lettres de conseils de nos places de commerce. De tous ces actes, Elise, publiez ce que vous voudrez, et principalement ceux qui sont aux archives de la marine. Je n'ignore pas que les lettres des ministres de Louis XVI, et celle que ce prince m'écrivit lui-même, paraîtront aujourd'hui une production hors de saison, et cependant je n'ai pas d'autre moyen de repousser d'insignes impostures. Joignez le tout à ma lettre du 8 juin dernier.

Je sais bien aussi qu'il faut s'attendre, dans les temps de factions, aux mensonges et aux calomnies; et si j'étais en liberté, je ne leur opposerais que le silence. Mais je subis une affreuse condamnation sans avoir été jugé. Le moins qui me soit permis, c'est d'opposer des actes authenti-

CHAPITRE IX.

ques, dont la date est certaine, à des mensonges inventés à plaisir en mon absence, et quand on me croit privé de tous moyens d'y répondre.

12 *prairial an VI* (16 juin 1798) (1).

(1) Voir à la suite de ce Journal deux lettres que j'écrivis à ma femme. Elle les fit imprimer. J'ai su qu'elles avaient excité le courroux du directoire, mais elles ranimèrent l'intérêt public, et c'est ce que j'avais espéré. Elles sont du 24 février et du 8 juin 1798.

CHAPITRE DIXIÈME.

Produit de la pêche d'un jeune Indien.—Tronson et Bourdon de l'Oise meurent à la même heure.—Détails sur ces deux déportés.—Mort de Berthelot-Lavilleheurnois.—Détails sur ce déporté.—Armemens en course avantageux à quelques particuliers, préjudiciables à la colonie.—Lettre de l'agent Jeannet.

Un jour que le soleil était caché, j'allai, en me promenant, jusqu'au bord de la mer. J'y trouvai un jeune Indien. Il semblait très-affligé, se frappait la tête, et se parlait à lui-même du ton le plus lamentable. J'en fus d'autant plus surpris, que je voyais près de lui plusieurs poissons très-gros, produit de sa pêche. Il me fit comprendre que son chagrin ve nait de ce qu'il ne pouvait tout emporter. Je vins à son secours : j'attachai les deux plus gros de ces poissons aux deux bouts d'un bâton, et je plaçai le petit fardeau sur mon épaule. Je mis ainsi à sa disposition toute sa fortune, dont, un moment auparavant, la grandeur faisait son désespoir. Nous nous acheminâmes, et de retour au bourg, il prit son poisson, sans me remercier. Je compri que, dans sa pensée, je n'avais fait que rempli un devoir. Je lui fis demander comment il disposerait de son superflu. « Je le donnerai, dit-il, « à ceux qui auront fait une mauvaise pêche. »

Cette réponse m'a rappelé lord Clive. Ce gouverneur, qui avait rapporté du Bengale en Angleterre une immense fortune, en fit d'abord un usage libéral. Il s'ennuya bientôt de ne rencontrer que des ingrats. Il cessa de donner, et finit par un suicide. Mon jeune sauvage, au contraire de ce malheureux riche, regardait les bons offices comme un devoir; il n'était point reconnaissant de ceux qu'on lui rendait, et à son tour, il n'exigeait la reconnaissance de personne pour prix de ses libéralités.

Nous étions, par la mort de Murinais, et par l'évasion de huit de nos compagnons, réduits à sept; mais bientôt nos pertes se succédèrent avec rapidité. Ayez le courage de lire les récits que je vais en faire!

L'espérance, cette amie des exilés, avait, pendant neuf mois, soutenu Tronson-Ducoudray; ses maux ne faisant qu'augmenter, il demanda encore une fois d'aller à Cayenne, et il reçut un nouveau refus avec moins de résignation que le premier. Je pus reconnaître à ses discours qu'il pressentait une mort très-prochaine.

Il parlait avec un intérêt particulier des affaires publiques, et c'est dans un de nos derniers entretiens, qu'il me fit entendre quelques mots qui me parurent être son testament politique. Je les consigne ici, comme appartenant au Journal de la déportation. Ils sont propres à faire mieux connaître un des hommes qui avaient mérité d'être poursuivis jusqu'à la mort par le directoire.

« Je touche à ma fin, me dit-il, et nos enne-
» mis ne m'ont pas laissé le temps de témoigner
» par ma conduite combien j'attachais d'impor-
» tance aux devoirs d'un représentant. J'aurais
» voulu substituer un sincère amour de la patrie
» à ces erreurs, à ces fausses maximes qui pré-
» parent la dissolution de la société. Il nous
» faut un autre mobile que cette crainte des
» châtiments, qui maintient à la Chine une sorte
» de tranquillité. La religion est, en Europe, une
» condition nécessaire de l'ordre; et cependant,
» chaque jour, ce mystérieux et saint élément
» de la paix sociale perd de sa puissance : cette
» puissance même s'était peut-être accrue à force
» d'abus; mais puisque nous les avons réformés,
» essayez de rendre à la religion sa première
» innocence. Les croyances chrétiennes, si on
» les compare à celles qui, depuis tant de siècles,
» se partagent le monde, sont les plus pures
» et les plus favorables au bonheur de la société.
» Je ne veux point cependant d'une religion

» exclusivement établie. Ce qui est chrétien me
» semble incomparablement préférable à tout
» ce que je vois dans d'autres contrées. L'arrivée
» des deux premiers tiers dans nos conseils m'a
» rempli d'une espérance que je conserve même
» à l'instant où tout semble fini pour moi. C'est
» donc sur les vertus religieuses et morales des
» nouveaux représentans que j'ai principale-
» ment compté. Je voulais qu'ils fissent abnéga-
» tion de tous projets d'ambition personnelle,
» de tout intérêt de famille; que leur sollicitude
» nous conservât l'inestimable institution du
» jury, protecteur spécial des faibles contre les
» puissans. L'économie ne me semblait pas
» moins nécessaire ; mais déjà le directoire a
» oublié que c'est le déficit qui a enfanté la
» révolution ; il nous dit qu'il faut de l'argent
» pour faire la guerre, et il dit vrai; mais pour
» faire la guerre, il faut des finances en bon état;
» et si vos dettes sont payées si vous pouvez
» vous passer d'emprunts, si les impôts sont
» facilement acquittés, cette situation contiendra
» l'ennemi qui vous observe, et vous vaudra,
» comme vous nous l'avez dit souvent, une
» seconde armée. En donnant tous nos soins
» à la prospérité intérieure, nous devions aussi
» être en garde contre les dispositions peu favo-
» rables de nos voisins, et c'est en ce point que

» je craignais de me trouver en contradiction
» directe avec le sentiment national. Un désir
» de conquête avait gagné jusqu'à ceux qu'on
» aurait cru les plus modérés. Pour moi, je
» croyais que nous n'avions à espérer de salut
» que dans la paix. Je me disais que tandis que
» nous méditions des projets d'invasions et d'a-
» grandissemens, l'Europe entière concevait des
» alarmes ; qu'il ne fallait pas tant négliger ce
» qui se disait à Madrid, à Vienne, à Londres,
» à Pétersbourg, et que nous n'étions pas assez
» puissans pour résister à une coalition de tous
» contre nous ; qu'il fallait rassurer ces puis-
» sances, et en même temps leur faire connaître
» que nous ne souffririons pas la plus légère
» insulte de leur part. Ayez une armée suffisante
» pour une défense vigoureuse ; elle le sera, au
» besoin, pour attaquer un ennemi injuste. »

Je me plais trop, peut-être, à ces souvenirs.
Je reviens à mon Journal. Tronson qui vivait
avec une grande économie, était, parmi nous,
un de ceux qui avaient le plus de ressources.
Incertain de la durée de son bannissement,
il les gardait pour l'avenir. Ce n'est que près
du dernier moment qu'il me remit son petit
trésor.

Il habitait la même chambre que Laffon ; la
fièvre les prenait aux mêmes jours, à la même

CHAPITRE X.

heure; j'étais fréquemment près de leur lit; chacun d'eux, livré pour lui-même à l'espérance, jugeait l'état de l'autre pire que le sien. Tous deux me disaient : « Il ne se croit pas si mal « qu'il est. »

L'évasion de Willot laissait sa chambre vacante. J'y fis porter Tronson. Tandis que j'étais dans celle qu'il venait de quitter, je fus fort étonné de l'y voir rentrer, marchant ou plutôt se traînant avec peine. « Mon nègre, me dit-il d'une « voix éteinte et tremblante, vient de m'appro- « cher, ayant un couteau à la main. Il en a « fait un geste menaçant; prenez garde que cet « homme n'entre plus ici. Il veut me tuer, et sa « vue seule hâte ma mort. » Je crus que la fièvre troublait sa raison. J'appelai le nègre, pour lui payer ses gages; mais quand je voulus, suivant l'usage, le conduire devant le juge de paix, pour constater ce paiement, il s'enfuit précipitamment. Cette fuite me fit penser que l'effroi du moribond n'était pas, comme je l'avais cru d'abord, l'effet d'un délire fiévreux.

Brotier, unissant la piété au courage, rendait à Tronson les offices les plus difficiles. On ne sait pas ce que c'est que la profession d'infirmier, quand on ne l'a jamais remplie; quelles craintes personnelles il faut combattre, quels dégoûts il faut surmonter ! Tronson préférait ma pré-

sence, et cependant Brotier le servait mieux. Je dois reconnaître que pour un semblable dévouement, la charité qu'inspire la religion surpasse l'amitié même. Brotier eut besoin de relâche. Je demandai au commandant de permettre à un soldat noir, qui s'offrait de bonne volonté, de garder le malade. Cet officier y consentit d'assez mauvaise grace. J'appris, le lendemain, que le soldat était en prison, et je fus réduit à faire veiller et garder Tronson par l'autre nègre dont la présence lui causait de si justes alarmes. Je recommandai à cet homme de se cacher autant qu'il le pourrait, mais déjà son maître n'était plus en état de le reconnaître. Vous jugerez par-là de la difficulté de procurer à nos malades les secours les plus ordinaires et les plus indispensables. Ils ne furent souvent gardés que par ceux d'entre nous qui avaient conservé leur santé, ou par des habitans touchés d'un aussi déplorable abandon. La veille même de sa mort, il me dit : « Je laisse des en-
» fans, j'ai écrit pour eux une instruction que
» vous leur ferez parvenir ; elle suppléera bien
» imparfaitement aux leçons verbales de leur
» père; et quand le directoire m'a frappé, c'est
» eux autant que moi qu'il a atteints. » Cette instruction commençait par ces paroles : « Je
» meurs, mes enfans ! vous perdez, à deux mille

CHAPITRE X.

» lieues, un ami tendre, que vous connaissez à
» peine ; mais la Providence vous reste. » Il me
dit ensuite : » Tirez de cette poche un papier
» dont je n'ai voulu me séparer qu'à la mort,
» et lisez-le. » C'était un billet que sa femme lui
avait écrit le 18 fructidor, le jour même qu'on
nous avait conduits au Temple. Il était ainsi
conçu : « S'il m'était arrivé un très-grand mal-
» heur, ce serait de vous que j'attendrais une
» lettre. J'espère qu'en ouvrant celle-ci, vous
» éprouverez un instant d'adoucissement à vos
» peines. Depuis ce matin, que je sais votre
» malheur, j'ai couru tout Paris, pour essayer
» d'y apporter quelque remède. Je sors de chez
» Barras : je n'ai pas pu lui parler, mais je lui ai
» écrit, et j'espère avoir de lui la permission de
» vous voir. Puissé-je être la première qui vous
» apportera quelque consolation? N...T. Duc.»

P. S. « C'est moi-même qui vous apporte mon
» billet. J'en attends la réponse au guichet. »

Tronson ajouta : « Renvoyez ce billet à ma
» femme, après en avoir pris copie. Ne lui lais-
» sez pas ignorer avec quel soin je l'ai conservé.»
Son agonie fut longue, et son silence ne fut
plus interrompu que par les mots d'éternité, de
justice.

4 *messidor an VI* (22 juin 1798). — Le mort
était encore gisant sur son lit; je m'occupais des

devoirs de l'exécution testamentaire dont j'étais chargé, quand un passant me cria : « Bourdon se meurt, et vous appelle. » Je courus à sa case ; il venait de mourir. La frégate *la Décade*, arrivée peu de jours auparavant, avait apporté des lettres pour tout le monde, excepté pour lui. Il apprit qu'il y avait sur *la Décade* cent quatre-vingt-treize déportés, et l'on répandait qu'il y avait beaucoup de Vendéens parmi eux. Le malheureux fut à son tour frappé de la terreur qu'il avait autrefois inspirée ; il mourut de la peur d'être tué. C'était un homme passionné, violent et sans pitié ; mais on ne pouvait lui reprocher cette cupidité qui a, dans le cours de notre révolution, engendré tant de forfaits. Je crois qu'ainsi que plusieurs autres, il avait voulu de bonne foi une réforme devenue nécessaire ; mais il était aussi de ceux dont la tête exaltée ne connaissait ni règle, ni mesure. Semblables aux filles de Pélias, auxquelles Médée avait persuadé qu'elles rajeuniraient leur père, ils avaient dépecé le corps de l'état, ils en avaient jeté les morceaux dans la chaudière, et, les regardant bouillir, ils attendaient avec une stupidité féroce le moment de la régénération. Bourdon, transfuge de son premier parti, s'y était fait plus d'ennemis qu'il n'avait trouvé d'amis dans celui auquel il s'était joint. Il n'était point exclus de notre société, mais il disait qu'on ne l'y tolérait que par commisération ; que les huit fugitifs avaient gardé avec lui un silence offensant ; qu'odieux à tout le monde, la vie lui était à charge, puisqu'il ne voyait plus de moyens de recouvrer sa liberté. Il venait souvent, après dîner, débiter devant nous sa politique révolutionnaire. Ses fausses ou demi-connaissances le rendaient discoureur ; et nous, las de combattre un homme qui ne savait pas converser, nous l'abandonnions quelquefois au milieu de ses argumentations, qu'accompagnaient des coups de poing frappés sur la table, ou le déplacement bruyant de quelque chaise.

Bourdon avait d'abord conçu toutes sortes de projets pour faire prospérer la Guyane. Bientôt, convaincu qu'ils étaient impraticables, il devint oisif. Il errait alors dans le bois ; ou bien, retiré dans sa cabane, il n'y avait d'autre société qu'un nègre, qu'il ne comprenait pas, et dont il ne pouvait se faire comprendre. Il ne se rasait point, et, comme Ovide, il s'imaginait que du linge blanc s'accordait mal avec le deuil de sa situation :

> Quæque semel vestis toto mihi sumitur anno,
> Sumatur fatis discolor alba meis.

Il ne dissimulait pas le mépris qu'il avait pour tous les systèmes philosophiques, comme pour les croyances religieuses. Il mêlait même une mauvaise plaisanterie à ce qu'il y a de plus grave au monde. « Si nous devions vivre pendant » l'éternité, disait-il, cela serait d'un ennui à » mourir. »

Il faut être doué d'une étrange force de tête et d'une volonté robuste, pour être l'auteur de malheurs actuels et certains, sous le prétexte d'un bien à venir au moins douteux. Bourdon disait, quand on lui parlait de la conduite qu'il avait tenue dans les missions dont la convention le chargea : « J'avais besoin de tout mon cou- » rage pour supporter la vue des misérables que » je faisais. »

Mais ce prétendu brave ne put attendre la fin de ses maux du cours des événemens ou de la justice de ses concitoyens.

Lorsque j'entrai dans sa cellule, je n'y trouvai qu'un nègre chargé de garder le corps, et qui fouillait dans les poches du mort et dans sa malle.

5 *messidor an VI* (23 juin 1798). — J'étais seul avec Brotier et les fossoyeurs, lorsque Tronson et Bourdon furent enterrés. Nos autres compagnons malades n'avaient pu être présens. Je regardai vers le tombeau de Murinais : il était déjà caché par une herbe épaisse, et rien n'en marquait la place. Point de flambeaux, point de pompe ou de chants funèbres. Le seul bruit qui

se fit entendre fut celui de la terre jetée sur les deux cercueils. Quand ils furent couverts, la solitude du cimetière me parut encore plus affreuse. Ce délaissement et toutes sortes de souvenirs douloureux me causèrent une vive émotion. Je m'éloignai précipitamment, et comme par un mouvement machinal, en m'écriant : « Adieu, Tronson, et pour toujours ! » L'abbé Brotier resta jusqu'à la fin, et accomplit, sans qu'il y parût, quelques cérémonies religieuses.

Législateurs ! vous qui avez usurpé le caractère de juges, c'est dans le même jour, dans le même acte, que vous avez prononcé la même peine contre des hommes dont la conduite fut bien différente. Ils sont morts devant moi au même instant, dans la force de l'âge, à deux mille lieues de leur patrie, sans qu'un seul parent ait pu fermer leurs yeux. Je viens d'ensevelir l'un près de l'autre. Si cette vie ne fut pour eux qu'une épreuve passagère, et s'ils se retrouvent déjà ailleurs, subissent-ils la même destinée ? Quand la conduite de l'un paraît être la condamnation de l'autre, le néant pour tous deux me semble impossible, et le doute seul confondrait ma raison.

O qu'ils sont insensés ceux qui veulent qu'on leur dévoile l'avenir ! Qui pourrait vivre, s'il savait d'avance tout ce qui lui arrivera !

Gardons notre *ignorance*, et conduisons-nous comme Tronson.

Le commandant militaire du poste prétendit que le soin de gérer la succession du défunt lui était dévolu. Il annonça la vente pour le lendemain. Il fit, en effet, lever les scellés. J'entendis, au matin, le tambour qui appelait à l'encan du *déporté Tronson*. Je me présentai pour procéder à l'exécution du testament. On me fit entendre, avec toute la politesse possible, que le défunt n'avait pu tester, parce qu'il était mort civilement, et que je ne pouvais être son exécuteur testamentaire, parce que j'étais dans le même cas. Quelqu'un avait même fait la leçon à l'officier, car il me cita le Digeste (1).
« Il n'y a de déportés, lui répondis-je, que ceux
» qui ont été condamnés par jugement. Les in-
» capables et les infames sont ceux qui violent
» les lois. Je forme opposition à la vente. » Cette opposition fut heureusement reçue par le juge de paix, et les chalands se retirèrent. J'eus ainsi le temps de m'adresser à l'administration du département et au tribunal civil de Cayenne. La validité du testament y fut reconnue, ainsi que la faculté de tester, que l'officier comman-

---

(1) Lex 15, de interdictione, relegat. et deport.

dant refusait à tout déporté. « Tronson et Mar-
» bois, rendus au lieu de leur déportation, ils y
» ont repris l'exercice de leurs droits civils. »
(*Décision de l'administration du département.*)

Voilà bien des détails sur cet événement, mais
j'ai été long-temps occupé de ce collègue enlevé
à sa femme, à ses enfans. Et ne suis-je pas aussi
perdu pour tous les miens, et séparé d'eux par
la fosse large de l'Océan atlantique?

Rovère était malade depuis quelques mois. Il
avait partagé sa chaumière avec Bourdon, mais
il craignait de respirer l'air dans lequel son
camarade était mort. Il vint, le même soir, demander asile à Berthelot-Lavilleheurnois, car le
malheur et l'exil avaient rapproché les hommes
que leurs opinions et leur conduite politique
semblaient avoir séparés pour toujours. Lavilleheurnois l'accueillit, et lui donna place dans
sa chaumière, non sans inquiétude cependant,
car la contagion était dans Sinnamari. Le même
jour, il me dit d'un ton moitié alarmé, moitié
plaisant : « Vous savez que je ne pouvais souffrir
» Bourdon, et que je n'aspire qu'au rétablis-
» sement de la royauté. Bourdon protestait, au
» contraire, que si les factions rendaient un roi
» à la France, il se chargerait de le poignarder.
» Nous nous sommes évités ici avec autant de
» soin que nous aurions pu le faire en France.

» N'est-il pas étrange que, malgré mes efforts, » je sois exposé à gagner la maladie dont il est » mort, et qu'elle me soit apportée par Rovère. » Les craintes de Lavilleheurnois perçaient à travers sa feinte indifférence. Je n'ai guère vu d'homme désirer plus franchement de faire parler de lui.

Un jour, le commandant lui fit une avanie pour je ne sais plus quelle cause. Je me souviens seulement qu'elle était légère, et que le déporté n'avait nullement mérité ce mauvais traitement. Il arrive chez moi, joyeux et triomphant, il me raconte l'aventure et il ajoute : « Cette scène » n'est-elle pas impayable ; je l'aurais arrangée » moi-même qu'elle n'aurait pas été plus com-» plète. N'est-ce pas que vous la raconterez dans » votre journal? Cherchez encore quelque chose » qu'on puisse rapporter comme une parole de » Lavilleheurnois dans l'exil, et qui donne une » juste idée de mon caractère. » — « Volontiers, » lui répondis-je, je n'aurai qu'à écrire ce que » vous venez de me dire. » Il me comprit, et se fâcha. Je lui dis que je ne manquerais pas d'ajouter qu'il s'était fâché.

Il tomba malade, et les progrès furent si rapides, qu'il mourut le cinquième jour, 10 thermidor an VI (28 juillet 1798). Peu avant sa mort, il s'étonnait que les gens d'une santé délicate ne fissent point leur testament lorsqu'ils se portaient bien. « Ils craignent la mort, disait-» il, et tout ce qui peut leur rappeler qu'ils sont » mortels. » Il mourut lui-même sans avoir fait aucune disposition.

Lavilleheurnois supporta son malheur avec beaucoup de constance. Il eut une excellente contenance au milieu de nos petites factions. Il ne montrait de ressentiment que contre les directeurs. « Qu'ils triomphent! disait-il dans ses » derniers jours; qu'ils triomphent! le sang n'a » pas coulé, et je meurs. » Considéré comme chef ou membre d'un parti, il avait été à la fois entreprenant et timide, crédule et soupçonneux. Il avait eu, dans la prison du Temple, des liaisons particulières avec sir Sidney Smith, et il s'attendait de bonne foi, à Sinnamari, que cet officier ou les lords de l'amirauté enverraient une frégate et des troupes de débarquement, pour le remettre en liberté. L'abbé Brotier, commissaire royal comme lui, ne rejetait pas cette espérance. Pauvres gens pour une conspiration! ils ne connaissaient guère les cours, s'ils ne savaient pas qu'une seule chaloupe canonnière eût été pour les Anglais d'un plus grand prix que tous les déportés à la Guyane.

La mort de Lavilleheurnois m'ôte encore un des hommes dont la société allégeait le poids de mes peines. O vengeance du directoire, que vos effets sont épouvantables et rapides!

J'ai toujours été révolté d'un passage de Mably, qui a probablement été connu des directeurs, quoique ces hommes ne fussent pas fort experts en lecture. Cet auteur, dans ses observations sur les Romains, rapporte ces mots d'une lettre de Cicéron à Brutus : « *Quod si clementes esse vo-* » *lumus, nunquam deerunt bella civilia.* » Ailleurs il dit (1) : « *Excisa est arbos non evulsa. Itaque* » *quam fructificetur vides.* »

» En effet, dit Mably, » s'ils se fussent conduits
» en hommes d'état, il n'est pas douteux qu'ils
» n'eussent compris dans leur projet les favoris
» de César, les instrumens de sa tyrannie, et tout
» ce qui devait aspirer à lui succéder. Mais Bru-
» tus, le vengeur des lois, ne croyait pas qu'il
» lui fût permis de les violer, en punissant
» comme des tyrans des citoyens qui ne l'étaient
» pas encore. Le sénat devait oser davantage. Il
» est malheureusement des conjonctures désespé-
» rées où la politique ordonne de punir les in-
» tentions et jusqu'au pouvoir de faire le mal.
» Le sénat, en proscrivant la mémoire de César,
» aurait dû faire périr Antoine, et étouffer les
» espérances du jeune Octave. »

Ah ! gardons-nous de punir *les intentions*, et

_____
(1) Epitre VII.

jusqu'au pouvoir de faire le mal! S'il existe des tribunaux, c'est à eux seulement qu'il appartient de juger les délits et de les punir. S'ils sont sans vigueur, les factions sont bientôt aux prises, et l'état est déchiré par la guerre civile. Si Antoine, si le jeune Octave eussent péri, Pompée, Dolabella et une foule d'autres ambitieux auraient pris leur place. La république était à sa fin; quelques meurtres de plus ne l'eussent point sauvée. Quand le cours des événemens amène un gouvernement usurpateur, il y a encore de la ressource pour les gens de bien : c'est de rester inébranlables à la place où le sort les a mis, de servir leur pays, quelle que puisse être la forme du gouvernement; c'est de donner, au milieu de l'abattement universel, l'exemple du courage, et de se montrer incorruptibles dans la corruption même. Les entreprises violentes, au contraire, amènent des entreprises semblables, et l'entière dissolution du corps social peut en être la suite. Le directoire, et les membres des conseils qui lui étaient vendus, ont dit, comme Mably, qu'ils nous envoyaient à la mort *pour punir nos intentions, et nous ôter jusqu'au pouvoir de faire le mal.* Nous verrons ce qui les attend eux-mêmes.

J'avais un grand éloignement pour le directoire. Peut-être avions-nous les moyens de faire périr ces hommes coupables. Je m'y serais opposé, et si malheureusement d'autres avaient commis ces assassinats, je suis persuadé que les armées eussent pris parti contre nous; les affaires auraient été encore plus désespérées. Des actes de violence, des assassinats eussent engendré la guerre civile, et flétri cette palme d'innocence qui présente encore quelques espérances à la nation française.

J'ai parlé de *l'Apollon*, ce navire d'Altona pris par un corsaire de Cayenne. Il y avait sur ce bâtiment un chirurgien, appelé *Wolfangsberg*. Il me donna des nouvelles de l'Europe; je l'écoutais avec avidité, et regrettais de n'avoir plus à qui les redire. Il portait au gouverneur de Surinam des instructions propres à sauver cette colonie. Je crois que Frédérici était lui-même disposé à la livrer aux Anglais, plutôt que de la laisser tomber entre nos mains, tant on redoute notre amitié!

Nos colonies, fondées par des flibustiers, nos colonies qui jetèrent, depuis, un si grand éclat, semblaient devoir finir comme elles avaient commencé. Le gouvernement colonial se trouvait, par son propre fait, dans des conjonctures très-embarrassantes. On n'avait épargné ni proclamations ni instructions particulières, pour persuader aux nègres que leur condition présente était en tout semblable à celle des blancs. Ils ne voyaient aucuns de ceux-ci occupés aux travaux manuels de la culture, si dangereuse pour l'espèce blanche entre les tropiques, et ils se figuraient qu'ils en étaient pareillement dispensés. Plusieurs même refusaient de cultiver les vivres nécessaires à leur subsistance ; et ces hommes imprévoyans consommaient les produits de leur ancien travail, sans songer à l'année suivante.

On essaya, dans des proclamations ambiguës, de faire prendre le change aux nègres sur la véritable signification du mot liberté ; ces explications leur parurent contredire un sens clair et naturel. Ils persistèrent à s'en tenir à la lettre, à se livrer à une fainéantise dont une famine générale devait être la suite.

Bientôt les navigateurs ennemis, et même amis, évitèrent des parages dangereux. Nos corsaires se dirigèrent alors contre presque toutes les nations commerçantes. Depuis l'Amazone jusqu'à la colonie de Surinam, tout ce qu'on rencontrait était arrêté. On semblait avoir adopté cette maxime du fameux Victor Hugues : « Un vaisseau qui a une cargaison de quelque valeur est de bonne prise. »

Des administrateurs qui ne se seraient pas contentés de vivre au jour le jour, auraient soigneusement évité de causer un préjudice irréparable à la colonie, pour se délivrer des embarras du moment. Le commerce est un pourvoyeur plus habile et moins cher que la guerre.

Mais le directoire croyait avoir rempli toutes ses obligations envers les colonies, en leur envoyant un agent pour les gouverner. Il leur laissait le soin de pourvoir à la défense et à la subsistance des habitans. Jeannet se désespérait d'être abandonné à son ignorance. Il était même sans instructions, ou il n'en recevait que de fort incomplètes sur la conduite qu'il devait tenir envers les déportés successivement envoyés à la Guyane. Une lettre, qu'il écrivit à ce sujet au ministre de la marine, est tombée entre nos mains. Elle est un modèle de servilité, et mérite d'être textuellement rapportée.

« Citoyen ministre, il m'est prescrit, par
» votre lettre du 25 ventôse, d'exercer sur les
» déportés la surveillance nécessaire pour qu'ils
» ne puissent ni nuire, ni s'échapper. S'ils
» sont placés à Conanama, s'ils ont la faculté de
» communiquer avec les citoyens, de chasser,
» de pêcher, de former dans les différentes

» parties du continent des établissemens de
» culture et de commerce, et toutes ces choses
» sont des conséquences immédiates des ordres
» que j'ai reçus, je dois vous déclarer que je
» ne connais pas de moyens de les empêcher
» d'influencer, à leur gré, l'esprit des habi-
» tans, d'alarmer les noirs sur leur liberté, ou
» de les soulever par la superstition, d'intriguer,
» enfin, soit par l'étranger, soit par eux-mêmes,
» contre l'ordre public, et de compromettre
» fortement la sûreté des personnes et des pro-
» priétés. »

» Quand je pourrais attacher aux pas des
» déportés deux soldats armés, l'ordre d'em-
» pêcher les déportés d'échapper me paraî-
» trait encore inconciliable avec la nature du
» local où je suis tenu de les colloquer, et
» avec la latitude qu'il m'est enjoint de leur
» laisser.

» Je connais, sur le mode d'exécution de
» la déportation à la Guyane, un arrêté de
» la ci-devant assemblée coloniale, et des ob-
» servations du citoyen Pomme. Dans ces deux
» pièces, on place au vent, et à une très-
» grande distance du chef-lieu, le lieu de la
» déportation, et dans toutes les deux, la
» communication des déportés avec l'intérieur
» est interdite sous les peines les plus sévères.

» Je pense moi-même que si ces précautions
» ne suffisaient pas tout-à-fait pour prévenir
» l'évasion des déportés, du moins elles se-
» raient utiles pour assurer la tranquillité de
» la colonie. »

Ainsi, Conanama, où tant de bannis ont péri, semblait à Jeannet un séjour trop fortuné, et il préférait un lieu inhabité, encore plus inclément, plus voisin de la ligne, et où pas un seul n'eût pu vivre. Au dire des pêcheurs et des caboteurs, « la Guyane » n'a point de séjour plus affreux que ce- » lui où Jeannet proposait au directoire de » nous envoyer. »

FIN DU PREMIER VOLUME.

TABLE

DES

CHAPITRES DU PREMIER VOLUME.

Pages.

Avis. i
Note. iii
Observations sur les actes du 18 et du 19 fructidor an V, ou Introduction au Journal. vii
Document officiel relatif à la déportation du 18 fructidor. xlviii

CHAPITRE PREMIER.

Situation pacifique du conseil des anciens et de celui des cinq-cents, en 1796 et 1797, et dispositions menaçantes du directoire avant le 18 fructidor an V (4 septembre 1797). 1

CHAPITRE DEUXIÈME.

Événemens du 18 fructidor. — Les représentans chassés du lieu de leurs séances par les soldats. — Division dans le directoire. — Triumvirat. — Carnot s'évade. — Barthélemy, directeur, conduit au Temple. — Déportation. — Générosité et courage d'un domestique de Barthélemy. 23

CHAPITRE TROISIÈME.

Départ pour Rochefort dans les cages de fer. — Noms des seize déportés. — Cachots. — Général Dutertre.

—Ma femme vient à Blois, et veut m'accompagner.
—Dispositions du peuple.—Il nous juge innocens, parce qu'on refuse de nous juger.—Arrivée des déportés au port de l'embarquement. 65

CHAPITRE QUATRIÈME.

Embarquement des déportés — Mauvais traitemens. —Ils devinent le lieu de leur déportation. —Consignes sévères.— Maladies.—Prise d'un navire portugais et d'un navire anglais.—Licence et désordre. — Réflexions sur les événemens. — Vue de terre. 94

CHAPITRE CINQUIÈME.

Arrivée à Cayenne.—Hospitalité des habitans.—Le citoyen Jeannet, agent. —La détention continue. —Détails sur le climat.—Lettre de Tronson à l'agent.—Les déportés sont exilés à Sinnamari.— Description du lieu.—On leur offre des concessions provisoires. — Nouvelles consignes. — Murinais demande à aller à Cayenne; refus.— Sa mort. 115

CHAPITRE SIXIÈME.

Occupation des déportés.—Le travail à la bêche et au soleil est mortel pour les arrivans. — Billaud-Varennes.—Vue et description de Sinnamari.— Insalubrité. — Tronson malade est forcé d'y rester.—Correspondance et communications interceptées.—Emploi de la journée.—Habitations des déportés.—Prix des comestibles et du travail. 146

CHAPITRE SEPTIÈME.

Voyage de cinq déportés à Simapo, peuplade d'Indiens.—Festins ; ivresse des indigènes, leurs habitations, leurs usages, leur industrie.—Histoire d'un

Indien formant une société à part.—Leurs pratiques et leur régime dans les maladies.—Des Indiens. Sauvages de l'Amérique, et particulièrement de ceux de la Guyane française.—Retour à Sinnamari. 179

CHAPITRE HUITIÈME.

On inquiète les colons qui fréquentent les déportés. —Déportation.—Relégation.—Evasion de huit déportés. Motifs qui empêchent les autres de fuir. —Les fugitifs sont bien accueillis à Surinam.— Belles actions récompensées. 218

CHAPITRE NEUVIÈME.

La Guyane française a été possédée par les Hollandais. L'arbre à pain. — Le manguier. — Le cannellier. —Le giroflier.—Le muscadier.— Le poivrier. — —Etat de ces productions à la Guyane française. —Le sol et le climat leur conviennent. 237

CHAPITRE DIXIÈME.

Produit de la pêche d'un jeune Indien.—Tronson et Bourdon de l'Oise meurent à la même heure.— Détails sur ces deux déportés.—Mort de Berthelot-Lavillebeurnois.— Détails sur ce déporté.—Armemens en course avantageux à quelques particuliers, préjudiciables à la colonie.—Lettre de l'agent Jeannet. 290

FIN DE LA TABLE DU PREMIER VOLUME.

JOURNAL
D'UN DÉPORTÉ.

TOME II.

ANGERS. IMPRIMERIE DE ERNEST LE SOURD.

JOURNAL
D'UN DÉPORTÉ
NON JUGÉ,

ou

DÉPORTATION

EN VIOLATION DES LOIS,

DÉCRÉTÉE LE 18 FRUCTIDOR AN V
(4 SEPTEMBRE 1797).
(*par Barbé-Marbois.*)

The violation of laws never remains unpunished.
La violation des lois ne reste jamais impunie.
JEFFERSON, *Correspondance.*

TOME SECOND.

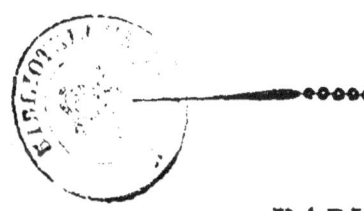

PARIS.

CHATET,	FOURNIER J^e,
PLACE DU PALAIS-ROYAL.	14, RUE DE SEINE, F. S. G.

M. DCCCXXXV.

JOURNAL

D'UN

DÉPORTÉ A LA GUYANE.

CHAPITRE PREMIER.

Arrivée de *la Décade* avec cent quatre-vingt-treize deportés. Leur histoire.—Lettre à Dupont de Nemours.

La Décade, mouillée à Cayenne le 22 prairial an VI (10 juin 1798), y débarqua cent quatre-vingt-treize déportés. Je placerai ici le précis des événemens qui les conduisirent à la Guyane.

Les décrets des 18 et 19 fructidor an V, qui avaient ordonné notre déportation, contenaient beaucoup d'autres dispositions, et particulièrement celle qui conférait au directoire le pouvoir de déporter les prêtres qui troublaient dans l'intérieur la tranquillité publique. Dès ce moment, quiconque donna de l'ombrage à Rewbell, à Barras, fut un perturbateur de l'ordre social. Je crois que les prêtres, en général, avaient beaucoup d'aversion pour un gouvernement destructeur d'un culte dont ils étaient les ministres, et qui leur avait ôté jusqu'au nécessaire. Mais aux causes générales de proscription, se joignirent des haines, des jalousies privées; et les commissaires du directoire profitèrent sans ménagement de la latitude qui leur était donnée. Il n'y avait point de formes prescrites pour les jugemens : c'étaient tantôt les tribunaux, tantôt les corps administratifs qui les prononçaient, et le directoire les confirmait sans examen. La loi voulait que les arrêtés fussent motivés; mais la plupart de ces motifs étaient si futiles, qu'on croirait que quelques tribunaux, trop faibles pour résister à une influence supérieure, avaient voulu favoriser les condamnés, et leur préparer, dans les jugemens même, des moyens de réclamation.

L'un est condamné pour fanatisme, un autre pour avoir exposé des reliques; celui-ci pour avoir professé des maximes dangereuses, celui-là pour avoir dit la messe; quelques-uns le sont pour manquer d'attachement à la révolution. Ainsi que nous, plusieurs n'avaient été ni accusés, ni jugés, ni entendus. Un frère avait été déporté à la place de son frère, sur une simple identité de noms. On ne lit dans aucun de ces actes des faits articulés et clairs. Il n'y a pas même une ombre de formes et de procédures. On déporta comme prêtres des hommes qui n'avaient pas encore l'âge requis pour la prêtrise. Les administrateurs de la Loire-Inférieure mirent dans le signalement d'un clerc tonsuré, nommé Agasse, qu'il était prêtre, âgé de vingt ans. La loi lui donnait quinze jours pour sortir de France; mais on le retint en prison jusqu'à ce que ce délai fût expiré, et alors, sous prétexte qu'il n'en avait pas profité, on le déporta sous cette qualité de prêtre, qui ne s'obtient qu'à vingt-quatre ans. Il mourut deux mois après son arrivée à Cayenne. Le déporté Dulaurent, de Quimper, traversa, enchaîné, quatre départemens. Il était âgé de quatre-vingt-deux ans.

De tous les points de la France on conduisait ces malheureux à Rochefort, lieu de l'embarquement. On déployait tout l'appareil de la terreur. On craignait que, dans la route, le peuple, revoyant ces hommes, anciens objets de sa vénération, n'en eût compassion. Chargés de fers, on les faisait passer pour des brigands ou des assassins. Ils furent entassés dans deux prisons de Rochefort. Ils demandèrent à être détenus moins étroitement; la municipalité leur répondit que sous peu de jours ils seraient *mis plus au large*. Ils ne comprirent pas d'abord le sens de cette ironie barbare; mais, le 11 mars, la garde fut augmentée, et lorsque, sur le soir, ils ouvrirent leurs fenêtres pour renouveler l'air, une sentinelle leur cria : « Fermez! ou je fais « feu. » Ils répondirent : «L'infection nous tue.» Le soldat répéta sa menace, et tira au moment où on lui obéissait. Le lendemain, au point du jour, le geôlier leur annonça qu'ils allaient être embarqués. Il y avait deux sexagénaires très-infirmes, Épau et Piclet. Les officiers municipaux les firent jeter sur deux charrettes, avec le bagage des autres déportés. Les soldats chargés de l'exécution murmuraient. Le commissaire Boichot, craignant un mouvement, fit ramener les deux malades en prison. Ce commissaire eut connaissance d'un ordre qui exceptait de la déportation quelques autres individus. Il ne voulut pas l'exécuter, disant qu'il ne lui était pas adressé, et qu'au surplus, ceux que cet ordre concernait pourraient le faire valoir à leur arrivée à la Guyane.

Le jour de l'embarquement, une troupe armée et nombreuse conduisit les prisonniers au port. Ils furent mis sur la frégate *la Charente*, destinée à les transporter. Les chambres n'étaient pas assez spacieuses pour recevoir tant de monde ; il fallut y placer deux plans ou étages de hamacs. Ils étaient trop courts, et ils se touchaient. On peut juger de l'infection qu'on y éprouvait, et de la difficulté de se mouvoir dans un tel encombrement.

Dès la première nuit, des hamacs supérieurs furent arrachés par le poids de ceux qui s'y couchèrent. Ceux qui étaient dessous furent blessés. Les habits, les sacs, les valises étaient épars de tous côtés. Le jour parut, mais sans pénétrer dans ce cachot, et la confusion ne fut pas diminuée. Quelques-uns perdirent plusieurs fois connaissance. On n'avait point encore levé l'ancre. Un déporté, appelé Jacob, avait donné des marques de folie avant d'être embarqué ; mais le commissaire Boichot traitait sa démence de stratagème pour être mis en liberté, et le fit transporter sur le navire. Jacob distribua tout l'argent qu'il avait aux gens de l'équipage, et jeta ses effets par-dessus le bord. Ensuite, disant froidement qu'il n'avait plus rien, il se précipita dans la mer. Des matelots s'y jetèrent après lui, et le remirent à bord. Il tenait encore sa tabatière, et, avec une politesse tranquille, il offrit du tabac à ceux qui l'entouraient. Le capitaine, homme compatissant, prit sur lui de renvoyer ce malheureux à terre.

La Charente mit à la voile ; elle était encore

en vue des côtes, quand elle fut attaquée par trois frégates anglaises, et l'on ne put la sauver qu'en l'échouant. Le feu de l'ennemi lui causa beaucoup de dommage, mais il n'y eut pas un blessé. Quelques prêtres m'ont dit, comme en confidence, que les Anglais, sachant qu'ils étaient à bord, s'étaient attachés à désemparer le bâtiment, sans faire de mal aux passagers. Ils furent mis à terre. Plusieurs adressèrent une pétition au directoire, ils imploraient sa pitié, et demandaient, qu'après tant de malheurs et de dangers, on leur en épargnât de nouveaux. Ils ne reçurent point de réponse. On les embarqua sur *la Décade*, et elle fit voile. Leurs chambres étaient des fournaises, quelques-unes s'en échappaient pendant la nuit, et allaient respirer un air pur sur le pont; mais on les faisait descendre sans pitié, en leur chantant ce refrain : « *Descen-*
» *dez, tyrans, au tombeau.* »

Arrivés à la Guyane, ils avaient espéré y jouir de quelque liberté; mais, en débarquant, ils furent mis sous la garde de la force armée.

Il y avait parmi ces déportés deux membres du conseil des cinq-cents, Jean-Jacques Aymé et Gibert Desmolières.

L'agent du directoire n'avait point été prévenu de l'arrivée de *la Décade*, et n'avait pu faire aucune disposition pour l'établissement des bannis. Sur une simple déclaration verbale, ils furent tous traités en criminels.

Conanama leur fut assigné pour résidence, et on ne pouvait en choisir une plus funeste. C'est en parlant de ce séjour, que Jeannet lui-même disait : « L'homme n'y peut travailler qu'en s'exposant à mourir. »

Le navire avait apporté des malles pour Tronson. Comme exécuteur testamentaire, je les ouvris, et j'y trouvai, parmi des livres que ses amis lui envoyaient, un rapport fait par B....., au conseil des cinq-cents, six mois après notre condamnation. Je lus cet écrit à Laffon, encore dangereusement malade. Dans la foule de ceux qu'a dictés l'esprit de parti, je crois qu'il n'en existe pas un où la vérité ait été outragée avec autant d'impudence, où la calomnie ait attaqué l'innocence avec plus de fureur. Je ne savais pas que ces productions d'une faction détestée étaient mises en France à leur juste valeur. Je crus devoir à ma famille et à moi-même une réponse que j'envoyai à des amis, par la même frégate (1).

Je profitai de cette occasion pour écrire à Dupont de Nemours la lettre suivante, en lui annonçant la mort de Tronson et celle de Bourdon de l'Oise.

(1) Voy. fin du IIe volume.

« Votre excellent billet du 6 floréal (25 avril
» 1798) m'est parvenu. Tronson vivait encore,
» et j'ai pu, au dernier moment, lui offrir les té-
» moignages de votre amitié; il m'a dit : *Écrivez-*
» *lui que j'allais mourir, quand vous m'avez lu sa*
» *lettre.* Sa fin a été paisible, et, en le voyant ex-
» pirer, je désirais une semblable agonie, quand
» mon heure sera venue. Un autre déporté est
» mort le même jour; quelle différence !

» Quæ labra, quis illi
» Vultus erat ! Nunquam, si quid mihi credis, amavi
» Hunc Hominem, sed quo cecidit sub crimine? quisnam
» Delator? quibus indiciis ? quo teste probavit (1) ?

» Voilà, mon cher Dupont, ce que je me disais,
» quand l'étrange rapport de B..... me parvint.
» Je m'attendais au moins à quelques impos-
» tures adroites, et que le rapporteur sup-
» pléerait aux preuves par des sophismes in-
» génieux. Cette ressource même lui a manqué.

» Nil horum : verbosa et grandis epistola venit.
» A Capreis. Bene habet, nil plus interrogo : sed quid
» Turba Remi ? Sequitur fortunam ut semper, et odit
» Damnatos (2).

» Vous, bon Dupont, vous n'êtes pas homme
» à prendre les condamnés en haine, et vous
» ne faites pas plus société avec la tourbe pari-

(1) Juvénal, Satire vi.
(2) idem.

» sienne, que Perse ou Juvénal avec celle de
» Rome. Adieu! à vous et à nos amis. »

Je viens de voir passer devant ma case une mère éplorée suivant le cercueil où gît son enfant. Il est mort à un an, sans avoir pu faire ni bien, ni mal. Je vois aussi mourir et mes compagnons et ces forçats avec lesquels le directoire voudrait nous associer. Quelle différence entre les uns et les autres! Non, je ne croirai jamais que le néant nous attende tous indistinctement. Il me semble, qu'à moins d'une autre vie, il n'y a rien de complet, et que nous n'avons fait que commencer à exister.

Les forçats veulent aussi raisonner, mais ils ne remontent pas si haut. Un d'eux a volé un curé déporté et on a commencé les poursuites. Il veut que Brotier le défende, et voici son verbiage: « C'est malgré moi que je suis à Sinnamari; je » n'en viole point les lois, puisque je ne les » reconnais pas. Si j'allais de mon plein gré chez » les sauvages, je mangerais comme eux la chair » des prisonniers; je suis ici chez des ennemis, et » je puis y faire ce que je veux, et même voler. » Brotier lui a dit qu'il ne pouvait se charger de le défendre.

Il voit ces gens-là; il fréquente Billaud-Varennes; et quand nous le lui avons reproché, il a répondu: « De nouveaux Marats peuvent revenir. »

CHAPITRE DEUXIÈME.

Morale de Rovère dans sa déportation.—Sa femme part pour le rejoindre. Les Anglais la font prisonnière et la conduisent à la Barbade, où elle apprend la mort de son mari.— La contagion fait des progrès.—Mort de Brotier.—Arrivée de beaucoup d'autres déportés.—Leur sort.—Leur résignation en mourant.—Hawelange.—Sa mort.—Récit de l'émigration et de la mortalité de 1764 à la Guyane.— Adèle Robineau.

21 *fructidor an VI* (7 septembre 1798).— Les chaleurs étaient insupportables; les rayons du soleil tombaient à plomb pour la seconde fois sur nos têtes, et cette époque fut fatale, non-seulement à plusieurs déportés nouvellement arrivés, mais aussi à la plupart des anciens.

Rovère n'épargnait rien pour nous faire aimer notre situation. Il prétendait que l'état de déporté offrait des jouissances qu'on ne trouvait dans nul autre état de la vie. Il nous lut, un jour, ce passage de la préface des poésies de Cowley. « J'ai désiré depuis long-temps, dit » cet Anglais, de me réfugier dans une de

» nos colonies d'Amérique. L'or, les diamans,
» les profits du commerce, qui attirent tant
» de personnes dans ces contrées, ne sont point
» les avantages que j'irais y chercher, je voudrais
» oublier le monde, ses perfidies, ses vanités;
» je voudrais m'affranchir de tant de traverses,
» m'enterrer dans une retraite obscure et
» ignorée. »

« Eh bien ! continuait Rovère, ce bonheur,
» auquel aspirait Cowley, nous le devons aux
» triumvirs. Il se croyait le plus malheureux des
» hommes. Mais n'y a-t-il pas dans les rangs les
» plus élevés, au sein de l'abondance et des
» richesses, des hommes qui, inquiets de l'ave-
» nir, effrayés des menaces de leur conscience,
» voudraient troquer leur situation avec la nôtre.
» Des empereurs, des rois, ont quitté le trône,
» où ils paraissaient environnés de prospérités,
» pour se réfugier dans les cloîtres, et chercher
» la solitude. Nous verrons peut-être, un jour,
» La Révellière capucin. Les cénobites se vouaient
» aux mortifications, à une discipline austère,
» ils renonçaient à la société de leurs épouses,
» de leurs enfans, de leurs amis, pour vivre
» parmi les bêtes féroces, et se livrer à la con-
» templation.

» Une vie aussi sauvage leur a long-temps
» attiré la vénération des peuples; et nous, dé-

» portés, n'avons-nous pas trouvé sans effort
» ce qu'ils ont si ardemment désiré? Ne jouissez-
» vous pas d'un repos plus pur, d'un sommeil
» plus tranquille dans le hamac dont vous avez
» fait votre lit, que Barras sur le duvet où il se
» réfugie harassé des plaisirs de la journée?
» Comptez-vous aussi pour rien l'accroissement
» de vos connaissances? Vous voyez par vos yeux
» des régions que vous n'aviez jamais espéré de
» voir. Vous êtes sous la ligne, voisins de l'Ama-
» zone et de ces contrées que La Condamine
» et tant d'autres voyageurs s'estimaient heu-
» reux d'explorer au milieu des fatigues et des
» dangers. Vous conversez avec ces peuples sau-
» vages que tant d'hommes curieux viennent
» visiter de si loin; et vous ne pourrez quitter
» ce pays sans être plus instruits. Il y a des
» gens qui s'étonnent que nous n'ayons pas
» fui ainsi que nos compagnons; mais, fugitifs,
» vous seriez sans patrie, et véritablement ban-
» nis. Ici, vous avez un état; le monde vous
» contemple, et vos malheurs vous offrent l'oc-
» casion de donner un grand exemple de con-
» stance.

» Après une aussi violente tempête, la mort
» est pour nous un port, et les naufrages ne sont
» plus à craindre. Une fois au cimetière, plus
» de consignes, plus d'appels; notre geôlier ne

» nous y fera point de visites périodiques pour
» s'assurer que nous n'avons pas fui. Nous trou-
» verons du moins dans la mort un repos
» éternel après les vicissitudes et les tourmens
» inséparables de la vie. »

Telle était la philosophie et la tranquillité de Rovère, et je ne les vis jamais troublées. Il avait une hôtesse hargneuse, bruyante et habituellement en querelle avec tout le voisinage. J'étais allé le voir un jour qu'il avait la fièvre : tout à coup nous entendons des menaces, des injures, des cris, et le fracas de quelques coups donnés et reçus. Je veux courir vers le lieu du tumulte : « Ne vous dérangez pas, me dit-il, c'est » mon hôtesse qui cause avec une de ses amies. »

Sa patience était soutenue par l'espoir d'un soulagement prochain. Nous nous étions tous opposés au départ de nos femmes, qui, sans être détournées par les dangers de la navigation, de la guerre et du climat, avaient projeté de fréter un navire pour venir nous joindre à la Guyane. Madame Rovère ne fut point arrêtée par les défenses de son mari, et résolut de se réunir à lui. Les lettres qu'elle lui écrivait annonçaient tant d'empressement, qu'il prit le parti d'en être satisfait; et oubliant les inconvéniens sans nombre d'une pareille détermination, il ne voulut plus en voir que les avantages. Il me communiqua une de ses lettres : elle prouverait, s'il en était besoin, combien est cruelle une peine qui arrache un père de famille à sa femme et à ses enfans, et que ce supplice, déjà si odieux quand il est infligé sans accusation, sans jugement, l'est bien davantage quand il frappe tant d'autres innocens.

« Attends-moi pour tous les arrangemens
» de notre habitation. Je veux me charger de
» tous ces soins. Tu sais que je ne suis point
» difficile, et d'ailleurs, auprès de toi, je ne dé-
» sirerai plus rien.

» Ah mon Dieu! quel heureux jour que ce-
» lui où je te reverrai! Si nous débarquons à
» Cayenne, je me rembarque le même soir pour
» Sinnamari. J'arriverai au matin, et je présen-
» terai tes enfans à ton réveil. Ne sois inquiet
» de rien. J'ai payé mon passage; le capitaine
» attend ses instructions. Me voilà à la fin de
» mes peines. Je n'ai pas plus d'inquiétude que
» si j'allais à une lieue dans une bonne voiture.
» Si nous tardons, n'en sois point alarmé; ne
» t'en prends qu'aux vents. Les Anglais ne sont
» pas sur nos côtes en ce moment, *la Médée*
» est bonne voilière et passe partout sans qu'on
» puisse l'arrêter.

» Adolphe veut t'écrire aussi; sa bonne Pi-

CHAPITRE II.

» carde est très-attentive et en prendra le plus
» grand soin dans la traversée. »

Rovère ne voulait pas que sa femme vînt à Sinnamari, partager avec lui sa chaumière, et respirer un air humide et malsain. Elle s'exposait à toutes sortes de dangers pour le rejoindre. Son courage et ce dévoûment conjugal et pieux avaient inspiré un intérêt général. Rovère demanda et obtint de louer une habitation qu'on lui avait indiquée dans le voisinage de Cayenne. Quoique tourmenté de la fièvre, il s'embarqua sur une goëlette dont la chambre n'était qu'un coffre, où l'on put à peine placer son matelas. Il fallait, pour aller à Cayenne, naviguer contre le vent et le courant. Son état empira par ces contrariétés, et, au bout de deux jours, je vis rentrer à Sinnamari le petit navire sur lequel on l'avait embarqué. « J'ai fait de vains efforts, me
» dit le patron. La mer était grosse ; monsieur
» Rovère a été plusieurs fois sans connaissance ;
» quand il revenait à lui, il parlait de sa femme,
» comme si elle était déjà arrivée ; mais quand
» même j'aurais pu gagner Cayenne, il n'y se-
» rait point entré vivant ; et je suis sûr, ajouta-t-il
» naïvement, qu'il m'eût fallu annoncer à ma-
» dame que j'avais jeté à la mer le corps de mon-
» sieur. »

Il était en effet mourant ; on le hissa de la goëlette sur le pont, ainsi qu'un ballot ; et, malgré tous les soins qu'on prit, cette manœuvre ne put se faire sans le blesser. Il ne se plaignit point. Il languit encore pendant sept jours. Le 23 fructidor an VI (9 septembre 1798), il me dit: Adieu! sans rien ajouter. Le lendemain, une femme, qui l'avait veillé, vint m'apprendre sa mort. « Son » agonie étant longue, me dit-elle, j'ai récité, un » cierge à la main, les prières des agonisans, et, » grace au ciel, il est mort un quart-d'heure » après. »

Madame Rovère, prisonnière des Anglais, éprouva de leur part les plus grands égards. Ils lui facilitèrent les moyens de se rendre à la Barbade, d'où elle devait faire voile pour la Guyane, sur un vaisseau neutre. Mais, instruite de la perte qu'elle venait de faire, elle ne voulut point approcher de ces lieux funestes à son mari, et elle retourna en France.

La mort de l'un de nous était toujours la cause de la maladie ou de la mort d'un autre. L'abbé Brotier, un des deux commissaires de Louis XVIII, avait survécu à son compagnon Lavilleheurnois. On établissait à Conanama les déportés nouvellement arrivés, et le citoyen Jeannet régla par plusieurs articles les détails de cette seconde proscription. Il nous fit même no-

tifier (1) » que si nous ne formions pas, pour le
» 25 (2), un établissement particulier, nous se-
» rions conduits à Conanama par la force ar-
» mée. »

Brotier se persuada qu'en l'envoyant dans ce
séjour pestiféré, on se proposait de le faire mourir. Il tomba malade, et le chagrin, qui, dans
ce pays, tue comme le poison, rendit sa maladie mortelle. Il mourut le 26 fructidor an VI
(12 septembre 1798), deux jours après le décès
de Rovère. Comme il avait long-temps été le seul
ecclésiastique qu'il y eût à Sinnamari, son enterrement attira plus de monde que les autres.
Il s'y trouva surtout des nègres et des négresses,
mais ils n'osaient point faire de prières. Un enfant seulement, moins intimidé, s'agenouilla et
pria à voix basse.

Ce banni a supporté son malheur avec courage : ses ressources pécuniaires étaient fort
bornées. Ceux qui jouissaient de plus d'aisance
lui firent des offres dont il ne voulut point profiter, et il trouva moins pénible de vivre avec
une sobriété dont il est difficile de se faire
une idée. Il était silencieux et austère, et il n'a
voulu laisser aucune trace de beaucoup de se-

---

(1) Lettre de Jeannet, du 9 fructidor an VI (26 août 1798).
(2) 25 fructidor an VI (11 septembre 1798).

crets qui lui ont été confiés tandis qu'il était commissaire du prétendant.

Cet homme, dur à lui-même, et souvent brusque avec nous jusqu'à la grossièreté, était insinuant et souple avec les noirs. Ils lui marquaient beaucoup de respect et l'appelaient *mon père*, quoiqu'il fût défendu de désigner ainsi les prêtres.

La veille de sa mort, j'étais près de son lit; il causait encore assez librement : « Nous recevons » la mort, me dit-il, de la main des cinq direc- » teurs; qu'ils jouissent de la vie qu'ils nous » ôtent. Ils m'interdisent jusqu'au secours de la » religion; eh bien! la religion elle-même vient » à mon secours. Je leur pardonne; que le ciel » leur pardonne de même, et puissent-ils, à » leur dernier jour, ne pas être, comme moi, » privés de la présence et des consolations de » leurs familles! »

Il ne restait plus à Sinnamari que Laffon-Ladebat et moi. Réduits de seize à deux, frappés de tous les fléaux par lesquels l'homme peut être éprouvé, nous trouvions quelques consolations dans l'analogie de nos goûts, de nos connaissances, dans notre penchant pour les mêmes études. Je crois que si j'eusse eu pour compagnon un homme de guerre, nous aurions été souvent fort ennuyés l'un de l'autre. Avant la fuite, nous avions fait arranger par des terrassiers un petit terrain pour nous servir de promenade. J'avais été le conducteur de ces travaux, et l'on admirait ma petite chaussée; mais, après l'avoir vue très-fréquentée, j'y étais dans la solitude. Je redoublai d'assiduité au travail, dans l'espoir d'écarter des réflexions accablantes. Je cherchai aussi à me distraire par des promenades dans la forêt. J'y éprouvai, un jour, plus de tristesse qu'à l'ordinaire. J'en sortis; j'errai sans but, pendant une heure ou deux, dans ces savanes marécageuses et presque sans limites qui environnent Sinnamari. Je ne m'y trouvai pas moins solitaire que dans le bois. Éloigné des maisons, je m'égarai; je jetai quelques cris; ils furent prolongés par des échos imparfaits, mais aucune voix ne répondit à la mienne. Je n'entendais que le bruit de mes pas, et celui que faisaient des roseaux desséchés que je brisais en marchant. J'aurais pu croire être seul ou perdu dans ce nouveau monde. Le soleil reparut au moment même où il allait se coucher. Je reconnus que je tournais le dos à Sinnamari, et j'en repris le chemin.

Toutes les pertes que nous faisions étaient autant d'avertissemens, et la mort ne pouvait être imprévue pour moi. Ces funérailles, dont j'étais toujours le conducteur, m'indiquaient suffisamment mon propre danger; mais, dans mon affliction profonde, j'éprouvais une grande consolation en songeant qu'on n'avait aucune faiblesse à me reprocher. Parmi tant de misères, je trouvais du plaisir à penser que le récit que j'en trace vous intéresserait, et même que vous et Sophie l'entendriez peut-être un jour de ma bouche. Mon courage, en effet, n'a jamais été abattu. Le soleil me brûle, la pluie et le vent pénètrent dans ma cellule, des insectes malfaisans me tourmentent pendant le jour et jusque dans mon sommeil. Au milieu de tant d'adversités, l'espérance ne m'a pas abandonné un seul instant. A dix-huit cents lieues de ma patrie, ma femme et ma fille reviennent sans cesse à ma pensée; elles m'occupent à mon réveil; je ne déjeune jamais sans me dire que je ne serai pas toujours seul, et que nous devrions être trois. Je vous reverrai: oui sûrement, je vous reverrai.

La lettre par laquelle Jeannet nous annonçait que nous allions être conduits à Conanama par la force armée, avait donné la mort à Brotier. Laffon et moi attendions avec une pénible résignation l'effet de cette menace, quand nous fûmes informés que le directoire se portait en France à de nouveaux excès, et que le clergé continuait à en être l'objet.

CHAPITRE II.

Ce corps, si puissant autrefois, était encore redoutable, malgré les grands échecs qu'il avait éprouvés. Les directeurs jugèrent que, pour leur propre conservation, ils devaient se délivrer de tous les prêtres qui persisteraient dans leur opposition. La déportation leur parut le moyen le plus simple et le plus expéditif. Jeannet n'ignorait pas combien Conanama était malsain. Il y fit cependant construire à la hâte des cases, tant pour nous que pour les prêtres arrivés par *la Décade*. Des Indiens furent chargés de ce travail; mais on les paya mal, et, avant qu'il fût terminé, ils s'enfuirent sur le territoire hollandais. Ces gens voulaient que ce travail pût leur être profitable, et je crois qu'ils avaient raison. Je pensais même que travailler pour mon propre amusement, ce n'était pas tout-à-fait perdre mon temps; mais j'aspirais à toute autre chose qu'à faire des vers médiocres[1] ou me fabriquer un violon. Je voulais un travail utile à la société. J'ignore si la brouette de Pascal était destinée à transporter des personnes ou des matériaux; mais je me décidai pour la brouette à l'usage des simples manœuvres. On n'avait jamais vu rien de pareil à Sinnamari, où les noirs ne connaissent d'autre moyen de déblai ou remblai que par des paniers qu'ils chargent sur leurs épaules.

Les nouveaux déportés, arrivés à Cayenne, y furent entassés dans un petit navire, et ils débarquèrent à Conanama avant que l'hôpital fût entièrement construit. Le biscuit et les salaisons composaient le fond de la nourriture. C'était le plus mauvais régime pour des vieillards, la plupart valétudinaires. Presque tous étaient obligés de faire eux-mêmes leur cuisine en plein air. Les médecins tombèrent malades; il en mourut un. La privation de secours augmenta la malignité des maladies, et bientôt Conanama, dont le ministre des colonies parlait comme d'un lieu de paix et de bonheur, ne fut qu'un cimetière. Les infirmiers, impatiens de partager les dépouilles de ces infortunés, négligèrent de leur administrer les secours nécessaires. On ne pouvait interdire aux mourans la faculté de tester; mais on ordonna que ce serait en présence des agens militaires. Pour se soustraire à cette inquisition, ils eurent recours à des dispositions verbales, et tout l'argent était remis de la main à la main, presque toujours avec la condition de le rendre aux familles des décédés, si les dépositaires retournaient en France; et, dans le cas contraire, à condition de dire des messes. On avait à peine le temps de creuser les fosses à une profondeur suffisante. On prétend que les tigres déterrèrent un cadavre. Le désespoir troubla la raison de plusieurs de ces infortunés. Un d'eux se jeta dans la rivière ; un autre se précipita dans un puits. La plupart cependant subissaient avec résignation leur affreuse destinée. Il y avait parmi les prêtres beaucoup d'Allemands, et presque tous les soldats qui les gardaient étaient Alsaciens. Les conversations entre les uns et les autres étaient sévèrement défendues; mais les soldats déclarèrent franchement qu'ils ne se priveraient pas de l'avantage de s'entretenir avec des gens nouvellement arrivés de leur pays, qui parlaient leur langue, qui leur donnaient des nouvelles de leurs amis, de leurs familles. Ces entretiens entre des hommes, les uns insinuans, et par état habitués au langage de la persuasion, et les autres dociles, simples, attachés à leur religion, produisirent un effet bien naturel. On eût dit que les prisonniers étaient devenus les gardiens.

Dix des déportés arrivés par *la Décade* obtinrent de ne point aller à Conanama et vinrent habiter Sinnamari. Il y avait parmi eux trois prêtres de mon département, la Moselle. Les Vosges, département voisin, avaient fourni plus que les autres à la déportation. C'est le département de François de Neufchâteau, alors directeur, et un des bons poètes de ces temps-là. *Genus irritabile vatum.*

Ces dix déportés furent tous dangereusement malades. Je n'étais lié qu'avec l'ancien recteur de l'université de Louvain, Hawelange. C'était un homme de mœurs simples et douces, et d'une conduite austère. Avare à l'excès lorsqu'il s'agissait de dépenses que son âge et sa maladie demandaient, il prodiguait son superflu, et distribuait même une partie de son nécessaire aux pauvres. Il reconnaissait sans équivoque les limites qui séparent la puissance civile de l'autorité religieuse. Quoiqu'il fût membre du clergé belge, et par conséquent imbu des maximes ultramontaines, il n'hésitait pas à dire que les sermens exigés des ministres du culte, depuis la réunion de son pays à la France, ceux d'égalité, de liberté, de soumission aux lois, ne blessaient ni le droit divin, ni la doctrine du Christ. Il citait volontiers ce passage sensé de saint Augustin : « *In necessariis unitas, in dubiis li-*
» *bertas, in omnibus charitas.* » « J'en vois, di-
» sait-il, qui affectent un rigorisme inflexible,
» parce qu'ils s'imaginent que tout ce qui est
» raisonnable en matière de croyance est bien
» près de l'irréligion, et qu'ils craignent, s'ils
» abandonnent ainsi les postes avancés, que le
» corps de la place ne soit bientôt en danger.
» Ils ne sont pourtant pas meilleurs chrétiens
» que moi. »

CHAPITRE II.

Le recteur Hawelange avait été déporté pour fait d'exorcisme, délit contre le bon sens, et qui est aujourd'hui hors de mode en France. Ce délit n'aurait dû être déféré qu'à la raison, et le punir capitalement, c'était offenser la raison même. J'avais peine à croire qu'un homme aussi droit, aussi sage dans toutes ses actions, eût réellement pratiqué ces momeries, mais Hawelange me raconta lui-même avec une merveilleuse naïveté comment il était parvenu à chasser le diable du corps d'une possédée. J'affirmerais qu'il était pleinement convaincu du miracle ; et fort différent de ces augures dont Caton parlait, il n'aurait pas souffert qu'on osât se rire de sa crédulité. Je ne dis qu'un mot des circonstances de sa mort; elle fut celle de tant d'autres infortunés de sa profession, qui périrent dans cet affreux séjour. Jamais on ne vit plus de résignation, de fermeté et de véritable piété. J'en ai entendu qui, à l'article de la mort, mentionnaient dans leurs prières leur fanatique persécuteur La Révellière, ce fondateur de la secte éphémère des Théophilanthropes, et invoquaient le Dieu des chrétiens pour lui. Beaucoup de prêtres déportés étaient soutenus par l'espérance d'un prompt rappel en France. Cette illusion fut dissipée par l'arrivée de *la Bayonnaise*. Elle apportait d'autres prêtres nouvellement bannis.

Leurs malheurs exigent aussi quelques détails; ils appartiennent, ainsi que ce que j'ai dit de *la Décade*, au Journal de la déportation.

Le 14 thermidor an VI (1ᵉʳ août 1798), cent vingt prêtres prisonniers furent transférés des maisons de réclusion de Rochefort à bord de la corvette *la Bayonnaise*, mouillée à l'île d'Aix. C'était la saison des fièvres, et plusieurs furent, dans l'accès, enlevés de l'hôpital, pour être embarqués. Un d'entre eux était si dangereusement malade, qu'on fut obligé de le remettre dans une chaloupe, pour le renvoyer à Rochefort. Il mourut avant d'y arriver. Le 19 thermidor (6 août 1798), la corvette fit voile pour la Guyane. La traversée fut longue et pénible. L'entrepont n'avait que cinq pieds de hauteur. Il y avait cependant deux plans de hamacs trop courts et trop étroits. Pendant la traversée, cinq prêtres moururent suffoqués. On prit deux navires anglais. Cet événement fut très-funeste aux déportés. Pendant qu'on donnait chasse, ils furent confinés dans l'entrepont, amoncelés, pour ainsi dire, les uns sur les autres, depuis six heures du soir jusqu'à onze heures du matin. La chaleur concentrée était si grande, qu'un d'eux en mourut.

Après cinquante-quatre jours de navigation, la corvette mouilla dans la rade de Cayenne;

CHAPITRE II.

Presque tous les déportés étaient malades, et demandaient instamment qu'il leur fût permis de descendre à terre. Jeannet n'y voulut point consentir. La corvette n'entra point dans le port, et, à la vue de la terre et de la ville, sous un ciel de feu, ils restèrent huit jours en rade. Ils furent enfin embarqués sur une goëlette pour être transportés à Conanama ; c'était un trajet de quinze à vingt heures ; mais les mesures furent si mal prises, qu'il dura sept jours. Le patron s'enivra ; il erra une journée entière, courut quelques dangers, et revint mouiller à la vue de Cayenne. Le surlendemain, il mit de nouveau à la voile, arriva devant Conanama ; mais, par un autre malheur, il échoua et ne put entrer dans la rivière. Cinq jours se passèrent à chercher des pirogues. Les vivres avaient été donnés pour un jour seulement. Ils en manquèrent, et il fallut partager la provision de l'équipage. Du biscuit en petite quantité fut la nourriture des déportés, et de l'eau vaseuse leur boisson. Enfin, les pirogues rassemblées les mirent à terre. Ils marchèrent pendant une heure, le sac sur le dos. Ils furent installés dans les fatales cases, et incorporés à leurs malheureux confrères. Dans le courant d'un mois, il en mourut près de la moitié. La petite garnison de Sinnamari, ainsi que les principaux employés, avaient été transférés à Conanama. Jeannet se montrait toujours résolu à maintenir cet établissement ; mais bientôt personne ne fut à l'abri des ravages de la contagion. Il s'éleva alors parmi les colons un sentiment de pitié et d'indignation, auquel cet agent ne put résister. Il envoya des commissaires sur les lieux ; leur rapport doit être précédé d'une dépêche écrite par cet agent avant l'arrivée des prêtres, et lorsque nous n'étions qu'au nombre de seize. Il n'y parle encore que de nous.

« Je dois, citoyen ministre, vous entretenir
» de l'installation des déportés à Sinnamari, de
» leurs réclamations contre ce séjour, et du parti
» à prendre sur leur établissement définitif. Les
» signataires parlent en termes très-forts de
» l'insalubrité du pays, de la ruine et du dé-
» sespoir des habitans. Il est possible que les
» eaux séjournent dans les fossés d'écoulement,
» ce qui peut altérer passagèrement la pureté
» de l'air. Il est même vrai de dire que, pendant
» une partie de l'année, les eaux ne sont pas
» aussi douces que celles de Cayenne ; mais les
» habitans ont des moyens de les purifier. Au
» lieu des bords du Conanama, les ingénieurs
» se sont décidés pour Sinnamari. Si l'on s'en
» tient, citoyen ministre, à la lettre de votre
» dépêche du 20 fructidor, les avances se bor-

» neraient à quelques souches de bétail, à des
» outils aratoires et à des instrumens de chasse
» et de pêche. La dépense serait en tout de
» 2,133 francs. » (Pour seize hommes dont
tous les biens étaient séquestrés, quelle générosité !) « Alors les déportés demeureraient char-
» gés de se loger, de se procurer des travailleurs,
» en les louant de gré à gré, et de les solder ;
» mais, en leur admettant quelques moyens
» pécuniaires, quel nègre voudra quitter un
» canton habité pour aller s'isoler avec eux ?

» On avouera que des déportés tels que ceux
» qui viennent de m'être confiés, ne sont pas
» plus disposés qu'ils ne sont propres au genre
» de travail qu'on paraît attendre d'eux. D'un
» autre côté, il est politique de ne point les
» laisser au milieu de citoyens dont ils ont cessé
» de faire partie, et de les tenir assez isolés pour
» qu'ils ne puissent pas inquiéter le gouverne-
» ment.

» Peut-être aussi espère-t-on que dans cet iso-
» lement forcé, n'ayant de ressources que dans
» le travail manuel, la nécessité de s'y livrer
» suppléera au défaut de volonté, et produira
» peu à peu les mêmes effets qu'un choix libre,
» spontané. Si telle est l'espérance du direc-
» toire, et l'idée qui a déterminé les ordres que
» j'ai reçus concernant l'établissement définitif

» des déportés, et que ces ordres soient main-
» tenus, mes observations n'auront nui en
» rien à l'exécution des ordres du gouverne-
» ment. »

Je dois maintenant copier littéralement le rapport des commissaires que Jeannet envoya ensuite à Conanama. C'est le seul moyen de n'en pas diminuer l'énergie.

» *Rapport du commandant en chef de la force*
» *armée de la Guyane française, sur la posi-*
» *tion actuelle du poste de Conanama.*

» Nous, commandant en chef, nous sommes
» transporté à Conanama, où étant, nous nous
» sommes rendus à l'hospice, et avons vérifié
» que sur quatre-vingt-deux déportés déposés
» au poste à la fin de thermidor, il y en avait
» vingt-six de morts de maladies putrides, cin-
» quante à l'hospice, dont plusieurs en danger,
» et aucun des autres bien portant.

» Cette mortalité est causée : 1° par l'eau, qui
» est très-bourbeuse, et même vitriolique; 2°
» par les miasmes putrides qu'exhalent les maré-
» cages qui environnent le poste à plus d'une
» demi-lieue, et par les vidanges de l'hospice,
» qui séjournent dans les marais, qui ne peuvent
» être desséchés. Ces causes ne peuvent être

» détruites, et ce poste, dans l'hiver (c'est-à-
» dire la saison des pluies), qui dure ici huit
» mois, deviendra un marais. Le niveau des
» carbets (cases à l'indienne) est plus bas que
» le terre-plain du poste. Ils sont mal faits et
» les faîtages prêts à tomber. La communication
» est très-difficile dans toutes les saisons. Dans
» l'été, il y a trop peu d'eau pour les bâtimens
» à l'entrée de la rivière ; dans l'hiver, la côte
» est impraticable par la grosse mer et les fré-
» quens raz-de-marée. La communication par
» terre ne peut se faire que par des piétons sans
» bagage. Le poste court donc risque de man-
» quer souvent de vivres, dont le canton inha-
» bité est dépourvu. Les Indiens même l'ont
» évacué à cause du mauvais air. L'officier, les
» soldats, les délégués de l'administration, les
» officiers de santé, sont aussi dans le plus triste
» état. Il n'y a que de la viande salée, aucun
» fruit, et pas même un citron pour corriger
» la mauvaise qualité de l'eau.

» Ces raisons impérieuses nous font penser
» que ce poste doit être transféré à Sinnamari,
» éloigné de quatre à cinq lieues.

» Cayenne, le 1ᵉʳ brumaire an VII (22 octobre
» 1798). *Signé* : Desvieux. »

On croira que, sur ce rapport, les malheureux furent retirés de ce lieu pestiféré ; mais un

mois après la visite, l'officier qui commandait à Conanama écrivit à l'agent en ces termes :

« Les déportés, le détachement, les employés,
» sont dans un état épouvantable; tout le monde
» est malade, et plusieurs sont près d'expirer.
» Ils sont dépourvus de tout, et même de mé-
» dicamens. Les déportés ont eu des hamacs
» fort étroits, qui n'ont que quatre pieds de
» long. Les malades tombent et meurent sans
» secours. Il est des jours où il en est mort
» trois ou quatre. »

Enfin l'établissement fut transféré à Sinnamari le 29 brumaire (19 novembre 1798). Nous vîmes arriver les débris de cette colonie détruite en naissant; des vieillards, des malades exténués, chacun portant son paquet et se traînant à peine.

Quelques-uns, trébuchant à chaque pas, s'avancèrent devant nous vers des cases préparées à la hâte pour les recevoir. Un d'eux, sortant de la pirogue faible et languissant, tomba dans l'eau près de ma cabane. J'accourus; je le retirai, et le portai quelques pas. Je succombais sous ce poids, quoique le malade fût très-maigre. Un soldat eut pitié de nous deux et l'emporta jusqu'aux cases. Je n'ai point vu de spectacle plus affligeant que ce débarquement. Des sauvages, témoins de ces affreuses misères,

CHAPITRE II.

maudirent les hommes civilisés qui se plaisaient à tourmenter aussi cruellement d'autres hommes. Réunir à nous les nouveaux venus, c'était nous apporter la contagion; mais, dans des circonstances aussi fâcheuses, il était difficile de faire autrement.

On mit le feu aux cases de Conanama, et le changement de résidence ne diminua pas la mortalité. D'ailleurs, il n'y avait à Sinnamari aucun local suffisant. Six dyssentériques furent étendus sur de la paille, abrités par un mauvais appentis. On leur apportait quelques alimens, et on ne leur donnait aucun des soins qu'exigeait leur état. Bientôt le sol ne fut qu'une fange. Ils périrent tous, à l'exception d'un seul. Voici les détails transmis à l'agent du directoire par l'officier même qui commandait à Sinnamari:

« Sinnamari, 2 nivôse an VII (22 décembre 1798).

» L'hôpital est dans l'état le plus déplorable;
» la malpropreté et le peu de surveillance ont
» causé la mort à plusieurs déportés. Quelques
» malades sont tombés de leur hamac pendant
» la nuit, sans qu'aucun infirmier les relevât;
» on en a trouvé de morts ainsi par terre. Un
» d'eux a été étouffé, les cordes de son hamac
» ayant cassé du côté de la tête, et les pieds
» étant restés suspendus.

» Les effets des morts ont été enlevés de la
» manière la plus scandaleuse. On a vu ceux
» qui les enterraient leur casser les jambes,
» leur marcher et peser sur le ventre, pour
» faire entrer bien vite leur cadavre dans une
» fosse trop étroite et trop courte. Ils commet-
» taient promptement ces horreurs, pour aussi-
» tôt courir à la dépouille des expirans. Les
» infirmiers insultaient les malades, et les acca-
» blaient d'expressions infames, ignominieuses,
» cruelles, au moment de leur agonie.

» Le garde-magasin, dépositaire des effets des
» déportés, ne consentait à leur rendre qu'une
» partie de ce qu'ils réclamaient, et il leur disait:
» Vous êtes morts, ainsi ceci doit vous suffire. »
» Il n'avait pas donné de vivres pour le pre-
» mier envoi de déportés venus de Conanama
» à Sinnamari. Ils étaient exténués en arri-
» vant ici, et tombaient d'inanition. Il a fallu
» les coucher sur la terre, et les malades ont
» été dévorés des vers avant d'expirer. Le linge
» de l'hôpital a été envoyé sale, infect et pourri. »

Il faut m'arrêter et supprimer ces affreux détails; car ces déportés ont souffert ce qu'on ne
lirait pas sans un extrême dégoût. Les inven-
teurs des soupapes de la Loire n'avaient pas été
plus inhumains que les exécuteurs de la déportation à la Guyane. Ni les uns ni les autres n'ont

CHAPITRE II.

fait couler le sang ; mais Carrier commettait ses forfaits à la face de tous les Français, et cette publicité inspira une horreur si générale, que le cours de ses barbaries en fut arrêté. Nos ennemis nous envoyèrent à Cayenne; de là, nous avons été déportés une seconde fois dans un affreux désert, d'où nos cris ne peuvent se faire entendre en France.

Il faut aujourd'hui en convenir : ceux qui se sont soustraits par la fuite à la déportation, ont ainsi échappé à une mort presque certaine.

Après avoir été réduits à deux, nous nous voyions tout à coup comme perdus dans cette multitude de nouveaux venus ; et, témoins de tant de calamités, nous pouvions à peine nous occuper de nos propres malheurs. Des navires passaient souvent devant notre rivage ; nous portions envie à cette liberté sans limites dont les navigateurs jouissent sur le vaste océan. La vue d'une chaloupe, d'une pirogue inconnue, était le sujet d'une foule de combinaisons, et souvent nous imaginions voir des libérateurs dans ceux qui ne pouvaient songer à nous.

Notre sort avait d'abord inspiré de la pitié en France, mais on avait ensuite tranquillisé le peuple, toujours disposé à oublier ou à prendre en patience les maux qu'il ne sent point.

On lisait dans les journaux et dans quelques écrits publiés par le gouvernement, des descriptions séduisantes du climat de la Guyane. « Les » malheurs arrivés dans cette colonie, en 1764, » étaient, disait-on, une suite de la perversité » des ministres d'alors. On ne devait rien crain- » dre de semblable de magistrats humains et » compatissans. »

On ne peut disconvenir que l'émigration de 1764 fut un malheur public. Le duc de Choiseul s'était imaginé qu'un désert se peuple en vertu d'un édit, et que l'autorité peut, en ces matières, faire l'office de beaucoup d'années; mais on ne pouvait l'accuser que d'imprudence, ou d'avoir, par ignorance et légèreté, converti en une affreuse calamité le bienfait signalé qu'il s'était proposé pour but. Je voulus, puisque j'en avais l'occasion, prendre des renseignemens certains sur cet événement. Quelques habitans de Sinnamari, qui en avaient été témoins, vivaient encore. Un soir qu'avec Morgenstern, Allemand d'origine, je gardais un de nos malades, je priai ce colon de me dire tout ce qu'il pourrait se rappeler de cette époque. Nous nous assîmes sous un calebassier voisin de la maison, et il me parla ainsi :

« En 1763, le ministre français s'alarma des » murmures et des mouvemens qu'excitaient

» dans la Lorraine et dans l'Alsace une mauvaise
» administration et le regret de l'ancienne domi-
» nation des princes lorrains et autrichiens. Il
» y avait aussi du mécontentement dans d'au-
» tres provinces, et l'on apprit que des villages
» entiers émigraient de France en Allemagne.
» Les uns se rendaient de là en Russie, d'autres
» à Ulm, d'où ils étaient transportés en Hongrie.
» Quelques curés eux-mêmes accompagnèrent
» leurs paroissiens dans cette émigration. Elle
» a duré depuis 1761 jusqu'en 1770, et l'on vit
» des bandes considérables de ces infortunés
» traverser la Bavière sur des bateaux qui des-
» cendaient le Danube. *Le peuple est trop nom-*
» *breux*, disaient des administrateurs inhabiles ;
» *il n'y a pas de place pour tant de monde, et*
» *les gens des campagnes, trop pressés ici, vont*
» *chercher des pays moins peuplés.* Mais le mal
» venait bien moins d'une trop grande popu-
» lation que d'une administration vicieuse et
» d'une répartition des impôts si détestable,
» qu'elle ne laissait pas aux simples journaliers,
» pas même aux petits propriétaires, de quoi
» subsister. Au lieu de réformer les abus, on
» imagina de transporter à la Guyane ces gens
» peu difficiles en fait de bonheur, et qui ne
» voulaient que du pain. On espérait en même
» temps mettre cette colonie en état de nous

» dédommager de la perte du Canada, conquis
» par l'Angleterre, et de la Louisiane, que la
» France venait de céder à l'Espagne. Les rap-
» ports sur la fertilité du sol de la Guyane
» n'étaient point exagérés, et le ministre fran-
» çais crut exercer un acte de la bienfaisance
» royale en y faisant passer ceux qui étaient
» disposés à émigrer. Le chevalier Turgot,
» homme zélé pour le bien public, mais ayant
» peu d'expérience et une tête ardente, comp-
» tant sur les succès de cette expédition, en
» obtint la principale direction. Il inspira aux
» ministres le zèle qui l'animait, et, malgré
» l'embarras que laissait dans les finances une
» guerre malheureuse suivie d'une paix humi-
» liante, le conseil se détermina à faire les plus
» grands efforts en faveur de l'entreprise. On
» annonça aussi en Allemagne l'expédition pro-
» jetée. Des invitations, au nom du roi, furent
» répandues dans les villes impériales, et affi-
» chées sans opposition de la part des magistrats.
» Elles contenaient de magnifiques promesses.
» Beaucoup d'Allemands furent séduits par
» l'espoir d'une liberté et d'un bien-être qui
» manquent à plusieurs dans leur pays. On pu-
» blia une géographie de la Guyane, une
» *Maison rustique de Cayenne*. On mit à cette
» transmigration un appareil vraiment royal. Je

CHAPITRE II.

» partis de Mayence, continua Morgenstern; je
» reçus à Manheim, de l'envoyé de France, quel-
» que argent pour me rendre à la première ville
» française, et là, de nouveaux secours me
» mirent en état d'aller jusqu'à Rouen, port de
» l'embarquement. Des Français, en plus grand
» nombre que nous Allemands, se déterminèrent
» aussi. Enfin, l'on vit plusieurs familles du
» Canada, de la Louisiane et de l'Ile Royale,
» abandonner leur pays natal et leurs propriétés
» pour la Guyane. Ils préféraient les lois et un
» gouvernement français à leur propre pays, qui
» passait sous des lois étrangères.

» On fournit avec profusion tout ce qui était
» nécessaire à l'établissement nouveau. Les vi-
» vres, les boissons, les médicamens, les ha-
» bits, les instrumens aratoires, les outils pro-
» pres à construire; rien ne fut épargné.

» M. Chanvallon, intendant, fut envoyé, dès
» 1763, un an avant le chevalier Turgot, et on
» le chargea de faire toutes les dispositions préa-
» lables. Il s'occupa dès son arrivée du choix du
» local, et ce choix était bon, quoi qu'on ait pu
» dire. C'étaient les îles du Salut et les terres
» qui sont à l'embouchure du Kourrou. Elles
» sont fertiles, la rivière est poissonneuse, ainsi
» que la mer où elle se jette. Ce canton est à
» douze lieues de Cayenne, sous le vent. Les

« îles sont au nombre de trois : le sol est riche;
» des bananiers et les arbres fruitiers que nous y
» plantâmes, il y a trente-six ans, s'y perpétuent
» depuis même qu'elles sont abandonnées ; et
» souvent les navigateurs s'y arrêtent pour cueillir
» des fruits. Le mouillage entre deux de ces îles
» est le meilleur de toute cette côte, et on y
» tiendrait cent navires à l'ancre en sûreté pen-
» dant toute l'année. On pourrait établir une
» bonne habitation et même deux sur l'Ile
» Royale ; on y serait à l'abri des incursions des
» bêtes sauvages ; mais la politique la laisse dé-
» serte, parce que l'ennemi s'en emparerait aisé-
» ment, ou s'y procurerait des rafraîchissemens
» en temps de guerre. C'est sur les bords du
» Kourrou que furent débarqués, dès le commen-
» cement de 1764, environ douze mille per-
» sonnes de tout âge, de tout sexe. Au lieu de
» procéder successivement et à des intervalles
» éloignés, on céda à l'impatience de tout faire
» à la fois. Les approvisionnemens furent d'a-
» bord prodigués, mais il n'y avait point de ma-
» gasin pour conserver une quantité prodigieuse
» de denrées. La chaleur et l'humidité en dé-
» truisirent une partie. Il fallut bientôt jeter
» aux animaux ce qui devait servir à faire sub-
» sister long-temps les hommes. La moisissure
» attaqua les meubles et les vêtemens. Les

» vases furent brisés, une quantité immense de
» vin fut gâté dans les futailles. A défaut de
» cabanes ou de tentes, on forma des abris
» avec des voiles de vaisseau; mais la pluie, le
» vent et la chaleur pénétraient de toutes parts.
» Au lieu d'habituer par gradation les journa-
» liers au travail, on exigeait d'eux des corvées
» et un service public qui ne leur permettaient
» pas de s'occuper de leurs propres défriche-
» mens.

« Une faute semblable avait été commise au
» Mississipi. Cinquante ans auparavant, on avait
» entrepris d'y fonder un colonie. On avait ima-
» giné qu'un pareil dessein pouvait s'exécuter
» par des envois simultanés de familles, et, à dé-
» faut de familles, par des vagabonds et par les
» rebuts des deux sexes. La précipitation avait
» été encore plus grande en 1764. On ignorait
» que des mœurs simples et des habitudes labo-
» rieuses sont les seuls élémens qui puissent
» préparer les succès d'un établissement colo-
» nial. L'oubli de ces premières règles entraîna
» la perte des deux entreprises. La ruine de
» celle de la Guyane fut encore plus prompte
» que celle du Mississipi ne l'avait été.

» Le temps s'écoulait, et les grandes espé-
» rances qu'on avait données aux émigrans ne
» se réalisaient point. Bientôt l'ennui et le dé-

» couragement se répandirent parmi eux. Quel-
» ques actes d'autorité faits à contre-temps les
» désespérèrent. L'intendant et ses familiers se
» livraient à la dissipation, et leurs festins con-
» trastaient avec la misère publique. On croyait
» peut-être y faire ainsi quelque diversion; mais,
» au bruit de ces amusemens même, la conta-
» gion se déployait avec fureur, la mort fit
» de prompts ravages. Quelques enfans se vi-
» rent privés, dans la même journée, de leurs
» parens; on en trouvait qui, attachés sur le
» sein de leur mère expirée, y cherchaient en
» vain leur aliment accoutumé. Il mourait jus-
» qu'à quinze ou vingt individus par jour. Il
» est bien vrai, qu'après les avoir ainsi impru-
» demment exposés à périr, rien ne fut épargné
» pour les conserver. On acheta tout ce qui
» put être tiré des colonies voisines; mais l'im-
» possibilité de distribuer des soins particuliers
» à tous était la principale cause du mal. La mor-
» talité était générale quand le chevalier Turgot
» arriva. C'était pour lui le moment de se montrer
» et d'agir. On s'attendait qu'il viendrait visiter
» les émigrés, et leur apporter les consolations
» qui dépendaient de lui; mais il ne put se ré-
» soudre à être témoin de cette désolation. Il
» fit arrêter Chanvallon (1); cet intendant fut

(1) 24 septembre 1764.

« conduit à Cayenne, et sévèrement gardé pen-
» dant quatre mois. M. Turgot se hâta de re-
» tourner en France. La frégate qui le portait
» passa à la vue des îles. Les cris des émigrés
» l'appelaient; il répondit : « Je ne puis suppor-
» ter la vue de tant de maux, » et il poursuivit
» son voyage.

» Le courage d'un homme public consiste à
» braver la peste même, si elle attaque ceux
» dont le soin lui est confié. Le chevalier Turgot
» a laissé ici la réputation d'un honnête homme
» et d'un administrateur incapable et faible. Il
» n'est resté à la Guyane que trente-cinq familles
» de cette malheureuse expédition. On procura
» des moyens de retour à environ trois mille
» individus, qui, rebutés de tant de misères,
» voulurent revenir en France et en Allemagne.

» Il fallait qu'une victime pût absoudre, aux
» yeux du public, le duc de Choiseul de l'im-
» prévoyance avec laquelle on avait procédé.
» Le nom de Turgot était justement révéré, sa
» famille en crédit; on ne songea pas même à
» reprocher au gouverneur sa désertion du poste
» du danger. »

L'orage tomba uniquement sur l'intendant,
qui n'était pas, en effet, sans reproche. Mais,
quinze ans après, lorsque M. de Choiseul était
sans crédit, Chanvallon commença à recevoir

des indemnités : on le trouve même employé sur les fonds des colonies pour une somme de 100,000 francs; sa femme s'y trouve pour 14,000, et un secrétaire pour 10,000. L'état les payait de leurs longs malheurs, et récompensait leur silence.

Il n'y a aucune ressemblance entre l'émigration de 1764 et la déportation de l'an V.

Il y a peu d'exemples d'une violation des lois aussi constante, aussi gratuite que celle dont nous sommes victimes.

J'ai lu, à Valladolid, sur la porte du palais de l'Inquisition, ces paroles redoutables écrites en lettres d'or : *Exsurge, Domine, et judica causam tuam.* « Lève-toi, Seigneur, et sois juge et partie. » Un grand poète nous apprend comment on procède aux Enfers :

> Gnossius hæc Rhadamanthus habet durissima regna :
> Castigatque, auditque dolos, subigitque fateri (1).

» Punir d'abord, ensuite entendre, et finalement » contraindre à la confession, c'est ainsi que » règne l'inflexible Rhadamanthe. » Mais du moins voilà des jugemens, soit à l'Inquisition des catholiques, soit dans les tribunaux infernaux du paganisme. Pour nous, on a commencé par le supplice, et on s'est arrêté là.

(1) Virgile, *Enéide*, liv. vi, v. 566.

CHAPITRE II.

Vendémiaire an VII (octobre 1798). — La présence des prêtres arrivés en si grand nombre à Sinnamari frappa d'épouvante Billaud-Varennes. Il nous quitta, cherchant un refuge d'habitation en habitation. On lui permettait de tendre son hamac sous les galeries ; on lui faisait donner à manger, et il n'était point reçu à la table des maîtres du logis. Ce n'est pas sans peine qu'il obtint un refuge dans le canton de Macouria.

J'ai raconté qu'un pagani, se précipitant sur sa table, lui enleva sa perruche, et, volant sur un arbre voisin, la dévora à ses yeux. Il fut vivement ému de cette perte. Il y avait donc en son cœur quelque germe de sensibilité. Qui oserait dire qu'il ne se croyait pas doué d'une vertu sublime, en immolant ceux qu'il appelait les ennemis de la liberté? Cet homme est criminel à mes yeux comme je le suis aux siens. Entre nous deux, quel est le vrai coupable? O conscience! ô vertu! non, vous n'êtes ni de vains noms, ni des guides trompeurs. Billaud ne peut trouver d'asile, c'est parce que l'effusion du sang humain inspire une horreur générale, qu'il soit répandu par l'ambition, la vengeance, par le fanatisme religieux ou politique.

Billaud, repoussé de toutes parts, a essayé, pour se distraire, de s'occuper de jardinage, et il a dû y renoncer dès les premiers jours.

Il n'y a ici que deux prêtres déportés qui aient pu travailler à la terre. Ils sont parvenus à faire croître quelques légumes dans un espace de quatre ou cinq toises carrées. L'un va même y renoncer, parce que les fourmis et d'autres insectes dévorent ses plantes dès qu'elles approchent de la maturité.

L'autre était en France un frère convers, jardinier dans la maison de Sept-Fonds. Il demeure à une lieue de nous, solitaire, dans une cabane isolée et éloignée de tout autre établissement. Il y vit silencieux, contemplatif et laborieux. Il se nourrit de poissons et de racines, et s'aperçoit à peine qu'il a quitté son couvent. Il cultive son enclos avec assez de succès; et ce bon ermite, si subordonné, à peine aperçu dans son monastère, est ici le plus indépendant, le plus utilement occupé et le plus abondamment pourvu de tous les déportés. Après lui, l'homme essentiel parmi nous est un barbier lorrain, dénoncé, à Lunéville, comme aristocrate, par un voisin de la même profession que lui, et jaloux de son habileté. Il gagne ici sa vie à raser, et n'a pour rival que notre juge de paix, ancien colon, qui n'est point du tout hargneux, et qui voit ses succès sans envie.

Un inconnu était une grande rareté à Sinnamari. Un jour, 23 fructidor an VI (9 septembre

1798), entrant chez Laffon, je fus frappé de la vue d'un jeune homme de la taille la plus avantageuse et d'une figure extrêmement belle. Il avait environ vingt ans. Il était environné de cinq ou six sauvages étrangers rangés à ses pieds. Il se leva et me salua d'une manière qui annonçait plus d'habitude des salons de Paris que des cases des Indiens. Ses vêtemens grossiers étaient dans un grand désordre, et couverts de vase et de poussière. Laffon m'apprit qu'il s'appelait Adèle-Louis Robineau. Il avait connu en France mon compagnon et sa famille; transporté d'une courageuse indignation, il avait entrepris de l'arracher à la captivité. Il s'était rendu de France à Boston, et ensuite à Surinam. De là, il lui avait encore fallu arriver à Sinnamari, malgré les vents et les courans. Il avait loué une pirogue et six Indiens, et, dans cette frêle embarcation, luttant contre les élémens, il avait enfin atteint notre demeure, à travers des difficultés et des périls qu'on peut imaginer. Ce héros de l'amitié était parvenu jusqu'à nous en déguisant, sous des prétextes trop longs à détailler, le but de son voyage.

Il avait rempli la partie la plus difficile de sa dangereuse tâche; il s'applaudissait d'avoir triomphé de tant d'obstacles; il croyait que nous allions recueillir le fruit de ses travaux, et nous embarquer clandestinement avec lui pour Surinam, en profitant des vents et des courans. Il eut peine à revenir de son étonnement, quand il apprit que nous étions fermement résolus à ne pas fuir. Après tant d'efforts heureux, nos refus étaient ce qu'il avait le moins prévu. Les fatigues, et peut-être le chagrin qu'il éprouva, lui causèrent une violente maladie. Il se rétablit, et après quelque temps de séjour dans la colonie, il repartit. Mais, pour ne pas perdre entièrement le fruit de son généreux dévouement, il parvint à faire évader avec lui un bénédictin.

Nous échangeâmes quelques livres. Adèle n'avait pas voulu, dans sa périlleuse navigation, se séparer d'un Virgile complet; je l'obtins pour un très-beau Milton, et je crus avoir fait un excellent marché.

2ᵉ jour complémentaire an VI (18 septembre 1798). — Je viens de perdre B....., un prêtre de mes amis. A l'agonie, il demandait encore une année au ciel, à la nature: « Une seule an- » née! disait-il; je ne sais qu'à demi ce que j'ai » besoin de savoir tout-à-fait; une année me » suffira peut-être. » Qu'est-ce qu'une année? c'est à peine quelques jours; celle qui va finir ne m'a pas paru longue, et c'est le travail qui l'a abrégée. Mais rien ne m'apprend ce que B..... voulait savoir avant de mourir.

CHAPITRE II.

Il me fit remettre des livres que je lui avais prêtés : je trouvai sur une feuille détachée ce quatrain, symbole du scepticisme :

> « J'ai réfléchi sur l'effet, sur la cause,
> » J'ai raisonné sur le mal, sur le bien ;
> » Tout calculé, je n'ai pas su grand'chose :
> » Dans peu d'instans je saurai tout ou rien. »

Je donnai des soins à d'autres prêtres, et la mortalité parmi eux fut si grande, que plusieurs fois je vis passer devant ma case jusqu'à trois convois en un même jour. Je vous épargne ce triste dénombrement ; c'est déjà trop de vous avoir parlé avec tant de détails de la mort de nos propres collègues.

CHAPITRE TROISIÈME.

Mort d'Adèle Robineau. — Maladie. — Rimes françaises. Vers latins. — Ovide relégué à Tomes. — Brouette.

Fructidor an VI (septembre 1798). — Voilà donc la première année de mon bannissement finie ! et puisque j'ai refusé deux fois d'y mettre un terme en fuyant, il durera peut-être jusqu'à ma mort. Quoi qu'il en arrive, je suis déjà assuré que j'ai adopté un plan de vie convenable à ma situation. Mes livres, mes outils, mes pinceaux, m'ont efficacement garanti de toutes réflexions tristes. Mon temps n'est pas perdu pour moi ; et peut-être il ne le sera pas entièrement pour mon pays, si je dois un jour y revenir.

Quelque temps après le départ d'Adèle Robineau, nous apprîmes son sort. Arrivé à Surinam, avec le prêtre qu'il était parvenu à enlever de Conanama, il fut accueilli par les colons hollandais ainsi que le méritaient son courage et son humanité. Jeannet, au contraire, devait s'irriter de tous les efforts qu'on ferait pour diminuer le nombre de ses captifs. On ne prévoyait pas cependant que sa vengeance poursuivrait ce bon jeune homme jusque dans une colonie voisine, où il ne pouvait plus lui donner d'inquiétude. Étranger à toute pensée généreuse, l'agent Jeannet envoya à Surinam des émissaires qui attirèrent le crédule Robineau sur leur bâtiment. Il était loin de craindre une perfidie, mais il se vit arrêté et traité en prisonnier d'état. On lui annonça qu'il allait être envoyé en France comme coupable de haute-trahison. Il jugea qu'il n'y avait point de danger égal à celui de tomber au pouvoir du directoire. Il se jeta à la mer, dans l'espérance de gagner la terre à la nage; mais il se noya, et son corps ne fut point retrouvé.

Je crois que c'est Hobbes, qui, parlant des conversations de société, a prétendu qu'on est disposé à sacrifier ceux qui sortent à l'amusement de ceux qui restent, et qu'il est prudent de sortir le dernier. On ne peut en dire autant de la vie humaine, et cependant on sort le plus tard qu'on peut. J'y fis mes efforts, mais un accident imprévu les déconcerta. Je me baignais tous les jours dans la Sinnamari; je fus averti que les requins remontaient quelquefois cette rivière. Un jour, j'y étais à peine entré, que j'entendis le sifflement d'un gros poisson nageant vers moi, paraissant à la surface de l'eau, et replongeant aussitôt après. Je me hâtai de sortir; mais mon nègre avait emporté mes habits, et il me fallut faire cinquante à soixante pas tout-à-fait nu.

Je sus ensuite que le monstre qui m'avait effrayé était une couleuvre de mer, et elles ne sont point dangereuses; mais, en croyant échapper à un péril imaginaire, j'en trouvai un trop réel. Mouillé, comme je l'étais, la nudité me fut très-funeste, et le lendemain j'eus la fièvre. C'était deux jours après la mort de Brotier, le 27 fructidor an VI (13 septembre 1798), et je crus qu'un autre terminerait ce Journal, en vous rapportant les circonstances de ma fin. Je fus malade pendant six mois; mais, au lieu de vous affliger par les détails de mes crises, je vous apprendrai qu'au délire de la fièvre se joignit celui de la poésie. J'avais reçu de France une épitre en beaux et bons vers; elle m'avait été remise avec des précautions très-mystérieuses. Les directeurs y étaient nommés, et n'y étaient point épargnés. Un pareil écrit pouvait compromettre nos amis, et je jugeai prudent de le brûler, lorsqu'on m'eut dit que mon état nécessitait l'application des vésicatoires. C'était l'avertissement d'une fin prochaine, car personne ici n'avait survécu à ce remède. Les lignes suivantes me vinrent à la pensée pendant l'opération, ou, si vous voulez, après. J'ai toujours fait vanité d'être ponctuel, et je voulais en laisser un témoignage après moi.

> « Jamais il ne se fit attendre,
> » Et quand le tombeau l'appela,
> » Il lui répondit : Me voilà !
> » Et ne craignit point d'y descendre. »

J'avais une fièvre grave, accès, redoublemens; mais je comptais sur un régime sage pour m'en guérir. Combien d'autres fièvres ont troublé mon repos ! Fortune, ambition, orgueil, amour, jalousie, vous avez fait le tourment de ma vie ! Quelques jouissances, les années, l'expérience, m'ont apporté leurs secours, et je ne suis peut-être que trop bien guéri.

Pendant ma maladie, j'étais attristé par une solitude oisive et un silence rarement interrompu. Madame Trion m'apporta des oiseaux. Presque tous ceux de la Guyane ont un chant aigre et monotone. Je me rappelai alors un instrument que j'avais vu à Philadelphie. Je dressai au rabot une planche longue de trois pieds, large de huit pouces. Je collai des chevalets à deux pouces de chaque extrémité, et j'y adaptai huit cordes de boyau, et autant de fils de laiton. Des chevilles servirent à les accorder.

La lyre fut suspendue verticalement entre

deux volets à demi ouverts. Je ne connais point d'harmonie aussi suave que celle qui est produite par l'*afflation* d'une brise légère, lorsque pénétrant dans mon cabinet, elle agite mollement, à son passage, cet instrument si bien nommé *harpe d'Éole.* Le moindre vent lui suffit. Mon oreille n'a point à souffrir des battemens de langue nécessaires à la flûte. Il n'y a ni poumons ni lèvres en travail pour mon plaisir, point d'archet enrésiné, point de touches ou de pédales, et je n'entends pas le bruit de ces soufflets sans lesquels l'orgue est muet. Il est vrai que le musicien à qui je dois mes nouveaux plaisirs est capricieux comme pourrait l'être un rossignol. Il se tait au moment où je jouis le plus de l'entendre; mais, aimable jusque dans ses fantaisies, il reprend son chant lorsque je n'y songe plus.

Ma maladie a cessé, mais je ne sais quelle mélancolie la suit. Madame Trion avait été pour moi une vraie sœur pendant mes longues souffrances, et souvent elle était venue, avec sa négresse, travailler près de mon lit. Je me disais néanmoins : Je suis célibataire, moi qui ai tant détesté le célibat. En même temps je voulais me consoler, en songeant que celui qui voit, à son dernier moment, l'affliction d'une épouse, d'une mère, qui entend les gémissemens d'une nombreuse famille, éprouve peut-être plus de peines que celui qui meurt solitaire. Vous voyez avec quel soin je cherche à rendre cette solitude supportable.

Je vous envoie la réponse que je fis au poète aimable et philosophe dont j'avais brûlé les vers. Les miens sont un abrégé rimé de mon Journal. J'y raconte la vérité sans fiction poétique; je crains même que vous n'y trouviez une odeur de quinquina bien différente du parfum des fleurs qu'on cueille aux bords du Permesse (1).

Si, par aventure, mes stances venaient à tomber entre les mains des directeurs, je suis tout préparé à leur colère. Peut-être, au contraire, seront-ils amusés de voir le décret de déportation traduit en vers alexandrins.

Je me rappelle, à l'occasion de cette épître, qu'un jour, un de nos compagnons de déportation fut surpris, en entrant chez moi, à la vue du violon que j'avais fabriqué. Il n'en ferait pas un pareil, mais il joue très-bien de cet instrument. Il prend le mien, et le rejetant à l'instant, il s'écrie : Quel est le sauvage qui a fabriqué ce violon? Si des poètes lisent mes lignes, ils diront aussi : Quel est le sauvage qui a prétendu toucher, à Sinnamari, la lyre d'Apol-

(1) Voy. à la fin de ce volume.

lon? Mais que des luthiers voient mon violon avec pitié, que des poètes haussent les épaules à la lecture de ces vers, il n'en sera pas moins certain qu'à Sinnamari on ne fit jamais rien de plus achevé, et d'abord, émerveillé de mon ouvrage, je m'écriai avec Ovide : « Une muse » bienfaisante m'aide à supporter mes peines; » et quoique personne ne puisse prêter l'oreille » à mes vers, ils me servent à remplir ma jour- » née et à tromper le temps (1). »

Vous voyez que les élégies d'Ovide avaient passé du climat glacé des Sarmates sous le ciel brûlant de la ligne. Je ne me doutais guère, lorsque, dans mon enfance, on me les faisait traduire malgré moi, qu'un jour je les relirais avec avidité, et que les plaintes poétiques de cet exilé célèbre suspendraient mes douleurs. J'avais, dès ma plus tendre jeunesse, préféré

---

(1) Hic ego sollicitæ jaceo novus incola sedis.
Heu nimium fati tempora longa mei?
Et tamen ad numeros antiquaque sacra reverti
Sustinet in tantis hospita Musa malis.
(*Trist.*, IV, 1, 85 sqq.)

Hic ego finitimus quamvis circumsoner armis,
Tristia quo possum carmine fata levo;
Quod quamvis nemo est cujus referatur ad aures
Sic tamen absumo, decipioque diem.
(*Trist.*, IV, 10, 111 sqq.)

Virgile à Ovide; mais, banni à Sinnamari, comme Ovide chez les Sarmates, je négligeai un peu Virgile et je lus Ovide tout entier; je suis même loin de m'écrier :

Ignoscite, Musæ!

Il n'y a que les déportés à la Guyane pour qui rien ne soit perdu dans les écrits de l'ingénieux et savant banni. Ovide est au premier rang parmi les grands poètes. Il est plus que poète à Sinnamari : il devient notre ami, notre compagnon, et nous partageons les maux qu'il éprouva, il y a dix-neuf siècles. Nous ne lisons pas une page écrite par lui, à Tomes, qui n'ait quelque rapport avec notre situation. J'ai commencé à traduire les *Tristes*; je vous envoie quelques fragmens du latin. J'y joins même mon français, quoique je sache que vous n'en avez pas besoin; mais c'est pour mieux vous assurer de l'emploi que je fais de mon temps. La femme d'Ovide voulut aussi le suivre; il l'en empêcha. « Quel bonheur qu'elle ne m'ait point accom-
» pagné ! c'eût été pour moi souffrir deux fois
» la mort; que je périsse, puisqu'elle est sans
» danger. Je survivrai dans la moitié de moi-
» même; qu'elle vive, qu'elle aime son époux,
» même absent, puisqu'elle ne peut l'aimer

» présent. Qu'ainsi s'écoulent ses années ; j'au-
» rais dit les nôtres, si je ne craignais pour elle
» la contagion de mes malheurs (1). »

Ovide avait, comme moi, cinquante ans passés, et, comme dans mon enlèvement, « ses
» parens, sa fille unique, » ainsi que la mienne,
« étaient loin de lui. » Sa femme était présente,
il est vrai ; mais pourrais-je oublier que vous,
Élise, vous vîntes me rejoindre à Blois, dans
l'intention de m'accompagner (2), et comment
ne pas me souvenir de votre désespoir à la vue
des cages qui nous transportaient ?

(1) Di bene, quod non sum mecum conscendere passus,
    Ne mihi mors misero bis patienda foret;
At nunc, ut peream, quoniam caret illa periclo,
    Dimidia certe parte superstes ero.
(Trist., I, 2, 41 sqq.)

Vivat ametque virum, quoniam sic cogitur, absens,
    Consumatque annos sic diuturna suos ;
Adjicerem et nostros : sed ne contagia fati
    Corrumpant timeo quos agit ipsa mei.
(Trist., V, 5, 23 sqq.)

(2) Jamque decem lustris omni sine labe peractis,
    Parte premor vitæ deteriore meæ.
Nullus erat : procul, ah ! conjux parvique nepotes ;
    Nec fuerat profugum nata secuta patrem.
(Trist., IV, 8, 33 sqq.)

« Le coup dont il fut frappé était si imprévu,
« qu'il n'en aurait cru ni les prédictions de Del-
» phes, ni celles de Dodone (1). »

Il s'affligeait comme moi de ne point recevoir
de lettres de son amie, mais il n'accuse pas les
agens de la dictature exécutive de les avoir interceptées. « Je ne connais en vous que cette
» faute; corrigez-la, et vous serez parfaite en
» tous points. Je pourrais bien montrer un peu
» d'humeur; mais il se peut aussi qu'une let-
» tre, qui m'a été envoyée ne me soit pas par-
» venue. (2). »

Le portrait des Sarmates est celui de nos
Indiens : « ils sont, comme eux, armés de flè-
» ches empoisonnées (3). »

(1) Hæc mihi si Delphi Dodonaque diceret ipsa,
Esse videretur vanus uterque locus.
(*Trist.*, IV, 8, 43 sq.)

(2) Quod tua me raro solatur epistola peccas,
Remque piam præstas, ni mihi verba neges :
Hoc precor, emenda; quod si correxeris unum,
Nullus in egregio corpore nævus erit.
Pluribus accusem, fieri nisi possit ut ad me
Littera non veniat, missa sit illa tamen.
(*Trist.*, V, 13, 11 sqq.)

(3) In quibus est nemo qui non coryton et arcum
Telaque vipereo lurida felle gerat.
(*Trist.*, V, 7, 15 sq.)

L'Indien n'est pourtant point l'ennemi qui nous menace, et nous ne dirons pas comme Ovide : « Dès que du haut de sa guérite, la sen- » tinelle a donné le signal d'une tremblante main, » nous revêtons nos armes (1). »

C'est du Luxembourg que partent les poisons qui nous tuent. « La Sarmatie était, comme la » Guyane, un des lieux les plus tristes de l'uni- » vers. Les hommes, à peine dignes de ce nom, » y sont plus féroces que les loups. Ennemis » des lois, ils font céder la justice à la force, » et le droit opprimé succombe sous le glaive (2). »

Les moustaches, suivant Ovide, donnaient un air horrible aux Sarmates; mais nos Galibis n'ont point de barbe.

(1) Nam dedit e specula custos ubi signa tumultus,
Induimus trepida protinus arma manu;
Hostis habens arcus imbutaque tela veneno,
Sævus anhelanti mœnia lustrat equo.
(*Trist.*, IV, 1, 75 sqq.)

(2) Sive locum specto, locus est inamabilis; et quo
Esse nihil toto tristius orbe potest.
Sive homines, vix sunt homines hoc nomine digni,
Quamque lupi sævæ plus feritatis habent;
Non metuunt leges, sed cedit viribus æquum,
Victaque pugnaci jure sub ense jacent.
Pellibus et laxis arcent male frigora, braccis,
Oraque sunt longis horrida tecta comis.
(*Trist.*, V, 7, 43 sqq.)

CHAPITRE III.

Ovide apprit le gète, et relégué comme lui chez des peuples barbares, j'avais commencé à me faire un dictionnaire galibi, quand je fus obligé de me séparer de Rodrigue, mon maître de langue. « Il y a ici, dit Ovide, des Sarma-
» tes qui balbutient un peu de grec corrompu
» par l'accent de leur pays. Muses, pardonnez-
» moi! il faut que, poète romain, je leur parle
» en leur langue. Les mots latins, je rougis de
» l'avouer, me manquent quelquefois. Si vous
» trouvez ici des barbarismes, prenez-vous-en
» au lieu et non à moi. Cependant, pour ne
» point oublier la langue de l'Ausonie, pour
» que ma voix conserve les accens de mon pays,
» je me parle à moi-même, je répète les mots
» dont j'ai à peine conservé l'usage, et je reviens
» sur mes fatales études. Je traîne ainsi le temps,
» et j'écarte le sentiment de mes maux. Si les
» Sarmates ne me comprennent pas, mes mots
» latins excitent leurs folles risées, et c'est moi
» qui suis le Barbare. Au moindre geste, ils
» croient que, les ayant compris, je leur ai ré-
» pondu, mais souvent quand j'affirme, ils
» s'imaginent que je nie (1). »

(1) In paucis restant Græcæ vestigia linguæ,
    Hæc quoque jam Getico barbara facta sono,
Ipse ego Romanus vates (ignoscite, Musæ)
    Sarmatico cogor plurima more loqui,

Tels sont, Élise, nos quiproquo fréquens avec les Galibis et les nègres.

Un autre trait de ressemblance entre la situation d'Ovide et la nôtre, c'est la rigueur du climat.

> Sous un ciel tempéré l'homme se fortifie,
> Mais des froids éternels glacent la Sarmatie(1).

La chaleur produit ici des effets contraires,

> Et pudet et fateor, jam desuetudine longa
>   Vix subeunt ipsi verba Latina mihi.
> Non dubito quin sint et in hoc non pauca libello
>   Barbara : non hominis culpa, sed ista loci.
> Ne tamen Ausoniæ perdam commercia linguæ,
>   Et fiat patrio vox mea muta sono,
> Ipse loquor mecum desuetaque verba retracto
>   Et studii repeto signa sinistra mei.
> Sic animum tempusve traho, meque ipse reduco
>   A contemplatu semoveoque mali.
>   (*Trist.*, V, 7, 51 sqq.)

> Barbarus his ego sum, quia non intelligor ulli,
>   Et rident stolidi verba Latina Getæ,
> Meque palam de me tuto mala sæpe loquuntur;
>   Forsitan objiciunt exiliumque mihi.
> Utque sit in me aliquid, si quid dicentibus illis
>   Abnuerim, toties annuerimque putant.
>   (*Trist.*, V, 10, 37 sqq.)

(1) Temperie cœli corpusque animusque juvantur,
      Frigore perpetuo Sarmatis ora riget.
                  (*De Pont.*, II, 7, 71 sq.)

mais encore plus tristes. Ovide mourut dans la neuvième année de son exil. Nos relégués meurent ici dès la première. On ne lui cachait aucune nouvelle; on lui laissait parvenir les journaux du sénat. Ce n'était point un crime de converser avec lui. Les habitans de Tomes, les voyageurs étaient invités à sa table hospitalière, et l'affection qu'on lui montrait n'était pour personne un sujet de reproche. Ses papiers ne furent jamais enlevés par des soldats romains; ils ne le traînèrent point à main armée hors de sa résidence, languissant et malade. Enfin, le proconsul qui avait Tomes dans son département ne lui adressait point d'injures, ne le contraignit point à laisser là son style, pour prendre la bêche et la houe; il n'insultait point à sa misère par des proclamations emportées.

Malheureusement pour la réputation d'Ovide, il s'humilie devant ses persécuteurs : il a dans sa maison une chapelle dédiée à Auguste ; il sacrifie des victimes sur son autel ; il brûle de l'encens devant ses images ; il appelle souvent Auguste le plus grand des immortels, il nomme le dieu César, le divin Tibère, la céleste Livie ; il consacre une épître assez longue à décrire le bonheur qu'il a de posséder une médaille frappée à leurs effigies ; tour à tour il s'excuse ou se condamne. Après avoir souvent répété qu'il n'est point criminel, qu'on ne peut l'accuser que d'erreur, que ses yeux seuls sont coupables, il se réduit à demander qu'on l'exile dans un lieu moins barbare. « Faites, dit-il, que je sois » misérable avec moins de danger. » Il reconnaît qu'il avait mérité de perdre la vie, ses biens, le droit de citoyen, et que l'empereur lui a fait grace (1); mais il est fort mystérieux sur la nature de son délit. « Je suis sans crime, dit-il, » à moins qu'on ne trouve criminel de payer » par des fruits annuels les soins du culti- » vateur (2). »

Ailleurs, il semble remercier Auguste de tout le mal qu'il ne lui a pas fait.

Moins malheureux que nous, il n'était privé ni de ses biens, ni de sa qualité de citoyen (3).

(1)   Quod petimus pœna est, nec enim miser esse recuso,
Sed precor ut possim tutius esse miser.
(*Trist.*, V, 2, 77 sq.)
Nec vitam, nec opes, nec jus mihi civis ademit,
Quæ merui vitio perdere cuncta meo.
(*Trist.*, V, 11, 15 sq.)

(2)   Nil ego peccavi, nisi si peccare videtur
Annua cultori poma referre suo.
(*Nux*, v. 5 sq,)

(3)   Nec mihi jus civis, nec mihi nomen abest,
Nec mea concessa est aliis fortuna, nec exul
Edicti verbis nominor ipse tui.
(*Trist.*, V, 2, 56 sqq.)

CHAPITRE III.

Ses Élégies, ses Tristes, sont remplis de contradictions. Il paraît que son *Art d'aimer* n'était que la cause publique et, pour ainsi dire, ostensible de sa relégation, et qu'il n'osait même en indiquer la cause secrète, de peur d'offenser Auguste (1). Il place dans l'Olympe tous les parens de l'empereur, à l'exception de sa fille Julie. Mais, si je n'y prends garde, je vais imiter les érudits qui ont consacré des volumes à la recherche de ce secret. Je crois que c'est une anecdote de cour, qui, si elle était connue, mériterait à peine quelques lignes dans l'histoire. Elle pourra remarquer, au contraire, que parmi tant d'infortunés, aucun de nous ne s'est ainsi prosterné devant la tyrannie. Je ne sache pas qu'un seul ait loué le divin La Révellière ou l'immortel Barras.

A la chute de la république romaine, les exemples de faiblesse et de lâcheté furent bien plus communs qu'ils ne l'ont été chez nous, lorsque la liberté naissante succomba. La soumission de Cicéron me semble encore plus remarquable que celle d'Ovide. L'orateur romain n'est, dans ses dernières disgraces, ni philosophe, ni

---

(1) Nec leve, nec tutum, peccati quæ sit origo,
   Scribere; tractari vulnera nostra timent.
                            (*De Ponto*, I, 61 sq.)

républicain. S'il balance entre César et Pompée, c'est pour examiner, non ce qui est le plus avantageux à son pays, mais ce qui convient le mieux à sa situation particulière. Cet homme, si grand, si admirable dans les derniers temps de la république, est sans caractère dans les circonstances douteuses, et devient courtisan sous Jules César. Une soif insatiable de renommée le rendit l'esclave de tous ceux qu'il crut capables de le louer dignement. Je ne sais où j'ai lu qu'il demande la gloire comme on demande l'aumône. Il prie Lucceius de s'affranchir des lois trop rigoureuses de l'histoire, pour le louer plus librement, et d'accorder à l'amitié un peu plus qu'à la vérité. Il reconnaît fort gaîment qu'il n'y a pas trop de pudeur dans cette demande. « Mais, ajoute-t-il, quand on a une » fois passé les bornes de la modestie, il ne faut » pas être effronté à demi. »

Tout en vous écrivant ce qui précède, ma chère Élise, je ne sais quelle honte me vient de m'être joint ainsi aux détracteurs de ce grand homme. Les anciens, qui ont laissé des journaux, sont fort réservés sur leurs propres éloges. Cicéron a peut-être aimé la gloire trop passionnément; mais ceux-là sont rares qui font de grandes choses sans être excités par ce puissant aiguillon.

CHAPITRE III.

Nous autres modernes, nous ne laissons pas aux historiens la tâche d'écrire nos actions mémorables : nous nous chargeons de ce soin nous-mêmes. Nous racontons les espiègleries de notre enfance, les bons tours de notre jeunesse, nos infortunes en déportation. Chacun écrit son journal, arrange comme il lui plaît ses aventures, met ses amis et ses ennemis en scène, les fait agir et parler à sa guise, et se montre ordinairement le principal héros de la pièce. *Moi*, *je*, *nous*, se retrouvent à chaque phrase, et de ces longs récits on tirerait difficilement quelques faits dignes d'être conservés.

Vous voyez assez, ma chère Elise, qu'il ne s'agit pas de nous comparer à ces hommes illustres ; c'est comme si Barras se comparait à Marius, et Rewbell à Sylla ; comme si nous autres rédacteurs de mémoires et de journaux, nous prétendions être autant de Suétones.

Dès qu'il s'agit de ces comparaisons, mon imagination se refuse à mettre les temps modernes au niveau des anciens. Les événemens même les plus glorieux pour nous me paraissent rapetissés par le parallèle. Ils vieilliront, il est vrai, mais je doute que les années ajoutent à leur importance, et je ne puis me figurer que Fontenoy, Fleurus, Yorcktown, fassent jamais, dans la mémoire des hommes, la même fortune que Platée, Salamine, Arbèles ou Pharsale. Nous sommes devenus trop riches en faits mémorables, et, dans un si grand nombre d'événemens illustres, aucun n'est aperçu.

Je reviens à ma brouette, pour ne plus vous en parler. J'y avais travaillé avec ardeur et avec plaisir. La roue était fort avancée, et un poète qui finit une belle scène de sa tragédie n'a pas plus de joie que je n'en avais eu à mettre la dernière main à une jante ou au moyeu. J'étais à la veille de montrer les merveilleux effets de cette machine aux Indiens et à quelques enfans blancs qui n'en avaient jamais vu. Mais les pièces n'étaient pas assemblées quand je tombai malade. Dès que ma convalescence me permit d'aller à mon atelier, mon premier soin fut de chercher la roue. Elle avait disparu. Saisi d'inquiétude, j'appelle Lindor. « Qu'est devenue la » roue?—» « Quoi! me dit-il, ces bûchettes et » ces petits rondins? »—« Oui, ces rondins et ces » bûchettes. »—« Citoyen, je les ai pris pour » faire bouillir vos tisanes. » Cette parole fut un coup de tonnerre, et Vaucanson eût éprouvé moins de douleur si on lui eût appris qu'on venait de briser son flûteur, ou de brûler ses moulins et ses tours à tirer l'organsin.

Si, un jour, rendu à mon pays, l'avarice ou l'ambition cherchaient à s'insinuer en moi, je me rappellerai Sinnamari. Je me dirai : Il fut un temps où mes vœux se bornaient à la possession du plus simple nécessaire, où j'étais heureux de l'approbation de madame Trion et de son neveu; alors la reconnaissance de quelques nègres me payait du soin que j'avais pris de les amuser un jour de fête, ma gloire consistait à niveler les sentiers qui divisent notre bourgade, à travailler une machine que le charron le moins habile peut construire en un jour, et que je ne pus même finir en deux mois.

CHAPITRE QUATRIÈME.

Courage de Rouchon, de Meilland.—De la déportation.—Du bannissement.—De l'exil.—De l'ostracisme.

Un fragment de gazette nous apprit que, le 18 brumaire an VII (8 novembre 1798), Poulain-Granprey avait proposé une résolution portant confiscation des biens des proscrits qui auraient fui du lieu de la déportation, ou ne s'y seraient pas rendus. Cet acte prouve jusqu'où peut aller la fureur des factions, car, après un an, il n'y avait plus de motif pour aggraver le malheur des hommes atteints par les lois de fructidor. La cause de cette persécution nous était inconnue, et nous ne pouvions qu'en gémir. Nous fûmes un peu soulagés en recevant les discours par lesquels Rouchon, dans le conseil des cinq-cents, et Meilland, dans celui des anciens, résistèrent à ces actes de haine. Rouchon, à la tribune, eut le courage de dire aux auteurs du projet « que jamais les règnes de Néron et de » Caligula n'avaient présenté ce raffinement de

» barbarie. Quand le rapporteur, dit-il, a mêlé
» les mots de clémence, d'humanité, de justice,
» à des propositions atroces, j'ai voulu écrire ce
» que j'entendais, et la plume est tombée de ma
» main. J'ai vu le sourire sardonique sur les
» lèvres de celui qui enfonce le poignard. » On
répondit à Rouchon qu'il était un royaliste, et
le projet passa. Meilland fit au conseil des anciens un discours où il ne craignit point d'animer le raisonnement par des expressions que l'amitié seule avait pu lui fournir. Rouchon et Meilland n'obtinrent pas le succès dû à leur courage. Que leurs noms soient toujours en honneur parmi nous!

La barbarie de ce décret ne peut s'excuser, car ceux qui le rendirent n'ignoraient pas les ravages que la déportation avait faits à Sinnamari. Nous n'en étions pas plus à l'abri dans d'autres parties de la colonie.

Gibert-Desmolières, membre du conseil des cinq-cents, avait été relégué sur une habitation peu éloignée de Cayenne. Il y avait quelques noirs, mais aucune créature humaine dont la conversation pût le distraire de ses peines. Cette solitude entretenait sa mélancolie. Il m'écrivait souvent, et il termina par ces mots sa dernière lettre : « Il vient un temps où de nou-
» veaux despotes ont intérêt à faire les clémens;

» ils ouvrent les prisons, ils mettent un terme
» aux proscriptions. Je ne jouirai pas de leur
» clémence. »

Je lus ensuite le post-scriptum suivant, ajouté
d'une main peu ferme : « J'ouvre ma lettre pour
» vous dire que j'ai perdu connaissance peu de
» momens après l'avoir écrite ; je ne me porte
» pas bien du tout ; mais si j'ai toujours été prêt
» à mourir à l'ordre des tyrans, je ne serai ni
» moins docile à la loi universelle, ni moins
» obéissant, quand la nature m'appellera. »

Il aurait fallu transporter sans retard le malade
à Cayenne ; il n'y pouvait aller sans permission :
on l'obtint ; mais ces préliminaires avaient pris
un temps précieux, et quand ses amis le conduisirent à cette ville, il était déjà trop tard.
Il mourut le 15 nivôse an VII (4 janvier 1799),
peu de temps après y être arrivé.

Les hommes qui, après s'être attiré l'estime
du peuple dans le maniement des affaires publiques, n'ont reçu de lui aucun appui quand
les factions les ont opprimés, l'ont accusé
d'ingratitude et d'injustice. Ils étaient victimes
de leur dévoûment à ses intérêts, et ils pensaient que cet abandon était honteux pour le
peuple lui-même. Pour moi, qui n'ai jamais
cherché la faveur populaire, je suis loin de me
plaindre de l'indifférence avec laquelle mes

concitoyens voient mon malheur. N'est-ce pas
la loi commune et constante? combien d'hommes
d'une tout autre étoffe que moi ont été traités
encore plus mal, et j'oserais me plaindre!

Parmi tant de sujets de tristesse, la société de
Laffon-Ladebat était ma consolation. Nous passions constamment ensemble cinq ou six heures
de la journée, et jamais l'ennui n'a approché de
nous. Les échecs prenaient régulièrement deux
à trois heures de notre temps, et l'un des deux
put presque toujours aller chez l'autre, parce
que nous ne fûmes jamais malades en même
temps.

Toutefois, les rigueurs du bannissement, de
l'exil, de l'ostracisme, n'ont rien qui égale celles
qu'on nous fait éprouver.

Le bannissement n'est, dans les gouvernemens absolus, qu'une précaution de police, et
le plus souvent un abus de l'autorité. Il n'est pas
prononcé par les tribunaux publics, et nos rois
l'ont appelé relégation.

Quelques souverains avaient cru pouvoir remplacer les juges par un tribunal de famille :
c'était bien souvent livrer l'accusé aux ennemis
les plus intéressés à sa perte. On crut diminuer
ces inconvéniens en ordonnant qu'un magistrat
serait présent à toutes les opérations de ces
juges domestiques. L'intention était bonne ;

mais, dans bien des cas, cette intervention ne servit qu'à river les chaînes de l'opprimé. La police, dans ces états, déporte aussi les gens sans aveu, les tapageurs et les filles libertines. Elle conserve bien en même temps quelque apparence de jugement, mais ces formes sont illusoires, et tout châtiment infligé en violation de la loi générale est un acte de tyrannie.

L'exil, dans les monarchies absolues, frappe des têtes plus élevées, des grands ambitieux, des ministres disgraciés, des magistrats sévères ou obstinés; et, suivant les circonstances, cette peine participe de l'ostracisme ou de la relégation. On n'exile pas hors du royaume, et, à la différence du bannissement, l'exil ne prive pas le condamné des droits de citoyen.

Souvent on l'a vu rappelé par le prince qui l'avait éloigné de sa présence. L'histoire de la monarchie française en offre beaucoup d'exemples.

En Russie, une révolution envoie subitement en exil des ministres, qui, la veille, étaient tout puissans. On bannit des innocens qu'on n'oserait faire mourir. Le gouvernement se glorifie de cette fausse clémence, et il est d'autant plus prompt à prononcer de semblables condamnations, qu'elles paraissent moins rigoureuses, parce que la mort même n'en est pas la suite immédiate. Il mutile quelquefois ses bannis, pour empêcher à jamais leur retour.

Les empereurs, tandis qu'il y avait encore une ombre du gouvernement républicain, adoptèrent une nouvelle espèce d'exil : ce fut la relégation. Elle était ordonnée sans forme de jugement, par un édit du prince, qui ne prenait même pas la peine d'énoncer la cause de ce châtiment. C'était quelquefois l'effet d'un mécontentement domestique, la punition d'une sévérité de mœurs dont s'offensait un despote dissolu ou prodigue. La relégation ne privait ni des biens, ni du titre de citoyen. Ovide le dit expressément, et il se courrouce contre ceux qui le traitaient d'exilé(1). Chez les Grecs, il n'y avait rien de précis dans cette partie de la législation ; mais on ne savait ce que c'était que d'emprisonner et de tourmenter l'exilé jusque dans son bannissement. Il avait le choix du lieu de son séjour. Diogène, obligé de quitter Sinope, habita Athènes et Corinthe. Thucydide et Xénophon, bannis d'Athènes, se retirèrent, l'un dans l'île d'Égine, et l'autre à Scillonte. Ils écrivirent

---

(1) Omnia, si nescis, mihi Cæsar jura reliquit,
    Et sola est patria pœna carere mea.
                            (Ovid., *Trist.*, IV, 9, 11.)

dans leur exil ce que nous avons de plus parfait sur l'histoire de la Grèce, et ils correspondaient librement avec leurs concitoyens. On leur envoya même d'Athènes les documens nécessaires à leurs travaux historiques.

Plutarque, adressant des consolations à un banni, lui dit : « On n'a pas limité les lieux desti-
» nés à ton séjour. On ne t'en interdit qu'un
» seul. En t'excluant d'une ville, on t'a ouvert
» toutes les autres..... Thémistocle, pour avoir
» été banni, ne perdit pas la gloire qu'il avait
» acquise entre les Grecs. Il n'y a personne
» si peu soucieux qui n'aimât mieux être Thé-
» mistocle banni, que Léobote qui l'accusa et
» le fit bannir ; Cicéron chassé, plutôt que Clo-
» dius qui le chassa, ou Timothée contraint
» d'abandonner son pays, plutôt que d'être Aris-
» tophon son accusateur. »

L'ostracisme, sous ses différens noms, avait lieu dans diverses républiques grecques ; mais il appartient plus particulièrement à celle d'Athènes. Les Romains ne connurent point cet étrange remède, preuve de l'impuissance des lois et de l'imperfection des constitutions grecques. Elles s'en servaient, à l'exemple de ces hommes qui prennent de temps en temps des médecines, même en bonne santé. L'ostracisme devait, à des époques fixes et périodiques, frapper quelque citoyen, coupable ou non. Qui ne sait l'aventure d'Aristide? et cependant elle ne peut être omise ici.

L'assemblée avait été convoquée pour condamner quelqu'un par l'ostracisme. Un paysan de l'Attique y vint, et, ne sachant pas écrire, il pria un citoyen, qu'il ne connaissait pas, d'écrire pour lui le nom d'Aristide. C'était à Aristide même qu'il s'était adressé. « Et pourquoi » le condamnez-vous? lui dit celui-ci. » — « Parce » que je suis las de l'entendre appeler le Juste. » L'ostracisme éloignait aussi des hommes dont l'ambition, les richesses ou la puissance alarmaient des rivaux, ou donnaient de l'ombrage au peuple ; mais il n'était presque jamais accompagné de sévérité. Les biens n'étaient ni confisqués, ni séquestrés, et toutes les nations accueillaient avec honneur celui dont la peine même était le plus souvent un hommage rendu à ses vertus. Aristide se retira à Lacédémone, où il trouva une seconde patrie. Jusqu'au temps d'Alcibiade, l'ostracisme n'avait frappé que des citoyens considérables. Hyperbolus, homme généralement méprisé, entreprit de le faire bannir; mais Alcibiade eut l'adresse de détourner la condamnation contre son accusateur. L'ostracisme fut avili par cette nouveauté, et on lit dans Platon, le poëte comique, qu'un homme d'une condition aussi basse était indigne de cet honneur. Le peuple fut si mécontent d'avoir prostitué cette peine, qu'il l'abolit pour toujours (1). Les magistrats avaient même déjà cessé d'en poursuivre l'exécution avec rigueur. « J'ai vu, » dit Platon (2), des hommes condamnés à l'exil » demeurer impunément chez eux, se prome- » ner dans la ville, au grand mépris des lois et » des magistrats. » Plutarque a conservé des formules de demandes faites au peuple d'Athènes par des citoyens qui l'avaient fidèlement servi. La requête présentée par Démosthène mérite d'être citée. « Démocharès demande pour Dé- » mosthène une statue de bronze, bouche à » court à l'hôtel-de-ville (3), et le premier lieu » aux séances d'honneur pour lui et l'aîné de ses » descendans à perpétuité, parce qu'il a toujours » été bienfaiteur du public. » Vient ensuite l'énumération de tout le bien qu'il a fait, et il ter-

---

(1) Plutarq., *In Nicia et Arist.*
(2) Plat., *De Rep.*, liv. viii.
(3) Traduction d'Amyot, dont on loue avec raison la naïveté, la grace et aussi l'énergie ; mais on ne conçoit pas comment on pouvait demander pour un homme mort, bouche à court et la première place aux séances d'honneur, à moins que ce ne fût une formule consacrée, et que la grace ne pût être transférée aux enfans que sous le nom du père, même après sa mort.

CHAPITRE IV.

mine par une circonstance qu'il estime la plus propre à rendre cet orateur cher à ses concitoyens. « Joint qu'il a été banni de son pays par les » séditieux usurpateurs qui supprimèrent pour » un temps l'autorité du peuple, et finalement, » qu'il est mort pour l'amour et la bienveillance » qu'il a toujours portés au peuple. »

La même demande, faite depuis pour Démocharès, est fondée sur un pareil motif : « Parce ' qu'il a été banni à cause qu'il ne fut oncques ' participant d'aucune faction des usurpateurs. »

Les lois de la république française placent la déportation immédiatement après la peine de mort; et, après avoir dit que c'est une des peines afflictives, et que toute peine afflictive est en même temps infamante, elles ajoutent que la déportation ne peut être prononcée que par les tribunaux criminels (1).

La relégation arbitraire doit s'arrêter à l'éloignement de ceux dont la présence est importune ou suspecte. Les agens du directoire à la Guyane nous ont ôté le titre de citoyen, et les proclamations de l'agent nous vouent à l'infamie. Il y a des inconvéniens bien plus à craindre, si la déportation peut être prononcée sans

---

(1) Code des délits et des peines, art. 603 et 604.

accusation et sans jugement contre des hommes évidemment innocens. Cette arme, dans les mains des magistrats et des ministres, deviendra pour eux un moyen facile de se délivrer des surveillans incorruptibles et courageux que la loi leur donne, ou de réduire au silence par la terreur ceux qui n'ont que de l'intégrité sans l'énergie nécessaire. C'est alors que l'exemple, impuissant contre le crime, n'a que trop de puissance contre la vertu. On n'eût jamais osé condamner à la mort des hommes irréprochables, bien moins encore les tenir dans les fers, sous les yeux et près de leurs concitoyens; car, du fond des cachots, leur voix pourrait se faire entendre. Les individus condamnés aux travaux publics, à pousser la brouette, à ramer sur des galères, sont certainement exposés à moins de dangers que les déportés à la Guyane; et cependant je doute qu'on eût condamné des hommes innocens à des supplices de ce genre, qu'on eût présenté au peuple français le spectacle de Hawelange, de Murinais, de Tronson, de Gibert-Desmolières, balayant les immondices de Paris. Ils vivraient cependant, et la déportation les a tués en six mois.

Les déportations que prononçaient des ministres iniques sous un gouvernement absolu; ces maris envoyés aux colonies, pour satisfaire leurs femmes infidèles; ces jeunes gens que les familles y faisaient passer sans forme de jugement, voilà

CHAPITRE IV.

des crimes dont il est impossible d'absoudre l'ancien régime. Mais ces forfaits étaient devenus fort rares sous le long règne de Louis XV. Pendant une résidence de cinq années à Saint-Domingue, et nécessairement instruit de tout ce qui s'y passait, je n'en ai connu qu'un seul exemple. Aujourd'hui, au lieu d'un mari trop attentif, d'un jeune libertin dont la présence inquiète ses parens, on déportera l'écrivain dont la plume, l'orateur dont l'éloquence alarmeront des ministres corrompus, ou des directeurs vindicatifs

Il y a quelques siècles qu'on eût précipité dans la Seine un délinquant tel que celui dont je viens de parler. On fit sagement d'éloigner celui-ci; mais on lui donna en l'exilant une place fort lucrative. On croyait prévenir le scandale et on récompensait le désordre.

Supposons cependant que tous les déportés sont autant de scélérats qui doivent s'estimer heureux d'être traités avec indulgence; mais portera-t-on ces amnistiés dans des colonies déjà établies et florissantes? De quel droit troublerez-vous le bonheur et la paix dont jouissent les honnêtes habitans qui les font prospérer? Oserez-vous infecter, par cette introduction contagieuse, une société naissante, encore pure; la déshonorer, la corrompre dans son germe, par l'association du crime avec l'innocence?

CHAPITRE CINQUIÈME.

Musique.—Jeannet.—Burnel.—On nous fait partir de Sinnamari pour Cayenne.—Retour à Sinnamari.

Depuis deux ans je n'avais entendu aucun instrument de musique; mes oreilles étaient fatiguées du chant ingrat des pintades, et toutes les nuits les chœurs discordans et rauques des singes rouges troublaient mon sommeil. Leurs cris sont soutenus par le râle des énormes crapauds qui, en se gonflant, élancent du fond des marais un son grave assez semblable à celui des serpens de cathédrale. Les pipeaux mélancoliques des sauvages m'étaient devenus importuns. Un matin, je fus tout à coup frappé des sons mélodieux de deux flûtes traversières, les premières peut-être qui aient résonné dans ce canton. C'était à deux déportés, assez bons musiciens, que je devais cette jouissance inattendue. Ils exécutaient des airs que je connaissais. Je suspendis mon travail pour les écouter. Je me rappelai les beaux opéras d'Italie, les magnifiques symphonies de l'Allemagne, les concerts de Paris.

CHAPITRE V.

Au souvenir des pianos harmonieux et des harpes aux accords célestes, je revins sur les songes brillans de ma jeunesse, et, plein d'une émotion dont la douceur laissait peu de place aux regrets, je joignis dans ce désert mes chants à ceux que j'entendais.

Les sauvages galibis n'ont que quatre tons, et ils n'en ont pas varié l'emploi. J'ai entendu leurs flûtes à Sinnamari, à Iracoubo et à Cayenne. Une seule phrase, qui dure quelques secondes, compose toute leur musique. Elle m'a rappelé une anecdote de mon enfance. J'apprenais à jouer du violon; et, depuis deux mois, mon maître me faisait répéter la gamme sans pitié pour ma famille et nos voisins. Un jour, une de mes tantes l'en gronda avec amertume. Mon maître, piqué, lui dit : « Il faut pourtant bien » que votre neveu sache les sept notes. » A ces mots, ma tante, encore plus courroucée, lui répondit : « Les sept notes, M. Régnier! ah j'espère » bien qu'on ne fera pas de mon neveu un » musicien de profession. Juste ciel! sept notes! » c'est bien assez qu'il en sache quatre ou cinq. » Combien il y a de choses qu'il faut ignorer plutôt que de ne les savoir qu'à moitié.

Tandis que, par diverses occupations sérieuses ou frivoles, je cherchais à remplir les intervalles que me laissait la fièvre, il survint dans l'administration un changement dont les suites ne me furent point avantageuses. Burnel, que le directoire avait nommé son agent à la Guyane française, y arriva le 14 brumaire an VI (4 novembre 1798). Jeannet, qu'il remplaçait, fit voile dix jours après pour se rendre en France. Cet homme adroit et spirituel avait observé envers nous une conduite qui nous laissa quelquefois incertains sur ses véritables dispositions. Elles nous ont été mieux connues depuis, et vous saurez plus tard par quel hasard. Quoi qu'il pût arriver, il s'était préparé des moyens de défense près de tous les partis. Si le directoire lui reprochait l'évasion de Pichegru, de Barthélemy, il pouvait répondre : » De quoi vous plaignez- » vous ? sur trois cent ving-huit captifs, il en » est mort cent quatre-vingts. » Si les déportés qui survivaient l'accusaient un jour de les avoir relégués dans un lieu contagieux, il eût repoussé ce reproche, en disant que les passages étaient ouverts, et qu'ils avaient été gardés avec bien peu de vigilance, puisqu'un grand nombre avait fui. Jeannet n'était point un homme sanguinaire ; il était incapable de faire mourir un seul déporté pour sa satisfaction particulière. C'était un politique délié et fin, un jacobin-courtisan fort aimable dans la société. Il se faisait honneur d'être le cousin de ce Danton,

CHAPITRE V.

le fameux émule de Robespierre. Mais Danton était un homme franchement féroce : s'il eût cru devoir se faire autoriser par le directoire à envoyer les déportés à la mort, il lui eût dit : « Expliquez-vous clairement ; ordonnez-moi de « les faire mourir, et ils auront vécu. » Voyez, au contraire, avec quelle adresse, je dirais presque avec quelle élégance, Jeannet traite le même sujet. Sa lettre au ministre est un modèle parfait de l'application des maximes adoptées par le directoire, de tuer sans faire couler le sang. Lisez:

« Citoyen ministre, les instructions qui m'ont
« été données par le directoire exécutif m'en-
« joignent de m'expliquer sur l'utilité de la dé-
« portation à la Guyane, sur les lieux où les
« déportés seraient le plus avantageusement
« placés. Mais il est indispensable que je sache
« parfaitement ce que l'on veut de moi, et com-
« ment on le veut. Si les dispositions sont va-
« gues, si elles n'ont pas tout prévu, et si, en
« même temps, l'agent chargé de leur exécution
« se voit manifester une extrême sévérité, s'il
« se voit reprocher un vice de rédaction comme
« une absurdité, il en résulte pour lui beau-
« coup d'embarras et de défiance. Il éprouve
« que des demi-instructions et des demi-pouvoirs
« ne permettent que des *demi-mesures*. Tous
« ces inconvéniens s'évanouiront dès que le

» ministre *se sera prononcé* sur les différens
» détails relatifs aux déportés.

» Si, dès le 20 fructidor, le gouvernement
» avait jugé à propos de me faire dire : « Vous
» recevrez des déportés, vous les empêcherez de
» nuire ou de s'évader; vous ferez en sorte qu'ils
» se suffisent à eux-mêmes le plus tôt possible,
» et même qu'ils deviennent des êtres utiles ;
» le gouvernement *vous donne des pouvoirs pro-*
» *portionnés à la circonstance*, et votre responsa-
» bilité l'est elle-même à ces pouvoirs, » je me
» serais bien gardé de demander des explica-
» tions. *Libre sur le choix des moyens*, j'aurais
» pris tous ceux qui m'eussent paru propres à
» atteindre le but indiqué, et j'aurais fait tout
» au monde pour me montrer digne de la con-
» fiance du directoire exécutif. Je n'aurais pas
» réussi complètement, mais j'aurais démontré
» en quoi et pourquoi je ne l'aurais pas pu.
» Une autre marche a été adoptée; je respecte
» les motifs et les intentions du gouvernement,
» et je ne m'en crois pas moins tenu de lui obéir
» au prix de tout moi-même. Mais, pour obéir
» d'une manière qui vous satisfasse, et dont je
» sois satisfait, il faut (pardonnez-moi de le
» répéter) *des ordres clairs, circonstanciés et*
» *suffisans*. Ce préalable, à défaut de la lati-
» tude qui ne m'a point été donnée dès le prin-

CHAPITRE V.

» cipe, ce préalable, citoyen ministre, est de
» toute nécessité, de toute convenance, de toute
» justice, autant pour le bien de la chose que
» pour ma sécurité particulière. »

N° 241, 12 messidor (30 juin 1798).

Jeannet était donc prêt à obéir à tous les commandemens. Pour bien comprendre ce qu'il entendait par les paroles *se suffire à soi-même le plus tôt possible, et devenir des êtres utiles*, il faut rapprocher de cette dépêche-ci, ce qu'il écrivait au ministre, dans une autre occasion : « Le
» blanc qui travaille le moins et qui se soigne le
» plus dégénère sensiblement sous la zone tor-
» ride. Celui qui brave le soleil, qui ose y tra-
» vailler comme en Europe, paie de sa vie son
» ignorance et son courage. »

N° 190, 3 messidor (21 juin 1798.

Burnel fit regretter Jeannet. Il ne nous tint pas long-temps dans l'incertitude. Je me bornerai aux faits; je les raconterai avec le plus grand respect pour la vérité, et en me tenant en garde contre tout ce que le souvenir de mes souffrances me suggérerait, si j'étais accessible au ressentiment. J'avais été particulièrement recommandé au citoyen Beauregard, colon, membre de l'administration départementale; je le

priai de s'informer si je pourrais, dans quelques mois, changer d'air et aller à Cayenne. Pour comprendre la réponse, vous saurez que la convention avait envoyé Burnel à l'Ile de France, pour y faire exécuter le décret qui abolissait l'esclavage. Il arriva dans la colonie; mon frère était président de l'assemblée coloniale; il empêcha cet agent de descendre à terre, et il le déporta. M. Beauregard m'écrivit en ces termes :
« L'agent m'a répondu que, quoiqu'il ait beau-
» coup à se plaindre de M. votre frère, qui a
» signé sa déportation de l'Ile de France, il vous
» accordera volontiers la permission de venir à
» Cayenne, rétablir votre santé. o

Je n'étais pas encore en état de voyager, et j'attendis ma convalescence pour faire cette demande. Mais, le 24 nivôse an VIII (14 janvier 1799), je vis entrer chez moi le commandant du poste, tenant à la main un arrêté, en tête duquel on lisait ces mots : *Liberté, fraternité.* C'était un ordre de me rendre sans aucun délai à Cayenne, sous la garde de cinq soldats. Madame Trion dit au capitaine : « Il a la fièvre, et
» il ne peut voyager sans danger. » Le commandant ne voulut rien entendre. Je fis mes dispositions. Dès le lendemain, on me mit comme on put sur une jument, et je partis.

Laffon, mandé comme moi, était à pied et

CHAPITRE V.

nous nous mîmes en route de grand matin, entre quatre fusiliers commandés par un caporal. Laffon marchait très-vite, mais, comme j'étais à cheval, j'avais beaucoup d'avance sur lui. Des étalons paissaient dans une savane; ils poursuivirent la jument que je montais, je fus renversé, et légèrement blessé par une bouteille de quinquina, qui fut cassée dans ma chute. La jument s'échappa du parc la même nuit, et il me fallut continuer le voyage à pied, tantôt à l'ardeur insupportable du soleil, tantôt pénétré par les pluies abondantes de la saison. Nos habits de toile n'empêchaient pas des millions d'insectes de nous tourmenter de leurs piqûres. Je succombais, et j'aurais voulu rester sur une habitation; mais elles sont isolées, et on n'y trouve que le logement du maître et de la famille quelquefois réunis dans la même chambre. Il était impossible de nous y arrêter avec tout notre monde. L'appareil militaire nous signalait comme deux insignes criminels. Les plus hardis trouvent souvent dangereux de montrer sans réserve leur affection ou leur estime pour les malheureux persécutés. Cependant, à chaque gîte, les habitans nous marquèrent beaucoup d'intérêt. Dans deux endroits, touchés de mon état, ils me cédèrent leur lit.

A un quart de lieue de l'île de Cayenne, la

fatigue, causée par une longue marche, me força de m'asseoir près d'un ruisseau. J'y étais à peine, qu'une grosse mouche bleue me fit sur l'avant-bras une piqûre vive, suivie d'un gonflement subit. Je me relevai, et au même instant j'éprouvai un accident semblable à la jambe. Mon nègre appliqua aussitôt sur les deux tumeurs un peu de terre délayée. Je fus soulagé, mais il me resta un mouvement de fièvre qui ne s'abattit que le lendemain.

Nous arrivâmes à Cayenne en plein jour, et nous traversâmes cette ville au milieu des baionnettes de nos conducteurs.

Nous espérions, qu'en conformité du code pénal, on nous livrerait sans retard aux tribunaux, et que nous allions connaître les causes d'une détention et d'une translation aussi violemment exécutée (1). Nous fûmes déconcertés et très-affligés quand le commandant de la place nous apprit qu'il n'y avait ni dénonciation, ni plainte contre nous; « que notre enlèvement
» n'avait d'autre cause que le bruit répandu de
» la prise de Surinam par les Anglais, et la
» crainte qu'ils ne vinssent de là nous enlever
» de Sinnamari. Vous êtes consignés à l'hôpital,

---

(1) Code des délits et des peines, article 634.

CHAPITRE V.

» ajouta-t-il, et, jusqu'à ce que l'on sache à quoi
» s'en tenir sur la prise de Surinam, vous ne
» verrez que les personnes à qui l'agent en don-
» nera la permission. »

On eut le temps de s'assurer que les Anglais n'avaient fait aucune entreprise contre Surinam, et on nous permit quelques promenades limitées pour l'espace et pour le temps.

L'état de ma santé me rendait cependant un bon régime fort nécessaire. C'est pendant cette maladie que j'ai pu connaître la beauté d'une institution dont les temps anciens n'offrent point de modèle. Les sœurs de l'hôpital se relevaient au milieu de la nuit, et venaient sans bruit s'informer si rien ne me manquait. Aucun soin ne leur semblait indigne d'elles. Elles supportent dans le silence, et avec une patience admirable, les plaintes, les injustices des malades ; et celui qui se croit le plus misérable, reçoit par leurs soins attentifs et leurs consolations un remède souvent plus efficace que tous ceux de la médecine.

Nous trouvâmes à l'hôpital un animal que nous n'avions point encore vu : c'est le *tapir*, appelé ici *mahipourri*, le plus grand quadrupède indigène de la Guyane. Il a le pied fourchu, et l'ongle assez semblable à celui du bœuf ; il est robuste, de la taille d'une génisse d'un an, et semble capable de traîner et de porter des fardeaux. Les indigènes n'avaient cependant pas su l'assujétir, et ils n'en tiraient aucun service.

Nous fîmes à Cayenne la connaissance de Jean-Jacques Aymé, membre du conseil des cinq-cents, déporté en exécution du décret du 18 fructidor, mais qui n'avait pu être embarqué en même temps que nous.

Il nous arriva, une nuit, d'être tout à coup éveillés par des talons fort bruyans, qui se firent entendre sur l'échelle de meunier par laquelle on montait à notre grenier. Bientôt le bruit redoubla, et l'on aurait cru que deux ou trois personnes dansaient en sabots sur un parquet. Je criai : « Qui est là? » Le bruit cessa, mais recommença bientôt après. De la vaisselle, qui était dans un baquet, fut remuée, des vases pleins d'eau renversés; j'eus beau crier, on ne me répondit pas. Au bout d'un quart d'heure, importuné de ce jeu bizarre, et voulant mettre fin à mon incertitude, je me levai, je cherchai, et ne trouvai personne. Le bruit cessait quand j'approchais, et recommençait quand j'étais éloigné. J'entendais aussi quelques murmures et une sorte de sifflement. Laffon ne devinait pas mieux que moi ce que ce pouvait être. Tout à coup le vacarme redoubla, et l'inconnu continua de nous braver par sa danse bruyante.

CHAPITRE V.

Il y avait matière à conjectures pour les amis du merveilleux ; mais n'ayant, dans toute ma vie, rien vu de surnaturel, et, persuadé que tout s'expliquerait quand il ferait jour, je crus devoir enfermer les revenans, et, prenant la clef, je leur dis : « Je vous tiens prisonniers jusqu'au » matin, et alors je vous trouverai bien. » Je retournais à tâtons vers mon lit, quand je heurtai l'auteur de ce fracas. Il était tout velu, et il s'éloigna dès que je l'eus touché. J'étais de plus en plus étonné, et je me perdais en suppositions, quand des invalides, dont nous n'étions séparés que par une cloison, me crièrent : « C'est le » mahipourri, qui ne manque jamais de monter » à ce grenier quand il trouve la porte ouverte. » Armés de bâtons, Laffon et moi, nous le forçames à descendre l'escalier.

Il n'était pas défendu à l'agent de nous laisser dans l'île, mais on voulait transformer en faveur les choses les plus ordinaires. Un de ses amis nous dit qu'il nous permettrait d'y demeurer trois mois, pour achever de me rétablir, et qu'il fallait lui adresser une pétition. Elle fut aussitôt prête. Je vous l'envoie, et vous prie de la lire avant de poursuivre.

A l'hôpital de Cayenne, le 15 ventôse an VII
(5 mars 1799).

« *Barbé-Marbois et Laffon-Ladebat au citoyen*
« *agent du directoire dans la Guyane française.*

» Citoyen agent, nous vous prions de faire
» cesser notre détention, et de nous autoriser
» à nous établir sur l'habitation de *l'Armorique*.
» Nous avons vu périr tous nos compagnons;
» restés seuls, nous désirons de n'être pas sé-
» parés. Les maladies que nous avons éprouvées,
» la faiblesse de Marbois, augmentée par le
» voyage imprévu de Sinnamari à Cayenne, exi-
» gent que nous soyons à portée des secours.
» Le citoyen Franconie voudra bien répondre
» de nous, si notre intérêt et notre caractère
» ne vous paraissent pas une garantie suffisante.
» Nous avons l'honneur de vous saluer.
» *Signé :* Barbé-Marbois
» *et* Laffon-Ladebat. »

Cette lettre fut remise, et quelques heures
étaient écoulées, lorsqu'un aide-de-camp nous
apporta l'ordre verbal d'être prêts dans une
heure à partir pour Sinnamari. Amenés de Sinnamari à Cayenne sur des inquiétudes mal fon-

CHAPITRE V.

dées, et sans notre consentement, renvoyés précipitamment de Cayenne à Sinnamari, sans qu'on nous dît pour quel sujet, nous cherchions la cause de cette nouvelle violence, quand un commissaire nous rapporta la pétition, et nous fit connaître que nous nous étions attiré notre renvoi, tant pour avoir fait mention de notre détention, que pour avoir terminé la supplique par ces mots : *Nous avons l'honneur de vous saluer*, au lieu de ceux-ci : *Salut et respect*. Nous demeurâmes stupéfaits. Le commissaire se retira précipitamment, en nous disant que l'heure allait être passée. Il fallait nous résigner, et il ne nous vint pas même dans la pensée de satisfaire l'orgueil de l'agent Burnel, en lui témoignant le respect qu'il nous ordonnait. Une des dames hospitalières me dit : « Vous exposerez-vous, faute d'un mot, à retomber mortellement malade? » Je répondis à la religieuse : » S'il ne s'agissait que d'écrire ce mot de cour- » toisie, notre refus serait vraiment puéril, mais » il ne lui suffit pas d'être salué par nous : res- » pectez-moi, dit-il, ou je vous renvoie au sein » de la contagion. L'obéissance à sa menace » serait une faiblesse, et demain il comman- » derait une lâcheté. Nous sommes prêts au » départ. »

J'ai vu des voyageurs faire de longs préparatifs

pour se mettre en route dans des pays de l'Europe où on ne manque de rien, et plusieurs jours ne leur suffisaient pas. L'agent nous donna une bonne leçon de diligence. Si des affaires urgentes me commandent, une autre fois, une promptitude extraordinaire, je me souviendrai qu'en moins d'une heure de temps, et sans nécessité réelle, mes effets furent rassemblés, mes papiers enliassés, les livres prêtés rendus, mes comptes réglés et soldés, les adieux faits, et que j'eus même le temps de manger un œuf et de boire un verre de vin, car cet orage soudain, imprévu, m'avait pris à jeun. On voulut bien aussi nous permettre de compter au commissaire de la marine vingt-cinq louis pour notre séjour à l'hôpital. Pendant qu'on en écrivait la reconnaissance, un adjudant allait, venait, nous répétait d'un air épouvanté : « Hâtez-vous ! partez ! vous » vous perdrez, vous me perdrez de même, en » restant ici un instant au-delà de l'heure fixée. » Nous sortîmes de l'hôpital, après y avoir demeuré quarante-cinq jours, sous diverses consignes, et jamais libres. Nous fûmes mis dans une pirogue découverte. Obligé par mon extrême faiblesse de coucher sur le lest, je fus assailli par l'eau qui le couvrait, et par les vagues dont rien ne me garantissait. J'étais depuis trois heures dans un bain froid fort incommode ; un jeune officier d'artillerie me proposa de prendre place à côté de lui sur des boulets et des barrils de poudre qu'il transportait à Sinnamari, et je profitai de sa complaisance. A ce nouveau poste, j'eus à souffrir de la brise, qui était trop forte pour un malade. Je crois que j'aurais fait pitié à Burnel lui-même. Jusqu'à ce moment, nous avions pu attribuer ses autres rigueurs à son obéissance au directoire; mais cette affaire-ci était toute de sa volonté. Il se montrait de plus en plus tyrannique, et dès lors nous nous regardâmes comme en état de guerre contre lui. Quelque temps après, nous eûmes, en effet, les moyens de lui en faire une assez rude.

Trois jours avant ce départ précipité, j'avais reçu un ballot contenant des habits à mon usage. J'y trouvai une petite boîte à l'adresse de madame Trion. Elle renfermait quelques porcelaines que ma femme lui envoyait avec ce billet: « Madame de Marbois prie madame Trion » d'accepter ce témoignage de sa reconnaissance. » Il y avait aussi deux pistolets, des hameçons et des lignes de pêche pour Rodrigue.

Elise ne pouvait m'exprimer plus délicatement son affection que par cette attention particulière envers ceux dont l'hospitalité était si précieuse pour moi.

CHAPITRE SIXIÈME.

Bonne réception à notre retour à Sinnamari.—L'agent fait enlever nos papiers.—Situation critique de la colonie.—Notes sur l'origine de l'esclavage, selon la Bible, etc.—Abolition de l'esclavage dans les colonies françaises.—Évasion de quelques prêtres belges.—Naufrage d'un caboteur.—Voyage à Iracoubo.

Nous arrivâmes à Sinnamari le 16 ventôse an VII (6 mars 1799). J'y retrouvai ma cellule. Madame Trion était allée pour quelques jours sur une habitation voisine. Tous les déportés nous revirent avec joie. Nous étions, à cause d'une plus longue résidence, comme les supérieurs de ces anachorètes.

Une proclamation affichée frappa nos regards. Elle enjoignait aux déportés de se présenter tous les cinq jours à un appel fait au son du tambour, et les rendait tous responsables des contraventions dont un seul pourrait être coupable. Mais, peu de temps après, l'agent du directoire enrichit le code de la déportation d'un acte bien plus extraordinaire, et dont je vous adresse l'extrait (1). C'est l'agent Burnel qui lui-même accuse les déportés d'avoir, par leur esprit remuant et leurs intrigues, provoqué toutes les crises qui ont pensé bouleverser la colonie. Pourquoi donc ne pas nommer les coupables? Une dénonciation aux tribunaux eût été bien plus significative que ces injures ; mais il n'avait personne à dénoncer, et l'autorité était réduite à

(1) Ennemis de la république, qui a été obligée de vous vomir de son sein ! vous tous royalistes déportés, dont l'esprit remuant et les intrigues ont (je n'en puis douter) provoqué toutes les crises qui ont pensé perdre la colonie! vous ne deviez pas vous attendre à trouver place dans une proclamation adressée à des *citoyens français*. Que votre surprise cesse ? Je n'ai qu'un mot à vous dire; il sera dur, mais clair, puisque tout ce que l'humanité, conciliée avec mon devoir, m'a porté à faire pour vous n'a pas suffi pour obtenir du plus grand nombre la tranquillité qui convient seule à votre position. Je vous préviens que le premier qui sera convaincu d'avoir fomenté la sédition parmi les cultivateurs, porté ces hommes crédules à l'abandon des travaux qui seuls peuvent réparer les maux de la colonie, sera jugé comme perturbateur de l'ordre public, comme ennemi irréconciliable de la colonie. Que les insensés qui osent protéger avec jactance les ennemis de la république apprennent que je les connais tous, et que je les rends personnellement responsables de toutes les menées, faits et gestes de leurs protégés! Sous un gouvernement ferme et juste, les bons citoyens doivent seuls vivre tranquilles ; les autres doivent toujours voir suspendu le glaive de la loi.

des accusations vagues, qui, en s'adressant à tous, ne s'appliquaient à aucun.

Je passe à une autre entreprise, qui ne regardait que Laffon et moi.

Jeannet s'était borné à intercepter nos lettres: il paraît même qu'il s'en faisait honneur auprès du directoire; et il avait écrit en ces termes à l'occasion de l'évasion des huit déportés: « Tilly » vit beaucoup Barbé-Marbois. Je le sais par une » lettre de celui-ci, que j'ai interceptée et ou- » verte. »

Plusieurs lois, et surtout l'opinion, notent d'infamie ceux qui violent le secret des correspondances. Il est beau qu'un peu de cire puisse fermer une lettre aussi efficacement que les serrures et les verroux ferment un coffre-fort. Je voudrais même que les agens publics inspirassent assez de confiance pour que la cire et le cachet fussent inutiles, et qu'il pût suffire de plier une lettre, sans la fermer. Mais ce sont là les œuvres de la civilisation; et nous étions hors de la société et dans l'oppression.

Voici la nouvelle entreprise dont il s'agit: notre commandant entra un matin chez moi; il était accompagné d'un sergent, qui, selon l'usage observé dans ces expéditions, avait son sabre à la main. « Je viens, me dit le commandant, me

CHAPITRE VI.

saisir de tous vos papiers, lettres et manuscrits, pour les envoyer à Cayenne. »

Je protestai contre cette violence; mais tout fut visité, et les papiers qu'il trouva furent enlevés. Nous n'avons jamais été instruits des causes de cet acte arbitraire. Peut-être l'ordre avait-il été donné par le directoire, dans l'espérance qu'on trouverait quelques documens pour justifier notre condamnation.

Heureusement mon journal, le seul écrit dont on eût pu tirer quelque induction, est copié sur des cahiers, brochés comme mes autres livres. Il est placé sur les mêmes tablettes; je le prends quand je veux dicter quelque chose à mon ami l'abbé Garnier. Il écrit, et en même temps je m'occupe de quelque ouvrage manuel. Le cahier est remis dans la bibliothèque aussitôt qu'un habit bleu s'offre à notre vue, et l'inquisiteur militaire n'y prend pas garde. Ce journal m'est cher parce qu'il vous est destiné, et je compte fermement le conserver jusqu'au jour où je pourrai vous le remettre moi-même.

On a vu des princes déployer une clémence divine contre des conspirateurs véritables. Cassius, associé à un parti nombreux de conjurés, entreprit d'ôter l'empire à Marc-Aurèle. Ce prince, après avoir soumis les révoltés, adressa au sénat cette lettre mémorable : « Je vous de-

» mande qu'aucun sénateur ne périsse. Faites
» revenir les exilés. Restituez les biens confisqués.
» Pardonnez aux parens de Cassius. Que dis-je?
» un pardon! ils ne sont point coupables. Qu'on
» reconnaisse à leur sécurité qu'ils vivent sous
» l'empire et le gouvernement de Marc-Aurèle.»
On avait remis à cet empereur tous les papiers
de Cassius; il les brûla, de peur qu'ils ne fissent connaître d'autres coupables.

L'administrateur colonial exagérait, dans des proclamations ampoulées, le nombre et le danger des complots, afin d'accroître au loin le mérite de les avoir réprimés. Je conviendrai aussi qu'il y avait dans la colonie des germes de révoltes. Avant notre arrivée, elles s'étaient succédées quelquefois à des intervalles fort courts, et elles menaçaient sans cesse le gouvernement. Tantôt c'étaient les nègres, mécontens de ne pas trouver dans la révolution tous les avantages qu'on leur avait promis; tantôt la sédition se manifestait parmi les soldats blancs et noirs du bataillon, à qui leur solde n'était pas payée régulièrement. Les mouvemens qui avaient lieu en France influaient à la Guyane sur les dispositions des mécontens, et nous nous en apercevions aisément à l'agitation qui régnait autour de nous. Les Africains prenaient alors un air plus important: ils chantaient, dansaient, laissaient échapper quelques paroles indiscrètes, et il n'était pas difficile de pénétrer qu'ils méditaient une entreprise.

Le lougre *le Brillant* arriva de Rochefort à Cayenne le 15 thermidor an VII (2 août 1799), et l'équipage de ce navire communiqua avec les soldats du bataillon. Il en résulta une fermentation soudaine parmi ceux-ci. La discipline était fort relâchée. Ils haïssaient leur commandant, qui d'un rang subalterne s'était élevé à ce poste. Ils l'accusaient de dilapidations et de profits coupables faits à leurs dépens. Deux jours après l'arrivée du lougre, les soldats blancs et noirs s'assemblèrent sans confusion, sans tumulte, après avoir intimé à leurs officiers de ne prendre aucune part à ce qui allait se passer. Le commandant accourut, et voulut les contenir par une fermeté qui, dans les émeutes, sauve souvent les gens de bien, mais perd infailliblement les autres; il tira à demi son épée, et il entendit aussitôt des menaces de le tuer, s'il faisait résistance. Les soldats lui arrachèrent ses épaulettes, et lui déclarèrent qu'ils le tenaient pour indigne d'être leur commandant. Ils en nommèrent en même temps un autre, et, se transportant chez l'agent, ils exigèrent le paiement de ce qui leur était dû. La somme leur fut aussitôt comptée. Le lendemain, les matelots demandèrent cinq mois d'arriéré, et il fallut les satisfaire pareillement.

D'autres agitations suivirent celles-ci ; nous vîmes un soir les nègres de notre garde vêtus avec affectation d'habits qu'ils avaient achetés aux ventes faites après le décès de tant de déportés. Les uns avaient des robes de chambre de satin, d'autres des soutanes, de vieux manteaux, ou des houppelandes fourrées. Ils nous heurtaient à la promenade, et avaient déposé le respect dont, malgré l'oppression où l'on nous tenait, les nègres nous avaient jusque là donné des marques.

Quelques ateliers s'étaient soulevés et avaient refusé de travailler; il fallut envoyer des soldats sur les habitations pour les y contraindre. On voyait bien, à la marche embarrassée du gouvernement, qu'il ne savait comment sortir du labyrinthe où il s'était engagé. Tous les frais de l'administration de la Guyane française étaient, sous la monarchie, payés avec les fonds envoyés annuellement de France; mais ce système, raisonnable dans l'enfance d'une colonie, n'avait pu se conserver, pendant un siècle et plus, que par suite de quelque vice inhérent à l'établissement. Cayenne commençait toutefois à sortir de sa langueur, quand tout à coup l'affranchissement des esclaves arrêta cet essor; la France ayant cessé à la même époque de payer le subside, ces deux

causes concoururent à plonger la Guyane française dans la détresse. Les colons avaient renoncé à ces travaux nécessaires à la prospérité des jeunes colonies. On négligeait des réparations et des entretiens indispensables. Nous vîmes sur une grande habitation les cultures poussées avec activité, et en même temps les édifices tombant en ruine, les ponts rompus, les clôtures mal entretenues. Nous en témoignâmes notre surprise au propriétaire. « Tous mes ef-
» forts, nous dit-il, tendent à obtenir présen-
» tement du sucre, du café, du rocou, du co-
» ton; on peut, en cas de fuite, emporter ou
» vendre ces denrées, tandis que les dépenses
» en constructions ou améliorations du fonds
» ne s'emportent point. Cette plus grande va-
» leur donnée au sol ne ferait même qu'accroître
» l'avidité de ceux qui voudraient nous en dé-
» pouiller. »

J'ai pu observer les effets de l'esclavage dans les États-Unis, à Saint-Domingue, à la Guyane; j'en vois la fin plus ou moins prochaine dans toute l'Amérique, où il fut apporté il y a trois siècles par l'avarice de l'Europe. Je vais dire en quelques pages ce que je pense d'une calamité qui afflige le monde depuis cinq mille ans.

On se trompe sur l'origine de l'esclavage, et je ne la trouve ni dans la guerre, ni dans la victoire, où tant de publicistes l'ont vue. Voici ce qui me paraît plus simple et ce que je crois le plus vrai.

D'abord, si je consulte les poètes, qui furent, dit-on, les premiers historiens, ce ne sera pas pour chercher des esclaves dans l'Olympe. Nous y voyons des échansons, des musiciens, des forgerons. Le trône du grand Jupiter est environné de messagers ailés prêts à porter ses commandemens de toutes parts; il y a des dieux inférieurs de toutes les professions, et même des déesses qui ne se montrent ni fières, ni prudes avec les plus simples mortels; mais je n'y trouve pas un seul esclave: il n'y en a pas dans l'empire de Pluton; comme si des êtres qui n'avaient point de volonté n'eussent pu faire ni bien ni mal.

J'interroge les monumens les plus authentiques dont nous ayons connaissance. Point d'esclaves depuis Adam jusqu'au déluge, et Noé n'en introduit pas un seul dans son arche. Il en sort avec sa famille, et c'est environ deux mille quatre cents ans avant notre ère qu'il maudit la postérité de Cham, et ordonne que les enfans de ce fils peu respectueux seront les *serviteurs des serviteurs de ses frères*. Si nous donnons croyance à ce récit, nous y verrons la première origine de l'esclavage; et les effets de cette malédiction sur

CHAPITRE VI.

toute une race innocente ont été prolongés jusqu'à nos jours. La guerre n'y a point de part.

C'est aussi dans ces temps anciens que commence la domesticité ; mais les patriarches régissaient leurs familles par l'autorité de la raison, et ne se faisaient pas obéir par crainte des châtimens. Ils allaient aux champs avec leurs enfans et leurs ouvriers ; tous apprêtaient ensemble les repas journaliers et les banquets des fêtes ; ils étaient assis aux mêmes tables et vivaient sous les mêmes tentes. Le serviteur pouvait devenir l'héritier de son maître.

Agar paraît n'avoir été qu'une servante de Sara, et non son esclave.

Abraham envoie un serviteur en Mésopotamie pour chercher une épouse à son fils. L'envoyé parle en termes magnifiques des richesses de son maître, et il en fait l'énumération dans l'ordre suivant : des brebis, des bœufs, de l'or, des serviteurs, des servantes, des chameaux, des ânes. Je ne vois dans ces récits rien qui indique le droit de la guerre ou de la victoire. L'habitude de commander et d'obéir passe des pères aux enfans. Le maître a dû être plus absolu en devenant plus riche ; le serviteur a été plus soumis quand la discipline est devenue plus nécessaire, et c'est ainsi que la domesticité me semble avoir donné naissance à l'esclavage.

Dix-sept siècles avant notre ère, Joseph est vendu par ses frères, sans que le droit de la guerre ait la moindre part à cette iniquité ; mais l'esclavage de Joseph ne peut être douteux, il est même raconté comme un acte de commisération ; et ces méchans se croient pitoyables, parce qu'au lieu de faire mourir leur frère, ils le vendent comme leur esclave

Il paraît que les Hébreux sortis d'Égypte, où ils avaient été esclaves, furent en guerre avec tous leurs voisins. Ces guerres étaient sans pitié. La victoire n'épargnait ni les hommes, ni les femmes ni même les enfans. Les vierges seules étaient conservées. Les Israélites avaient cependant de nombreux esclaves, et ils les maltraitaient jusqu'à leur ôter la vie. Les préceptes de leur législateur, à ce sujet, sont remplis d'humanité et de douceur ; mais, à côté de maximes vraiment divines, on lit avec surprise l'article suivant (1):
« Si un maître frappe de son bâton son serviteur
« ou sa servante ; s'ils meurent sous les coups, il
« en sera puni ; s'ils survivent un jour ou deux, il
« ne le sera point, car c'est son argent. » Son argent ! Ce n'est donc point la victoire ; et quelle était, avant la loi, la condition de l'esclave, puis-

---

(1) Exode XXI.

qu'elle tient pour innocens les maîtres qui, au lieu de tuer du premier coup, avaient la funeste habileté de prolonger pendant un ou deux jours l'agonie de leurs victimes?

Combien d'esclaves, depuis Moïse jusqu'à nos jours, n'ont-ils pas été sacrifiés à cette loi cruelle! J'ai même entendu un maître, assassin de son esclave, me citer le texte de Moïse pour se soustraire à la condamnation encourue.

On peut croire que c'est de l'Égypte et de l'Asie que l'esclavage passa en Grèce. Quatre siècles peut-être séparent Moïse d'Hésiode, et j'observe que celui-ci professe encore des maximes paternelles dans les conseils qu'il donne à son frère, pour le rendre bon économe et habile cultivateur. « Travaille toi-même, lui dit-il, et de concert avec » tes serviteurs; partout où le maître partage les » fatigues avec eux, ils sont toujours traités plus » humainement(1). »

Néanmoins, la rudeur de ces premiers temps se montre dans toute sa difformité, lorsque le poète agronome associe la femme au bœuf dans les travaux du labourage, jusqu'à vouloir lui faire traîner la même charrue(2).

---

(1) Hésiode, *Opera et dies*, v. 311.
(2) Hésiode, *Opera et dies*, v. 402.

Vient ensuite Homère; et alors c'est bien évidemment la force qui contraint à l'obéissance. La cause et l'effet se confondent. L'esclavage est une suite de la prise de Troie, et il est probable que Hélène ne fut qu'un prétexte. C'est dans ces temps que les liens, les chaînes sont devenus nécessaires, et ces expressions ne sont point employées par le poète dans un sens figuré. L'esclave est véritablement enchaîné. Des mains qui ont porté le sceptre sont employées aux plus vils travaux. Pélée, accouru au secours d'Andromaque, la trouve retenue dans des liens, et lui dit : « Je » veux de mes mains tremblantes rompre les in- » dignes courroies dont les vôtres sont liées. Quel » barbare a pu se résoudre à meurtrir ainsi des » mains délicates! Ces liens étaient faits pour les » taureaux et pour les lions. »

Il faut faire un choix dans cette multitude de récits, qui font connaître ce que fut l'esclavage dans ces temps anciens. La destinée de la belle Polixène est une des plus remarquables : cette sœur d'Hector exprime en ces termes son horreur de l'esclavage : « Polixène esclave! ce nom seul » me fait désirer la mort. Un maître me con- » damnera à faire son pain, à nettoyer sa mai- » son, à traîner dans la douleur et l'humiliation » les restes d'une vie languissante. Un esclave » acheté au hasard déshonorera la couche de

CHAPITRE VI.

» celle qui dut être l'épouse d'Achille : non, je
» veux fermer les yeux dans le sein de la liberté,
» et je livre mon corps à Pluton. O Grecs! ne
» portez pas les mains sur moi. Je gémirais d'être
» appelée esclave chez les morts. »

Agamemnon ordonne qu'on la laisse libre en la sacrifiant, et le triste vœu qu'elle a formé est accompli (1).

C'est Homère aussi qui, décrivant les effets funestes de l'esclavage, prononce cette sentence, si propre à faire connaître à quel point cet état est contre nature. « Le jour où un homme libre » tombe dans les fers, Jupiter lui ôte la moitié » de ses vertus. » Il est impossible d'exprimer avec plus d'énergie une grande vérité, et les siècles écoulés depuis Homère ont multiplié les preuves de cette profonde observation.

La domesticité une fois convertie en esclavage, on conçoit que les riches et les puissans aient trouvé profitable d'avoir des esclaves ; et je conviens qu'alors la seule espérance de faire un tel butin est devenue une cause de guerre. C'est donc l'esclavage même qui a engendré la guerre. Si, par succession de temps, les abus de la victoire ont été modérés par une clémence intéressée, il

---

(1) *Les Troyennes.*

n'est que trop vrai qu'aujourd'hui même la guerre en Afrique a pour cause le profit que le vainqueur retire de la vente de ses prisonniers. Il n'a fait la guerre que dans la vue de ce profit, et le vainqueur s'est montré humain pour devenir plus riche.

C'est surtout par la modération et la douceur des traitemens, qu'une multitude immense était contenue à Athènes. Un régime entièrement opposé était observé à Sparte. Dans aucun pays du monde la servitude n'a été plus abjecte et l'esclave plus misérable. Cette prétendue république avait attaché le mépris au travail. On pouvait tuer un esclave sans encourir ni peine, ni blâme. Mais le nombre et la force de ceux-ci s'étant augmentés jusqu'à mettre la société en danger, on eut recours à un expédient auquel on refuserait croyance, s'il n'était attesté par tous les historiens. On choisissait parmi les esclaves ceux qui étaient les plus remarquables par la force et l'intelligence, on les ornait de bandelettes, on les couronnait de fleurs, on leur annonçait qu'ils allaient être mis au rang des hommes libres, on les dispersait ensuite dans des lieux éloignés, et ils y recevaient la mort. Tel est l'attentat dont les historiens nous ont transmis les détails sous le nom de *crypte* : c'était le *dix-huit fructidor* de ce temps-là,

CHAPITRE VI.

car il n'y avait ni accusation, ni défense, ni forme de jugement.

L'esclavage était en Grèce, et il est encore, dans une grande partie du monde, la condition de la plupart des hommes. Cet état a paru longtemps si nécessaire au maintien de la société, que les philosophes les plus célèbres parmi les Grecs n'ont pas même mis en question si une société pouvait exister sans esclaves. Platon, créant une république au gré de son imagination, fait entrer l'esclavage dans les lois qu'il lui donne. Il veut qu'on soit juste envers les esclaves, et en même temps il leur refuse le droit naturel de défense, quand même ils souffrent des injustices. Il dit dans les mêmes termes qu'Homère : « Quand l'homme devient esclave, il perd
» la moitié de ses facultés. »

« Il n'est pas facile, dit Aristote, de gouverner
» les esclaves : trop libres, ils veulent s'égaler
» à leurs maîtres ; s'ils sont traités trop rude-
» ment, on les jette dans la rébellion. »

Bientôt, mettant les faits de la violence à la place du droit naturel, il range les esclaves parmi les brutes ; et, se fondant sur cette odieuse supposition, voyant l'esclavage adopté d'un consentement universel, il établit qu'il est inséparable de l'état de société.

On citerait beaucoup d'autres philosophes

non moins distingués par leur sagesse; mais elle les abandonne dès qu'ils traitent ce sujet. Ils conviennent qu'il est rempli de difficultés; ils cherchent à les résoudre. A Athènes, ils sont frappés de voir qu'il y a quatre cent mille esclaves soumis à vingt ou trente mille libres. Ils savent que la proportion est la même à Lacédémone, à Corinthe et dans toute la Grèce; ils n'en persistent pas moins à regarder l'inégalité des droits entre les hommes comme une condition sans laquelle l'ordre ne peut exister. Un vingtième seulement aura les droits de cité; le reste sera compté parmi les brutes. La minorité gouvernera, tandis qu'une immense multitude formera l'exception et devra obéir. Ces sages conviennent de leur embarras, et aucun d'eux n'a la pensée que la manière la plus certaine d'en sortir, c'est d'abolir l'esclavage.

L'inimitié d'Athènes et de Sparte divisa longtemps la Grèce entière, où elles étaient les principales puissances; mais une puissance plus redoutable encore finit par les rapprocher, et on lit l'article suivant dans un traité d'alliance qui leur fut inspiré par la crainte :

« Si les esclaves se soulèvent à Lacédémone,
» les Athéniens porteront secours aux Lacédé-
» moniens, autant qu'il sera en leur pouvoir (1). »

---

(1) THUCYDIDE, tome III.

CHAPITRE VI.

Les Romains ne se montrèrent pas plus humains que les Grecs envers leurs esclaves. Les lois des deux pays, sur cette matière, étaient détestables sans doute, mais elles étaient nécessaires au soutien d'une institution désavouée par la nature et la raison. Le sénatus-consulte qui porte le nom de *Silanus* était aussi atroce que la *crypte* de Lacédémone. Il ordonnait que si un maître était tué dans sa maison, tous les esclaves qui l'habitaient seraient mis à mort, sans distinction d'âge, ni de sexe.

C'est tandis que cette loi était en vigueur que ce beau vers de Térence fut entendu au théâtre de Rome, et entraîna des applaudissemens universels.

« Homo sum, nihil humani à me alienum puto. »

» Je suis homme, et rien d'humain ne m'est » étranger. » Et en même temps les esclaves étaient réputés ne point faire partie de l'espèce humaine.

Dans les derniers temps de la république romaine, un petit nombre de moralistes essaya de s'élever contre l'esclavage ; mais ces lueurs d'humanité disparaissaient devant des lois et des habitudes dont les siècles avaient fait comme une seconde nature. C'était toujours avec une

sorte de timidité que les philosophes faisaient entendre leurs réclamations. Je m'étonne en lisant le beau livre de Cicéron, sur les devoirs des hommes en société, de n'y trouver que ces faibles expressions en faveur des esclaves : « Nous
» devons justice aux hommes du plus bas rang,
» aux esclaves ; exiger leur travail, et faire pour
» eux ce qui est juste (1). »

Cependant, et quoique avec lenteur, les maximes d'humanité obtinrent plus de faveur. C'est sous les empereurs que la doctrine du Christ commença à se répandre. Ce sage était animé d'une bienfaisance si générale, que plusieurs ont prétendu qu'il avait médité l'entière abolition de l'esclavage. C'est une erreur. Cette institution était trop universelle lorsqu'il professa ses belles maximes, pour qu'il pût avoir le dessein de la réformer, et ses efforts se bornèrent à l'adoucissement du sort des esclaves. Lorsque ensuite les gens d'église se furent enrichis des usurpations du régime féodal, on les vit souvent contraires à l'émancipation des serfs, et leur résistance s'est prolongée jusqu'à nos temps. L'Évangile a fait tant de bien, qu'il n'est pas nécessaire de lui attribuer celui qui n'est pas son ouvrage. On reconnaîtra que l'église de Rome n'a eu en

---

(1) Cicéron, *De Officiis*, Liv. I, §. 13.

Europe qu'une part secondaire à l'affranchissement, si on considère que la servitude et l'esclavage existent encore dans la moitié de cette partie du monde, et ne sont nulle part contenus par la prédication.

L'abolition de la servitude personnelle en France fut une grande entreprise ; c'est avec une sage lenteur et avec de grands ménagemens pour les droits de la propriété qu'il y fut procédé, il y a quelques siècles. L'autorité royale intervint efficacement; la puissance féodale seconda même celle des rois. La convention nationale, outre ces exemples, avait celui des États-Unis, qui, dans les provinces du Nord, ont consommé sans secousses et sans violences l'œuvre difficile de l'émancipation. Au contraire, chez nous, le décret du 16 pluviôse an II (4 février 1794), résultat de l'ignorance et de la précipitation, a été le signal des catastrophes de Saint-Domingue. Toutes nos colonies sont menacées de semblables calamités. La Guyane française n'en a été préservée que par l'accord des colons avec la troupe de ligne, et nous sommes en ce moment témoins de ces crises.

Le décret d'abolition existe néanmoins, il est connu des esclaves. On ne peut douter qu'à une époque plus ou moins éloignée, il n'ait son exécution dans toutes les parties de l'Amérique ;

mais une grande sagesse doit présider à cette révolution. La justice due aux esclaves ne doit pas nous faire perdre de vue celle qui est due aux maîtres. Les progrès des colonies ont été l'ouvrage de la métropole; ses lois ont, pendant deux siècles, réglé l'esclavage, sans jamais l'interdire. Le gouvernement français a protégé la traite; il l'a encouragée par des primes considérables accordées à l'importation des noirs. Je n'ai pu ignorer de grands abus; mais personne, peut-être, ne rendra un témoignage aussi impartial que le mien, de la modération de ceux qui, au lieu de confier leurs habitations à des gérans, les administraient eux-mêmes. Dire cette vérité, est en quelque sorte un devoir de ma part, et je voudrais que mes paroles pussent être entendues ailleurs qu'ici. J'étais instruit à Saint-Domingue de tout ce qui avait rapport au régime des esclaves, et je déclare aujourd'hui que les actes de violence n'ont presque jamais dû être imputés aux propriétaires présens. J'ai interrogé les nègres eux-mêmes, et je me suis le plus souvent assuré que les tâches étaient proportionnées aux forces, et que rien ne manquait à l'esclave en santé ou malade, ou rendu par l'âge incapable d'aucun travail.

J'ajouterai que les esclaves, soit apathie, soit incapacité de se gouverner eux-mêmes, ne m'ont jamais fait entendre de regrets touchant la privation de leur liberté.

M. John, armateur retiré à Philadelphie, et généralement estimé, avait été esclave à Maroc. Il me disait : « J'avais plusieurs noirs pour cama-
» rades, mais j'étais plus méchant que tous les
» autres. L'esclavage m'avait rendu très-vicieux ;
» je trompais mon maître, je le volais, je le
» haïssais, et je lui faisais tout le mal que je
» pouvais. »

Toutes les observations que j'ai pu faire sur les noirs m'ont conduit à douter si leur espèce n'est pas inférieure à l'espèce blanche.

Quelques esclaves cependant se distinguaient par une plus grande intelligence. Plusieurs n'étaient pas étrangers à des sentimens humains et généreux, et je vais en consigner ici un exemple, qui serait à jamais ignoré, si je ne le racontais pas.

Un nègre, dans l'ivresse, avait frappé son maître, et l'avait à peine blessé ; mais un peu de sang avait coulé. Le conseil supérieur était saisi de l'affaire. La loi était précise ; le gouverneur avait voulu être présent au jugement, et il était, comme moi, profondément affligé d'avoir à condamner l'accusé à la mort, pour une cause vraiment légère. Un remède s'offrait à nous. Il nous était permis de faire grace, dans quelques circonstances favorables. Ce grand acte de souve-

raineté devait être confirmé par le roi, et cette confirmation n'était jamais refusée. Le nègre geôlier d'une prison venait de mourir, et c'étaient les geôliers qui devaient exécuter tous les châtimens, et même les peines capitales. Après la conviction, je prononçai l'arrêt de condamnation, et, d'accord avec le comte de la Luzerne, j'ajoutai : « Neptune, nous te fai-
» sons grace, et tu seras geôlier à Jérémie. »
Le condamné répliqua sans hésiter : Moi pas
» vlé être bourreau, moi vlé être pendu. » Je me souviens de la joie que vous eûtes d'apprendre qu'il aurait sa grace, et qu'il ne la paierait pas en exerçant un devoir qu'il trouvait plus affreux que la mort même. Si Homère eût connu un tel homme, il n'aurait pas dit que l'esclavage lui avait ôté la moitié de ses vertus ; il eût certainement excepté Neptune de ce jugement, prononcé plutôt contre l'esclavage que contre la moitié de l'espèce humaine.

Depuis un an, ma chère Élise, nous sommes sans nouvelles de nos familles et de nos amis. Une aussi longue interruption de correspondance a l'inconvénient de nous laisser incertains sur la meilleure conduite à tenir. Je persiste seulement dans la résolution de ne point fuir de la Guyane. Je sais que l'opinion générale est qu'il faut se soustraire à l'oppression, et s'affran-

CHAPITRE VI.

chir d'une injuste captivité, aussitôt qu'on en trouve l'occasion. Mais, sans blâmer et mes amis et tant de gens estimables qui se sont dispersés et ont cherché leur salut dans la fuite, je déclare que si les événemens me rendent à mon pays, je ne changerai pas de conduite; et j'espère, quoi qu'il arrive, que le danger ne me causera pas plus d'effroi qu'au 18 fructidor.

Neuf déportés belges, tous prêtres, s'étaient réunis dans deux cases voisines de la mienne. Ils vivaient dans une parfaite union, s'assistaient mutuellement, passaient pour avoir plus d'argent que tous les autres déportés, et ils n'épargnaient rien pour charmer les ennuis de leur bannissement. Peu de temps après notre retour à Sinnamari, on s'aperçut que leur joie était encore plus bruyante qu'à l'ordinaire; le poste retentissait de chants bachiques; il y avait des banquets fréquens, où presque tout le monde était bien venu. Nous voyions tous les jours grossir un tas de flacons vides, qu'ils déposaient à la porte de leurs demeures. Des bouteilles du meilleur vin récompensaient les moindres services rendus par les soldats. Il n'était bruit que de ces joyeuses profusions, et c'était à qui en aurait sa part. Les gens sévères censuraient sans pitié cette conduite, qu'on eût à peine pardonnée à de jeunes militaires se consolant de leurs arrêts par des déjeuners et des chansons.

O vanité des jugemens humains! cette folie apparente était un acte de grande sagesse. On apprit, un matin, que les neuf Belges et quatre autres ecclésiastiques aussi déportés avaient pris la fuite. La pirogue fut achetée, les vivres, les effets embarqués pour ainsi dire publiquement; car l'embarcation était à l'ancre au bas de leur jardin.

Le 11 mai 1799, ils firent voile de chez eux sans aucun empêchement, très-commodément même, et aussi paisiblement que des caboteurs naviguant pour leurs affaires; en un mot, sans aucune de ces précautions prises par Barthélemy et les compagnons de sa fuite. Il fallut cependant faire un peu de bruit. Le poste fut en mouvement; un habitant fut arrêté; mais on lui rendit la liberté peu de jours après. On poursuivit par terre des hommes qui fuyaient par mer. Bientôt on ne parla plus ni des Belges, ni de leur départ, qui ne fut jamais appelé fuite.

Celui qui les avait si bien servis ne l'avait point fait gratuitement. La veille du départ, il donna connaissance de ses conditions à Laffon et à moi. Elles n'étaient pas au-dessus de nos facultés, car jamais l'argent ne nous a manqué. Il ne s'attendait pas à nos refus, et, se trompant sur

CHAPITRE VI.

le motif, il nous dit qu'il se contenterait de notre billet, payable partout où nous voudrions; qu'il ne nous demandait pas trop, qu'il courait les plus grands risques, et qu'en conscience il ne pouvait pas faire la chose à meilleur marché. Il alla jusqu'à nous proposer de fuir lui-même, si nous voulions lui assurer du service ailleurs. Il était fort extraordinaire de voir ce commandant s'épuiser en raisonnemens pour nous prouver que nous devions nous évader, tandis que nous cherchions à le convaincre qu'il était plus sage de rester. Nos raisons n'étaient pas de nature à persuader un homme qui, pour de l'argent, transigeait avec son devoir. Cette résolution de ne pas fuir était encore plus sage que nous ne pensions. L'évasion des Belges, d'abord heureuse, fut bientôt après accompagnée des plus tristes circonstances. Leur barque était en mauvais état, et jamais on ne s'était mis en mer avec aussi peu de précautions. Le temps fut favorable pendant vingt-quatre heures; mais, vers le soir, le vieux pêcheur qu'ils avaient pris pour pilote se trouva épuisé de fatigues et hors d'état de tenir le gouvernail. Aucun des fugitifs n'était capable de le remplacer. Ils se virent, sans trop savoir comment, devant le fort hollandais du Maroni. Les soldats, rangés en bataille, leur causèrent d'abord de l'effroi; mais le commandant

reconnut en eux des amis. « Rassurez-vous, leur
» dit-il ; ne craignez plus les Français : vous êtes
» ici sous la sauvegarde d'un compatriote. » Il les
retint pendant deux jours, et leur donna ensuite une meilleure barque et un bon pilote qui
les conduisit dans la rivière de Surinam. Le gouverneur hollandais craignait d'indisposer Burnel,
il ne leur permit point de remonter jusqu'à la
ville, et se borna à leur fournir libéralement les
moyens de poursuivre leur voyage. Ils reprirent
la mer, mais, par une imprudence inexcusable,
ils naviguèrent sans boussole. Ils furent vingt-quatre heures en haute mer, sans pouvoir se diriger, et le flot les ayant reportés vers la terre,
leur barque s'y brisa, et leurs provisions furent
submergées. Ils reconnurent bientôt que ce pays
était inhabité. Ils se divisèrent en trois pelotons,
et, après avoir cheminé assez long-temps dans
un sol vaseux, trois d'entre eux déclarèrent
qu'ils étaient trop affaiblis pour aller plus loin.
Leurs camarades leur firent les derniers adieux;
ceux qui survécurent, exténués de faim et de
soif, et livrés presque nus aux piqûres des
insectes, furent, après quatre jours de souffrances, rencontrés par des Indiens. Ils apprirent
qu'ils étaient près de la rivière du Corentin,
où il y avait un commandant hollandais. Il accueillit hospitalièrement cette première bande,

et il envoya aussitôt à la recherche des autres naufragés ; six furent trouvés, mais il y en eut trois qu'on ne put rencontrer. Jamais on n'en apprit de nouvelles, et il est trop certain qu'ils ont péri misérablement. Cet officier donna aux autres une pirogue et des Indiens pour se rendre à Démérari, où les soins et les secours leur furent prodigués. Un Français émigré, le vicomte de la Grandière, s'y trouvait, et contribua beaucoup à faciliter leur retour en Europe. Ils arrivèrent le 4 fructidor an VII (21 août 1799), à Liverpool. Le gouvernement anglais leur donna les fonds nécessaires pour gagner Londres.

Nous ne négligions aucun moyen de tirer des nouvelles de Surinam, et nous écrivions par cette voie à nos familles. Nous avions chargé un caboteur, qui s'y rendait, de nous apporter une forte pacotille de gazettes ; celles même qui avaient six à huit mois de date eussent été nouvelles pour nous. Cet homme s'était procuré ce que nous désirions. Il était en route pour revenir, mais il éprouva un coup de vent très-violent à peu de distance de Sinnamari. Les Indiens ses rameurs lui représentèrent qu'il n'avait point d'ancre, et qu'il tenait trop le large. Il résista opiniâtrement à l'expérience infaillible que ces hommes ont acquise des mers où ils naviguent. Ils cédèrent eux-mêmes à la haute opinion qu'ils ont de l'habileté des blancs, et la pirogue chavira à deux ou trois lieues du rivage. Les Indiens ne purent la relever; ils remontèrent sur la coque renversée, et ils parvinrent à y amener le malheureux patron, qui, seul de l'équipage, ne savait pas nager. Les vagues l'entraînèrent, et ils le replacèrent jusqu'à trois fois sur la quille. Ils le pressèrent de quitter ses habits, en l'assurant qu'ils n'épargneraient rien pour le sauver; mais il leur déclara que, puisqu'il perdait sa fortune et celle de sa femme, il ne voulait plus vivre. Il se précipita dans la mer, et tout ce qu'il nous rapportait fut perdu. Les Indiens ne sont pas plus pauvres après qu'avant le naufrage, et ceux-ci n'avaient aucun motif de désespoir. Ils nagèrent jusqu'à terre, et furent près de six heures à s'y rendre, parce que la mer était grosse. Une femme indienne et un enfant, qui n'avaient pas assez de vigueur pour nager aussi longtemps, s'aidèrent d'une barrique de tafia, que la légèreté de cette liqueur faisait surnager, et elle les conduisit au rivage. Quand les Indiens sont fatigués de nager, ils se couchent sur le dos, et la mer les soutient, quoique immobiles. On les croit spécifiquement moins pesans que nous, et ceux que j'ai essayé de porter m'ont paru en effet sensiblement plus légers. Je ne sais pas na-

CHAPITRE VI.

ger; je donnerais pour cet art tout ce que j'ai appris de danse et de musique.

Je fus, vers la même époque, invité à me rendre à Iracoubo, pour régler quelques affaires entre deux familles, à l'occasion d'une succession qui venait de s'ouvrir. Iracoubo est un petit port sous le vent, à huit lieues de Sinnamari, à l'est de la Guyane hollandaise. C'est le chef-lieu d'un canton situé à l'extrême frontière des établissemens français. J'obtins un passeport, et je m'y rendis par mer. Les cases d'Iracoubo sont éparses à un quart de lieue les unes des autres. Il n'y a pas plus de quinze familles blanches dans tout le canton. Malgré cette dispersion, elles sont divisées en trois factions, et on y remarque les jalousies, les ambitions, les inimitiés, fléaux de nos petits villages et petits bourgs. A ces tracasseries près, on retrouve ici des mœurs fort simples et quelques traces des usages indiens. Les produits de la chasse, de la pêche, sont, pour ainsi dire, en commun, et ne se vendent point. Le lait, la viande même, lorsqu'on a tué un bœuf, se donnent; mais le pain et le vin sont à des prix exorbitans. Il arrive qu'on jouit un jour d'une grande abondance, et d'autres fois qu'à peine on a de quoi se nourrir.

Il y a dans ce canton quatre villages indiens,

qui tous ensemble ne contiennent que cent vingt-six individus. J'ai été voir le plus peuplé: ce sont les mêmes usages, la même fainéantise, la même saleté, que chez ceux dont j'ai déjà parlé. Nous trouvâmes dans toutes les cases une grande quantité d'ananas. J'étais venu à cheval; je chargeai une femme galibi de garder l'animal pendant que j'allai visiter les cases. Quand je voulus partir, je le trouvai entouré de petits Indiens qui le nourrissaient de mangues et de pastèques; il foulait sous ses pieds des ananas magnifiques.

Pendant mon séjour, un tigre vint assez près de notre case; les chiens l'attaquèrent avec courage et le mirent à mort.

Les affaires qui m'avaient appelé à Iracoubo m'y retinrent huit jours. Je jouis de l'avantage d'être, pendant mon séjour, l'homme le plus instruit de la peuplade. Il fallut cependant sonder le terrain, avant de faire l'entendu. Je pris pour greffier un des déportés domiciliés dans ce lieu, et ce fut par prudence autant que par besoin. En effet, il pouvait y avoir parmi eux quelque homme au fait de la procédure, et qui, sous cape, aurait ri de mes bévues. Après m'être assuré qu'ils en savaient tous moins que moi, j'arrangeai les affaires à ma guise, et, sans m'embarrasser des formes de droit, j'accordai, je conciliai, et je rendis, je crois, tout le monde content. Pour quelques actes, que nos plus ignorans praticiens savent par cœur, j'obtins l'admiration universelle.

Félicitez-moi, comme Cicéron félicitait Trebatius, de n'avoir pas son égal parmi les jurisconsultes de Samarobrive. Ce lieu était, je crois, un des Sinnamari de ce temps-là, et je ne puis vous expliquer comment la peuplade sauvage de Samarobrive est devenue la florissante ville d'Amiens. Qui sait si, dans vingt siècles d'ici, les arts, l'industrie, les sciences, n'auront pas aussi élevé Sinnamari au rang des premières cités du monde?

J'allai voir le chirurgien d'Iracoubo. En entrant dans son jardin, j'y trouvai, sous un berceau, un vieillard dont l'air m'inspira de la vénération. C'était Daru, qu'on avait déporté malgré son grand âge. Ce prêtre jouissait d'une paix profonde dans ce séjour, encore plus sauvage que Sinnamari. Le climat l'avait guéri d'une maladie qui avait résisté à tout l'art des médecins en Europe. Des mains bienfaisantes lui offraient son pain quotidien. Il donnait, à son tour, aux enfans du lieu des leçons et des exemples de sagesse, et la religion achevait de lui faire trouver sa situation heureuse. Le maître du logis m'a assuré qu'il n'avait jamais proféré une plainte. Un jour, on lui dit que les déportés devaient être reconduits dans le séjour funeste de Conanama. Son paquet fut prêt à l'instant. Sur un contre-ordre, il le défit avec la même promptitude. Son imagination embellissait tous les objets dont il était entouré. Pendant que je causais avec lui, une troupe d'oiseaux, au plumage brillant et varié, vint se percher sur un calebassier. « Je crois être dans mon pays, me » dit-il, et voir, au printemps, un pommier » chargé de bouquets de fleurs. »

Il y a dans ce canton cinq déportés ecclésiastiques, répartis sur cinq habitations et, malgré le peu d'aisance des habitans, ils y ont été la plupart accueillis sans payer de pension. Ils cherchent à se rendre utiles, les uns en instruisant les enfans, d'autres en veillant sur les nègres chargés de la garde du bétail, ou en aidant leur hôte dans ses comptes ou sa correspondance, s'il fait un petit négoce. Mais une partie du temps se passe dans le désœuvrement, et ils ne sont pas aussi constamment utiles qu'ils le voudraient. Ils en font assez cependant pour que l'hospitalité que l'on exerce envers eux puisse se cacher sous les apparences d'un échange de bons offices. La plupart se consolent aisément de n'avoir rien à faire. Il leur suffit de dire: Ce n'est pas ma faute. Je crois que l'homme, en

CHAPITRE VI.

général, préfère l'oisiveté au travail. Combien de prisonniers, qu'on ne sait comment occuper, s'accommodent de leur *far niente*.

Je voulais connaître les environs d'Iracoubo avant de m'éloigner de ce village. J'allai, un matin, et de très-bonne heure, dans une petite forêt voisine ; je la traversai, et je ne trouvai au-delà qu'une solitude effrayante, un pays désolé, et un lac dont l'eau était immobile. Je m'assis sur une pierre et je voulus lire ; mais à quoi bon ? Je ne suis plus de ce monde ; je me sentais comme étonné de l'éloignement où j'étais de tout ce qui, sur le globe, a vie et mouvement. A ce silence, à cet aspect d'un sol desséché, qui ne connaît d'autre changement que le jour et la nuit, dans ces lieux que les animaux mêmes ont fui comme épouvantés de leur stérilité, ma rêverie me conduisit à comparer notre planète à toutes celles qui, peut-être inhabitées, décrivent inutilement dans l'espace leurs orbes immenses. Mais bientôt je revins à des idées plus conformes au but que s'est proposé la Sagesse universelle. Ces globes sont tous embellis par la fécondité de la nature, animés par le génie, la pensée et la puissance de quelques créatures raisonnables ; et s'il s'y trouve des méchans qui bannissent dans les déserts des hommes irréprochables, que la consolation de ceux-ci soit dans la paix de leur conscience.

Je ne négligeais cependant aucune occasion de recueillir des renseignemens sur l'état des contrées intérieures de l'Amérique méridionale. Je crois qu'elles sont encore imparfaitement connues, et les Espagnols, ainsi que les Portugais, ou n'y ont pas pénétré, ou ne nous ont dit qu'en partie ce qu'ils en savent. Walter Ralegh voyait de l'or partout, et Elisabeth, si empressée d'abord à l'entendre, ne fut pas long-temps dupe de ses récits sur la ville impériale de Manoa, dont les orfèvres fabriquaient de belles figures d'hommes et d'animaux en or et en argent. Depuis deux siècles on a renoncé à la recherche de cette montagne d'or et de diamans, dont il dit qu'une inondation l'empêcha d'approcher. Mais je suis disposé à croire qu'il y a entre l'Amazone et l'Orénoque des tribus d'Indiens plus avancées que celles qui habitent les côtes situées sur le golfe, ou qui sont baignées par l'océan voisin. Je m'entretins plusieurs fois, pendant mon séjour à Iracoubo, avec un ancien bénédictin appelé Pierrefond, homme studieux et fort éclairé; et l'opinion de ce déporté a confirmé la mienne. Il croit qu'il y a dans l'intérieur de la Guyane, que nous appelons française, des tribus beaucoup plus instruites que celles qui touchent à nos possessions, et que leurs caciques sont revêtus d'une autorité véritablement royale.

Je tiens de l'abbé Pierrefond un petit manuscrit que je veux joindre à mon Journal. C'est un voyage, fait il y a près de trente ans. Il n'a d'intérêt que par les détails qu'il donne touchant les Rocouyens. Je crains que le voyageur n'ait exagéré ce qu'il raconte de la police de cette nation. Je ne veux ni garantir la sincérité de son récit, ni la contester (1).

L'abbé Pierrefond a étudié les langues parlées à la Guyane. Il y en a une qui n'a point d'analogie avec celle des Galibis : c'est celle des Arouagues, qui habitent sur les bords de l'Iracoubo.

Quoi qu'ait pu présumer M. de La Harpe, dans son Histoire générale des voyages, l'or n'est pas commun à la Guyane ; les rivières ne le charrient point. Un minéralogiste, l'ingénieur Chapel, fut chargé, il y a sept à huit ans, par le gouvernement, de faire des recherches à ce sujet dans différentes parties de la Guyane. Il visita avec soin, dans un cours de quinze à dix-huit lieues, les rives de la Sinnamari où l'on soupçonnait qu'il y avait de telles mines ; mais rien ne confirma ces conjectures. Il a trouvé, dit-il, des schistes fort tendres mélangés d'une quantité

(1) Voy. à la fin de ce volume.

considérable d'argile d'un très-beau rouge de cinabre. Ces schistes ont la même couleur, et sont presque tous en décomposition et friables. De pareilles substances seraient bien indicatives de mercure. Il y a une richesse inépuisable en minéraux de fer d'une assez grande variété. L'on ne trouve dans le sol parcouru aucune indication de minéraux riches. S'il y eût eu de telles mines à la Guyane, rien n'eût empêché les agens de nous y ensevelir.

Je revins par mer à Sinnamari. Nous avions des rameurs indiens. Ces trajets ne sont pas sans inconvénient pour ceux qui n'en ont pas l'habitude. Le soleil et la pluie sont également incommodes, dans un canot où l'on ne peut garder ni parasol, ni parapluie, lorsqu'il vente fort. On ne navigue la nuit qu'en cas de nécessité, parce qu'il y a des récifs dans plusieurs endroits. Les habitations sont rares, et si le temps contraire force à gagner le rivage, on trouve difficilement un abri. Le voyage par terre est encore plus difficile. La vase et le sable couvrent souvent le sentier, et l'on se perd aisément dans un bois épais et fourré. J'arrivai à Sinnamari le 2 messidor an VII (20 janvier 1799). Je n'y trouvai rien de changé; voici cependant de petits détails que je n'adresse qu'à Sophie.

CHAPITRE VI.

Parmi nos ustensiles de ménage, et en bois, il y avait dans la chambre de Laffon une grande cuiller à pot, suspendue; il n'en faisait point usage, et elle n'était là que pour l'ornement. Nous vîmes plusieurs fois deux rossignols entrer dans cette cuiller, en sortir, et, au bout de quelques jours, leur nid fut fait. Ils étaient très-familiers, chantaient, gazouillaient, volaient près de nous, pendant nos parties d'échecs. Ils se mettaient dans une violente colère, quand un nouveau venu s'approchait trop de leur retraite; et comme on s'éloignait dès qu'ils commençaient à gronder, ils étaient bien persuadés que leurs menaces faisaient grand'peur. Quand la petite famille put sortir, elle s'essaya dans la chambre, et fit entendre son ramage, comme pour dire adieu au maître du logis. Après avoir ainsi remercié, elle prit la volée en plein air.

L'homme est ici l'ennemi que ces petits oiseaux craignent le moins.

Rodrigue revint un jour de la pêche sans avoir pris un seul poisson : « J'ai entendu la mère » de l'eau, dit-il à madame Trion, et j'ai fui bien » vite. » Je voulus savoir ce que c'était que cette mère de l'eau; mais, comme j'avais souvent tenté de guérir Rodrigue de quelques erreurs dont il était fortement persuadé, il résista d'abord à mes instances, et ce n'est pas sans difficulté que je sus ce qui suit. La mère de l'eau est une sirène ou monstre marin, qui ressemble à une créature humaine depuis la tête jusqu'à la ceinture. Une longue queue de poisson, couverte d'écailles, avec des nageoires, forme le reste du corps. Elle est malfaisante, elle attire les pêcheurs en haute mer, soulève les vagues, excite les vents, et submerge les canots. Cette fable était répandue, dit-on, parmi les Indiens, avant la découverte de l'Amérique, et ceux à qui j'en ai parlé, m'ont paru persuadés de l'existence des sirènes. Ce préjugé, assez général sur cette côte, ne repose sur aucun témoignage positif; tous craignent la mère de l'eau ; aucuns ne l'ont vue. Je suis porté à croire que les sauvages n'avaient aucune idée de cet être fantastique quand les Européens arrivèrent en Amérique, et qu'ils n'ont fait qu'adopter notre fable.

Je trouvai, à mon retour à Sinnamari, un étranger dont je dois taire le nom. C'était un homme sensé et instruit. Il me fit connaître l'état de la France, sur lequel, depuis plusieurs mois, je n'avais que des notions très-inexactes. Il me peignit avec de vives couleurs les désordres qui avaient suivi notre bannissement. Je n'oublierai jamais ces paroles, qui terminèrent nos entretiens : « Avant le 18 fructidor, vous offriez
» aux puissances de l'Europe, pour la première

« fois depuis la révolution, une société libre
« constituée nationalement. Elles contemplaient
« avec confiance un gouvernement qui, chaque
« jour, tendait à s'améliorer. Vous deveniez pour
« elles une société respectable et fondée sur le
« consentement et le vœu populaires. Le crédit
« renaissait, la confiance croissait rapidement.
« Le 18 fructidor a renversé toutes ces espé-
« rances. Aucune puissance ne voudra désor-
« mais traiter avec un gouvernement qui est
« successivement le jouet des factions. Cette
« fatale journée a prouvé que les Français ne
« peuvent plus offrir de garantie. Où en cher-
« cher une désormais, puisque celle des plus
« honnêtes gens de la France n'a été qu'une
« chimère? La folie du directoire a renversé
« l'ouvrage de la sagesse et des bons conseils.
« Pouvait-on attendre mieux de quatre prati-
« ciens et d'un soldat renforcé, tous assez igna-
« res pour vouloir régir votre nation sans aucune
« des qualités nécessaires aux hommes d'état, ou
« sans le prestige et les avantages réels de la
« valeur et de la gloire militaires. Il n'y aurait
« de salut pour les Français que dans la lassi-
« tude de l'Europe ; mais elle épuisera toutes les
« chances avant d'être lasse. Le clergé et la no-
« blesse des royaumes, vos voisins, commencent
« à se rassurer. Ces classes puissantes ont du

» répit pour quelques siècles, si elles parvien-
» nent à composer trois royaumes des débris de
» votre république; et c'est le projet des cabi-
» nets, vos ennemis. »

Je confiai à cet étranger des lettres importantes, qu'il me promit de remettre à madame
Lavoisier. C'est elle qui, au moment où nous
étions traînés en criminels de Paris à Rochefort,
donna ordre à ses correspondans de nous fournir tout ce que nous demanderions. Elle s'était
nommée sans crainte; elle ne cachait point son
amitié pour le parti vaincu; et quand, dans mon
exil, je cherchais les secours généreux et libres
d'une ame élevée, madame Lavoisier me venait
à la pensée.

CHAPITRE SEPTIÈME.

Surveillance exercée contre les déportés.—Habitations.—Emploi du temps. — Indiens. — Femmes indiennes.—Mœurs.—Anthropophages.—Amazones.—Histoire naturelle. — Géographie de la Guyane. — Voyage de M. Mentelle dans l'intérieur du pays.

L'ÉVASION des prêtres belges attira sur les déportés qui restaient un peu plus d'attention. Le premier et le cinquième jour de chaque décade, un tambour parcourait les deux rues de Sinnamari. Nous suspendions aussitôt nos occupations et, quelque temps qu'il fît, nous quittions les carbets et les cases pour nous rendre chez le commandant; les uns marchant à pas précipités, pour être moins long-temps exposés à la pluie ou au soleil; les autres, contraints par l'âge ou les infirmités, de ralentir leur marche. Un jeune officier, tenant une liste, appelait chacun par son nom; le déporté répondait et se retirait aussitôt.

La construction des carbets à Sinnamari est finie, et tous les prêtres qui n'ont pu trouver ici de cases particulières sont logés dans ces incommodes demeures. Imaginez-vous deux halles, dont chacune a cent vingt pieds de longueur sur vingt-quatre de largeur. Les quatre murs ou pans sont un clissage bousillé sur lequel porte une charpente non équarrie. Elle soutient un toit de feuillages, faible abri contre la pluie, et repaire de mille insectes. Les lits, ou les hamacs, sont rangés des deux côtés du carbet. Nulle cloison, pas un rideau ne sépare un individu de l'autre. Il faut être perpétuellement ensemble, et la plus austère réclusion serait préférable à cet état. La Thébaïde avait des reclus; mais chacun avait sa cellule dans le cloître de la communauté.

Les alimens, distribués à titre de ration, sont ordinairement mauvais, et des hommes habitués pendant toute leur vie à une nourriture moins grossière, s'accommodent mal de celle-ci.

Dans une société bien réglée, la honte du supplice constitue une partie de la peine; mais on avait rendu la qualité de déporté honorable, en l'appliquant à tant d'hommes exempts de reproche. Plus on voulait y attacher d'humiliations, plus on la rendait vénérable, et pour ainsi dire sainte. Il n'est pas mort un seul prêtre, à la Guyane, qui n'y soit révéré comme un martyr. Quelques sauvages prirent d'abord tous ces déportés pour des missionnaires envoyés par le directoire, désireux de propager la foi.

On croirait que les privations de tous genres doivent occasioner dans cette réunion des scènes fréquentes d'humeur, des plaintes, des exigences jalouses; mais une résignation, qui ne peut être le fruit que d'une religion éclairée ou de la plus haute philosophie, tempère toutes les passions haineuses. On se supporte, et des secours réciproques allégent le poids des souffrances.

Parmi ces cénobites, cependant, plusieurs étaient privés des moyens de faire un emploi utile de leur temps. Point de livres, point de lieu de retraite, de recueillement et de méditations. Il fallait d'ailleurs passer une partie de la journée à soigner les malades, à porter de l'eau et du bois, préparer les alimens, raccommoder le linge et les habits. Ceux qui n'avaient pas le bonheur du savoir lire croyaient leur journée remplie quand ils avaient achevé quelques pages du bréviaire.

Le voisinage et le travail avaient formé une liaison étroite entre l'abbé Garnier et moi. Tous les jours il venait de bon matin ; et, pendant que je m'occupais de quelques ouvrages manuels, il me faisait une lecture.

Notre bibliothèque nous mettait pour long-temps à l'abri du désœuvrement.

CHAPITRE VII.

Mon complaisant lecteur tomba malade; heureusement sa maladie fut de courte durée.

Je me souvins, pendant son absence, de ce chauffeur que l'abbé Brotier m'avait dit être doué d'un esprit naturel. Je m'imaginai que je pouvais tirer quelque parti d'un entretien avec cet homme. Je surmontai un peu de répugnance, et je lui fis connaître que je causerais volontiers avec lui. Il vint de bon matin, et il me fut facile de le disposer à quelque confiance. L'entretien fut assez long, et cependant ce que j'obtins se réduisit à ce peu que je vais vous dire. Je désirais de savoir s'il avait quelques notions de l'obéissance qui est due aux lois. Ses réponses furent une suite de sophismes inconciliables avec l'état social. « Je suis marié, me dit-il; j'ai voulu
» travailler ; je n'ai point trouvé de travail, ou il
» n'a jamais pu suffire aux besoins de mes enfans
» et aux miens. Il m'a donc fallu chercher les
» moyens de vivre sans rien faire; car, vivre est le
» premier besoin. Je l'ai satisfait en suivant ma
» conscience, comme vous suivez la vôtre ; comme
» le directoire lui même a cru aussi remplir un
» devoir de conscience en envoyant trois cents
» prêtres innocens périr ici de misère et de
» chagrin. » Il débitait cette doctrine d'un ton sentencieux et persuadé. Les devoirs sociaux les simples plus étaient des abstractions au-dessus

de sa portée. Je n'entrepris point de le combattre ; mais je reconnus que la société est en grand péril et qu'elle tend à sa fin lorsqu'une classe nombreuse se croit affranchie des devoirs religieux et du frein des lois. Ah! sans doute les les lois sont insuffisantes si elles n'ont pour fondemens ni la religion, ni les mœurs; mais si les magistrats les violent eux-mêmes, ils rendent inévitable la dissolution du pacte social.

Nos constitutions, si savamment rédigées et écrites, n'ont eu qu'une durée éphémère. Croiriez-vous qu'il y a plus de stabilité dans les coutumes de ces tribus sauvages, qui ne savent ni lire, ni écrire? Nous les connaissons depuis trois siècles, et nous avons nombre de bons livres où leurs mœurs et leurs usages ont été fort bien décrits. J'ai pensé qu'il ne serait pas inutile, après un si long temps, de juger des progrès qu'ils ont pu faire dans leur contact avec notre civilisation. J'ai interrogé presque tous les sauvages qui sont venus voir Rodrigue Trion, et il a été notre interprète. Voici des notes recueillies au hasard, et que je mettrai en ordre si, comme je le crains, on m'en donne le temps.

J'ai bien des fois voulu m'assurer s'ils étaient encore anthropophages. Ceux du nord de l'Amérique ne me l'ont jamais avoué; je n'ai donc à ce sujet que des doutes. Au reste, ils n'ignorent pas l'horreur que nous inspire cette coutume. Je crois qu'elle n'existe plus parmi ceux des Galibis qui ont pu recevoir les instructions religieuses des missionnaires; et cependant leurs dénégations n'ont rien de positif. Je suis disposé à croire qu'il y a toujours des cannibales parmi d'autres Galibis, et qu'assez souvent les vaincus prisonniers sont mangés par les vainqueurs.

Les anciens eurent connaissance des peuples anthropophages, soit d'Afrique, soit d'Asie.

> Indica tigris agit rabida cum tigride pacem.....
> Aspicimus populos, quorum non sufficit iræ
> Occidisse aliquem; sed pectora, brachia, vultum
> Crediderunt genus esse cibi (1).

Les découvertes faites de nos jours dans la mer du Sud nous ont appris que ces abominables festins sont familiers à la plupart des sauvages qui habitent les îles et les terres dont elle est parsemée.

Les sauvages qui nous avoisinent sont d'une pusillanimité remarquable. On trouve plus de courage et d'énergie parmi les tribus de l'intérieur. Les nations belliqueuses s'exercent même

---

(1) Juvén., *Sat.* xv.

à la guerre par des revues faites en temps de paix avec un grand appareil militaire. Une troupe de sauvages armés présente un spectacle terrible et guerrier. Ils ont dans leurs mains leurs arcs et leurs flèches; le casse-tête pend sur leurs épaules. Leur front est couvert d'un casque formé de plumes hautes, colorées et brillantes; des étoffes légères flottent sur leur dos. Ils gardent leurs rangs, marchent avec fierté, et en poussant des cris affreux. Dans les combats, ils mettent un genou en terre pour décocher leurs flèches, et ils combinent parfaitement la distance, le vent, l'inégalité du terrain, pour tirer sous un angle plus ou moins élevé. Ils combattent presque nus. Les femmes, placées derrière eux, secourent les blessés, ramassent les flèches dont ils n'ont point été frappés et les donnent aux hommes, qui les renvoient à l'ennemi. Les vieillards faits prisonniers sont presque toujours massacrés, même après le combat. On ne conserve que les femmes et les enfans; quelquefois même on les tue. Ils les vendaient autrefois aux Hollandais. Il y a encore à Surinam un assez grand nombre d'Indiens esclaves. Ils sont soumis au même code que les esclaves noirs.

Jusqu'au milieu de ce siècle, nous avons acheté des Indiens, les prisonniers des deux sexes qu'ils avaient faits à la guerre. Ces esclaves indigènes n'étaient pas aussi bons travailleurs que les nègres. Ce commerce a entièrement discontinué à Cayenne il y a plus de quarante ans.

Les Galibis m'ont paru n'avoir, touchant l'immortalité de l'ame et l'existence de Dieu, que des notions si confuses et si matérielles, que j'ai peu de chose à dire de leur religion. Ils ont l'idée d'un être ou plutôt d'un vieillard qui gouverne tout, et qui accorde cependant aux Galibis une attention plus particulière qu'à tout le reste du monde; mais ils n'offrent aucun culte au Grand Esprit. Ils semblent convaincus qu'un être aussi bon n'a pas besoin qu'on le prie ou qu'on l'invoque. Ils ne savaient, avant leurs communications avec nous, ce que c'était qu'un temple, une chapelle. Les missionnaires n'ont pas eu à faire de grands efforts pour les habituer à nos pratiques. Ceux qui avaient reçu le baptême étaient assidus à nos cérémonies: ils y avaient un maintien respectueux et grave, et se montraient fort attentifs à tout ce qui frappait les sens dans les solennités auxquelles ils assistaient. Du reste, nos mystères, nos dogmes particuliers leur étaient tout à fait inconnus, et on se bornait à leur enseigner quelques points de morale pratique. Comme il y avait de petits avantages temporels attachés au caractère de chrétien, plusieurs étaient empressés de l'obtenir. Ceux qui ont mêlé leur ancienne croyance à la nouvelle, disent que l'univers est le temple de Dieu; qu'il est le suprême auteur de tous les biens, et que le mauvais esprit est l'auteur de tous les maux.

On retrouve donc ici, comme dans tout le reste du monde, cette notion du bon et du mauvais principe, d'Arimane et d'Oromaze, d'anges et de démons. Le Chinay ou l'Hirocan des Galibis est le Typhon, le Satan, le démon des autres peuples. Il est l'auteur de tous les maux qui leur arrivent. Le Tamouchi, ou vieillard bienfaisant, est la source et le distributeur de tous les biens; c'est leur Jupiter, leur Thor, leur Jehovah.

Ils craignent le mauvais esprit; quelques tribus lui font des oblations, tout en lui disant des injures. La même superstition existe parmi les sauvages de l'Amérique du Nord.

Ainsi, tous les peuples de la terre, les plus ignorans et les plus sauvages, comme les plus instruits et les plus civilisés, croient qu'une providence éternelle, qu'une ame immense anime et régit ce qu'ils connaissent de l'univers. Qui donc, doué de sagesse et de raison, serait tenté, contre cet assentiment universel, de se joindre à quelques individus qui, ne s'arrêtant pas même au doute, ont dit avec une hardiesse présomptueuse : Il n'y a point de Dieu!

Ces réflexions se trouvent partout; elles me frappent cependant si puissamment, que je me sens comme forcé de les écrire.

Les différences qu'on peut remarquer entre les Indiens des diverses contrées, résultent en général de celles des climats. Ceux du midi trouvent dans presque tous les temps de l'année une nourriture suffisante dans les forêts, les fleuves et la mer; ils n'ont pas besoin de faire des provisions aussi souvent que ceux du nord. Il ne leur faut point de vêtement, et leurs cases peuvent être construites avec moins de précaution que celles des sauvages septentrionaux. Il faut à ceux-ci des habits, des provisions pour l'hiver, et des maisons où la neige, la pluie et le vent ne puissent pénétrer. Ils m'ont paru avoir plus de vigueur de corps et plus d'énergie que ceux du midi. Leurs guerres sont plus fréquentes et plus cruelles. Ils mourraient plutôt que d'être esclaves; ils sont cependant aussi disposés que les Indiens méridionaux à recevoir des leçons d'humanité et à les mettre en pratique. Des missionnaires moraves étaient parvenus à inspirer l'horreur de la guerre à une peuplade entière, qui fut malheureusement victime de ces dispositions pacifiques. Je vis sur les bords du lac Onéida, à quelques lieues de la rivière des Mohawcks, les chefs de plusieurs nations rassemblés pour traiter de la paix. Cette réunion, formée pour un objet aussi important; ces hommes, assis en plein air, en cercle, délibérant sans tumulte, offraient un spectacle qui n'était pas sans majesté. On m'y fit remarquer un de ces Indiens moraves; je sus de lui qu'ils n'avaient voulu prendre aucune part à la guerre qui venait de finir. Le Grand Esprit, disaient-ils, n'a pas fait les hommes pour s'entre-détruire, mais pour s'aimer et s'assister mutuellement. Toute leur conduite fut conforme à cette doctrine. On leur supposa cependant des intentions hostiles. Les blancs les surprirent dans leurs villages, et en tuèrent un grand nombre, quoiqu'ils ne fissent aucune résistance. On ne leur trouva point d'armes, et ils furent si fidèles à leurs principes, que pas un seul de leurs assassins ne reçut la moindre blessure.

Les nations de l'Europe qui ont formé des établissemens en Amérique ont souvent excité les Indiens à la culture de la terre; mais elles ne leur proposaient, pour prix de leur travail, que les mêmes jouissances auxquelles nous sommes habitués. Les Indiens comptent pour rien tous ces avantages; et leur indifférence à cet égard opposera long-temps un obstacle insurmontable à ceux qui voudront les rendre cultivateurs. Il ne leur faut que ce qui leur est strictement nécessaire pour vivre. Comme la plupart des choses que nous estimons leur semblent autant de superfluités, ils n'ont aucun motif d'en rechercher la possession, et aucun désir ne les engage à se préparer, par la culture, des moyens d'échange.

Quelques peuplades de Galibis élèvent différens animaux, ont des étables remplies de cochons marrons, de tapirs ou mahipourris; les perdrix, les ocos, les pigeons ramiers sont apprivoisés et habitent sous leur toit. Ils les nourrissent de manioc ou de grain.

Lorsque les sauvages sont sobres, c'est par nécessité; car dès qu'ils sont dans l'abondance, ils se livrent à toutes sortes d'excès. Les liqueurs fortes ont surtout un attrait auquel ils ne résistent pas. On peut, en les enivrant de tafia, les porter aux plus mauvaises actions, les animer d'une audace et d'un courage extraordinaires. Il faut bien se garder, lorsqu'on leur donne une fête, d'y vouloir maintenir la tempérance, de faire des distributions, de mesurer le vin, de peser les viandes; des portions même énormes leur semblent mesquines, et l'abondance ne leur paraît sincère que quand elle est accompagnée de gaspillage. Boire jusqu'à se *saoûler*, et renouveler ces débauches pendant plusieurs jours de suite, est pour eux une affaire si importante, qu'ils entreprennent d'assez longs voyages sans avoir d'autre objet. Je vis un jour une vingtaine d'Indiens, de la peuplade de Simapo, descendre en trois pirogues pour se rendre à Iracoubo. Les femmes, les enfans, les chiens, les volailles étaient du voyage. Ils firent halte à Sinnamari. Pendant que les femmes et les enfans déchargeaient les pirogues et portaient à terre des fardeaux qui semblaient disproportionnés à leurs forces, les hommes restaient oisifs dans leurs embarcations, ou étaient accroupis sur le rivage. Je demandai à l'un d'eux où ils allaient. « En boisson, » me dit-il ; comme chez nous des ouvriers diraient qu'ils vont *en vendange, en moisson;* des marchands, *en foire*. J'interrogeai un autre jour un sauvage partant avec sa famille pour Surinam, à soixante lieues d'ici, et lui demandai ce qu'il allait y faire. « Acheter des couteaux, » me répondit-il. C'était bien là le but principal de son voyage ; mais l'accessoire était d'y boire et d'y acheter du tafia à meilleur marché qu'à Sinnamari. Cette passion désordonnée pour les liqueurs fermentées a précédé notre arrivée dans ce continent ; et, d'après tous les rapports et toutes les traditions, l'ivresse n'était pas moins fréquente alors qu'aujourd'hui. Leurs usages les plus anciens l'indiquent assez.

Il en est un qui n'a, je crois, été remarqué

par aucun voyageur, et qu'on m'assure être commun à la plupart des tribus galibis. Il arrive très-rarement, dit-on, qu'un gendre adresse la parole à son beau-père ou à sa belle-mère : s'il a quelque chose à leur dire, sa femme est l'intermédiaire de toutes les communications ; à son défaut, les enfans, ou même des étrangers, portent la parole. Cet usage est observé par quelques-uns avec tant de rigueur, que, pendant les maladies de la femme, la belle-mère sert le gendre. Ce service est toujours silencieux. Elle dépose son dîner, sa boisson près de son hamac, et se retire sans avoir ouvert la bouche. Un seul Indien m'a donné une explication satisfaisante de cet usage. L'ivresse, m'a-t-il dit, occasionerait des rixes fréquentes, des querelles, des meurtres même dans les familles, si le beau-père et le gendre communiquaient librement quand ils sont dans cet état. L'intervention de la femme, fût-ce même quand ils sont parfaitement sobres, rompt cette communication et prévient les accidens. La bru communique et parle en toute liberté à son beau-père et à sa belle-mère, parce que les inconvéniens ne sont pas à craindre. Livrés à ces penchans crapuleux et à des passions que l'ordre et la raison réprouvent, libres du joug salutaire des lois, on ne peut dire que chez eux les mœurs en tiennent la place. Ils n'ont que des usages, et quelques-uns sont si ridicules, qu'ils ne peuvent eux-mêmes en donner une explication satisfaisante. Ils ont cependant, la plupart du temps, une cause superstitieuse. Pendant mon séjour parmi eux, je remarquai qu'avant de se coucher, ils renversaient avec soin tous les bancs et siéges. Je sus que cet usage s'observait chaque soir dans toutes les cabanes. Ils m'apprirent que c'était pour que le mauvais esprit ne pût s'asseoir nulle part, s'il venait la nuit, et l'obliger ainsi à aller se reposer ailleurs. Je trouvai le même usage établi dans les quatre villages d'Iracoubo, et on m'en donna la même raison.

Si souvent témoin de l'intempérance des Indiens, je veux cependant vous raconter jusqu'à quel point je les vis modérés dans une circonstance particulière.

Des députés, au nombre de trente-cinq, vinrent à Philadelphie pendant l'été de 1784. Je les conviai tous à un banquet qui leur fut servi en plein air, à l'ombre de quelques rameaux coupés dans la forêt voisine. Toute liberté fut donnée à leur appétit, pour la viande et le poisson; mais le vin fut fixé à une demi-bouteille par convive. Après le repas, je les visitai avec l'interprète. Ils étaient parfaitement sobres, à l'exception d'un seul. Il était couché sous la table dans un état d'ivresse que je m'abstiens de décrire. Ses compagnons

paraissaient se réjouir à cette vue, et particulièrement ceux qui s'étaient abstenus de vin pour qu'il en eut plus abondamment. J'interrogeai l'interprète sur la joie que leur causait la violation de ma consigne. M. Peters me répondit :
« Cet homme a été notre prisonnier dans son
» enfance, et il n'est retourné dans sa tribu qu'a-
» près avoir étudié la philosophie dans l'univer-
» sité de Massachussets. »

Les déportés, souvent témoins de leurs querelles, cherchaient en vain à les apaiser. Il faut dire aussi qu'ils furent quelquefois présens à nos disputes, et bien surpris du peu d'importance des choses qui les faisaient naître. Un jour. (Tronson vivait encore), une contestation s'éleva entre lui et moi sur le genre du mot *antichambre*. Les autres déportés se rangèrent des divers partis. La mêlée devint chaude et les argumens si animés, que le vieux Simapo en conçut de l'inquiétude. Il crut devoir interposer son autorité, comme il avait fait la veille, dans une querelle d'Indiens ivrognes. Il voulut d'abord, en juge équitable, se faire rendre compte du sujet de tant d'animosité ; nous le fîmes de notre mieux ; il crut qu'on se moquait de lui. Finalement, il laissa les combattans, en disant qu'il ne savait à qui donner gain de cause, mais qu'il croyait que des gens sobres ne pouvaient se disputer pour savoir si leur cabane était mâle ou femelle; et il se retira persuadé qu'il y avait de l'eau-de-vie ou du vin sur jeu.

Ils croient sans explication à tous les petits phénomènes naturels que nous leur faisons voir; mais il en est un que nous ne pouvons leur démontrer à la Guyane. Ils nous croient difficilement quand nous leur disons qu'il y a des saisons où l'on peut marcher sur l'eau des rivières comme sur terre; qu'un vase peut être brisé sans que le liquide se répande et que l'eau ou le vin restent debout après que la bouteille qui les renfermait a été cassée.

N'y a-t-il pas des choses que nous nions aussi parce qu'elles ne nous sont pas démontrées. Doutons et ne nions rien légèrement.

Rien ne nous empêchait d'aller nous établir parmi eux, et peut-être que le directoire l'eût désiré. Aucun de nous n'en fit connaître l'intention.

Il y a beaucoup de peuplades du nord où l'on trouve quelques Français. En 1784, M. de La-Fayette, M. de Caraman, M. Madison et moi, fîmes la partie d'aller aux Oneïdas où plusieurs tribus se réunissaient pour conférer. Nous leur portions des présens, et ils vinrent nous recevoir à quelques lieues de distance. Ils remarquèrent des barillets d'eau-de-vie qui leur étaient desti-

nés et ils s'en saisirent. Un d'eux, qui était devant moi, en portait un qui me semblait trop lourd pour lui. Cet homme avait, comme ornement, des osselets et des anneaux de plomb au nez et aux oreilles. Son visage était couvert de bandes de diverses couleurs. Nous étions tous à cheval. Je dis à mon palefrenier : « Tâchez de
» vous faire comprendre de cet homme, pour
» obtenir qu'il vous remette son petit baril; votre
» cheval n'en sera point trop chargé. » L'homme se retourna ausitôt vers moi et me dit en très-bon français : « Je remets le petit baril à votre
» domestique; mais c'est pour vous faire plaisir,
» car ce fardeau ne pèse rien pour moi. » Surpris d'entendre cet homme me parler ainsi, je lui dis : « Cheminons ensemble et apprenez moi par
» quelle aventure vous savez si bien le fran-
» çais. » — « Je m'appelle Nicolas Jordan, ré-
» pliqua-t-il. Je suis né à Longpré les Corsins,
» village situé sur la Somme, entre Amiens et
» Abbeville. Je passai en Canada, il y a trente ans,
» en qualité de secrétaire de M. Vilmain de
» Beaupré. Nous eûmes guerre avec les Anglais;
» les Oneïdas étaient leurs amis et je tombai en-
» tre leurs mains avec quelques autres Français.
» Ces sauvages se disposèrent bientôt à nous
» brûler. Nous étions déjà déshabillés : le poteau
» et le bûcher étaient prêts, quand un inter-

» prète vint me dire que la fille du Sachem m'a-
» vait vu ; qu'elle venait de parler à son père,
» et que la nation me reconnaîtrait pour un de
» ses membres, si je voulais la prendre pour
» femme, parce qu'elle était veuve depuis peu.
» Je n'avais point vu ma prétendue, mais il fal-
» lait me décider sans retard. Je me hâtai de
» répondre que ce mariage me ferait le plus
» grand plaisir du monde et à l'instant je fus,
» remis en liberté. » Jordan m'apprit beaucoup
de choses dont je ne veux point grossir mon
journal.

A voir l'Amérique couverte de plantes corrosives, d'arbres dont les fruits contiennent des
poisons subtils, d'insectes venimeux, de serpens,
dont les morsures sont mortelles, tandis que
rien n'est si rare en Europe, et même en Asie, on
ne peut méconnaître que tous ces fléaux ont pour
cause principale une sorte d'absence de l'homme.
Quand l'ordre s'affermit et que les lois se perfectionnent, il embellit chaque jour le sol qu'il
habite. Il purifie jusqu'à l'air qu'il respire, il multiplie, il améliore, il fortifie son espèce, il étend
son domaine en même temps que ses connaissances. Quand on a fréquenté les nations sauvages, qu'on a réfléchi sur leurs privations, leurs
besoins, leur ignorance et leur paresse, on y
reconnaît les principales causes de leur dépra-

vation. Aussi long-temps que les sociétés tendent à une plus grande perfection, les hommes y deviennent de jour en jour meilleurs. Ils ne se corrompent que quand la société rétrograde, et la plus heureuse et la plus florissante est celle où il y a plus de lumières et de vertus; la plus ignorante est aussi la plus malheureuse et la plus corrompue. On ne peut vivre parmi les Indiens sans se rappeler les paradoxes de ce philosophe trop chagrin qui a tant exalté ces peuples barbares. Ses talens l'eussent porté sans doute au Corps législatif, s'il eût vécu jusqu'au temps présent. Il ne pouvait guère manquer d'être déporté à la Guyane, et il reconnaîtrait combien l'homme civilisé est supérieur à l'homme sauvage. Plus on voit l'intérieur des ménages indiens, moins ces peuples semblent heureux. Ils ont peu de besoins, il est vrai; mais ils ont aussi peu de jouissances. Quand leurs sociétés ont atteint un certain degré de population, elles s'y arrêtent et ne prennent plus d'accroissement; elles diminuent même tous les jours dans le voisinage des blancs, auxquels ils sont hors d'état de résister. Privés de presque toutes les choses qui font aimer la vie, les sauvages y sont peu attachés. Ils se soignent dans leurs maladies de manière à être guéris ou emportés en deux jours; des traitemens réguliers et lents leur sont odieux. J'en vis un se baigner dans la Sinnamari, quoiqu'il eût eu de grands accès de fièvre tous les jours précédens; le malade mourut le lendemain.

Le caractère qui distingue éminemment l'état social de l'état qu'on a imaginé d'appeler de nature, est la propriété. Avec elle commencent les liens sociaux; les hommes ont besoin de lois dès qu'ils possèdent quelque chose; de là naissent les échanges, le commerce, les signes des valeurs, l'attachement des individus à un ordre permanent, les améliorations, les plantations, les édifices; la terre se fertilise, s'embellit, et l'espace qui servait à peine à une famille va suffire à plus de cent. A mesure que la société se perfectionne, les lois qu'on a trouvées si utiles à la conservation des propriétés s'appliquent à toutes les institutions sociales. L'homme contracte un plus grand attachement pour la vie ; il aime davantage sa famille, parce qu'il sait que, même après lui, ses héritages lui seront conservés. C'est à la propriété qu'il faut attribuer les regrets que nous éprouvons en quittant la vie; l'indifférence du sauvage pour la mort vient en partie de ce qu'il ne possède rien : ainsi, en même temps qu'elle augmente les jouissances de l'homme, elle l'attache à sa propre conservation; elle tend à fortifier le corps social, qui n'est puissant que par une population à la fois nombreuse et heureuse. Ceux qui voudront fonder un empire, ou le régir avec gloire, ou laisser une haute réputation de sagesse, feront de la propriété la base de leurs institutions. L'homme n'est heureux, le gouvernement n'est stable, qu'autant que les propriétés sont respectées; et si on m'objectait Lacédémone, je ne serais pas embarrassé de répondre.

Les femmes, chez tous les peuples civilisés, participent aux bienfaits de la société, avec d'autant plus d'égalité, qu'elle se police davantage : chez les Indiens, elles sont traitées avec une extrême dureté par leurs maris; elles les servent en esclaves, et elles sont fréquemment l'objet de leurs emportemens et de leurs violences. Un sauvage frappe sa femme jusqu'à mettre sa vie en danger, sans que les voisins se mêlent de la querelle. Les autres femmes n'oseraient même tenter de contenir le mari furieux. Si la femme meurt des coups qu'elle a reçus, le mari n'est point poursuivi, et la famille de cette malheureuse ne songe point à le punir. Quelquefois celles qui se jugent trop maltraitées se vengent elles-mêmes, et le poison leur en offre un moyen facile et prompt.

Les Galibis ont deux ou trois femmes quand ils sont assez riches pour les acheter; quelques chefs en ont huit à dix. Il y a des tribus de Guyanais où la femme d'un chef (c'est toujours la plus chérie) est enterrée vivante avec lui. Cette abominable coutume a existé chez tous les peuples de l'univers. Il en est de même de celle qui transmet à un fils toutes les femmes de son père, à l'exception de sa mère. Ces deux usages, qui nous semblent si contraires à la raison et à l'humanité, existent en Afrique, ainsi que dans une partie de l'Asie. L'Amérique n'a pu cependant les recevoir de ces deux contrées, mais les mêmes circonstances ne peuvent manquer d'avoir des conséquences semblables : la force abuse dès qu'elle peut abuser. L'homme sauvage, ne trouvant aucun avantage à traiter la femme comme une compagne, en a fait, pour ainsi dire, le premier animal de son ménage. Il a réglé sans elle les coutumes, il a seul introduit les usages, et, soit jalousie, soit dans l'espoir de la retrouver au lieu où vont les hommes après la mort, il l'a mise au rang des bêtes qu'on ensevelit avec lui.

Le rocou dont les femmes, à l'exemple des hommes, se teignent le corps, le visage et même les cheveux, leur donne un air rude et farouche. Il y en a cependant qui sont assez jolies, surtout avant le mariage, et quelques-unes sont très-libertines ; mais les travaux du ménage et les grossesses font disparaître leur beauté. Je vis un jour une Indienne allaitant deux petits chiens; je crus d'abord que c'était un remède indien contre quelque maladie, mais j'appris bientôt qu'elles contractaient cette habitude dénaturée pour leur propre amusement; qu'elles nourrissaient de même de jeunes sapajous, des agoutis, et que cette pratique dépravée n'était point du tout rare. Quoique dépourvues de beauté, elles trouvent qui les aime, et la jalousie de leurs maris va jusqu'à empoisonner celles qui leur sont infidèles. Leur vengeance ne s'étend pas jusque sur l'homme qui leur est préféré : il n'avait rien promis, il n'est donc ni coupable, ni parjure. On croit généralement que les empoisonnemens sont fréquens chez ces nations, où la férocité est jointe à la lâcheté. Ce crime et d'autres attentats de ce genre ne sont jamais l'objet de la vindicte publique : quand les familles entreprennent de se venger, il en résulte une continuité de forfaits qui ne s'arrête quelquefois qu'à l'extinction d'une des deux races. Mais de telles vengeances sont fort rares; elles se bornent plus ordinairement à la mort du meurtrier; le plus souvent même il est quitte pour s'enfuir dans une peuplade éloignée.

Un Indien d'une tribu établie sur le Maroni, homme violent et sanguinaire, avait assassiné un

CHAPITRE VII.

de ses voisins du même village; pour se soustraire au ressentiment de la famille de son ennemi, il s'enfuit et vint s'établir à Simapo, à quatre lieues de notre bourgade. Un frère du mort ne tarda pas à suivre le meurtrier. A son arrivée à Simapo, le capitaine lui demanda ce qu'il venait y faire? « Je viens, dit-il, pour tuer Averani » qui a tué mon frère. » — « Faites! » lui dit le capitaine. Mais Averani fut averti pendant la nuit, et s'enfuit avec sa famille.

Les parens ont une tendresse extrême pour leurs enfans aussi long-temps que ceux-ci sont trop faibles pour se passer de secours; mais ils ne les corrigent que très-rarement, et quelques-uns même souffrent qu'ils fassent toutes leurs volontés. A mesure que l'enfant grandit, l'affection des parens s'affaiblit, et il s'habitue lui-même à les regarder comme des étrangers. La tendresse et l'autorité paternelle, le respect et la piété filiale, ces premiers anneaux de la chaîne qui lie les membres de la société, n'existent point ici; il est même très-ordinaire de voir des inimitiés et des haines diviser le père et ses enfans; et les violences réciproques, les coups, les voies de fait, que nous considérons justement comme criminels, ne sont point rares entre eux.

Les pères disposent de leurs filles d'une manière absolue; elles n'ont point de dot en se mariant; l'Indien qui veut épouser une Indienne doit faire au père des présens de quelque importance. Un hamac, un canot, des arcs, des flèches, ne sont pas un prix suffisant pour payer la jeune épouse; le nouveau marié est obligé, ainsi que Jacob, de travailler pour son beau-père. Mais ici le travail n'est que d'une année. Il faut qu'il fasse l'abatis pour cultiver son manioc, qu'il aille à la chasse, à la pêche, et ce n'est qu'à la fin de l'année qu'il travaille pour lui-même. Au reste, le nouveau ménage habite toujours avec le père de la femme, et l'on voit quelquefois le père de quatre ou cinq filles réunir autour de lui, dans sa cabane ou dans des cases voisines, une très-nombreuse progéniture.

Les femmes sont, parmi les Guyanais, une vraie propriété, et cela résulte naturellement de l'espèce d'achat dont je viens de parler. Il n'est pas rare que des femmes élèvent des jeunes gens, qu'elles épousent quand ils sont en âge de se marier. Lorsqu'elles vieillissent, elles élèvent aussi des jeunes filles qui, après leur mort, puissent prendre leur place. Lia et Rachel donnèrent de même leurs servantes à Jacob. Il est encore plus ordinaire que les hommes aient dans

CHAPITRE VII.

leurs cabanes de petites filles dont ils font leurs épouses quand elles sont nubiles.

Les femmes portent les fardeaux dans les voyages ; elles doivent planter le manioc et le sarcler ; elles ont tous les soins du ménage, et, tandis que les hommes se reposent, elles préparent leur dîner. Elles le leur servent, et si c'est un festin, elles ne mangent qu'après eux, et seulement le lendemain. Elles s'enivrent, et sont servies à leur tour par les enfans. Ceux-ci suivent ces exemples aussitôt qu'ils peuvent. Il y a, comme on voit, beaucoup de prudence dans cet arrangement, et, dans leurs fréquentes orgies, tout le monde n'est pas ivre à la fois. La subordination des femmes envers les hommes est si grande, qu'après la mort de leurs maris, elles servent leurs fils avec toute la docilité d'une esclave.

Une naissance, un mariage, une mort, voilà pour eux le sujet d'un banquet. Les usages de l'Europe n'ont pas toujours été fort différens. Aujourd'hui même, en Allemagne, dans le Nord et dans quelques villes de France, les obsèques sont suivies d'un repas auquel sont invités les parens et les amis.

Les anciens avaient leurs Amazones, et Hippocrate en a parlé, non comme d'une nation uniquement composée de femmes ; mais il dit que les filles combattent les ennemis de leur patrie, et ne peuvent se marier qu'après avoir donné la mort à trois hommes. Il ajoute que, dans leur enfance, leurs mères leur brûlent le sein droit avec une plaque de cuivre rougie au feu. « Je » sais, dit Platon, qu'il y a vers le Pont d'innom- » brables myriades de femmes, appelées Sar- » mates, qui combattent comme les hommes, » et dans leurs rangs. » Diodore, Quinte-Curce et Justin en font un corps de nation séparé des hommes. D'autres auteurs ont pareillement ajouté foi aux récits extraordinaires qu'on fait touchant ces femmes et filles guerrières. Les uns les placent en Afrique, la plupart les trouvent en Asie, et dans des contrées très-distantes les unes des autres; mais Strabon, aussi excellent critique qu'habile géographe pour le temps, met tous ces récits au rang des fables. Strabon, qui faisait son unique étude de la géographie et des connaissances qui doivent l'accompagner, ne trouve les Amazones nulle part; et quand il nie leur existence, je suis plus disposé à lui donner croyance qu'à tous ceux qui l'affirment. Je m'exprimerai d'une manière encore plus positive à l'égard des Amazones américaines.

Je ne puis être si près de l'Amazone sans vous parler des femmes auxquelles on a donné ce nom. Nous n'avons pas manqué de nous informer s'il y avait à la Guyane une nation de femmes guerrières, qui, après avoir exclu les hommes de leur république, la perpétuaient cependant par une fréquentation de quelques jours seulement avec des Indiens du voisinage. Je n'ai vu aucun sauvage un peu instruit sans lui demander quelle contrée habitait cette peuplade nombreuse, ennemie implacable des hommes, à l'exception de quelques jours dans l'année. A peine ont-ils daigné me répondre, et mes questions ne leur paraissaient pas sérieuses.

M. de La Condamine a parcouru ces contrées, et descendu l'Amazone dans un cours de douze cents lieues. Il a consacré à cette recherche quelques pages d'une critique dont je ne révoque point la sincérité en doute ; mais il aimait un peu les choses extraordinaires. Il penche pour l'existence des Amazones, et il croit, s'il y en a, qu'elles habitent vers le centre de la Guyane ; ou, si elles n'existent plus, qu'elles ont cependant existé autrefois. Il s'est exprimé de la manière suivante :

« Ce qui me paraît plus vraisemblable que
» tout le reste, c'est que les Amazones aient
» perdu avec le temps leurs anciens usages,
» soit qu'elles aient été subjuguées par une au-
» tre nation, soit qu'ennuyées de leur solitude,
» les filles aient enfin oublié l'*aversion* de leurs

» mères pour les hommes. Ainsi, quand on ne
» trouverait plus de vestiges de cette république
» de femmes, ce ne serait pas encore assez pour
» pouvoir affirmer qu'elle n'a jamais existé (1). »

Walter Ralegh, qui ne déraisonnait que par cupidité, et quand il s'agissait de mines d'or et de diamans, traitait de fables, il y a plus de deux siècles, tout ce qu'on a raconté des Amazones de la Guyane. Les auteurs des Lettres édifiantes n'ont, pour ainsi dire, fait que copier les anciens, et attribuer aux Amazones américaines ce qui a été raconté de celles d'Asie et d'Afrique.

« L'Amazone, disent-ils, tire sans doute son
» nom des Amazones (2) qui habitent le long
» de son rivage, assez près de la Nouvelle-Gre-
» nade. On rapporte qu'elles font un divorce
» presque perpétuel avec leurs maris, qu'elles
» ne les vont voir qu'une fois pendant l'année,
» et que les maris viennent les revoir à leur
» tour l'année suivante; que dans le temps de
» ces visites mutuelles, ils font de grands festins;
» ils célèbrent leurs mariages; ils coupent les

---

(1) Voyage de la rivière des Amazones, par M. de La Condamine.

(2) Il y a une rivière qui porte le nom d'*Amoïzana*, et qui coule au centre de la Guyane. C'est peut-être de là que la fable des Amazones tire son origine.

» mamelles aux jeunes filles, afin que, dans un
» âge plus avancé, elles puissent tirer plus ha-
» bilement de l'arc, et combattre plus aisément
» leurs ennemis. On ajoute que quand elles vont
» visiter leurs maris, ceux-ci sont obligés de les
» nourrir et de les servir, tandis qu'elles se tien-
» nent tranquilles dans leurs hamacs (1). » Les
missionnaires font aussi mention d'Amazones
établies dans une des Philippines.

De fréquentes questions faites aux Indiens ne
nous ont procuré aucun éclaircissement qui
puisse confirmer ces opinions. Il n'est même
pas facile de se faire comprendre d'eux quand
on les interroge sur ce point; rien n'est plus
éloigné de leurs idées; ils croient qu'on plaisante quand on leur parle de femmes allant à la
guerre, à la chasse, à la pêche, construisant
des canots, des pirogues et des cabanes, faisant
les grands abatis pour lesquels il faut toute la
vigueur des hommes, fabriquant des arcs, des
flèches, des casse-têtes, et en même temps prenant soin du ménage, filant du coton pour les
hamacs, et par-dessus tout cela, faisant et
nourrissant des enfans. Mais ce qui leur semble
plus risible que tout le reste, ce sont ces visites
amoureuses et annuelles aux Indiens du voisi-

---

(1) *Lettres édifiantes*, tom. VIII, pag. 285; et XV, pag. 204.

nage, à ces nations qui se font des guerres continuelles pour s'enlever quelques femmes les unes aux autres, et qui, après avoir eu les Amazones en leur pouvoir pendant quelques jours ou quelques nuits, souffrent qu'elles retournent paisiblement chez elles.

Partout l'univers la supériorité des forces physiques a soumis la femme à l'homme, et, dans le moment même où elle cède à son propre penchant, elle semble vaincue, presque captive, et c'est un triomphe qu'il obtient. Il n'y a peut-être au monde que la petite et charmante île de Mytilène, autrefois Lesbos, où les femmes régissent la famille et commandent à leurs époux. Là, des Grecques toutes remarquables par leur beauté ont usurpé les avantages dont jouissent ailleurs les hommes : les maisons, les jardins, les esclaves, tout leur appartient. L'époux leur obéit, et on le prendrait pour leur principal domestique. Là, un mari perd son nom et prend celui de sa femme. Les usages les plus ordinaires sont passés d'un sexe à l'autre, et, pour n'en citer qu'un seul, l'homme à cheval est assis de côté, et la femme s'y place comme les hommes des autres pays. Mais ce ne sont point là de véritables Amazones, vivant en société entièrement séparée des hommes. Je doute qu'il y en ait jamais eu, et je suis bien convaincu que les récits relatifs à celles de l'Amérique doivent être mis au rang des fables.

Le gouvernement français a plusieurs fois envoyé des voyageurs chez les Indiens, et cherché à connaître l'intérieur de la Guyane. Le dernier voyage fut entrepris il y a huit ou neuf ans. Des blancs instruits, accompagnés d'Indiens et de nègres, remontèrent l'Oyapok, et ne quittèrent leurs canots qu'auprès de ses sources. Ils continuèrent leur voyage à pied, et après quatre jours de marche dans un espace d'environ quinze lieues, ils s'assurèrent qu'il n'y avait que quelques lieues de distance entre les sources de cette rivière et une des branches du Maroni. M. Mentelle, avec qui je suis en correspondance, a rendu beaucoup de services à la géographie de ces contrées, et il a toutes les connaissances nécessaires pour une expédition de ce genre. Il était à la tête de celle-ci.

Les voyageurs pénétrèrent jusqu'à environ cinquante lieues dans l'intérieur. Ils trouvèrent le pays entièrement désert, à l'exception d'un seul village indien, dont tous les habitans s'enfuirent à leur approche. Ces sauvages n'avaient eu aucune communication avec les Européens; on ne vit dans ce lieu que des ouvrages et meubles de leur propre industrie. Les oiseaux et les animaux terrestres qu'on rencontra dans les bois se laissaient approcher et prendre. Les ocos et d'autres grands oiseaux venaient par bandes nombreuses autour des voyageurs; on en tuait à coups de bâton, et cette destruction ne mettait point les autres en fuite: les tapirs, les biches (c'est le nom qu'on donne au mâle ainsi qu'à sa femelle), enfin tous les animaux dont ce pays abonde restaient en place, accouraient même, sans montrer aucune crainte. Cette sécurité est la preuve la plus certaine que si ce pays n'est pas entièrement désert, il a très-peu d'habitans; ce n'est qu'une forêt, pour ainsi dire, sans limites. La terre y semble propre à toutes sortes de cultures. L'élévation du sol rend la température fort différente de celle des bords de la mer, et quoiqu'on n'y soit qu'à environ trois degrés de la ligne, les nuits et les matinées y sont si froides, qu'on éprouve le besoin de se chauffer. Les voyageurs trouvèrent des serpens d'une grandeur remarquable: un de ces reptiles avait trente pieds de longueur, et la peau si terreuse, que la caravane passa auprès, et peut-être le foula, sans s'en apercevoir. Il ne fut remarqué que par M. Mentelle, qui marchait le dernier. Ces rencontres ne sont pas rares; Rodrigue, mon hôte, a tué des serpens de vingt-cinq pieds de longueur, et gros comme le corps d'un homme. Ces serpens se blottissent en deux ou trois spirales, ils s'élancent sur les plus grands animaux, leur brisent les os et les étouffent. Ils ne poursuivent point l'homme, et ne le tuent que pour se défendre.

Les villages voisins de Sinnamari sont les moins peuplés, et renferment les plus faibles tribus de la Guyane. Celles qui habitent à l'est de Cayenne sont plus nombreuses, un autre esprit semble y animer les Indiens. Ils aiment la parure, ils entretiennent plus de propreté dans leurs cases, on les voit presque toujours occupés, hommes et femmes indistinctement. Aussi, leur nombre ne paraît pas diminuer; et comme l'indigence et la misère sont la suite de la paresse de ceux que nous voyons ici, plus de jouissances accompagnent la diligence et l'activité des autres. Cette disposition au travail se remarque surtout parmi la nation des Rocouyens, la plus industrieuse que l'on connaisse sur les terres de la Guyane française. Elle est établie dans plusieurs villages, sur une branche du Maroni, à plus de cent lieues de la mer. On remarque la même activité parmi ceux qui ont fui la domination portugaise, pour venir s'établir sur le territoire que nous regardons comme français. Je me sers du mot *regardons*, parce que les Indiens ne savent ce que c'est que de s'emparer d'une contrée par la seule intention, par des conventions ou des actes auxquels le plus intéressé n'est point appelé. Ils n'attachent l'idée de la domination qu'à l'occupation présente et à la possession réelle.

Les gouverneurs dans nos colonies continentales envoyaient de temps en temps en France des sauvages, comme pour se dispenser d'une description. Il y a trente ans qu'on en vit un à Versailles, où il fut présenté à Louis XV. On le promena dans Paris, on le fit bien manger et boire amplement, on lui fit faire des hamacs superbes, des arcs et des armes d'un grand prix. On lui donna aussi des instrumens de culture en usage dans son pays et ceux dont nous nous servons en France. On joignit à tout cela des bagatelles pour les enfans, et on le renvoya comblé de toutes sortes de superfluités. Tout fut brisé et détruit par les autres Indiens. Il voulut faire l'entendu, et parler des merveilles qu'il avait vues ; cet étalage déplut à tous les auditeurs ; quelques coups lui imposèrent silence. Il fut, presque en arrivant, remis au niveau commun, et il ne resta aucune trace du voyage. Même aventure était arri-

CHAPITRE VII.

vée à un sauvage canadien, que je vis sur la rivière des Mohawks.

Les Indiens qui habitent la Guyane intérieure, derrière la colonie de Surinam, sont pour la plupart de la nation des Galibis. Les gouverneurs hollandais les traitent comme des peuples indépendans ; ils leur donnent quelquefois en présent des esclaves noirs, que les Indiens emploient à la chasse, à la pêche, à cultiver la terre. Ils prennent aussi pour épouses les négresses qui leur sont données. Il y a peu d'années qu'un capitaine galibi mourut, laissant neuf veuves galibis et deux africaines. Les unes et les autres épousèrent chacune un des noirs qui avaient été ses esclaves. Ces unions sont fréquentes parmi les nègres libres : ce sont des esclaves hollandais qui se sont affranchis par la fuite. Ils forment une république de nègres, régie par des lois très-dures. Les gouverneurs de Surinam ont reconnu son indépendance, et les traités qui règlent les intérêts respectifs sont observés avec fidélité. Ces nègres, qui sont au nombre de six à sept mille, n'ont point parmi eux autant de femmes que d'hommes. Ils se marient avec des Indiennes lorsqu'ils le peuvent. Il résulte de ces croisemens une espèce robuste et laborieuse, d'une stature presque gigantesque, qu'on dit supérieure aux races pures, soit africaines, soit indiennes.

On a cru long-temps que la Guyane renfermait des mines plus riches que celles mêmes dont les Espagnols et les Portugais sont en possession. Cette opinion a été accréditée par Walter Ralegh; et propagée par ceux qui ont copié ses relations. On n'y croit plus aujourd'hui.

CHAPITRE HUITIÈME.

Conversations des déportés. — Prophéties. — Retour à Cayenne.—Frère chartreux déporté.—Mausolée de Préfontaine.—Soldat blanc.—Soldat noir.—Leur opinion sur la déportation.—Hospitalité.—Habitations remarquables.—Changement dans les dispositions de l'agent. —Madame Franklin; liberté de la presse.

Les déportés se réunissent le matin et le soir dans des promenades particulières, où les promeneurs se cherchent, se rassemblent en deux ou trois groupes, presque toujours composés des mêmes personnes. La conversation roule sur des anecdotes de persécution et de déportation, sur la chute du directoire, la contrition de La Révellière, la pénitence de Barras, le retour en France de tous les déportés, et sur toutes sortes de contes semblables.

Nous avions parmi nos compagnons un homme de beaucoup de simplicité, mais à la tête ardente, et qui s'imaginait de bonne foi que, dans ses extases, il connaissait l'avenir. Ce qui est plus extraordinaire, c'est qu'il trouvait des gens persuadés de l'infaillibilité de ses prophéties. Quelquefois, dans le grand nombre de celles qu'il avait débitées, il s'en trouvait qu'avec un peu de complaisance on pouvait croire justifiées par l'événement. Un jeune abbé, un peu léger, disait un soir à des amis de l'inspiré : « Je ne croi- » rai qu'aux prédictions qui se vérifieront sans » inductions, sans aucun effort de raisonnement. » Si notre compagnon sait l'avenir, pourquoi » l'enveloppe-t-il d'expressions amphibologiques? » On ne risque rien à prédire en termes géné- « raux la venue d'un conquérant. Il n'y a presque » point de siècle qui n'ait eu le sien; mais je » veux qu'on me dise bien nettement qu'il y aura » dans un tel nombre d'années un Alexandre, » fils de Philippe et d'Olympias; qu'il sera vainqueur à Arbelles; que, tranchant le nœud mys- » térieux à Gordium, il soumettra la Perse et les » Indes; qu'il tuera son ami, et qu'il mourra « d'intempérance dans Babylone. Si vos prophè- » tes savent si bien l'avenir; si leur prescience doit » produire un bien, plus elle sera manifeste et » plus ce bien sera grand; quand le temps sera » venu, et que les événemens seront accom- » plis, on les croira. » Ce discours réussit assez mal à notre esprit fort, et il y eut une escarmouche à laquelle nous crûmes prudent de ne point nous mêler.

Aucun prophète, aucun oracle n'a annoncé la

plus grand événement connu dans l'histoire du monde, la découverte de l'Amérique; à moins qu'on ne prenne pour une prophétie ces vers, faits quatorze siècles avant Christophe Colomb:

> Venient annis
> Secula seris, quibus Oceanus
> Vincula rerum laxet, et ingens
> Pateat tellus, Tiphysque novos,
> Detegat orbes, nec sit terris
> Ultima Thule............(1)

« Dans les siècles à venir, Océanus, déchirant « les voiles qui nous cachent les choses, fera voir « d'immenses contrées. Un autre Tiphys décou- « vrira de nouveaux mondes, et Thulé ne sera « plus aux limites de la terre. »

Milton, observant sans doute que la découverte du nouveau monde n'a jamais été prédite, quoique assurément elle en valût bien la peine, a imaginé un songe prophétique, dans lequel Adam voit le nouveau monde et la Guyane encore vierge, dont la grande cité est appelée l'Eldorado (2).

(1) SÉNÈQUE, Médée.
(2) .... In spirit perhaps, he also saw
    Rich Mexico the seat of Montezuma.

Voilà un des mille sujets sur lesquels nous nous exerçons dans notre oisiveté ; mais il en est un autre qui a toujours la préférence dans nos entretiens. Ces infortunés prêtres n'aspirent, comme nous, qu'à revoir la France, si chérie de ceux même qui n'y ont éprouvé que des persécutions ; et je me rendrais bien garant qu'ils n'en troubleraient pas la paix.

Aussitôt que les changemens qui survinrent en France nous permirent d'espérer un meilleur avenir, nous nous demandâmes réciproquement à quoi tendaient nos vœux, à quel plan de conduite nous voulions nous arrêter. Je m'entretenais un jour à ce sujet avec plusieurs ecclésiastiques doués de sagesse et de lumières : « L'infortune et l'âge sont d'habiles précepteurs, » me dit l'un d'eux ; l'émigration a rapproché » les doctrines, auparavant divisées ; nos pertes » sont immenses, mais nous voyons encore, dans » l'état présent des choses, des objets dignes de » notre ambition, et des moyens honorables de » rétablir une puissance évanouie. Si la nation

---

Et Cusco in Peru, the richer seat
Of Atabalipa et yet unspoild
Guyana, whose great city Gerion's sons
Call Eldorado. . . . .
(MILTON.)

» nous redemande, nous serons recommanda-
» bles par la pratique des vertus chrétiennes;
» nous deviendrons des agens de paix, des mé-
» diateurs et des conciliateurs entre des citoyens
» que tant de causes divisent; nous aurons ap-
» pris ici à nous imposer toutes sortes de priva-
» tions. Nous espérons reconquérir par la pra-
» tique des vertus un empire plus durable et
» plus glorieux que celui des richesses. »

Ils nous demandèrent aussi de nous expliquer, à notre tour, touchant le parti que nous prendrions si, comme nous pouvions le prévoir, l'excès du désordre finissait par mettre le pouvoir dans les mains d'un seul. Leur question indiquait assez le prétendant; nous leur répondîmes par l'anecdote suivante, rapportée, je crois, par Plutarque:

« Bibulus ayant proposé au sénat d'élire
» Pompée dictateur, on s'attendait que Caton
» s'opposerait à cette innovation dangereuse;
» mais, contre l'opinion de l'assemblée, il se leva
» pour l'appuyer, disant qu'il valait mieux qu'il
» y eût un magistrat, quel qu'il fût, que de
» n'en avoir point du tout. Il dit à Pompée
» qu'il continuerait même sous sa dictature, à
» s'occuper des affaires publiques et à agir pour
» le mieux. »

Cœlius écrivait aussi à Cicéron. « Il faut,

« dans les dissensions domestiques, et tant
» que l'on combat sans armes, suivre le parti
» le plus honnête. » Fort bien jusque-là ; mais
». Cœlius ajoute : » Quand l'épée est tirée, il faut
» se ranger du côté du plus fort, et regarder
» les résolutions les plus sûres comme les meil-
» leures. »

Cœlius lui-même se repentit bientôt d'être entré dans le parti de César. « Il triomphe, » écrivait-il; mais, en vérité, les choses que » je vois me semblent pires que la mort. » Comment sortir de ce labyrinthe? n'avoir en vue que l'intérêt de son pays, sans s'embarrasser du reste. Alors, si les affaires publiques vont bien, ceux qui s'en mêlent y trouveront eux-mêmes honneur et contentement; si elles vont mal, leur condition n'en sera pas pire.

L'évêque de Saint-Pol-de-Léon fit parvenir aux prêtres déportés mille louis. La somme fut apportée à Surinam par M. de Coëtlosquet; elle n'était destinée qu'aux plus pauvres, et devait leur être distribuée dans la proportion de leurs besoins. Cette charité ne pouvait causer d'ombrage à Burnel. Cependant, l'habitude de craindre ce magistrat, l'usage où il était de convertir en délit les choses les plus légitimes, déterminèrent l'agent principal de cette œuvre de bienfaisance à se servir de distributeurs in-

CHAPITRE VIII.

termédiaires. Ceux-ci ne remplirent pas tous cette mission respectable avec le zèle et le scrupule qu'elle exigeait; et, jusqu'au moment où j'écris, les malheureux qui en ont été l'objet en ont peu profité.

Les cinq chauffeurs et galériens qui, ainsi que nous, habitaient Sinnamari, jouaient, s'enivraient, faisaient du tapage.

Burnel, pour faire sa cour au directoire, s'exprimait ainsi dans une de ses lettres au ministre :

« Lors de l'arrivée des frégates espagnoles, » qu'on avait d'abord prises pour une division » anglaise, j'avais donné ordre d'amener à » Cayenne, pour m'assurer de leurs personnes, » Barbé-Marbois et Laffon-Ladebat.

» J'abandonnai à la garde du poste de Sinnamari toute la valetaille qui y pullule. Ces » messieurs ont pris la noble habitude de se » voler entre eux. Parmi ceux des voleurs que » j'ai fait arrêter ces jours derniers, il s'est » trouvé un vieux serviteur de la maison de » Bourbon, qui, sans doute par attachement » pour elle, en garde le souvenir sur l'épaule. » Ce monsieur est marqué d'une fleur de lis. »

Voilà les plaisanteries que Burnel croyait les plus propres à réjouir le directoire. Je ne les transcrirais pas, si elles n'avaient pour objet de faire mieux connaître l'homme préposé au grand établissement de la déportation et au gouvernement d'une colonie.

1er *messidor an VII* (19 juin 1799). Nous avions eu, Laffon et moi, une connaissance imparfaite du décret du corps législatif, qui, dès le 19 brumaire an VII, permettait de changer le lieu de la déportation. La persécution dirigée contre tant d'hommes innocens avait excité une indignation générale, et c'est l'opinion qui arrachait cette loi au directoire et aux conseils. Nous ne doutions pas que nous n'y fussions compris, et nous étions loin d'imaginer que ce faible soulagement pût nous être refusé. D'un autre côté, toute la conduite du directoire décelait un extrême embarras. Il était forcé de revenir à des traitemens modérés; mais ceux qui ont abandonné les voies de la justice et de l'humanité ne savent comment y rentrer; ils voient des précipices partout; leur vue se trouble, et souvent ils trébuchent. Pour nous, qui n'avions eu qu'un but, nous y avions marché sans biaiser. Le sentier était étroit, mais il n'était point scabreux, et nous n'avions point d'abîmes devant nous. L'agent revint comme de lui-même sur ses pas, et parut vouloir nous faire oublier, par un traitement moins dur, l'injustice de ses premiers procédés. En messidor an VII (juillet 1799), le commandant de Sinnamari fit connaître à Laffon et à moi que, si nos affaires ou notre santé exigeaient notre retour à Cayenne, nous aurions la liberté d'y revenir, et qu'il fallait en faire la demande à Burnel. Nous écrivîmes de concert. Nos lettres ressemblaient à celles que l'agent avait précédemment trouvées offensantes. Il nous envoya cependant, par le retour de l'exprès, la permission que nous demandions par suite de sa propre ouverture.

Je commençai à croire que mon retour en France n'était pas éloigné.

Madame Trion, pendant ma maladie, n'avait cessé de m'entretenir de cet espoir. Elle m'entourait, autant qu'elle pouvait, d'objets propres à le nourrir. Elle avait élevé une très-belle perruche, qu'elle vous destinait, ma chère Sophie. Quand, suivant l'usage, on lui demandait : « Qui est là ? » condamnée à quitter son pays pour aller en Europe, elle répondait d'une voix ferme : « Déportée sans jugement. » Elle recevait des applaudissemens de tous ceux qui venaient chez moi. Mais tout à coup, Sophie, cette éducation tourna mal, et voici comment : Rodrigue imagina de donner à votre oiseau d'autres leçons que celles de sa tante. Il voulait que la perruche répondît : « Déportée non jugée. »

La leçon lui fut répétée mille fois, mais sans succès. La confusion se mit dans la tête de l'écolière; elle ne proféra que des syllabes dénuées de sens; elle oublia même ce qu'elle avait si bien su; et, pour avoir voulu lui apprendre trop de choses à la fois, Rodrigue n'en fit qu'une ignorante. Et nous, ma chère Sophie, nous qui jouissons du privilége de la raison, rien ne nous empêche d'apprendre dans le même temps des choses différentes; mais vous que ce qui est vrai, et n'apprenez rien de ce qu'il vous faudrait ensuite oublier.

Nous ne quittâmes Sinnamari que le 14 thermidor an VII (1er août 1799). Nous prîmes congé de ces déportés qui avaient depuis un an partagé notre bannissement, de ces bons habitans dont l'affection ne s'était jamais démentie, et que nous ne devions plus revoir. J'eus le cœur serré en disant adieu à madame Trion, que mon amitié comptera toujours parmi mes sœurs, et dont l'hospitalité, la tendresse et les soins m'ont conservé la vie (1).

Je quittai, pour n'y plus revenir, ce lieu où mes ennemis s'étaient proposé de me tenir jusqu'à la mort. Un Galibi courut après moi; il me

(1) Cette excellente amie est morte peu de temps après mon départ de la Guyane.

fit présent d'un casse-tête, d'un arc, de flèches, et d'un collier de dents de tigre. Je tournai, pour la dernière fois, mes regards vers cette cabane que j'avais habitée deux ans. Je saluai mes cannelliers, mes arbres à pain et mes girofliers. Je m'acheminai par cette route qui rappellera aux colons les relégués dont elle est l'ouvrage. Je passai devant les cases qu'ont habitées Murinais et Tronson, et près du cimetière où leurs restes reposent. Adieu, Simapo ! adieu forêts et déserts que baigne le Sinnamari ! Insatiables tombeaux, que j'ai vus tant de fois ouverts, je vous échappe ! Sépulture de mes amis, adieu pour jamais, adieu !

Je partis à quatre heures de l'après-midi, avec un nègre qui portait mon bagage. Je m'arrêtai un moment dans la cabane du frère de Sept-Fonds, Xavier Clavier, déporté. Ce bon anachorète m'attendait avec des rafraîchissemens. Il m'offrit de passer la nuit dans sa cellule ; mais j'étais pressé d'avancer. Il m'accompagna pendant près de deux lieues. Il m'entretint de ses projets, de ses occupations. Je vis son ame paisible comme la retraite où il vivait, et un homme soumis, sans ostentation, et avec une religieuse résignation à une destinée que la plus sublime philosophie rendrait à peine supportable. Celui-là ne faisait pas son salut pour être regardé.

Dès qu'il m'eut quitté, je m'égarai; mon nègre avait pris les devans; je n'avais point de boussole; la nuit tombait, et je ne savais quelle direction suivre dans un bois très-fourré, où les sentiers se croisaient. Je commençais à éprouver la faim et la soif; je mesurais la hauteur d'un arbre; c'était un asile contre les tigres, et je me proposais avec anxiété d'y passer la nuit, quand je fus averti, par la voix d'un homme et par les cris de quelques volailles, que je n'étais pas loin de la ménagerie où je devais coucher. Il n'y a point de mélodie plus agréable que la voix humaine pour celui qui a craint d'être seul et perdu dans un désert. Je fis quelques pas, et je rencontrai l'abbé Wagner, déporté établi sur cette habitation. Il chassait les bœufs et les vaches, et les rassemblait dans le parc. La sueur, la poussière et la boue l'avaient rendu méconnaissable.

L'abbé me dit : « On m'a donné, sans condi-
» tion, l'hospitalité, j'ai cru devoir reconnaître
» ce bienfait en me rendant utile. »

Mon Journal était, dans mes voyages, le principal objet de ma sollicitude, et vous voyez, par les détails qu'il contient, qu'il m'importait, en le dérobant à la vue des émissaires de l'agent, de le conserver pour vous, Élise, et pour notre Sophie. Il ne contient cependant pas un mot qui puisse autoriser des juges impartiaux à me condamner à la peine que je subis. Je ne suis dominé que par le besoin de vous faire connaître ma véritable situation ; et, quand je vous demande instamment de faire imprimer les lettres que je vous écris, c'est parce que j'attends mon salut de cette publicité, au lieu de rien espérer de mon silence.

Je perdis ce Journal sur une des habitations où je passais les nuits. Je m'affligeais de cette perte, quand le maître du logis le retrouva parmi de vieux bouquins. Un nègre fidèle et trop soigneux l'y avait jeté. Bientôt mon livre eût été la proie des poux de bois, qui font de tout le papier qu'ils trouvent une vraie dentelle ; ils ne distinguent aucun nom, et n'épargnent pas plus Racine que Pradon. Les poux de bois et les vers semblaient être d'un fâcheux présage. J'eus la pensée de ne pas continuer cet écrit ; mais je touchais au terme. J'ai résisté.

Laffon me rejoignit le lendemain à la crique de Malmanoury.

Il y avait là un poste de cinq hommes. Je montrai mon passeport au caporal blanc qui commandait. J'avais écrit moi-même cet acte à Sinnamari, car j'étais greffier du maire. Je prenais dans ce passeport la qualité de déporté *non jugé*.

« Non jugé ! dit le bon caporal allemand, c'est » comme si vous n'étiez pas déporté. » Un soldat nègre, qui n'entendait rien à ces distinctions, répliqua : « *Ça est bien tout un, quand on souffre la peine.* » L'homme libre et le nègre à peine sorti d'esclavage parlaient chacun leur langage. Ces nègres, qui nous avaient vus, quelques mois auparavant, traînés à Cayenne comme des criminels, étaient étonnés de nous voir indépendans. Ils raisonnaient sur ce changement, et ils concluaient, de la liberté qui nous était rendue, que le retour de l'esclavage n'était pas éloigné pour eux.

Il n'y a pas un seul cabaret sur la route; l'hospitalité coloniale y supplée, et les déportés voyageurs l'ont souvent mise à l'épreuve. Nous pûmes nous convaincre, partout où nous nous arrêtâmes, que les nègres étaient traités avec douceur. C'est sur une de ces habitations qu'on nous fit remarquer un noir que sa bonne mine distinguait. Il se disait fils d'un roi d'Afrique, à qui un prince voisin avait fait la guerre pour lui enlever des prisonniers, et les vendre comme esclaves. Les compagnons de celui-ci lui marquaient du respect. Les maîtres croyaient à son récit, et le lui témoignaient par des ménagemens.

Nous arrivâmes le 17 thermidor (4 août 1799) à Kourrou. On voyage presque toujours sur le bord de la mer depuis Sinnamari jusqu'à cet endroit. On marche sur un sable ferme, très-fin, uni comme un pavé de marbre, et qui, un peu humide, résiste aux pieds, et n'en garde pas même l'empreinte. Mais la haute mer oblige souvent le voyageur à se jeter dans la savane. Il faut alors qu'il se fraie un chemin à travers des lianes et des herbes fort hautes, sur un sol quelquefois marécageux, où il est assailli par des milliers d'insectes.

Kourrou est situé sur la rivière de ce nom, à une demi-lieue de son embouchure dans la mer. On compte six ou sept déportés dans ce canton. Un d'eux est le citoyen Pitou, homme de lettres, suivant les procès-verbaux de déportation. Des chansons, qu'on avait jugées contre-révolutionnaires, ont été la cause de son bannissement. Deux années de séjour et le soleil de la Guyane ont fort bruni son teint, mais Phébus lui a conservé ses inspirations poétiques :

La pelle si çangia, il costume non mai.

Le citoyen Pitou a répété ses couplets, et, mis en prison par le citoyen Burnel, il a diverti et apprivoisé ses gardiens, en leur faisant entendre ses chants royaux.

Les seuls monumens de sculpture et de

peinture qu'il y ait à la Guyane française se voient à Kourrou. Ils sont dans une chapelle qui sert de tombeau à Préfontaine, auteur de la *Maison rustique à Cayenne*. Cet habitant a modelé lui-même son buste et celui de sa femme; on les voit aux deux côtés de l'autel. Les murs, chargés de fresques, aussi mal exécutées que ces deux figures, présentent le Paradis et l'Enfer. Rien n'empêche de prendre un tableau pour l'autre. On lit de toutes parts des vers à l'honneur des deux défunts. J'ai retenu ceux-ci, qui offrent une vérité assez bien exprimée :

En vain pour la fortune on veut tout hasarder,
La mort vient, et l'on perd dans ce moment funeste,
Tout ce qu'on avait cru garder ;
Mais tout ce qu'on a donné reste.

Nous remontâmes la rivière en canot jusqu'à Pariacabo, à deux lieues du bourg, et nous dînâmes avec les déportés du canton, chez le citoyen Gourgues. La maison est vaste, l'air est pur ; le site est un peu sauvage, mais embelli par une verdure perpétuelle et la vue d'un superbe canal que forme la rivière.

Nous allâmes coucher à l'habitation de Saint-Philippe, régie par M. Michonet, déporté. De bons auteurs latins et français y forment toute

CHAPITRE VIII.

sa société ; et s'il veut converser avec des hommes qui comprennent son langage, il faut qu'il aille les chercher dans le voisinage.

En me promenant près d'une de ces habitations, j'aperçus dans une baie, formée à l'embouchure de la rivière, quelques nègres et deux Indiens qui me parurent fort occupés. Je m'approchai, et je vis qu'ils pêchaient une quantité considérable de poissons qui se laissaient prendre à la main. Je sus qu'ils les avaient enivrés avec du *mécou*.

Cette plante est une liane dont le suc est laiteux. On en frappe ou bien on en comprime fortement l'écorce, et puis on agite les branches dans l'eau de la mer, pour y mêler leur suc. Presque aussitôt le poisson se meut en tout sens, se heurte contre le rivage, va et revient, et finit par flotter à la surface de l'eau. Il n'est point mort, il est assoupi ; son instinct est égaré, et on le prend comme l'on veut.

L'enivrage est interdit par les réglemens, mais on néglige aujourd'hui de les faire exécuter.

Cette pratique était connue des anciens. Platon veut qu'il soit permis de pêcher partout, si ce n'est dans les eaux sacrées, et pourvu qu'on s'abstienne d'user de certaines compositions de sucs.

Nous fîmes connaissance, sur l'habitation

Mettereau, d'un déporté appelé Jean-Louis Kerautem. Avant qu'on songeât à le bannir de France, on lui avait permis de passer en pays étranger; mais c'était une espèce de faveur, car il était prévenu d'émigration. Il s'embarqua sur un neutre ; le navire n'était qu'à peu de distance du port, quand le gros temps et des avaries le forcèrent d'y rentrer. Kerautem fut arrêté comme n'étant plus dans les délais utiles pour le départ; et, en l'envoyant à Cayenne, on le punit des obstacles que les vents et les orages lui avaient opposés.

Ce déporté nous avait paru bien portant; il mourut peu de temps après. J'apprends chaque jour que cette mortalité continue. Cependant je ne vous enverrai plus d'articles semblables, car mon Journal devient un nécrologe. Quelques déportés survivront peut-être : ils raconteront ce que nous avons eu à souffrir, et leur récit sera une leçon donnée à ceux qui font ou exécutent des lois barbares.

20 *messidor an VII* (8 juillet 1799). — Nous apprîmes à Cayenne que l'agent, instruit de l'impression qu'avait faite en France la nouvelle des sévérités exercées contre nous, se relâchait de ses premières rigueurs. Jean-Jacques Aymé et Piclet profitèrent de la circonstance pour s'évader.

CHAPITRE VIII.

Nous nous trouvions, Laffon et moi, les seuls membres des conseils restés à la Guyane. Les années s'écoulaient, mais après une aussi longue épreuve, nous étions plus affermis que jamais dans nos résolutions.

Nous n'hésitâmes point à regarder la loi des otages et celle de l'emprunt graduel forcé comme les derniers efforts de la tyrannie expirante. Ces excès étaient de vrais signaux de détresse, et la conduite même de Burnel nous donnait l'espérance du changement d'un état de choses inconciliable avec l'ordre social.

O! qui que vous soyez, qui veillez sur des prisonniers non condamnés, songez qu'ils peuvent être plus innocens que vous. Traitez-les avec humanité, vous en trouverez la récompense dans leur cœur, dans leurs journaux peut-être, et votre souvenir sera cher à leurs familles.

Laffon et moi ne nous étions point quittés depuis le 18 fructidor an V. Nous prîmes à loyer une petite maison située dans un quartier agréable de la savane, ou faubourg de la ville.

Il arrive de temps en temps des bâtimens de France à Cayenne, et nous, remplis d'espérances, nous attendons des lettres de nos amis. Mais aucun souvenir n'est venu depuis plusieurs mois dissiper notre tristesse. La longueur de nos peines a-t-elle donc fait succéder l'indifférence à l'amitié, ou faut-il nous en prendre à la jalouse curiosité de l'agent? L'attente pour les gens heureux n'est que de l'impatience; l'incertitude est pour les malheureux une fièvre continue.

C'est par l'*Advertiser*, qui m'est adressé de Philadelphie, que j'apprends que le ministre de la police, Fouché, vous a donné une audience, et, qu'assise parmi des femmes que le journaliste appelle *de toutes sortes*, il a entendu vos sollicitations, qu'il a vu vos larmes, et vous a donné l'espérance de mon retour. C'est en imprimer à Philadelphie plus qu'on n'oserait à Paris.

Interdire à un opprimé la faculté de recourir aux presses et aux journaux pour repousser une injustice, est un acte de tyrannie, qui, dans une autre circonstance, a trouvé un vengeur dans votre pays. C'est à Philadelphie que l'anecdote m'a été racontée, et peut-être y est-elle oubliée aujourd'hui. Je veux la redire, car je suis plus que jamais partisan de la liberté de la presse.

Franklin, dans sa jeunesse, y rédigeait une gazette fort accréditée. Obligé de s'absenter pendant quelques semaines, il laissa à une dame, qui avait sa confiance, le soin de rédiger cette feuille. Cette dame se conforma aux instructions

CHAPITRE VIII.

qui lui furent laissées, en y ajoutant cependant un article auquel elle attachait beaucoup d'importance ; et je vais dire en quoi il consistait.

Un homme se présenta, et lui remit une annonce ainsi conçue : « *Je me sépare de table et* » *de lit de ma femme, et je ne paierai aucune des* » *dépenses qu'elle pourrait faire ;* » et il remit en même temps le prix d'usage pour une telle publication. « Fort bien, dit madame Franklin, » mais votre femme voudra, aujourd'hui ou de- » main, répliquer et se plaindre à son tour, elle » n'aura pas de quoi payer l'insertion de ses » griefs. Payez donc une double somme, autre- » ment je n'insérerai rien, et vous pouvez re- » prendre votre argent. »

Le mari se soumit, et son exemple est devenu la loi de tous. Je présume qu'elle ne tombera jamais en désuétude.

CHAPITRE NEUVIÈME.

Conduite de l'agent Burnel. — Soulèvement des colons contre cet administrateur. — Ils consultent les déportés. — On déporte l'agent en France. — Nous sommes de fait administrateurs de la colonie. — La liberté nous est rendue. — Arrivée de Victor Hugues après la chute des cinq directeurs. — Laffon et Marbois reviennent en France. — Loi et arrêté des 3 et 5 nivôse an VIII pour mettre fin aux proscriptions et annuler les déportations sans jugement.

Enfin, Élise, je puis vous écrire en liberté. Je ne suis plus obligé de cacher mes feuilles aussitôt qu'un inconnu approche de notre case. Nous sommes libres, Laffon et moi, et nous pourrions, si nous en avions le désir, abandonner sans empêchement et sans danger cette terre fatale. Il faut vous raconter les détails de cette importante révolution, très-importante, je vous assure, et aussi salutaire à la colonie de Cayenne que le fut à la Sicile l'expulsion de son tyran, il y a vingt-trois siècles. Je vais vous apprendre comment nous fûmes les Dion et les Timoléon du petit Denys de la Guyane.

CHAPITRE II.

Et d'abord, je rappelle les causes déjà anciennes qui avaient amené la crise dont nous étions les témoins.

Ce fut le 16 pluviôse an II que la convention nationale prononça l'abolition de l'esclavage. L'agent Jeannet ne reçut le décret que quatre mois après. Il aurait dû en faire précéder la publication par quelques dispositions propres à conjurer l'affreuse tempête que cet immense changement allait susciter; mais il fit proclamer cet acte dès le lendemain de l'arrivée de la frégate qui l'apporta. Le travail cessa aussitôt. Les noirs passant subitement de l'esclavage à l'indépendance, se livrèrent à la licence et à l'oisiveté. Ils n'avaient connu que la discipline domestique; n'ayant point l'habitude d'une soumission volontaire aux lois, ils regardaient tous les excès auxquels l'autorité même les encourageait, comme un simple exercice de leurs nouveaux droits.

C'est en cet état que se trouvait la colonie, lorsque Burnel arriva. L'émancipation était commandée par la loi; c'était autoriser la cessation des travaux, et la disette en devait être une suite inévitable.

Le nouvel agent, feignant une inspiration prophétique avait annoncé que les Anglais attaqueraient l'île de Cayenne, et il avait même fixé le jour de cette entreprise. Les nègres croyaient fermement à sa prédiction, et sous prétexte de repousser l'invasion dont il disait la colonie menacée, il les avait appelés tous à la défendre.

Ces insurgés remplissaient la ville et le faubourg. Les provisions se consommaient rapidement. Il était impossible de payer la solde de ces nouveaux corps, et on était menacé à la fois de la famine et de l'incendie des habitations. Les partis se montrèrent alors à face découverte : on voyait dans l'un les esclaves ainsi accourus, et avec eux les gendarmes; ces derniers étaient presque tous nègres. On croyait que l'agent lui-même était le chef secret de cette faction. Le parti contraire était composé des colons blancs, du bataillon blanc de la troupe de ligne, et de la plupart des gens de couleur affranchis avant la révolution. Il faut faire connaître de quels élémens les trois factions étaient composées. Lorsque l'abolition de l'esclavage fut prononcée, les blancs ne comprirent pas que, dans les dangers dont ils étaient menacés, ils avaient pour alliés naturels la classe puissante des anciens affranchis, et qu'il importait à leur propre existence de renoncer aux principes qui avaient tenu si long-temps les mulâtres dans l'abjection. Mais l'expérience fit bientôt prévaloir la prudence. Les blancs et les gens de couleur libres se réunirent au bataillon d'infanterie, presque entièrement composé d'Alsaciens et de Lorrains allemands. L'accord s'établit facilement entre cette troupe et les colons. Tel est l'état des choses au moment même où j'écris. D'un autre côté, les nègres laissent mieux connaître un dessein que leur présence et leur réunion dans le chef-lieu n'avaient fait jusqu'à présent qu'indiquer : c'est celui d'assurer leur liberté en exterminant, s'il le faut, leurs maîtres. Dans cette crise alarmante, il n'y a plus à différer. Les colons demandent que les esclaves soient renvoyés sur les habitations. L'agent résiste, il prend successivement les mesures les plus contradictoires.

Je ne puis encore me dire quel sera le résultat de la crise, et cependant nous allons être forcés de nous déclarer.

16 *brumaire an VIII* (7 novembre 1799). — Plus l'agent avait été absolu, plus il regrettait son autorité évanouie. Au milieu de ses irrésolutions, il s'imagina qu'un désordre porté au comble lui fournirait quelque chance favorable. Il voulut mettre les blancs aux prises entre eux, et il proposa aux officiers du bataillon de ligne de désarmer la garde nationale. Ces militaires rejetèrent la proposition, et ils la communiquèrent aux habitans. Désespéré de ce mauvais succès, il changea de conduite, et pratiqua en

secret le bataillon noir; mais, en pareille circonstance, l'irrésolution d'un chef est le présage de sa défaite. Les blancs, avertis de l'imminence du danger, visitèrent dans la nuit du 18 au 19 brumaire la caserne des noirs. On les trouva habillés ayant leurs armes chargées. Ils furent désarmés; mais, dès le point du jour, les nègres des habitations commencèrent à se déclarer. On les vit arriver de tous côtés à la ville. Les plus turbulens parcouraient le faubourg et appelaient leurs compagnons. Ils se rassemblèrent en grand nombre sur la place, devant la maison de l'agent. Ils s'étaient emparés de six canons de campagne, et n'avaient jusqu'à ce moment éprouvé aucune résistance. Leurs émissaires, répandus dans les quartiers, s'écriaient : « Armez-vous promptement, courez à la place de » Cayenne; on tue nos frères, on veut nous re- » mettre en esclavage. » La plupart des mutins étaient sans armes; quelques-uns d'entre eux avaient des sabres et des fusils. Les colons comprirent qu'il fallait, par une résolution décisive, mettre fin à l'incertitude. Les soldats, impatiens, demandaient qu'on leur permît de reprendre leurs canons. Dix grenadiers, conduits par le capitaine, marchèrent contre les nègres, dont le nombre surpassait deux cents. L'officier leur commanda de se disperser; et comme ils ne bougeaient pas, les grenadiers eurent ordre de mettre en joue. Aussitôt les séditieux s'enfuirent, et il ne resta aucune trace du tumulte. On fut bien convaincu qu'il aurait été facile à l'agent de le faire cesser, puisque, sans son intervention, dix hommes y étaient parvenus aisément.

Laffon et moi, nous étions ennemis de toute intrigue; nous avions long-temps pensé que, même dans notre état d'oppression, nous devions nous abstenir avec soin de tout ce qui pourrait compromettre nos amis et nous-mêmes; mais la crise était arrivée à son dernier période; nous ne pouvions plus en retarder les effets, et dans ces circonstances plusieurs colons vinrent nous trouver: c'était le 18 brumaire an VIII (9 novembre 1799), ce jour même où le directoire de France tombait sans vie pour faire place à une autre autorité. Cette coïncidence des deux journées ne nous fut connue que deux mois après, et aucune combinaison ne pouvait faire à Cayenne pressentir ce changement soudain. Mais ce n'était plus pour nous le temps de délibérer. En révolution, délibérer et succomber, c'est se rendre coupable envers le parti qui triomphe. Nous étions proscrits, impuissans, surveillés et gardés à vue; mais notre vie publique n'était un secret pour personne, et

on pouvait juger aisément quelles étaient nos dispositions. Nous fûmes tout à coup investis de la confiance des colons, et l'agent se vit délaissé par eux tous : il l'était même par la garnison, car il n'avait inspiré au soldat ni crainte ni affection. La société était évidemment en guerre contre un magistrat qui la conduisait à une perte certaine. Aussitôt que notre résolution fut prise, Laffon, moitié sérieux, moitié riant, me dit:
« *L'insurrection est le plus saint des devoirs;* nous
» saurons dans quelques jours si elle est aussi
» le plus dangereux. Et vous, dites-moi ce que
» vous augurez. — Ce que j'augure, lui répondis-
» je, c'est que l'agent succombera, nous serons
» rappelés, et, de retour à Paris, nous y serons
» pendant vingt-quatre heures à la mode comme
» deux ressuscités. Burnel peut triompher cependant ; et, dans ce dernier cas, on lira
» notre article nécrologique dans le *Moniteur;* et
» il ne sera pas long: *Laffon et Marbois sont morts*
» *d'Oyapok.* »

Nous fûmes ponctuellement instruits des résolutions prises dans les conciliabules coloniaux, et nos avis y furent presque toujours adoptés.

Burnel eut connaissance de notre participation; mais nous avions tellement avancé les choses, qu'il n'était plus temps pour lui d'élever

CHAPITRE IX.

de nouveaux obstacles. Les tribunaux furent saisis de la connaissance de l'émeute. Cet agent était fort chargé dans les dépositions, et bientôt il désira ardemment de mettre fin, par un prompt départ, à une situation aussi périlleuse. Il aurait voulu en même temps pouvoir justifier sa fuite, en alléguant, soit les instances des habitans, soit quelque violence de leur part; car il abdiquait ses fonctions avant leur terme. Un jour il abandonnait; le lendemain il retenait les débris d'une autorité expirante; et la fin de ses pouvoirs eût été préférable à une agonie aussi prolongée. Il ne trouvait aucune issue pour sortir de fonctions, car de tous côtés on lui disait qu'on n'avait pas une autorité suffisante pour le renvoyer, mais qu'on ne se souciait pas qu'il restât.

Dans cette disposition des esprits, on fut informé, par un navire neutre, que les habitans de la Guadeloupe avaient fait embarquer l'agent de cette colonie, et l'avaient renvoyé en France. A cette nouvelle, subitement répandue, un cri général s'éleva, et le départ de Burnel fut demandé comme le seul moyen de rétablir la paix intérieure. Cet homme, que ses caprices et ses emportemens avaient rendu si redoutable, reçut avec une docilité incroyable la signification des actes de la procédure dans laquelle il était impliqué.

Il partit le 12 frimaire an VIII (3 décembre 1799), et la colonie parut délivrée d'un fardeau qui pesait sur toutes les classes d'habitans. Ainsi, bannis de France, et soumis à Cayenne à l'autorité absolue de Burnel, nous pûmes à notre tour concourir, avec les habitans, à son bannissement, et, pendant deux mois, leur confiance nous donna plus de puissance qu'il n'en avait jamais obtenu de la crainte et de la force. Le gouvernement passa dans les mains d'un homme dont tous les partis révéraient les vertus. Franconie, citoyen modeste, retiré des affaires, éloigné de toute intrigue, accepta ces fonctions, après nous avoir fait promettre de l'aider de nos conseils. Il ouvrit une mine que les agens n'avaient jamais songé à exploiter. Ce fut la réforme des abus, l'établissement de l'ordre, l'observation des lois, l'économie et une perception régulière des contributions publiques. La confiance universelle seconda ses efforts, et nous-mêmes, plus zélés peut-être que prudens, nous y joignîmes les nôtres. Nous pourrions dire que pendant deux mois, nous fûmes associés de fait à Franconie pour l'administration de la Guyane. Les dépôts, les archives, tout nous fut ouvert, et nous connûmes jusqu'aux moindres secrets du despotisme dont nous étions depuis deux ans les victimes. C'est ainsi que ce Journal a pu les faire connaître, et que je n'ai eu qu'à copier les dépêches écrites à notre sujet par les agens.

Le 21 brumaire an VIII (12 novembre 1799), au matin, les nègres nous apprirent que pendant la nuit le ciel avait paru enflammé dans la partie du nord.

Voici ce que nous dit le chirurgien de l'hôpital, homme instruit, qui avait observé ce phénomène : « Vers deux heures du matin, des feux ont brillé tout à coup au-dessus de nous. C'étaient des lumières semblables à des étoiles, et qui parcouraient rapidement le firmament dans toutes les directions. Ces météores embrassaient une vaste partie du ciel, et surtout au nord. Il y eut quelques instans d'un éclat si vif, qu'on ne peut le comparer qu'aux gerbes flamboyantes lancées dans les feux d'artifices. Ce phénomène dura près d'une heure et demie. L'atmosphère était pure et sans nuages; il n'y avait ni vent, ni pluie. »

Les gens superstitieux s'imaginèrent que c'était une convulsion de la nature, occasionée par le renvoi de l'agent. Que n'auraient-ils pas dit s'ils eussent été informés du grand changement survenu en France au 18 brumaire, trois jours auparavant? Cette crédulité est de tous les siècles et de tous les pays (1). Virgile disait à Rome, il y a deux mille ans :

> Armorum sonitum toto Germania cœlo
> Audiit....

« La Germanie ouït le fracas des armes retentir dans le ciel. »

C'est encore une opinion généralement répandue parmi le peuple en Allemagne, qu'aux approches d'une guerre, les chars guerriers se font entendre dans les airs, et qu'ils se retirent avec le même bruit, quand la paix est faite.

Si le seigneur d'un village allemand vient à mourir au temps de l'apparition d'une aurore boréale, c'est le ciel qui annonce sa mort.

Nous profitions de notre liberté pour voir les environs, et nous visitâmes plusieurs colons sur leurs habitations. Je partis un jour pour celle de M. Lamolère, éloignée de Cayenne de trois lieues. J'étais à cheval, et seul. J'arrivai à un pont de bois, et je jugeai prudent de mettre pied à terre. Je voulus passer tenant mon cheval par la bride; il gratta du pied les madriers, flaira quelques

---

(1) Dans la même nuit, J.-J. Aymé, fugitif sur un vaisseau neutre, vit, à plus de 20 degrés au nord de Cayenne, le même phénomène.

mauvaises planches, et me résista, comme pour m'avertir que le passage était dangereux. Je l'excitai cependant de la voix et de quelques coups de houssine. Tout à coup, au lieu de passer au pas, il veut franchir l'espace d'un saut ; mais il avait mal jugé l'intervalle, il tomba sur le milieu du pont, l'enfonça, et se trouva suspendu à quelques traverses. Je le dégageai, et son propre poids le fit tomber dans l'eau. L'événement ne le troubla point ; il se mit à boire comme s'il eût été conduit à son abreuvoir.

L'habitation Lamolère est remarquable par un ruisseau qui coule si abondamment, que les ardeurs de la ligne ne peuvent le tarir. Il sort des cavités obscures et profondes d'un rocher voisin. Assis sous des arbres touffus, nous jouissions du calme du lieu, du murmure des eaux, de notre liberté recouvrée, de mille souvenirs qui, au milieu d'une famille étrangère, heureuse et unie, me rappelaient la mienne.

Un jeune homme nous chanta quelques couplets, dont je n'ai retenu que les vers suivans :

> D'un roc brûlé par l'équateur
> S'échappe une source rapide,
> Un bois épais et protecteur
> Ombrage cette onde limpide;

Je ne me souviens pas du reste.

Vous trouverez peut-être des chansons hors de place dans le journal d'un exilé; elles me rappellent qu'un homme, qui avait admiré une pièce de vers dont l'auteur lui était inconnu, apprit par hasard que le poète était son notaire, homme fort estimé dans sa profession. Les vers étaient bons, il n'y avait pas à s'en dédire; mais il changea de notaire. Pour moi, qui, par état, n'ai rien à faire, je prends plaisir aux vers, pour peu qu'ils soient supportables. Combien je fus content d'en trouver ici de parfaits. Il y avait un Horace dans la bibliothèque de M. Lamolère. En l'ouvrant, je tombai sur ce chant magnifique où le poète jouit d'avance d'une gloire immortelle, méritée par tant de beaux ouvrages. Je lus à haute voix l'ode entière. Des noirs et des Indiens, frappés de l'émotion avec laquelle je récitais ces strophes divines, me demandèrent si c'était un psaume. « Non, leur dis-je, c'est un
» cantique. Il y a deux mille ans, qu'en Europe,
» un prêtre, inspiré par le génie des vers et du
» chant, a prédit que la renommée porterait son
» nom jusqu'aux sirtes de l'Afrique et aux ré-
» gions les plus éloignées, en un mot, jusqu'à
» vous, Galibis.

Me Colchus et ultimi
Noscent Geloni. »

Je leur dis qu'il s'appelait Horace. Ils répétèrent son nom plusieurs fois après moi, et c'est ainsi que fut accomplie la prédiction de ce grand prophète.

Je ne puis, en retour, envoyer à l'Europe des odes faites par les Indiens. Les Galibis ne savent ce que c'est que les vers, et n'ont aucun signe pour conserver ou transmettre la pensée. Ils s'en tiennent à la parole. Quant à leur poésie, elle est bornée ici à trois ou quatre images, qu'ils répètent sans rien y changer; et, ce qui m'a paru remarquable, c'est que, sous la ligne, les naturels s'expriment à peu près comme les Onéïdas, que j'ai visités au nord et non loin de la rivière des Mohawks. S'ils vont à la guerre, leurs chants annoncent qu'ils dépouilleront de sa peau le crâne de leurs ennemis, et qu'ils boiront leur sang. Font-ils la paix, ils vont fumer ensemble, ou échanger le calumet, ou bien enfouir profondément en terre le casse-tête ou *tomahawck*. Je ne veux vous dire que ce mot de ma science de la langue sauvage.

Nous visitâmes d'autres habitations, et la liberté était pour nous une jouissance inconnue à ceux qui n'en ont jamais été privés.

1er *nivôse an* VIII (22 décembre 1799). — Nous étions loin de nous attendre, dans le voisinage de la ligne, à une circonstance imprévue par le directoire, quand il avait rédigé le menu de nos repas. Nous dînions chez des amis ; et, après le dessert, on nous servit des glaces. Les convives, surpris de cette nouveauté, multiplièrent d'abord les questions. On leur répondit qu'il n'y avait point de temps à perdre, et que le mystère ne serait connu que quand tout serait consommé.

Il n'y avait plus, en effet, de vestiges de ces glaces, quand notre hôte nous dit ce qui suit :

« Un navire chargeait des planches à Boston, à la fin de novembre, tandis qu'il tombait beaucoup de neige. Parti pour Cayenne par un vent du nord, il avait eu une traversée fort courte. La neige s'était conservée jusqu'à ce jour entre les plans inférieurs de la cargaison, et on en avait profité pour nous faire jouir d'un luxe jusqu'alors inconnu ici. »

Nous étions persuadés que les premières nouvelles directes de France nous seraient favorables. Libres de fuir, nous aimions mieux attendre, et nous espérions qu'on ne tarderait pas à venir nous chercher.

Le 14 nivôse an VIII (4 janvier 1800), des remparts de Cayenne nous vîmes paraître un navire qui arbora pavillon français. Les connaisseurs jugèrent que c'était un négrier. Il entra le lendemain dans le port. Ce navire avait été pris par trois frégates françaises à la côte d'Afrique. En quittant le Benin, il avait quatre cent dix-huit nègres. Il n'en avait plus que trois cent cinquante en arrivant à Cayenne. Cette perte ne paraîtra pas extraordinaire à ceux qui connaissent le traitement qu'ils éprouvent aujourd'hui à bord. Ils sont enchaînés deux à deux par des collets de fer, qui sont rivés sur la jambe droite de l'un et la jambe gauche de l'autre. Ces fers ne sont ôtés qu'au lieu de la destination ; jour et nuit les mouvemens d'un seul, ses moindres besoins, sont un tourment pour les deux ; il faut qu'ils se couchent et se lèvent ensemble; et si l'un vient à tomber, il faut que l'autre, pour n'être point blessé, suive son compagnon dans sa chute. Il est inutile d'étendre ces détails ; il suffit de dire qu'avant l'abolition, les agens de la traite étaient surveillés par l'autorité. La surveillance a cessé quand la traite a été abolie, et les Africains n'ont plus d'autres protecteurs que les agens mêmes de ce trafic clandestin.

14 *nivôse an* VIII (4 janvier 1800). — Les chaînes des nègres venus sur la prise tombèrent à leur arrivée à Cayenne, et, d'esclaves qu'ils croyaient être, ils apprirent qu'ils jouissaient de la liberté. Malheureusement on ne put leur faire comprendre qu'elle doit être compagne du

travail. On partagea ces nouveaux venus entre les habitans, empressés d'être admis à ce partage. Ceux-ci ont voulu les faire travailler ; mais les Africains se sont montrés sourds aux invitations, aux menaces. Exacts à se présenter aux heures réglées pour la distribution des vivres, ils s'obstinent à ne rien faire. Ils feignent de ne pas comprendre ce qu'on exige d'eux ; et après huit jours d'oisiveté, ils n'obéissent qu'à des rigueurs qui les rendent intelligens et laborieux. Sans savoir ce que fut la convention, ils n'ignorent pas ce que cette puissante autorité a commandé.

Les termes du décret du 16 pluviôse an VI n'ont rien d'ambigu.

« La convention nationale déclare que l'escla-
» vage des nègres, dans toutes les colonies, est
» aboli. Tous les hommes, sans distinction de
» couleur, domiciliés dans les colonies, sont ci-
» toyens français, et jouiront de tous les droits
» assurés par la constitution. »

Telle est la loi que l'agent du directoire à la Guyane voulait faire exécuter, malgré les efforts et la résistance des colons.

Aux termes de cette loi, c'est une entière émancipation des esclaves ; et cependant les colons entendent toujours que l'esclavage, la discipline, et même les châtimens, soient maintenus.

C'est de ce spectacle que nous sommes en ce moment les témoins.

Il faut sortir de cette fausse situation ; et ces questions me sont devenues si familières pendant le cours de près de vingt ans, et dans les diverses positions où je me suis trouvé, qu'il m'est bien permis d'énoncer une opinion. Je voudrais rendre mon bannissement même bon à quelque chose. Deux grands intérêts sont en présence : celui des colons dépossédés, celui du commerce français, dépouillé d'une exploitation qu'il a si long-temps regardée comme son apanage. Je m'abstiens de parler des noirs, dont il faudra cependant s'occuper, puisque c'est par nous que cette race a été transportée d'Afrique en Amérique.

Les colons possédaient le sol, et leur titre originaire était, ou le droit d'occupation, ou une concession faite par le prince à titre gratuit. On sait assez qu'une des bases les plus solides de l'ordre social est la propriété. Les colons sont, par le fait, privés du sol, puisqu'on leur ôte les bras qui le fécondaient. Ils sont Français comme nous ; et si une loi a pu les déposséder, une autre loi doit les indemniser de la perte qu'ils éprouvent. C'est par les encouragemens du gouvernement qu'ils ont dirigé leur activité et leur industrie vers les colonies. Le trésor royal les a secondés par toutes sortes de moyens, et même en payant par des primes une partie du prix des nègres importés d'Afrique. Les colonies atteignaient le plus haut degré de prospérité, quand soudainement ces magnifiques créations ont été renversées, sans qu'il y ait possibilité de jamais les relever. Une si grande injustice demande une réparation, sinon égale à la ruine éprouvée, au moins proportionnée aux ressources de la nation auteur d'un si grand dommage.

Les pertes du commerce, quoique mobilières seulement, n'en affectent pas moins la propriété. Si elles résultent des avances qu'il a faites aux colons, c'est de ceux-ci qu'il peut espérer son remboursement; mais il est d'autres pertes dont il doit lui être tenu compte par le gouvernement. C'est par nos rois que les colonies ont été fondées, fortifiées, agrandies; ils ont excité le commerce à s'engager dans ces entreprises par de grands capitaux; ils ont même négligé les provinces du royaume pour féconder ce sol étranger. Bordeaux, Nantes, Marseille distribuaient à l'Europe une grande partie de ces denrées privilégiées qui appartiennent presque exclusivement à la France et à l'Angleterre. Dejà ces précieux produits ont commencé à enrichir des pays cent fois plus étendus que toutes les Antilles, où bientôt ils ne seront cultivés qu'à perte.

CHAPITRE IX.

Déjà ils sont devenus naturels aux contrées situées entre les tropiques, et particulièrement aux royaumes d'Espagne dans cet immense continent. Ces riches et vastes domaines connaissent leur propre force, et ils sont perdus sans retour pour leur métropole. C'est là que nous trouverons d'amples dédommagemens pour notre commerce ; c'est là que sont désormais nos colonies, et elles ne nous coûteront pas de frais. Plus de dangers à courir, plus de garnisons, plus de forts à construire, plus de dépenses à faire pour leur conservation. Mais les incertitudes ne sont plus de saison, allons directement et franchement au but. D'après tout ce qui me revient, le Mexique, le Pérou, le Chili, Buenos-Ayres nous attendent. La guerre avec l'Angleterre, au lieu d'être un obstacle, doit même hâter notre résolution. Sans doute cette guerre entrave les mouvemens du commerce, mais il faut bien qu'elle finisse, et en attendant, les neutres seront nos auxiliaires ; c'est par leur intervention que nous empêcherons les Anglais de nous gagner de vitesse. La récompense sera, comme dans la plupart des choses de ce monde, pour les plus diligens.

Nous n'apprîmes par le navire négrier aucune nouvelle intéressante. Les Américains des États-Unis nous servaient mieux. J'ai résidé pendant sept années près du congrès : j'y ai conservé des amis parmi tous ceux qui ont été successivement dans les affaires publiques. Le capitaine d'un navire marchand qui, sous pavillon neutre, faisait de fréquens voyages de New-Yorck à Cayenne, m'apportait souvent des gazettes américaines. J'en trouvai une remplie d'éloges du courage que les déportés manifestaient, et de leur inébranlable constance dans un si grand désastre. Je fus frappé de l'exagération des louanges qu'on nous donnait. Nous n'avions fait que nous soumettre à la nécessité ; toute autre conduite aurait pu empirer notre sort, et nous avions suivi, sans un grand effort, la route indiquée par la raison. Bien d'autres ont été aussi malheureux que nous, mais seulement avec moins d'éclat.

Dès le commencement de mon bannissement, j'en avais fixé la durée à trois années. Si j'étais libre plus tôt, je me trouvais bien de m'être trompé. Je me regardais comme un malade qui n'est pas le maître de hâter sa guérison, et je vous assure que ce calcul de patience servit beaucoup à me faire trouver ma destinée plus supportable.

Laffon n'avait pas moins de courage, mais il avait plus d'impatience. Tous les jours, à six heures du matin, heure qui sera pendant les siècles l'heure du lever du soleil à la Guyane, il quittait notre case, une longue-vue sous le bras, et s'acheminait vers des rochers voisins, contre lesquels le flot venait se briser. Il montait sur le plus élevé, et sa vue parcourait l'Océan. Il revenait bientôt, et, pendant que nous déjeunions, il me racontait les nouvelles apprises dans sa promenade, et les découvertes qu'il venait de faire : c'était le passage d'une goëlette, l'apparence d'une voile inconnue, les manœuvres équivoques d'un navire ami ou ennemi ; c'étaient quelquefois des coups de canon qui indiquaient un combat en mer ; ou enfin il me rapportait les conjectures des autres déportés ; car lui et moi n'étions pas les seuls curieux. Mais la lunette ne lui faisait point découvrir le vaisseau libérateur. J'étais resté tranquille à la case, et, après toutes ses courses, il n'était pas plus avancé que moi.

Le 16 nivôse an VIII (6 janvier 1800), à midi, nous vîmes accourir plusieurs colons. « On signale un grand navire, nous crièrent-ils ; il est français et porte pavillon carré au grand mât ». Nous allâmes en hâte au rivage ; nous vîmes ce bâtiment mouiller près du malingre, à l'Enfant-Perdu, à quatre lieues de Cayenne : c'est le mouillage des bâtimens qui tirent trop d'eau pour entrer dans le port.

Nous n'étions pas sans inquiétude, et deux

déportés, coupables d'avoir banni un agent, ne devaient pas espérer de trouver grace devant son successeur. Nous nous disions hier : Attendons encore un peu, on va venir nous chercher; aujourd'hui, nous étions près de nous reprocher de n'avoir pas fui quand nous en étions maîtres.

Une chaloupe vint à terre le même jour. Un officier en descendit, et fut reçu par une grande foule qui l'accompagna jusqu'à la maison commune, où il demanda à être conduit. Il était envoyé de la frégate pour reconnaître l'état de la colonie; car on ne se fiait pas au pavillon national arboré sur le fort. L'officier débarqué annonçait de grandes nouvelles; il fut élevé sur une table, d'où il pouvait mieux satisfaire l'impatience universelle. Il dit que *la Sirène*, qui venait de mouiller, était partie de Rochefort le 14 frimaire; que le 18 brumaire an VIII (9 novembre 1799), vingt-six jours avant qu'elle fît voile, une révolution avait renversé le directoire et le corps législatif; que leurs pouvoirs étaient exercés par cinquante membres pris dans les deux conseils, et par trois magistrats sous le titre de consuls. Ainsi, au 18 fructidor an V (4 septembre 1797), le directoire avait mutilé la représentation nationale; elle avait, à son tour, bravé le directoire au 30 prairial an VII (18 juin

1799). Comme à l'envi, les deux pouvoirs suprêmes, foulant aux pieds la constitution, avaient détruit la base fragile sur laquelle paraissait élevé un fantôme d'ordre, et cette illusion, qui souvent supplée à la force réelle, s'était évanouie. L'insuffisance et la faiblesse du gouvernement était démontrée, et l'épreuve fatale que nous avions été forcés de faire de la constitution de l'an III fut consommée.

L'officier, poursuivant son récit, faisait entendre les noms des consuls Roger-Ducos, Bonaparte et Sieyes. Ce dernier avait coopéré à notre déportation : je connaissais peu les deux autres, et je ne savais encore ce que je devais augurer de ce grand changement. Une autre nouvelle fut donnée par le messager venu de la frégate: c'est que le gouvernement avait nommé un successeur à Burnel, que ce nouvel agent était à bord de *la Sirène*, et que c'était Victor Hugues. A ce nom, la consternation s'empara des colons, et la nouvelle vola aussitôt jusqu'à nous. Des souvenirs terribles leur firent craindre les calamités qui ont accompagné plusieurs des actes de cet administrateur. Quelques-uns furent si épouvantés, qu'ils proposèrent de s'opposer à son débarquement. Des avis plus prudens l'emportèrent, et nous y joignîmes les nôtres. Hugues descendit à terre le 17 nivôse an

VIII (7 janvier 1800), et fut reçu avec les honneurs d'usage.

Il avait été nommé par les directeurs déchus, et confirmé par les trois consuls. Nous n'avions aucun sujet de croire ceux-ci bien disposés à notre égard. Nous redoutions même, après la jouissance d'une entière liberté, d'avoir à subir de nouvelles rigueurs. Laffon encaissait déjà ses collections d'histoire naturelle. Je cachais mon Journal, quand un ami survint, et nous fit entendre ces paroles : « Les maximes du gouverne-
» ment ont été changées au 18 brumaire; Vic-
» tor Hugues n'a fait voile que près d'un mois
» après la nomination des trois consuls; il a pu
» se convaincre qu'ils ont adopté des principes
» de modération, et, confirmé par eux, il sera
» modéré à son tour. » Au même instant, nous vîmes arriver un gendarme porteur d'un message de l'agent : il nous invitait à nous rendre près de lui, et nous accourûmes. Dès que Victor nous vit, il écarta la foule qui l'entourait, et, s'approchant, il nous dit qu'il nous apportait des passeports pour retourner en France. Il nous entretint des événemens extraordinaires qui avaient eu lieu avant son départ, et il ne paraissait pas croire à la stabilité du nouvel ordre de choses. La conversation étant devenue familière, il me dit : « Vous rappelez-vous que nous avons

» fait plusieurs affaires ensemble ? » Surpris de cette question, je lui répondis que je ne me souvenais de rien de semblable. « Eh bien, conti- » nua-t-il, nous avons conclu plus d'un marché, » et vous m'avez témoigné que vous étiez content » de moi. » Mon étonnement redoubla. Il le fit cesser, en ajoutant : « J'étais boulanger du roi » au Port-au-Prince, et je fournissais le pain des » troupes et des hôpitaux. » Cela fut dit du ton le plus simple, sans la moindre allusion à nos situations respectives présentes et passées, et comme s'il eût voulu seulement me faire connaître que le boulanger à Saint-Domingue traiterait bien le déporté à la Guyane.

On donna un festin à l'agent, pour célébrer son arrivée. Un bon créole lui proposa sans finesse de boire à la santé des trois consuls. « Les « hommes passent, les choses restent, dit Vic- « tor; buvons à la perpétuelle durée de la répu- « blique! »

Victor Hugues est un homme actif, ardent, d'une capacité naturelle, et d'un esprit mal cultivé. C'est un de ces fils de la fortune qu'elle tire quelquefois d'une situation obscure pour les placer soudainement dans des postes éminens. Quel bonheur pour eux et pour nous si l'éducation ou l'exemple les eussent préparés à cette élévation, et si les dons de la nature n'eussent pas été corrompus par les mauvaises habitudes de leur première condition.

Je m'aperçus qu'il était privé de l'usage du bras droit, et, comme il est très-brave, je crus d'abord que c'était l'effet d'une blessure reçue en servant son pays. On me détrompa. On voit avec une sorte de respect l'homme mutilé dans les combats; ses cicatrices même semblent orner sa personne. Mais un querelleur, blessé dans une rixe, un tapageur borgne ou manchot n'excitent aucun intérêt.

Les passeports que Victor nous apportait étaient datés du 16 fructidor an VII (2 septembre 1799). Ils nous enjoignaient *d'aller à l'île d'Oléron, en exécution de l'arrêté du 28 nivôse an VII (17 janvier 1799).* Au mépris des vents, des ouragans et des flottes ennemies, ils portaient la formule d'usage : *Ne souffrez pas qu'il s'écarte de sa route.*

Aller à Oléron, c'était bien être toujours relégués. Mais ce lieu, malgré ses fièvres endémiques, n'avait rien de redoutable pour nous, qui avions résisté à Sinnamari.

De retour à notre habitation, nous y fûmes visités par nos amis. Les marques de leur affection n'étaient plus une faveur accordée à des bannis; les gens timides ne se cachaient plus en venant nous voir. Le concours fut si général,

CHAPITRE IX.

que nous y remarquâmes un homme que nous n'avions jamais vu, et, par une double maladresse, il s'excusa d'avoir été si long-temps sans nous témoigner le grand intérêt qu'il avait pris à nous.

Nous ne voulûmes point, en attendant notre départ, interrompre les promenades que nous faisions tous les soirs avec les autres déportés. Nous revîmes avec eux le magnifique spectacle du coucher du soleil. Nous avions mille fois contemplé les effets superbes de la lumière, quand, à l'équateur, l'Océan paraît recevoir cet astre dans son sein. Un de nos compagnons, époux et père, ainsi que moi, me dit : « Vous reverrez ma « famille, dites à ma femme et à mon fils qu'il « n'y a rien de si beau que ce spectacle, et que « pourtant j'achèterais même par la perte de ma « vue, le bonheur de les presser dans mes bras. »

Tous nous félicitèrent de notre départ, et c'était sans mélange de jalousie. Nous leur promîmes que nos premiers soins auraient pour but leur retour (1).

Vous concevrez notre impatience et la peine que nous éprouvions de n'avoir pas à notre

---

(1) Arrivés à Paris, nous remplîmes l'engagement que nous avions pris, et nous eûmes un plein succès. C'est au ministre de la marine, Forfait, que nous le dûmes.

disposition les moyens de repasser directement en France. J'allai un matin chez Victor Hugues, pour lui en parler; il me répondit sans hésiter:

« Je vais autoriser le capitaine de *la Syrène* à vous
» recevoir à son bord. » Nous n'eûmes qu'à nous louer de tous les procédés de cet agent, dont l'arrivée nous avait causé de vives inquiétudes.

On remit à Laffon et à moi la lettre suivante, qui nous était écrite, onze jours avant l'avénement des trois consuls, par nos amis déportés à l'île d'Oléron.

A l'île d'Oléron, 7 brumaire an VIII (26 octobre 1799).

« Une occasion s'offre à nous, chers et mal-
» heureux amis; on nous promet que cette lettre
» sera fidèlement remise à celui ou à ceux d'entre
» vous qu'elle trouvera à la Guyane. Ah! que n'y
» êtes-vous tous encore, pour y lire ensemble
» l'expression de nos sentimens, de nos regrets
» et de nos vœux! Mais nous avons connu vos
» malheurs, et nous avons ressenti et partagé
» vos pertes; et, même en vous écrivant aujour-
» d'hui, nous éprouvons la pénible inquiétude
» de ne savoir si notre lettre pourra être rendue
» à quelqu'un de vous. Combien de sentimens
» douloureux, de souvenirs affligeans, de vœux
» sincères se rattachent à cette inquiétude! Unis
» à vous par tous les sentimens qui rapprochent

CHAPITRE IX.

« les gens de bien enveloppés dans la même
« proscription ; quand le malheur s'est exercé
« sur vous d'une manière plus cruelle; quand
« vous avez été les plus infortunées victimes du
« sort le plus barbare et le moins mérité ; non,
« vous n'avez pas douté de la part qu'ont prise à
« vos maux vos camarades, vos amis; nos regrets
« vous ont suivis, nos pleurs se sont mêlés aux
« vôtres, et, dans un exil moins rigoureux, nos
« désirs vous cherchaient, et nos vœux vous
« appelaient. Ces vœux, trop long-temps inutiles,
« ont été enfin exaucés. L'ordre du gouverne-
« ment, qui vous autorise à repasser en France,
« et à vous rendre dans cette île, vous est sans
« doute connu et parvenu. Les papiers publics
« annoncent qu'il est renouvelé dans les instruc-
« tions du nouvel agent envoyé à Cayenne. Puisse-
« t-il n'être pas arrivé trop tard ! Puisse quel-
« qu'un de vous profiter encore de cet adoucis-
« sement ! Enfin, l'heure de la justice sonnera ;
« l'opinion, moins comprimée, la prépare et la
« réclame. Le détail de vos longues et mortelles
« souffrances, des cruautés inouïes exercées sur
« vous, rendu public, a réveillé la sensibilité et
« l'intérêt. Oui, n'en doutez pas, elle nous sera
« rendue, cette justice trop long-temps désirée.
« L'essentiel est d'y atteindre; et si c'est un grand
« pas pour vous, que l'allègement de votre po-

» sition, c'est pour nous un plus sûr moyen de
» patience, d'en avoir la perspective, et la certi-
» tude qu'un jour vous réunira à nous.

» Croyez, chers et malheureux amis, à tous les
» sentimens des compagnons de malheur que
» vous trouverez à Oléron, si vous les rejoignez.
» Dans tous les cas, recevez-en ici, et de la part
» de tous, la sincère assurance pour la vie, et
» leurs tendres embrassemens.

» Muraire, Gau, Villaret-Joyeuse, Le-
» marchant-Gomicourt, J.-V. Dumo-
» lard, Siméon, B. Paradis, Doumerc,
» Boissy-d'Anglas, Noailles, Lo-
» mont, Duprats. »

Ces consolations de l'amitié étaient touchantes, et toutefois la date d'*Oléron* avait quelque chose de triste.

Villaret-Joyeuse m'écrivit une autre lettre parculière. Entre divers détails, je remarquai ceux-ci : « D'Ossonville a eu entre les mains votre ré-
» ponse à l'épître en vers d'un de nos amis. On la
» lui a demandée pour la rendre publique, et il
» l'a refusée par ménagement pour vous et pour
» Laffon. »

D'Ossonville fit prudemment, les strophes eussent-elles été bonnes, ce dont je permets qu'on doute.

Mais voici un autre refus, qui aurait dû être mentionné plus haut. D'Ossonville était venu me voir la veille de l'évasion. J'avais lieu de le croire sans argent. J'étais loin d'en manquer, et je lui en offris. Il n'accepta rien, et à toutes mes instances il répondit : « Jamais peut-être je ne pourrais vous le rendre. »

O vous qui avez des amis malheureux privés de vos entretiens et de votre présence! écrivez-leur souvent, soutenez leur espoir, affermissez leur courage, montrez-vous ouvertement, comme Meilland, comme Dumas, Siméon, Muraire, Boissy-d'Anglas, et nos autres amis, les défenseurs des innocens opprimés. Dans une misère profonde, j'ai conservé des avantages inappréciables, et j'éprouve qu'il y a des biens supérieurs à tous les autres : c'est le repos de l'ame et l'inébranlable fidélité de quelques amis vertueux. On me remit aussi des lettres de gens que je connaissais à peine; ils prétendaient à mon amitié, parce qu'ils avaient comme moi été victimes, au 18 fructidor, de la faction directoriale. Je crois que parmi ceux qui se dirent nos alliés, à l'occasion de cette fatale journée, beaucoup en eurent les honneurs, sans les avoir mérités. Dans les révolutions, il faut être sur ses gardes, pour ne pas entrer en liaisons, malgré soi, avec des gens dont on ne fait pas grand cas. Nous avions, dans les conseils, formé le parti vraiment national. Au lieu de nous borner à ce beau rôle, au lieu de l'honneur impérissable de n'avoir désiré que le bonheur de notre pays, on nous faisait prendre les livrées et l'allure d'une faction, en nous donnant le 18 fructidor pour mot de ralliement, et le nom de *fructidorisés*, que je ne veux pas porter.

Nous dévorâmes les journaux, qu'une vigilance odieuse avait si long-temps dérobés à notre curiosité.

Nous lisions avec un redoublement d'intérêt le détail des séances importantes avant-coureurs des 18 et 19 brumaire an VIII (9 et 10 novembre 1799), qui virent choir le colosse directorial et disparaître le fantôme appelé corps législatif. Nous entendîmes de Cayenne ces protestations de ne point survivre à la constitution, de mourir sur la brèche. Nous apprîmes qu'au moment de la crise, la résistance ne consista qu'en de vaines harangues et un parlage que fit aisément cesser la présence d'un général résolu.

Parmi ces bonnes nouvelles, j'en appris une assez extraordinaire. Tandis que le directoire me tenait captif à la Guyane, qu'il savait que je n'en étais point sorti, il me mit sur la liste des émigrés et séquestra mes biens. Cet acte appartient au journal d'un déporté et consomme l'iniquité du directoire. Il fut obtenu par des voisins des terres que je possède à quatre lieues de Metz et qui les convoitaient. Il me fut envoyé à la Guyane par mes amis. En rapportant ici cette dénonciation mensongère, j'en nomme l'auteur, puisqu'il n'a pas craint de se nommer lui-même.

Paris, le 19 brumaire an VII (9 novembre 1798).

Couturier, à son ancien collègue Rewbell.

« CITOYEN DIRECTEUR,

» La discussion qui déclare la confiscation des
» biens des déportés soustraits à leur exil,
» comme ceux des émigrés, est relative à Fran-
» çois Barbé-Marbois, dont la femme est à Metz,
» pour vendre leurs biens, lui porter l'argent,
» et imiter ensuite la marche des autres vers
» l'Angleterre; car il nous a paru mystérieux
» que ceux des déportés qui avaient des biens
» sont restés à leur poste.
» Nous avons donc trouvé François Barbé-
» Marbois, ou Marbois François Barbé, ainsi que
» sa femme, couchés tout au long sur l'une des
» grandes listes.
» Reste maintenant à savoir, comme il a beau-
» coup d'adresse, s'il a eu celle de se faire rayer

» définitivement. Ce qui nous le fait soupçon-
» ner, c'est qu'il a osé accepter la place de dé-
» puté; si cela était, cette radiation serait sub-
» reptice. Le directoire pourrait peut-être rap-
» porter son arrêté et en donner connaissance
» au département, qui pourrait empêcher l'alié-
» nation des biens qui peuvent leur être reconnus
» ou particuliers. En tous cas, j'ai pensé devoir
» vous donner cet avis en républicain.

» Salut et fraternité.

» *Signé*, Couturier. »

J'étais réduit à produire des certificats de résidence au Temple, à Sinnamari, à Cayenne. Je
me munis donc de toutes les pièces nécessaires,
et je ne songeai plus qu'au bonheur de toucher
au terme de mon exil.

Nous reçûmes aussi le journal de Ramel, un
de nos compagnons de relégation. Cet ouvrage
contenait des détails qui auraient inspiré plus
d'intérêt, si la vérité eût été plus respectée; mais
il était écrit avec élégance et chaleur. La haine
qu'on portait au directoire le fit lire avec avidité. Un récit en partie romanesque de nos misères fit plus d'impression, par une lecture de
quelques heures, que n'en avait fait pendant
deux années la certitude de notre innocence.

Je me rendis à bord de *la Sirène* le 1ᵉʳ pluviôse an VIII (21 janvier 1800). Je quittais les côtes de la Guyane au milieu de l'hiver; mais il n'exerce point ici ses rigueurs. Mes sens n'étaient plus flétris par la tristesse. Je fus frappé de ces beautés naturelles que le cours des ans et des saisons ne saurait altérer. Combien, à mon départ, cette contrée me semblait changée et différente de l'aspect qu'elle m'offrait à l'arrivée!

Sinnamari, Conanama, j'oublie vos exhalaisons empestées, vos insectes venimeux, vos eaux bourbeuses, vos tigres, vos serpens. Séjours où la haine a déployé ses fureurs sur tant de têtes innocentes; lieux consacrés à l'injustice, à la mort, je vous quitte pour retourner vers ma belle patrie. Mon cœur est plein de joie et d'espérance.

Comme je mettais le pied sur la frégate, je reçus le billet suivant, dernière et touchante circonstance de ma déportation :

« Vos amis n'ont pas voulu vous attrister par
» leurs derniers adieux, pendant que vous étiez
» encore sur notre terre, et vous ne recevrez
» ceci qu'à bord de *la Sirène.* Soyez heureux,
» informez-nous de votre arrivée. Mais je suis
» malade; et lirai-je votre lettre? Adieu, souve-
» nez-vous de nous et de la sœur d'adoption
» que vous avez laissée seule à Sinnamari.

« C. T. »

Nous levons l'ancre le 3 pluviôse an VIII (23 janvier 1800), et, après vingt-six mois de séjour à la Guyane, je perds de vue les lieux de mon bannissement. C'est du vaisseau que je finis mon journal, interrompu par les apprêts du départ. Je veux que vous puissiez connaître ma vie entière jusqu'au moment où nous serons réunis.

L'état-major de *la Sirène* est empressé à nous faire perdre le souvenir des mauvais traitemens que le capitaine de *la Vaillante* nous fit éprouver. Aucun événement fâcheux ne trouble notre traversée, et les vents la favorisent. Nous avons fait cependant quelques rencontres. La première est celle d'un navire américain. Nous étions peu éloignés des Antilles, et, quoique pressés de quitter ces parages, que sillonnent dans tous les sens les escadres anglaises, nous hêlâmes ce navire. Il venait de New-Yorck. Nous lui fîmes les questions d'usage : « Quoi de nouveau ? — « Un grand malheur. » — « Quel malheur ? » La trompe à la voix rauque et lugubre nous renvoya cette triste réponse : « *Washington is no more.* » J'appris ainsi, en traversant l'Atlantique, la mort d'un grand homme qui m'honorait de son amitié. Il en avait beaucoup pour vous, Élise, et nous déplorerons ensemble la perte

CHAPITRE IX.

que fait votre pays. Nous laissâmes aller ce navire.

Peu de jours après, nous en arrêtâmes un autre venant de Boston, et il fut moins heureux. Ses papiers portaient *qu'il pourrait courir sur tous les navires français qu'il rencontrerait et les capturer.* Celui-ci n'avait pas une once de poudre; mais cette formule hostile détermina notre capitaine à le traiter en ennemi. L'équipage fut mis sur *la Sirène;* et comme la prise était de fort peu de valeur, on la brûla, après en avoir tiré quelques rafraîchissemens. De notre bord, les prisonniers contemplaient les flammes qui consumaient leur fortune. Navigateurs paisibles et désarmés, ils nous disaient : « Quel mal pouvions-nous vous faire? Quel » avantage tirez-vous de notre ruine? » Ils étaient d'un pays où j'ai tant d'amis, où vous êtes née, et je les voyais dans le malheur au moment où le mien finissait. Je m'approchai d'eux, je leur dis qu'ils seraient bien traités et mis sur le premier navire neutre que nous rencontrerions. Le capitaine de la frégate s'empressa de seconder nos bonnes intentions.

Les sondes et la mer nous indiquent la proximité de la terre; notre impatience ne peut se concevoir. Nous voilà au moment de revoir nos familles, nos amis, après cette longue et cruelle séparation. Nous jouissions et de notre bonheur et de la joie que notre retour inespéré allait leur causer. Ceux qui observaient du haut des hunes crièrent tout à coup : « Terre, terre! voilà la terre! » et presque aussitôt nous pûmes distinguer, à la vue simple, les côtes du Finistère. Bientôt les rochers qui le bordent frappèrent nos regards. Je voyais, j'allais toucher la terre de France; des rocs arides et dépouillés me parurent surpasser en beauté les plus magnifiques monumens de l'architecture.

Nous venions de reconnaître la côte, quand nous découvrîmes un petit navire; il fut chassé et pris. C'était un corsaire de Guernesey, qui venait lui-même d'amariner une prise française que nous ne pûmes reprendre. Ces insulaires sont Français d'origine, parlent le même langage que nous, habitent pour ainsi dire un sol français. Ceux que la nature avait destinés à être nos concitoyens, sont nos ennemis et le fléau de notre commerce.

La contenance d'un corsaire arrêté dans le cours de ses rapines est bien différente de celle d'un marchand dépouillé de ses richesses, et détourné du but de son utile expédition. Ce navigateur innocent, victime des dures lois de la guerre, cède sans résistance. Un jour lui enlève les biens légitimement acquis par les travaux de toute sa vie; mais le souvenir d'aucune injustice ne se mêle à sa profonde douleur, et, dans sa misère, il peut conserver toute la tranquillité d'un homme de bien.

Les corsaires amenés à bord avaient, au contraire, un maintien honteux et embarrassé. Ces hommes, qui ne font pas la guerre pour la cause honorable et chère de leur pays; ces hommes, dont l'avarice seule stimule le courage, les yeux baissés, l'attitude humiliée, répondirent par des mensonges aux questions qui leur furent faites. Ils nous dirent que ces parages étaient libres, et que les Anglais n'y avaient pas paru depuis plus de quinze jours. Nous ne prîmes pas confiance dans ces assurances intéressées, et comme nous avions l'espérance d'entrer avant la nuit dans le port de Brest, nous forçâmes de voiles. Deux frégates anglaises parurent sur les deux heures de l'après-midi, et nous chassèrent de si près, que leurs boulets vinrent tomber à une encâblure de *la Sirène*. Nous serrâmes la terre, dans l'espérance qu'elles ne pourraient en approcher autant que nous, à cause des batteries de côte, dont le feu pouvait nous protéger; mais, en doublant une pointe, nous découvrîmes deux autres frégates de la même nation. La partie n'était pas égale, et, placés ainsi entre quatre bâtimens ennemis, il devenait de moment en moment plus probable que je passerais quelques semaines dans les prisons de Plymouth, avant d'entrer dans un port de France. Je fis mon équipage de prisonnier plus tranquillement que je n'avais préparé mon sac pour monter dans la cage de fer. L'action dura environ une heure. Nous restâmes, Laffon et moi, sur le pont avec autant d'assurance qu'à la tribune du conseil des anciens, mais avec moins de danger, car *la Sirène* ne fut pas atteinte d'un seul boulet. Nos canons ne répondirent pas au feu de l'ennemi. Toute notre habileté consistait dans la vitesse de notre marche; il n'y a pas eu une seule voile d'oubliée. Les quatre bâtimens ennemis s'éloignent, et nous sommes sûrs d'être à Brest avant la nuit.

Je vais quitter *la Sirène* après une traversée de vingt-neuf jours, et j'emploie les derniers momens du court séjour que j'ai encore à y faire, à vous dire l'impression qui m'en reste. Au lieu de la consigne, qui, sur *la Vaillante*, avait transformé en délits les moindres communications de l'équipage avec nous, tous ceux qui étaient à bord de *la Sirène*, à commencer par le capitaine, eurent des attentions bienveillantes. J'ai beaucoup navigué, et c'est surtout dans cette dernière traversée que j'ai mis à l'épreuve la complaisance des officiers. Je crois m'être convaincu, dans nos entretiens familiers, que nous sommes maintenant en marche vers des progrès importans dans la science navale. Ne nous laissons point décourager par l'énorme disproportion de nos forces comparées à celles de nos rivaux. L'Europe a déjà reconnu le besoin qu'elle a de mettre des bornes à l'envahissement du commerce universel. Tôt ou tard la neutralité sur les mers fera cesser une insupportable domination, et la France doit se préparer sans bruit à être le centre d'une résistance efficace et sincère.

Voilà, ma chère Élise, ma dernière ligne de politique; je vais penser à des objets bien différens. Comment vous exprimer ce que j'éprouve en ce moment? Tout à l'heure, près de l'ennemi, j'étais faiblement ému de mon danger; quelle cause maintenant gonfle mes veines et fait palpiter mon cœur? Voyez mon agitation dans les lignes que trace ma main tremblante; mes genoux fléchissent, et l'impatience que je veux en vain concentrer se manifeste par mes tressaillemens. D'où me vient à cinquante-cinq ans cette sensibilité qui semble n'appartenir qu'à la jeunesse?

Enfin nous apercevons la belle rade de Brest: nous y entrons le 3 ventôse an VIII (22 février

1800), deux ans et cinq mois après notre départ de France.

Le porte-voix avait annoncé à celui qui commandait à Brest que Laffon et Marbois étaient à bord de *la Sirène*. A peine avions-nous mouillé, qu'un canot amena un gendarme qui demanda à nous parler. Depuis deux à trois ans, nous étions habitués à voir des messagers de sa profession. Celui-ci tira de sa ceinture une lettre qu'il me remit, en me disant d'un air grave et solennel : » Citoyen, j'ai ordre de vous remettre » cette lettre. » Je l'ouvris, non sans inquiétude, et prêt à me rendre à Oléron, s'il le fallait. C'était une invitation pressante que me faisait M. Najac, ordonnateur-général à Brest, de venir m'établir dans sa maison. Au même instant, nous nous vîmes entourés de marins et autres personnes de notre connaissance. Nous fûmes comme entraînés chez le vice-amiral Bruix. Chemin faisant, chacun nous racontait ce qui s'était si rapidement passé depuis le 18 brumaire, trois à quatre mois avant le jour où nous arrivions. Nous ne savions qui entendre. Dans cette multitude de faits, confusément entassés, j'appris celui qui devait me causer la plus grande joie. Quelqu'un dit, sans savoir l'importance que son récit avait pour moi: » Il a été nommé trois consuls, dont deux nou-

» veaux. Les trois sont Bonaparte, Cambacérès
» et Le Brun. » Plein d'émotion, et doutant si
j'avais bien entendu, je fis répéter ce dernier
nom. Le Brun, mon ami depuis tant d'années,
Le Brun, le confident de tous mes actes politiques, le dépositaire de toutes mes pensées
intérieures et morales. Combien je fus soulagé,
quand ce nom seul me fit connaître sans incertitude de quels principes le gouvernement devait
désormais être animé. La liberté renaît et sera
impérissable avec des gardiens tels que Le Brun.

Nous trouvâmes réunis le vice-amiral Bruix
et l'ordonnateur-général Najac. Le vice-amiral
me félicitait sur ma liberté recouvrée. « Quelle li-
» berté, lui dis-je, quand mon passeport m'as-
» signe Oléron pour résidence. Mais de là
» comme de Cayenne je demanderai toujours
» à être jugé. »

— «Que dites-vous là? d'Oléron! me dit le gé-
» néral Bruix; lisez cette loi, rendue trois se-
» maines avant votre départ de la Guyane. Elle
» vous rappelle tous deux à Paris. Quant à la
» procédure judiciaire, objet de vos constantes
» réclamations, la loi passe vos désirs, et vous
» accorde bien davantage. Elle annulle les pro-
» scriptions civiles et une condamnation pro-
» noncée SANS JUGEMENT. C'est vos juges mêmes
» qu'elle CONDAMNE (1).

CHAPITRE IX.

O qu'il est doux de revoir son pays après le bannissement ! qu'on est heureux d'y rentrer avec le renom de bon citoyen ! O combien nos persécuteurs nous ont préparé de bonheur, quand ils nous ont déportés ! ils voulaient nous entourer d'ennemis, nous ne trouvons que des Français ; et nous sommes absous par le jugement solennel du pays. La loi n'a pu nommer que les déportés qui ont survécu. La mort en a effacé une foule d'autres noms honorables. Leur souvenir termine ce Journal, et il ne m'est plus possible de rien ajouter.

(1) Voy., à la fin de ce volume, la loi du 3 nivôse an VIII (24 décembre 1799).

FIN DU JOURNAL.

ANNEXES.

LETTRES A MA FEMME,

POUR QU'ELLE RENOUVELLE MA DEMANDE D'ÊTRE JUGÉ (1).

(PREMIÈRE LETTRE.)

A Sinnamari, le 6 ventôse an VI
(24 février 1798).

Ma chère Élise, captif depuis plus de six mois, je n'ai pu jusqu'à ce moment obtenir d'être jugé. En montant dans la cage de fer qui m'a transporté à Rochefort, j'ai laissé au Temple un mémoire où je revendiquais mes droits, comme citoyen, et les priviléges inséparables du caractère de représentant du peuple.

Quand vous êtes accourue de Metz à Blois, dans le dessein de m'accompagner dans mon

---

(1) Le directoire ne put empêcher la publication des lettres qui suivent; elles furent imprimées, peu après leur date, chez Giguet et Comp., maison des Petits-Pères, près la Bourse, à Paris.

exil, je vous ai dit devant les magistrats : « Vous
» ne me suivrez point; vous resterez pour de-
» mander mon retour et mon jugement. » Je n'ai
aucune nouvelle de vous; j'ignore si mes lettres
et mon mémoire vous sont parvenus : mais rien
ne m'annonce qu'il soit question de me juger.
Je subis sous la zone torride une peine capitale,
sans savoir quelle en sera la durée. On ne m'a
pas dit de quoi je suis accusé; et comment le
dirait-on? il n'y a pas même eu d'accusation.

J'invoque les règles observées, même sous un
gouvernement despotique, envers l'individu le
plus obscur. Je me demande la cause de ce traitement; je repasse dans ma mémoire tous mes
écrits, tous mes discours au conseil des anciens;
mes concitoyens les ont approuvés. On a inter-
cepté mes lettres et celles de mes amis, saisi mes
manuscrits; on n'y a trouvé que les preuves de
mon amour pour mon pays, et rien que mes
ennemis eux-mêmes pussent interpréter défa-
vorablement. J'interroge ma conscience, elle
est tranquille. C'est sous la garantie de la constitution que je suis entré en fonctions; elle
imposait des obligations réciproques à la nation et à moi. J'ai tenu pour ma part, avec une
fidélité religieuse, les conditions de ce contrat
solennel; je ne dois donc rien désirer plus ardemment que d'être jugé. Plus de cause, plus de

prétexte aujourd'hui pour me priver d'un droit tant de fois proclamé. Ce n'est pas à moi seul que mon jugement importe. Innocent, mon supplice est un outrage fait à la justice nationale, au peuple français lui-même. Coupable, il faut, pour l'exemple, pour la sûreté du corps législatif, il faut enfin, si nous avons une constitution, que les tribunaux prononcent et punissent. Jusqu'alors, il n'y a pas un citoyen qui, me jugeant lui-même, ne voie en moi un innocent opprimé. Il y a cependant des gens qui, persuadés de l'infaillibilité du gouvernement, ou craignant de le blesser, s'abstiennent d'examiner si mon châtiment est mérité ou non, et qui trouvent plus court, à la vue de la peine, de croire au délit. Ceux-là même seraient convaincus de mon innocence, si, instruits de mes justes réclamations, ils apprenaient en même temps qu'elles sont sans effet.

On a vu, dans le cours de la révolution, des hommes prévenus de grands crimes officieusement enlevés de leur prison, soustraits aux tribunaux, favorisés dans leur fuite par les chefs mêmes du gouvernement; et moi, qui me suis livré à ceux qui me cherchaient; moi, qui ne suis pas même accusé, je subis, sans aucune apparence de raison, une peine qui ne peut être comparée qu'à la mort.

Vaincu par cette étrange torture; réduit, faute d'accusateurs, à me dénoncer, à me poursuivre moi-même, je demande comme une grace ce jugement, que j'aurais tant de motifs de redouter si j'étais coupable; et l'on n'a pas même, jusqu'à ce jour, répondu à ma demande. Ceux qui ont été assez puissans pour faire taire les lois, craignent-ils de l'être moins quand ils voudront s'y conformer? Je n'aurais dû être puni qu'après avoir été accusé, convaincu, condamné; mais si, au rebours de toute justice, on a commencé par la punition, dans l'attente qu'elle serait suivie de la découverte d'un délit, de la conviction, une recherche de six mois doit sembler suffisante à mes plus ardens persécuteurs; et il serait inouï que, sur de simples présomptions, que dis-je? sans la moindre présomption, l'on me fît subir plus long-temps cette peine anticipée et cruellement provisoire.

C'est quand les faits sont encore récens que les poursuites doivent commencer. Si les accusateurs s'appliquaient à les différer; s'ils se dérobaient à tous les regards après avoir frappé leur victime, ce serait évidemment pour se ménager la ressource de dire un jour que les preuves ont péri. On les accuserait eux-mêmes de gagner du temps pour fabriquer des pièces à leur guise, ou pour composer un tribunal docile à leurs opinions; enfin, on serait fondé à leur imputer d'avoir compté que, succombant sous le poids d'un châtiment non mérité, je mourrais de désespoir, et que le souvenir de leurs calomnies serait enseveli avec moi.

Puisqu'il ne dépend pas de moi de faire oublier ces journées, où la justice enchaînée a été muette, je veux supposer que le danger a été pressant; qu'une armée de conspirateurs était en vue; qu'il y a eu résistance; que le sang avait déjà coulé : je veux admettre que la conjoncture commandait des mesures efficaces et promptes, et que ce n'était pas le moment d'examiner si la loi était violée; mais tout est calme maintenant, les esprits sont rassurés, les inquiétudes dissipées par la paix (1).

Ce n'est plus aujourd'hui qu'on peut feindre de redouter les efforts et l'influence d'un citoyen isolé. S'il y a donc quelqu'un qui me croie coupable, qu'il m'accuse, je l'en conjure; qu'il énonce la nature de mon crime; qu'il produise des preuves; qu'il fasse paraître seulement les plus légers indices : il ne doit

---

(1) J'étais dans l'erreur, la paix n'était pas faite, et le directoire ne l'a jamais voulue.

pas, en m'accusant, craindre de me nuire, puisque la condamnation est déjà prononcée et exécutée d'avance. Qu'il m'accuse, et je le tiens pour mon bienfaiteur.

Rappelez-vous ce décret dont je suis la victime; ce décret, rendu au moment de la plus grande agitation, sans discussion, sans examen, hors du lieu des séances, avec une incroyable précipitation, en violation de toutes les règles, tandis que j'étais dans la prison du Temple. Est-il un seul représentant qui puisse dire avoir apporté à cet acte le recueillement d'un juge? affirmer que la sentence ne frappe que des coupables? Tout était perdu, a-t-on dit, sans cette mesure de sûreté : fort bien ; mais il n'y a plus d'excuses pour de semblables transgressions, quand le danger, imaginaire ou réel, est passé. Un navigateur que la tourmente a chassé hors de sa route, y rentre aussitôt qu'il peut; il répare sans délai un dommage passager. Il faut aussi qu'on se hâte à mon égard, car la mort exerce ici de prompts ravages; et toutes les fois qu'elle enlèvera un déporté non jugé, c'est un citoyen présumé innocent qui mourra d'une mort prématurée. L'innocent, et même le coupable, qu'on frappe de mort au lieu de le juger, est absous unanimement par les hommes justes.

La conscience publique s'élève pour la défense de quiconque éprouve un déni de justice. Malheur au gouvernement qui entreprendrait de la réduire au silence ! La seule demande d'être jugé prouve qu'on respecte les lois ; le refus d'un jugement prouve qu'on veut les renverser. La société souffre de l'oppression d'un seul de ses membres. Je ne suis qu'un individu inaperçu parmi trente millions d'hommes, aussi long-temps que je jouis, comme eux, de la protection des lois ; mais dès l'instant que l'on me traite arbitrairement, qu'on me dépouille de mes droits et qu'on m'envoie à la mort, chaque citoyen se trouve atteint dans ma personne, et ils ont tous intérêt à réclamer justice pour moi. Si on ne peut, sans porter atteinte au pacte social, fermer les tribunaux à qui que ce soit, comment caractérisera-t-on l'entreprise de ceux qui, après avoir jeté un innocent dans les cachots, l'avoir traîné dans une cage de fer, le tiendront captif dans un autre hémisphère, pour n'être pas même importunés de ses plaintes ? Si l'homme qui se conforme strictement aux lois, qui est irréprochable dans sa conduite comme citoyen, qui s'efforce de l'être dans sa vie privée comme père de famille, n'avait aucun recours contre de telles violences, la liberté publique et la sûreté personnelle n'existeraient plus, et feindre d'y croire, serait une insigne hypocrisie. Quelques-uns, je le sais, ont de puissans motifs pour perpétuer l'oppression contre laquelle je réclame, et ils n'épargneront rien pour accumuler les délais, jusqu'à ce que la mort les ait délivrés de moi. Parés d'une pitié perfide, ils voudront vous intimider vous-même par l'incertitude et le danger des jugemens humains; ils vous diront qu'il y a un délit, qu'ils en ont les preuves, que j'y périrai. Mettez-les au défi; répondez que les preuves de mon innocence se trouvent dans leur refus même. S'ils avancent des faits, gardez-vous de les combattre, quelque manifeste que soit l'imposture; persévérez à demander qu'on me donne des juges. Je me livre à eux avec confiance, et, dès ce moment, j'admire la sagesse de nos lois. Cependant, si parmi les individus peu nombreux dont la haine me poursuit, il en était un seul qui osât insinuer que, malgré la justice de la demande, il est de la prudence de la renvoyer à un autre temps, ses suggestions seront repoussées, je l'espère, par tous les hommes de bien ; la justice ne peut être ainsi mise au hasard des événemens, sans que l'ordre public en soit troublé, et il serait trop à craindre que celle qu'on ne rendrait pas actuellement ne fût jamais rendue (1). Vainement quelques-uns, désespérant de me trouver coupable ont voulu déguiser mon supplice sous le nom d'ostracisme. Les peines qu'on me fait endurer rendent cette ironie trop cruelle ; je n'ai pas eu le choix des lieux de mon bannissement, et l'état où l'on me retient est affreux. Si des décrets ont fixé les limites de l'autorité qu'on peut exercer sur nous ; s'ils ont déterminé la nature et la durée de nos peines, nous n'en avons aucune connaissance. Ainsi, c'est en aggravant notre traitement qu'on le distingue de celui des criminels ; car ceux-ci sont du moins instruits de leur destinée par la lecture de la sentence qui les condamne.

Ne souffrez pas qu'on perpétue l'illusion de nos concitoyens sur notre situation ; elle ne saurait être plus déplorable.

Quant à ma santé, ma chère Élise, je l'ai conservée, et je vous en informe par toutes les occasions qui se présentent. Si mes ennemis y trouvaient un prétexte pour prolonger mes tourmens, du moins ils ne pourraient m'ôter la consolation de vous avoir tranquillisée sur ce point. Mais j'ai peu d'ennemis personnels; et si j'en avais de nombreux, le malheur d'être en

---

(1) Six déportés sont morts en peu de mois, sur les huit restés à Sinnamari.

leur puissance ne ferait qu'accroître ma constance et ma fermeté. L'infortune n'a point courbé mon caractère. Si, rendu à mon pays, il me fallait acheter mon repos par des actions lâches, violer mon devoir, trahir la vérité, tolérer le désordre, pour conserver ma liberté recouvrée, vous me verriez de nouveau braver la cage de fer et les feux de la ligne, et m'exposer au malheur insupportable d'être séparé de vous, de ma mère et de notre enfant.

Je veux que ma réclamation soit imprimée; je méprise un danger imaginaire, quand je cours des dangers réels et je prends sur moi ceux de rendre cet écrit public.

Barbé-Marbois.

(DEUXIÈME LETTRE.)

Sinnamari, le 20 prairial an VI
(8 juin 1798).

Ma chère Élise, banni à seize cents lieues de ma patrie, et dans une dépendance absolue de ceux qui m'ont relégué, seul, pour ainsi dire, devant mes concitoyens, j'entreprends ma défense, sans autre appui que la justice et la vérité.

Le temps, qui met un terme à toutes les choses humaines, finira aussi mon exil, soit en me ramenant sur ma terre natale, soit en me réunissant à mes compagnons dans le cimetière de Sinnamari. Mais une mort prématurée, inutile, ne pourrait être d'aucun avantage à ceux qui l'auraient commandée; tandis que mon rappel, suivi d'un jugement, est un acte d'équité qui honore mon pays, et rend aux lois leur vigueur, à la constitution son éclat. Plein de cet espoir, je cesse de me croire isolé, car la justice est chère aux hommes! et mes amis joindront leur voix à la vôtre pour demander qu'on me juge.

Chaque page de la constitution fortifie ma réclamation, et comme je n'eusse jamais souffert que ses dispositions fussent enfreintes à l'égard d'un seul de mes collègues, j'étais bien éloigné de croire qu'elles pussent être violées envers moi. Je craignais bien moins encore que la représentation nationale, dont tous les membres se doivent une garantie mutuelle, qui ont tous éminemment le caractère de gardiens des lois, pût être entraînée à se porter à elle-même un coup mortel par le sacrifice d'une partie notable du corps législatif.

Dès le jour où nous fûmes soudainement frappés, les conseils durent croire que les témoignages du crime seraient incessamment produits, que dans la distribution des preuves d'un grand forfait, la part serait faite à chaque prévenu, et que des hommes, dont la plupart ne se connaissaient pas même de vue, seraient accusés individuellement, et non en masse. Une généreuse et juste impatience se manifesta ensuite à plusieurs reprises. Le 23 pluviôse dernier, le représentant Bailleul, ne pouvant plus différer son rapport, parla ainsi, au nom de la commission chargée, après notre condamnation, de faire connaître nos crimes : « Si » la commission n'a pas encore fait son rapport » sur la journée du 18 fructidor, ce n'est pas » faute de zèle. » Après cette déclaration ingénue, il ajoute : « Elle attend des pièces très-impor- » tantes saisies par le ministre de la police. » Des pièces très-importantes étaient saisies par le ministre, et la commission les attendait ! Ô justice! on ne les avait donc pas, lorsque, cinq mois auparavant, nous avons été envoyés en exil, ou plutôt condamnés à la mort! C'est la première fois peut-être, qu'après cinq mois, après la mort d'une partie des condamnés, on a déclaré qu'on attendait les preuves d'un délit puni provisoirement, et qu'on est convenu qu'on était dépourvu de ces preuves (1). Si mon innocence est démontrée, on aura un nouvel exemple des funestes conséquences de ce renversement de l'ordre de toutes les procédures criminelles, de l'ordre établi par la raison elle-même, qui veut que la preuve du délit ait précédé la peine. On citera désormais, dans l'histoire des jugemens célèbres, celui-ci comme le plus propre à empêcher les juges de prononcer des condamnations anticipées, précipitées, illégales.

Mais les preuves que vous n'aviez pas au bout de cinq mois, vous avez dû depuis les recevoir, puisque, au dire du rapporteur, le ministre de la police les avait saisies.

Voyons : un autre mois s'est écoulé, mais le ministre n'a rien envoyé, et le 26 ventôse, le conseil des cinq-cents a entendu ce rapport, annoncé depuis six mois, qu'il aurait dû entendre avant notre condamnation, qui lui fut tardivement présenté, comme l'acte d'accusation des déportés. C'est dans ce rapport même que

---

(1) « Ce n'est pas l'usage des Romains de condamner un accusé sans qu'il ait été confronté à ses accusateurs, et qu'il ait pu se défendre du crime dont il est accusé. » (*Act. Ap. XXIV.*)

je trouve ma justification ; je ne parle ici que de moi, quoique, suivant une règle d'équité naturelle, l'innocence des mes compagnons soit présumée ainsi que la mienne jusqu'après jugement; mais, comme les accusations doivent être individuelles, la défense doit l'être pareillement. La mienne, déjà si facile, l'est devenue, s'il se peut, davantage par ce rapport, dont un décret a ordonné l'impression. Au lieu de ce cri banal des opprimés : *Je suis innocent!* je puis dire aujourd'hui : Je suis innocent d'après le rapport même fait au conseil ; j'ai lu cet écrit avec avidité, désirant, plus que je ne l'espérais, d'y trouver quelque accusation dirigée contre moi, je le désirais, dis-je, parce que j'aurais su à quoi répondre, tandis que, sans être accusé, je n'en suis pas moins réduit à l'étrange condition de me justifier, car je suis puni comme s'il y avait eu accusation, et même jugement.

« Votre commission, dit le rapporteur, a re-
» cueilli tous les faits connus jusqu'ici » ; elle a recueilli tous les faits connus; l'accusation va donc être motivée par des faits ! Je vais marcher à la lueur de ce rayon de justice; et si tous ces faits me sont étrangers, il est évident que je ne suis point compris dans l'acte d'accusation. A cette annonce des faits recueillis, j'ai re-

doublé d'attention ; j'ai cherché dans le rapport et mon nom et les faits qui pouvaient m'être imputés. Mon nom n'y est pas prononcé, mais, parmi les faits, il en est un auquel j'ai participé avec la majorité des conseils.

« La horde fortifiée des royalistes a porté au
» directoire ce Barthélemy, qui écrivait à l'au-
» teur de la tragédie de *Louis XVI* : *Je ne crois*
» *pas que vous puissiez remettre le pied sur le ter-*
» *ritoire de France.* »

Il m'est indifférent que Barthélemy ait écrit ou non ces paroles ; mais si l'avoir choisi était un crime qui méritât la déportation, pourquoi des deux cent cinquante membres du conseil des anciens, n'en aurait-on déporté que onze ? Détruisons par des moyens encore plus directs cette accusation singulière, et de Sinnamari répondons pour les deux conseils accusés si indiscrètement par le rapporteur.

Barthélemy, ambassadeur de la république française, depuis qu'elle existe, était, en cette qualité, plus particulièrement indiqué à notre choix par la constitution. Il avait négocié, conclu et signé les traités de paix avec l'Espagne et la Prusse. Revêtu d'un caractère public du premier rang près des puissances étrangères, le directoire, à qui appartient la nomination des ambassadeurs, ainsi que leur rappel, nous avait avertis lui-même qu'il était digne des fonctions directoriales, puisqu'il l'avait jugé constamment digne de sa confiance. Il lui décerna même des honneurs extraordinaires lorsqu'il traversa la France pour venir exercer les fonctions auxquelles notre choix l'appelait, et il lui adressa des félicitations publiques, lorsqu'il fut installé. Je demande si parmi les citoyens français, il y avait beaucoup de candidats qui réunissent des causes de préférence aussi décisives, et si l'accusation, en la supposant fondée, ne serait pas dirigée contre le directoire, plutôt que contre les deux conseils? Je ne trouve pas dans le reste du rapport une seule ligne qui puisse m'être appliquée avec ombre de fondement. Si le représentant Bailleul lui-même était *sur la terre qu'habitent les tigres* (c'est ainsi qu'il appelle la Guyane), si, banni comme nous, il avait à répondre à un tel rapport, il ne pourrait ni tenir un langage différent du mien, ni se justifier par de meilleures raisons. Je suppose que, six mois auparavant, au 18 fructidor, ce rapport, où je ne suis pas même désigné, eût été lu au conseil, je ne puis, sans l'offenser, croire qu'il m'eût envoyé dans ces déserts, où déjà la moitié de mes compagnons a péri misérablement. Il est impossible qu'au 26 ventôse, les collègues du rapporteur, après l'avoir attentivement écouté, ne lui aient fait leurs observations. Ils ont dû lui dire : « Quelques députés sont nommés » dans votre rapport; les délits énoncés sont » étrangers aux autres, et cependant une peine » capitale a été infligée à tous ! Ils ont été con-» damnés en masse. On a vu quelquefois les » accusations cumulées, mais les tribunaux » révolutionnaires mêmes ont toujours jugé les » accusés un à un sur des délits qui leur étaient » personnellement imputés; délits dont les » jugemens ont fait mention. Jamais on n'a » dit : Paul est coupable d'avoir assassiné, » nous condamnons Paul à la mort, et avec » lui tous ceux qui nous sont tombés sous la » main. L'humanité et la raison, d'accord » avec les lois, veulent que, lorsqu'il s'agit de » condamnation, tous ceux qu'on ne nomme » pas soient tenus pour exceptés. Vous même, » rapporteur, avez proféré les paroles suivantes » dans la séance du 24 nivôse, paroles de sagesse » et d'équité : « *La constitution a tracé les formes* » *à suivre dans les accusations dirigées contre les* » *représentans du peuple ; je demande qu'elles* » *soient suivies.* » Tronson mourant disait la même chose. Voici la réponse que le citoyen Bailleul se fait à lui-même, elle est copiée sur une note imprimée à la suite de son rapport :

Nota.—« De ce que je n'ai pas cité des faits
» personnels à chacun des individus compris
» dans la loi de déportation, on en conclura
» peut-être qu'au moins ceux qui ne sont pas
» nominativement désignés dans les pièces,
» ne peuvent être désignés comme coupables.
» Ce serait une grande erreur. Une maison a été
» enfoncée et pillée par des voleurs; ils se retirent
» ensemble, mais quelques-uns seulement sont
» chargés des effets volés. Peut-on dire pour
» cela que les autres soient innocens, quand
» il n'y aurait d'autres preuves contre eux,
» sinon qu'ils sont entrés et sortis en même
» temps de la maison, et qu'ils ne se sont pas
» quittés? Le crime est dans la violation du
» domicile d'un citoyen, et non dans la part
» ignorée que chacun peut avoir dans les
» actes par lesquels on l'a consommé. Ici, il a
» existé une vaste conjuration pour faire tomber
» les choix du peuple sur de mauvais citoyens.
» Il est constant que ces mauvais citoyens, dans
» les différentes fonctions qui leur ont été con-
» fiées, ont suivi la marche indiquée par les
» agens de la conjuration, qu'ils ont tenu
» leur langage, qu'ils se sont trouvés dans
» leurs rassemblemens, que le complot était
» sur le point d'éclater. Il est donc évident
» qu'ils sont enveloppés dans la conjuration,

» malgré qu'on ne puisse pas dire de chacun
» qu'il a fait telle chose, ou désigner le rôle
» dont il était chargé. »

J'ai transcrit fidèlement ces lignes, et j'y répondrai pour pouvoir répondre à quelque chose. La tâche est aisée : si ce texte eût été lu avant ma condamnation, à la tribune du conseil, le sens littéral qu'il eût présenté, c'est qu'une bande de voleurs avait été surprise dans le sac et le pillage d'une maison, et que j'étais du nombre des brigands. Le conseil aurait demandé quand et quels objets j'avais volés. Est-ce la caisse d'un banquier? le trésor national? quelque dépôt ou magasin public ou particulier? « J'ai parlé au figuré, aurait dit le citoyen » Bailleul; c'est par métaphore que je les ai » accusés de vol ; ce sont des conspirateurs et » non des voleurs: mais ils étaient dans la même » maison, et ils ne se sont pas quittés. » Interrogé moi-même, j'aurais dit simplement: Il est vrai que je fus arrêté le 18 fructidor, dans la maison du citoyen Laffon, alors président; nous y étions au nombre de sept: Laffon, Piedou-Déritot, Goupil-Préfeln, Tronson, Launoy, Maillard et moi. Certainement ce n'était pas pour violer le domicile de ce citoyen. Des hommes armés vinrent nous y arrêter; personne de nous ne songea à fuir, et nous fûmes, sans la moindre résistance, conduits chez le ministre de la police Sotin. Nous lui fîmes observer qu'il y avait erreur ; que l'ordre d'arrestation indiquait une autre maison, d'autres individus. Il le reconnut, nous dit que cela ne faisait rien, qu'après ce qu'il avait pris sur lui, *un peu plus ou un peu moins de compromission n'était pas une affaire.* Sur cette explication, nous fûmes tous sept conduits au Temple. Mais de ce nombre il n'y a que Laffon, Tronson et moi qui ayons été envoyés à la Guyane. Des quatre autres, deux étaient députés des départemens dont les élections ont été déclarées nulles. Ils ont été mis en liberté, et sont retournés paisiblement dans leurs foyers. Deux autres étaient, comme nous, depuis deux ans, membres du conseil des anciens. Ils ont repris leurs fonctions législatives. Le traitement de ces quatre citoyens prouve clairement que ce n'est pas de la maison du citoyen Laffon président que le rapporteur a voulu parler ; que nous n'y conspirions pas, et que c'est une expression figurée dont il s'est encore servi.

C'est par cette analyse facile que le conseil eût démêlé une question qu'on tenterait en vain d'embrouiller ; il n'eût pas souffert qu'on en changeât l'état et les termes, qu'on ne produisit en témoignage qu'un fantôme qui s'évanouit quand on en approche, et que, pour nous envoyer au supplice, pour nous condamner à des peines dont une mort trop réelle est la suite, on eût, à défaut de preuves, recours à des tropes (1). Dans l'embarras de nous trouver coupables, le représentant Bailleul a cru résoudre la difficulté, en disant encore que la lumière ne se prouve pas (p. 19). Je ne sais que répondre. La lumière ne se prouve pas! mais le crime se prouve avant le châtiment, avant de condamner à la mort (2).

Il nous objecte des décrets contre-révolutionnaires rendus quand nous assistions aux séances. Ces imputations vagues et générales n'offrent aucune prise à la discussion. J'observerai cependant que l'on comptait habituellement cent cinquante à deux cents membres aux séances du conseil des anciens, et les pro-

---

(1) « Je dis que dans les lois, il faut raisonner de la réalité à la réalité, et non pas de la réalité à la figure, ou de la figure à la réalité; à plus forte raison dans les jugements.»
(MONTESQUIEU, *Esprit des lois*, liv. XXX, ch. 16.)

(2) « Eh! quel serait, grand Dieu! le sort des particuliers, s'il était permis de leur faire à leur insu leur procès, et puis de les aller prendre chez eux pour les mener tout de suite au supplice, sous prétexte que les preuves sont si claires qu'il leur est inutile d'être entendus. »
(J.-J. ROUSSEAU, *Lettre à M. de Saint-Germain*.)

« Le monde a toujours tenu pour oppression et tyrannie insupportable de faire mourir un homme ou de le livrer au supplice avant jugement. » (BACON, *Sentences*).

scrits ne sont qu'au nombre de onze. Il faudrait donc, en faisant connaître ces décrets, nommer ceux qui les ont approuvés ou rejetés.

Occupé de cette recherche scrupuleuse et sévère de tout ce qui peut m'être imputé, je rencontre mon nom sur une liste de ministres royaux que Charles Lavilleheurnois avait jugé à propos de désigner, lorsqu'il forma le projet de renverser la république. Nous avons vu mourir depuis peu Charles Lavilleheurnois, dont la cabane est voisine de la mienne; mais je déclare, comme il l'a déclaré lui-même lors de son jugement (car il a été jugé), que nous ne nous connaissions point. Je ne l'avais jamais vu; j'ignorais jusqu'à son nom, et ce n'est que par la lecture qui fut faite, au conseil des anciens, des pièces de ce procès, que j'appris ma ridicule promotion. La déclaration simple et franche que je fais suffit à ceux qui me connaissent; j'ajoute pour les autres, que si elle est inexacte, si on y trouve le plus léger déguisement, je souscris à ma condamnation. Ainsi se dissipent ces nuages sur lesquels on avait voulu fonder une accusation posthume, et je puis sans doute l'appeler de ce nom, car la mort avait déjà frappé les déportés quand elle a été faite.

La mort est, de toutes les choses que les hommes craignent, celle qui leur cause plus d'effroi; les lois en ont fait le dernier degré de la punition des crimes : la haine même et la vengeance s'arrêtent à cette limite. Eh bien ! la déportation est une mort cruelle et prompte, ou une longue agonie ; et cependant on nous a condamnés sans jugement à cette peine ! La peste la plus destructive ravage avec moins de fureur.

Des écrivains mercenaires mettront-ils encore le supplice dont les lois russes punissent quelques coupables, condamnés par les tribunaux, les oreilles coupées, les narines fendues, la tête rasée, en opposition avec les délices de notre situation ? On n'a pas rougi d'insérer au *Moniteur* d'insignes mensonges à ce sujet (1).

(1) « Tous les individus déportés en vertu de la loi du 19 fructidor an V, embarqués sur la corvette *la Vaillante*, sont arrivés à Cayenne le 21 brumaire. L'agent particulier a fait pourvoir à leurs besoins physiques. Le 6 frimaire il les a fait embarquer pour se rendre sur les bords de la rivière de Conanama, entre Sinnamari et Iracoubo, la plus saine de la colonie et la plus abondante en ressources pour la vie. Ils y sont arrivés le 7 ; ils sont logés provisoirement dans les bâtimens du poste militaire de Sinnamari. On leur donne une ration complète de vivres. L'ordonnateur leur fournit des vêtemens et autres objets indispensables. L'agent, en leur fixant pour promenade un espace d'environ 20 lieues, sous la surveillance nécessaire, leur a concédé provisoirement un arpent de terre à chacun, et il leur sera permis d'acheter des terrains pour faire des établissemens de cultures. » *Moniteur*, N° 129, 9 pluviôse an VI (28 janvier 1798).

Le sang n'a point coulé, dites-vous. Quoi! tout est-il permis hors l'effusion du sang! Les noyades n'en ont point fait couler; on meurt autrement que des poignards et du glaive. Ah! si vous eussiez entendu mes compagnons, dans leurs douloureuses agonies, s'écrier : *Plût au ciel qu'au 18 fructidor la vie m'eût été arrachée!* Je demande si le peuple français approuve en sa conscience que nous soyons ainsi traités; approuve-t-il qu'un citoyen, présumé innocent jusqu'à son jugement, souffre la même peine qu'un coupable jugé et condamné pour des crimes capitaux? que dans l'opinion des hommes inattentifs, l'on confonde le crime et l'innocence; que des brigands, des assassins, des incendiaires, envoyés comme nous, traités comme nous à Sinnamari, y soient réputés innocens comme nous, ou qu'on nous tienne pour criminels comme eux; que par cette confusion et ce renversement, on détruise l'effet de l'exemple et les notions de la justice? aprouve-t-il, enfin, que la terreur des peines frappe désormais les citoyens irréprochables comme les criminels? Je réponds sans hésiter : Non.

Quelques-uns de nous, comme par prodige, ont résisté à des maladies contagieuses, à des chagrins cuisans; ainsi la justice nationale peut encore réparer l'acte injuste dont l'erreur nous a rendus victimes. On ne peut même nous faire justice sans que ceux qui ont péri y participent en quelque sorte. Tous mes amis, tous les hommes justes appuieront votre demande, ma chère Élise ; mes ennemis eux-mêmes vous seconderont, s'ils veulent passer pour justes. Je sais cependant qu'une objection a été faite : » Comment juger là où il n'y a pas même d'ac- » cusation ? Et si on parvient à en rédiger une, » et que l'accusé soit absous, il sera plus évident » que jamais qu'il a éprouvé un traitement » injuste. » Cette objection n'est ni sérieuse, ni spécieuse. D'abord, quand je demande qu'on me juge, un refus donnerait un nouvel éclat à mon innocence ; ma justification serait complète par la désertion et le silence même de mes dénonciateurs. Ajoutez que si, au contraire, on me met en jugement, ils ont du moins l'espérance que le résultat, encore incertain aujourd'hui, me deviendra funeste. Mais si la justice m'est déniée, rien ne palliera la passion par laquelle je suis poursuivi. Il est bien vrai que lors du rapport du 26 ventôse, il n'y avait pas même l'apparence d'un délit ; mais depuis on peut avoir recouvré des preuves, des indices; on peut en recouvrer jusqu'au moment du jugement : qui sait si l'instruction ne découvrira pas bien des choses ? Du moins ne pourrais-je plus dire qu'on m'a refusé ce qui ne peut l'être à personne. Innocent ou coupable, on fera taire un raisonneur importun qui s'obstine à répéter : « Je suis en votre puissance, » vous n'osez pourtant me juger, parce que mon » innocence vous est connue et qu'il vous est » plus commode d'attendre que la mort m'im- » pose silence. » Enfin, si je suis condamné, les voilà justifiés; si je suis absous, il sera honorable pour eux qu'on dise : Ils étaient ses ennemis, ils n'ont pas voulu le priver du droit de manifester légalement son innocence.

Si, parmi ceux à qui vous vous adresserez, un seul, oubliant le premier devoir du magistrat, vous disait que mon infortune n'est pas son ouvrage, que ce n'est point à lui à réparer le mal que d'autres ont pu faire, qu'ainsi, ce n'est point à lui à m'absoudre, hâtez-vous de lui répondre que je ne lui fais point une telle demande, que je réclame seulement l'exercice d'un droit qui appartient à tous les hommes, et qu'il a autant d'intérêt que moi à maintenir inviolablement le droit d'être jugé, qui appartient à tout accusé.

Le plus grand malheur qui puisse arriver à un juge, est de condamner un innocent. Les reproches de ses concitoyens le poursuivent, les remords empoisonnent sa vie. Au contraire, le malheur de ceux qui m'ont condamné est réparé, les reproches cessent, leurs remords s'apaisent, si je subis un jugement, quelle qu'en soit l'issue. J'ai pu fuir de Paris, au 18 fructidor; j'ai pu fuir encore de la Guyane, avec huit de mes compagnons d'infortune; mais la force d'ame dont j'ai l'idée, celle que j'ai crue nécessaire pour faire prospérer la république et affermir la constitution, c'est celle que l'aspect de la mort même ne peut ébranler, celle qui brave la fureur de tous les partis, celle enfin qui me retient à la Guyane, au sein de la contagion, en attendant qu'on me juge.

On a vu des factions victorieuses frapper, au moment du triomphe, tout ce qui se trouvait à leur passage; la chaleur du conflit semblait excuser ces excès. Mais qu'un gouvernement établi, consolidé, régulier, prolonge froidement, en violation de toutes les lois, les peines d'un innocent, qu'il l'expose sans nécessité à une mort presque certaine, je ne saurais le présumer.

Le pouvoir législatif est illimité en tout ce qui ne touche point au contrat social, à la constitution; mais elle est au-dessus de lui, il ne peut l'enfreindre. Si la nation elle-même veut la changer, il faut qu'elle le déclare;

jusque-là cette loi suprême demeure immuable, et lors même qu'elle éprouve des changemens réguliers, ils ne peuvent, par un effet rétroactif, atteindre les choses qui les ont précédés.

Que dirai-je donc de ces paroles qui terminent le rapport fait par Bailleul : « Bannissons ces ab-
» surdes théories de prétendus principes, ces
» invocations stupides à la constitution ? » Je répondrai à mon tour : « Voyez comment il
» faudrait procéder si on cessait une fois d'avoir
» la justice pour règle ; on commencerait par
» violer les lois ; bientôt après il faudrait, en
» sa propre défense, dire que ceux-là sont
» stupides qui les invoquent, et par une consé-
» quence nécessaire, ceux-là sont sages et
» éclairés qui les violent. » Quoi ! ces lectures périodiques du pacte constitutionnel, ces invocations solennelles pour sa perpétuité, seraient désormais l'apanage des stupides ! Cette pressante exhortation qui le termine, ce commandement de le garder fidèlement qu'il adresse aux magistrats, aux représentans du peuple, aux pères de famille, à tous les citoyens, ne seraient qu'un piége tendu aux simples et aux crédules ! Il ne serait qu'un flambeau trompeur qui conduirait au précipice ceux qui marcheraient à sa fausse lueur ! Quel

langage tiendront désormais les ennemis de la république? Et si des paroles semblables à celles que je viens de citer se fussent trouvées dans mes écrits, pourrais-je dire aujourd'hui qu'on n'a pas l'ombre d'un reproche à me faire? Ah! rappelons-nous, au contraire, le serment que nous avons fait de ne violer jamais cette loi fondamentale, et de la défendre au péril de la vie. Le peuple français n'a pas perdu l'habitude de son antique respect pour les sermens: il hait ceux qui les violent; il prise ceux qui les observent religieusement; il juge, dans la simplicité de son entendement, qu'une constitution inviolable et confirmée par serment, est celle qu'on ne peut violer sans parjure, et non celle qu'il serait stupide d'invoquer. Entre ces deux constitutions, je ne reconnais que celle du peuple. Dans l'état de nature, la juste appréhension de la violation d'un pacte le rend invalide. C'est ce qui arrive entre deux nations, parce qu'il n'y a pas un magistrat supérieur à toutes deux, qui garantisse l'exécution du traité, mais, dans l'état social, il n'y a point de contrats plus saints et plus obligatoires que ceux par lesquels une nation a voulu se lier envers elle-même et envers ses propres magistrats. Ces pactes sont inviolables, c'est par la raison qu'il y a une puissance capable de contraindre le réfractaire. Ce cas était prévu par la constitution. Je veux cependant donner aux circonstances, à l'empire des événemens, à la force même, ce qui leur appartient; je veux que le danger du directoire ait été si grand, qu'il se soit cru en état de nature vis-à-vis d'une faction réelle ou imaginaire, et autorisé, pour sa propre conservation, à violer le pacte social. Alors, si le désordre subsiste, la violation ne servira qu'à accroître le mal, et il faudra qu'au sein des discordes civiles l'ami de la justice porte alternativement le joug de toutes les tyrannies. Mais ce n'est point là l'état des choses : la société est organisée, agissante; elle est dans la plénitude de son existence; or elle ne se conserve que par la justice. Il est donc du devoir des magistrats de me livrer sans retard aux tribunaux, et de réparer ainsi le dommage que la constitution a reçu.

Un gouvernement tout-puissant doit me faire juger, s'il veut être réputé juste; ce serait encore le devoir et l'intérêt d'un gouvernement faible et chancelant; il s'affermirait en embrassant la justice. La marche de ceux qui sont à la tête des affaires d'un empire ébranlé par des secousses profondes, est tracée par la raison; le premier pas, pour sortir de crise, doit tendre vers la justice. Y a-t-il un citoyen prévenu de quelque attentat? livrez-le aux tribunaux; vous ranimerez ainsi l'espérance du bien; vous contiendrez les factions, vous consoliderez le crédit, vous satisferez les hommes justes et la nation entière; tandis que des peines sans jugement frappent les citoyens d'effroi, et proclament la faiblesse du gouvernement.

Rien n'est plus propre à fortifier ce qui précède que ces belles paroles du tribunal de cassation, dans un jugement qu'il a rendu le 25 pluviôse dernier, et je demande qu'on me les applique. « Le plus noble usage que puisse
» faire le gouvernement du pouvoir que
» le peuple a mis dans ses mains, est de l'em-
» ployer à réprimer les fonctionnaires publics
» qui violeraient les formes conservatrices de
» la liberté. »

J'aime aussi à rappeler cette sage sentence qui termine le rapport de Bailleul : « Pour
» avoir le droit d'être sévère, il faut être
» juste. »

Mes ennemis, une fois certains que ma conduite comme représentant était irréprochable, m'ont supposé des crimes plus anciens. J'ai mon article dans un imprimé qui a pour titre : *Notice sur les représentans et autres person-*

nages déportés par les décrets des 18 *et* 19 *fructidor an V.* Noussommes, dans ce pamphlet, dénoncés à la France sur différens chefs. Il est difficile, je le sais, que ceux qui ont rempli consciencieusement des devoirs importans, n'aient mécontenté personne. Mes collègues répondront aux accusations dirigées contre eux. Pour moi, qui, depuis près de trente ans, me suis dévoué aux affaires publiques, je suis loin de prétendre que j'ai toujours été infaillible; mais l'auteur anonyme de la notice m'accuse sur trois chefs touchant lesquels il m'est facile de lui répondre.

Il renouvelle l'accusation de ma participation à la convention de Pilnitz. Tallien l'avait avancée dans un discours fait au conseil des cinq-cents, à l'ouverture de notre session. Je convins que j'avais été plusieurs fois à Pilnitz, résidence de campagne de l'électeur de Saxe; mais c'était en 1774, 1775 et 1776. J'allais alors, en qualité de chargé d'affaires de France, faire ma cour à ce prince. Depuis cette époque, je n'ai jamais été à Pilnitz. Je demandai une enquête au conseil des cinq-cents; Boissy-d'Anglas y fit un rapport; Tallien se tut, et l'accusation fut mise au néant. Les journaux de ce conseil en font foi.

La seconde accusation, celle d'émigration,

est aussi fausse que la précédente. Il est vrai qu'au mois de juin 1791, je fis un voyage en Suisse. Le maréchal de Castries, qui était alors à Ouchy, près de Lausanne, m'avait invité à m'y rendre. Il était mon patron depuis 1769, époque de mes premières études diplomatiques à Ratisbonne. J'étais à Lausanne quand nous apprîmes que Louis XVI venait d'être arrêté à Varennes et ramené à Paris. Je me hâtai de rentrer en France. Les décrets contre l'émigration ne furent rendus que plus d'un an après (1).

Enfin, je lis ce qui suit dans la *Notice* : « Il a » été (Barbé-Marbois) intendant à Saint-Do-» mingue pendant cinq à six ans, et toujours » en mauvaise intelligence avec ses collègues. »

J'ai été à Saint-Domingue le collègue de cinq gouverneurs, qui se sont succédés pendant mon administration. Les actes publics attestent qu'une parfaite union a régné entre quatre de ces collègues et moi. Un des cinq voulut administrer seul, et après peu de mois, la rupture entre nous éclata. L'union si désirable entre deux autorités, nécessairement conjointes, ne put se rétablir. Une colonie impor-

(1) Accusation formellement renouvelée pendant que j'étais à Sinnamari. (Voy. p. 230 du Journal.)

tante était menacée d'anarchie; je demandai mon rappel. Ce fut le gouverneur qui fut rappelé. Si mes papiers vous sont restés, vous y trouverez la réponse du roi à ma demande, et si l'original de cette lettre est perdu, le ministre de la marine ne vous en refusera point une expédition. Vous la publierez avec ce que je vous écris (1). Il est vrai que c'est faire ma propre apologie par l'organe d'un ministre de Louis XVI, mais les bons témoignages de ce prince m'ont honoré, et si la défense ne peut être interdite à quiconque est accusé, à plus forte raison doit-elle être permise à ceux qu'on punit de mort sans accusation.

Faites, ma chère Élise, faites que, par un jugement, on mette fin à l'oppression que j'endure; soutenez, animez le courage de nos amis déclarés; faites cesser la neutralité des autres; ne craignez pas que votre zèle me soit funeste, et qu'on punisse ma fermeté par un redoublement de rigueur. La constance d'un infortuné qui se borne à demander qu'on le juge sévèrement attire les regards et l'intérêt de tous. Ne mettez donc point un péril imaginaire en balance avec une perte inévitable. Si on vous dit qu'il faut tout attendre du temps; que mes

---

(1) Voy. la lettre de Louis XVI, pag. 283 de ce volume.

plaintes ne servent qu'à redoubler la fureur de mes ennemis, et que le silence convient à ma situation; rejetez ces timides conseils; faites que mes réclamations retentissent jusque dans les salles du corps législatif, au palais des directeurs ; signalez votre piété par votre courage, et non par vos craintes. Faites qu'avant de mourir, je rentre dans ma patrie, et que je puisse revoir ma mère octogénaire et notre enfant.

Barbé-Marbois.

(EXTRAIT D'UNE TROISIÈME LETTRE.)

Sinnamari, le 29 ventôse an VII
(16 mars 1799).

J'avais vu mourir à Sinnamari presque tous mes compagnons d'infortune ; j'avais avec peine résisté à cette affreuse contagion, mais ma santé commençait à se rétablir un peu, quoique très-affaiblie par cinq mois de maladie, lorsque tout à coup, sur un bruit mal fondé, et vraiment ridicule, que les Anglais allaient venir à Sinnamari, j'ai été conduit malade à Cayenne, par la force armée, gardé à vue par un caporal et quatre fusiliers; je m'y suis traîné douloureusement à travers les sables, tantôt percé par la pluie, tantôt brûlé par le soleil; j'ai cru expirer, mais les soins qu'on a pris de moi à l'hôpital m'ont un peu rétabli. On nous a fait espérer, à Laffon-Ladébat et à moi, on nous a même assuré, de la part de l'agent, que nous pourrions nous établir à trois lieues de Cayenne, dans l'île. Je le désirais vivement, l'air y est moins malsain qu'ici: tout étant prêt, l'habitation, les approvisionnemens, j'adressai une demande à l'agent pour qu'il nous fût permis d'habiter à trois lieues de Cayenne, dans un lieu sain, et où nous ne serions plus exposés à être enlevés militairement sur des craintes entièrement chimériques. Sur ce, l'agent nous a fait dire de nous préparer à retourner à Sinnamari dans une heure, et en moins d'une heure, il nous a fait embarquer dans un canot; les lames m'ont couvert à plusieurs reprises; le canot, dans lequel il n'y avait point de banc, était rempli d'eau au quart de sa hauteur. J'ai passé la nuit dans un bain froid, exposé au vent, et j'ai cruellement souffert; la fièvre m'a repris, et depuis le 16, jour de mon arrivée, j'ai eu sept accès violens.

Ces traitemens ne peuvent être en aucune manière justifiés; je vous les raconte en omettant les détails qui vous affligeraient le plus. Ils doivent avoir une fin funeste pour moi, et, malgré mon courage, abréger ma vie. Jugez par ce que je vous écris, de ce qu'il me faut taire; et si je ne puis obtenir justice, si on ne veut pas me juger, qu'on me donne au moins la liberté d'habiter un climat moins contraire. Autrement, l'année prochaine sera la dernière de ma vie, l'été est mortel ici.

Barbé-Marbois.

LETTRE

De M. de la Luzerne, ministre de la marine et des colonies, à l'intendant de Saint-Domingue, et post-scriptum de la main de Louis XVI.

Versailles, ce 3 juillet 1789.

J'ai été déjà, monsieur, plusieurs fois chargé par le roi de vous témoigner sa satisfaction des services que vous lui avez rendus. L'ordre que vous avez remis dans les finances délabrées de Saint-Domingue; la fermeté avec laquelle vous avez toujours soutenu les intérêts de S. M., votre zèle pour le maintien des lois et pour l'exacte administration de la justice, ont constamment mérité son approbation. Mais dans la circonstance présente, vous venez de donner l'exemple d'un zèle et d'un genre de courage qu'on trouve rarement chez les meilleurs administrateurs. S. M. m'ordonne expressément de vous mander qu'elle vous sait le plus grand gré de votre résistance, et de votre réclamation contre l'ordonnance enregistrée le 11 mai de cette année. Il a été fait lecture au conseil d'état du discours que vous avez prononcé en cette occasion, et qui a été consigné sur les registres du conseil supérieur de Saint-Domingue. Vos vues, vos principes, votre attachement aux lois ont été remarqués et approuvés par S. M. Son intention est que, dans les circonstances présentes, vous ne quittiez point une colonie que vous avez si bien administrée, et où vous pouvez encore lui rendre les services les plus importans. Je suis persuadé que vous n'hésiterez point à témoigner votre devoûment. L'exhortation même que je vous fais de la part de S. M,, doit être regardée comme une nouvelle marque de la confiance qu'elle a en vous. La nomination de M. le comte de Peinier au gouvernement général de Saint-Domingue va d'ailleurs vous rendre les moyens de remplir les vues du gouvernement et de faire encore le bien de la colonie en y concourant avec lui. Ces motifs, et votre zèle dont on a déjà tant de preuves, doivent vous déterminer.

J'ai l'honneur d'être avec un attachement sincère, monsieur, votre très-humble et très-obéissant serviteur.

La Luzerne.

C'est par mon ordre exprès que M. de la Luzerne vous écrit; continuez à remplir vos fonctions et à m'estre aussi utile que vous l'avez esté jusqu'ici. Vous pouvez estre sûr de mon approbation, de mon estime, et compter sur mes bontés.

Louis.

Ces trois lignes, monsieur, sont de la main du roi. Il vous permet d'en donner connaissance et de faire savoir combien il est satisfait de vos services et de votre conduite.
En marge est écrit :
Enregistré au contrôle de la marine à Saint-Domingue, le 21 août 1789.

Deschamps.

EXTRAIT

D'un arrêt du conseil d'état du roi, du 2 juillet 1789, qui casse et annulle l'ordonnance du 9 mai 1788, pour la liberté du commerce dans la partie du sud de Saint-Domingue.

Sa Majesté s'étant fait représenter une ordonnance du gouverneur général de Saint-Domingue, portant, etc.....

A reconnu que cette ordonnance est tout à la fois incompétente, irrégulière et préjudiciable au commerce de France. Elle est incompétente, non seulement par le défaut de pouvoirs de la part de l'administrateur qui l'a rendue, mais encore par la défense que lui en faisaient ses pouvoirs mêmes, consignés et dans ses instructions et dans les ordonnances concernant le gouvernement civil, et dans les réglemens intervenus sur le fait du commerce étranger. Elle est irrégulière, comme émanée de l'autorité du gouverneur général seul, tandis qu'elle a pour objet un des points les plus importans de l'administration commune entre lui et l'intendant co-administrateur de la colonie, etc.....

A quoi voulant pour voir, ouï le rapport, et tout considéré, le roi, étant en son conseil, a cassé et annulé, casse et annulle l'ordonnance du gouverneur général de Saint-Domingue du 9 mai dernier, fait défenses à tous administrateurs en chef d'en rendre de semblables à l'avenir. Ordonne, etc.....

RÉPONSE

A une épître en vers qui m'a été adressée au nom de mes amis (1).

A Sinnamari, le......

J'allais dater, voyez mon embarras !
Autour de moi tout est flétri, tout brûle ;
Point de nivôse ici, point de frimas ;
L'année entière est une canicule :
Par le soleil je ne daterai pas.

ÉPITRE A MES AMIS.

Mon amitié souffrait de votre long silence,
J'accusais de paresse et vous et nos amis ;
J'ai reçu votre lettre et lu votre défense,
Pour prix de vos beaux vers, vos péchés sont remis.

(1) J'ai promis de ne rien retrancher de mon Journal. Voilà le poëme excusé, et il avait besoin de l'être.

Vous voulez que d'Ovide éprouvant l'infortune,
J'illustre, comme lui, mon exil par des vers,
Et que, livrant aux vents une plainte importune,
De mes tristes récits j'afflige l'univers.

Mais en vain je demande à la vaste Amérique
Ses bardes, son Permesse et son sacré vallon.
Pégase, dans son vol, n'a point vu l'Atlantique,
Et la Guyane encore attend son Apollon.

Ces climats, inconnus aux Faunes, aux Dryades,
Furent par Jupiter en courroux regardés,
Nos déesses, nos dieux, sont farouches, maussades,
Et de la tête aux pieds de vermillon fardés.

Ah! quand vous m'écriviez ces lettres consolantes,
Vous ne connaissiez pas notre malheureux sort :
Huit d'entre nous fuyaient de ces plages brûlantes;
Mais, pour fuir l'esclavage, ils couraient à la mort.

Infortuné jouet des flots et des orages,
Aubry, de son pays proscrit et rejeté,
Trouva plus de pitié chez des peuples sauvages ;
Il y mourut au sein de l'hospitalité.

Le Tellier, s'imposant un exil volontaire,
Modèle de courage et de fidélité,
D'un maître malheureux partagea la misère,
Et sa mort honora la domesticité.

Larue, et vous, Willot, bannis de notre France,
Allez lui demander compte de vos tourmens;
La fuite va finir votre longue souffrance,
Et moi j'ai pour soutiens la constance et le temps.

Imprévoyant Ramel, vigilant D'Ossonville,
Incertain Pichegru, sage Barthélemy,
Que je plains votre sort, si, cherchant un asile,
Vous n'en pouviez trouver que chez notre ennemi.

Le comble du malheur est d'être sans patrie (1),
Et, plutôt que d'errer de climats en climats,
Au glaive des tyrans j'abandonne ma vie,
Et Burnel en fureur ne m'épouvante pas.

Il est d'autres dangers sous ces zones brûlantes,
Et les feux du soleil y donnent le trépas;

---

(1) Est aliquid patriis vicinum finibus esse;
Ultima me tellus; ultimus orbis habet.
(Ovidius, *De Pont.*, II, 7, 65 sq.)

Atteint mortellement de ses flèches ardentes,
Murinais, le premier, expira dans nos bras.

Lorsque de ce guerrier la dépouille inhumée
Disparut à nos yeux sans pompe, sans éclat,
« Je vois là des rayons de bonne renommée »
Nous dit un Galibi, l'ami du vieux soldat.

Des sables que déjà couvrent la mousse et l'herbe,
De nos fidèles mains ont reçu son cercueil;
Ni marbres fastueux, ni légende superbe,
De sa postérité ne flatteront l'orgueil.

Point de lampe en ce lieu n'efface les ténèbres;
Nul prêtre n'ose ici faire entendre ses chants;
Les feux du firmament sont nos flambeaux funèbres,
Et nos hymnes de mort sont la foudre et les vents.

Entraîné vers sa fin par un déclin rapide,
Ducoudray demandait à changer de prison;
Il reçoit sans courroux un refus homicide :
Socrate ainsi reçut la coupe de poison.

Il expire celui dont la mâle éloquence
Sauva tant de proscrits de l'échafaud sanglant,

Lui qui de la terreur sut dompter la puissance,
En son propre péril il se trouve impuissant.

Il meurt; plus de gardiens inquiets sur sa fuite,
Plus d'espions sans cesse attachés à ses pas;
Du sein de l'Éternel il brave leur poursuite,
Et ne redoute point d'y rencontrer Barras.

Un enfant près du mort récitait sa prière;
J'écoutais, quand soudain m'arrive ce rapport :
« Bourdon veut te parler à son heure dernière;
» Accours! il est mourant. » J'accours, il était mort.

Hâte-toi, de Rovère épouse courageuse !
Viens ! sa case est ornée, il compte les momens;
Qu'ai-je dit? il finit sa carrière orageuse,
Au moment qu'il destine à tes embrassemens.

Il n'est plus cet époux à qui tu fus si chère !
Des mers, pour le rejoindre, affrontant la fureur,
De l'Anglais ennemi tu deviens prisonnière,
Et ce dernier revers est ton moindre malheur.

En attendant le jour d'une douleur tardive,
Conserve ton espoir, quoique faux et trompeur;

Pour ton propre repos reste long-temps captive,
Si la captivité prolonge ton erreur.

Unis d'opinions, quoique d'humeurs contraires,
Brotier de peu de jours survit à Villeheurnoi;
Jusqu'au dernier moment gardant leurs caractères,
Ils expirent tous deux en demandant un roi.

Ces fureurs des partis victimes déplorables,
Accusés une fois, et deux fois condamnés,
Leur mort est imputée à des juges coupables;
Ceux qu'on punit deux fois meurent assassinés.

Redites maintenant, tyrans atrabilaires,
Que c'est le poignard seul qui fait les assassins;
Relisez maintenant vos édits sanguinaires,
Et dites que le sang n'a pas rougi vos mains.

J'étais près d'expirer : déjà les cantharides,
Ministres de douleurs et de soulagemens,
Refusaient leur secours à des membres arides,
Et délaissaient un corps brisé par les tourmens.

Je voyais de mon lit l'avide cimetière
Où sont ensevelis tant d'amis malheureux;

Je disais : Voilà donc la demeure dernière
Où d'un sommeil sans fin j'irai dormir près d'eux.

Je subissais mon sort sans regrets et sans plaintes,
Et je ne ressentais ni haine, ni courroux,
Mourant, je n'éprouvais ni faiblesse, ni craintes;
Amis ! j'étais ainsi toujours digne de vous.

Il n'est, au lit de mort, aucune différence
Entre une humble cabane et de riches lambris,
Cent fois plutôt mourir ici, dans l'innocence,
Que de vivre coupable au milieu de Paris.

Laffon et moi formons le déplorable reste
De tant d'infortunés en ces lieux réunis;
Nous demeurons debout sur ce volcan funeste,
Animés par l'espoir, seul soutien des bannis.

Lorsqu'un anthropophage, aux bords du Lemebare,
Réserve un prisonnier pour ses affreux festins,
Le misérable objet de ce répit barbare
Se soumet sans murmure à ses tristes destins.

Ses féroces vainqueurs jettent des cris de rage,
Ils aiguisent leurs traits, il les voit, les entend;

Par un chant de triomphe il repousse un outrage,
Et marche sans terreur au bûcher qui l'attend.

Et moi qui de mon père, au printemps de mon âge,
Reçus cette leçon : *Agis modérément* (1),
J'aurais à mon enfant laissé pour héritage
Le soin de ma vengeance et mon ressentiment (2) !

Non, fidèles amis, de vos maximes sages
Mon cœur trop chèrement garde le souvenir;
Je vous quittai tranquille au milieu des orages,
Et tel je reviendrai, si je dois revenir.

Quand la mer en courroux, de sa voix mugissante,
Appelle mes regards, sur le vaste horizon,
Je vois l'onde écumer, et la vague impuissante
Vient mourir sur des bancs voisins de ma prison.

Ainsi des passions la troupe mutinée
S'efforcerait en vain de troubler ma raison,
Le calme que j'oppose à leur fougue obstinée
Peut-être de mes maux hâte la guérison.

(1) Servare modum.
(2) Ne lègue pas la vengeance à tes enfans.
(Pythagore.)

Il en est cependant qui seront incurables ;
Il est une douleur qui ne peut s'apaiser,
Jusqu'à cet heureux jour où des mains secourables
Resserreront des nœuds que rien ne peut briser.

Lorsque de Metz à Blois franchissant l'intervalle,
Héloïse accourut pour partager mon sort,
Touché de cet effort de la foi conjugale,
Je trompai son espoir par un plus grand effort.

A l'aspect de ces chars où de lâches ministres
Firent river sur nous des verroux, des barreaux,
Son esprit fut troublé de présages sinistres :
Elle tomba mourante aux pieds de nos bourreaux.

Je la vis succombant sous le poids de ses peines,
Et m'arrachai moi-même à sa tendre amitié.
Fortune, accorde-lui des heures plus sereines,
Et dérobe à la mort ma plus belle moitié !

Espérance chérie ! images consolantes !
Vous suspendez le cours de mes chagrins amers ;
A tous mes souvenirs incessamment présentes,
Ils iront vous chercher jusqu'au-delà des mers.

Cette nuit même, au sein d'une heureuse famille,
Élise m'apparut en des songes flatteurs,
Je célébrais sa fête (1), et croyais voir ma fille
Posant sur ses genoux des corbeilles de fleurs.

Mais les songes heureux sont courts à la Guyane,
Un orage soudain me réveille à grand bruit;
Les eaux, les vents, la foudre ébranlent ma cabane,
Et le feu des éclairs en a chassé la nuit.

J'abandonne aussitôt la couche solitaire
Où les rayons du jour rarement m'ont surpris;
Mais des songes fuyans la trace mensongère
Reste, et me trompe encore au moment où j'écris.

C'est en vain que l'aurore aux travaux me rappelle,
Ils ne peuvent détruire un prestige chéri;
J'ai cru voir Héloïse aux bords de la Moselle,
Je veille et la revois près du Sinnamari.

Ah! des maux trop réels vont prendre votre place,
Fuyez, songes trompeurs, cruelle illusion,

---

(1) Annuus assuetum dominæ natalis honorem
    Exigit; ite, manus, ad pia sacra, meæ.
                      (Ovid., *Trist.*, V, 5, 1.)

De cent calamités le torrent nous menace,
Déjà tout est en proie à la contagion.

Des déportés nombreux de deux vaisseaux descendent,
Victimes que la mort réclame sans pitié :
Dans leur misère affreuse eux-mêmes la demandent,
La mort en a bientôt moissonné la moitié.

Peut-être, mes amis, qu'à votre ame sensible
Je devrais épargner ces récits affligeans ;
Mais en vain j'ai cherché dans ce séjour horrible
De moins tristes couleurs et des tableaux rians.

Heureux pourtant ! heureux dans ces climats sauvages,
Ceux qui de l'océan ont préféré les bords !
L'onde est leur tributaire, et jusqu'à leurs rivages
Neptune libéral apporte ses trésors.

La ligne, le harpon, la flèche impatiente,
Les filets sont par eux employés nuit et jour ;
La pirogue s'emplit d'une proie abondante,
Et, légère au départ, flotte à peine au retour.

Mais qu'ils achètent cher ces rares jouissances !
La fraude a de chez eux banni la bonne foi ;

Leur justice, leur droit, ce sont les violences,
Et la loi du plus fort est leur suprême loi.

Ils sont environnés de poisons, de reptiles,
Qu'un travail assidu bientôt aurait détruits;
Et cependant jamais de ces terres fertiles
Le soc n'a réveillé les trésors endormis (1).

On voit, ainsi que nous, ces nations peu sages
Par le sort des combats régler leurs différens :
Un peuple exterminé, d'effroyables ravages,
Voilà les tristes fruits de leurs débats sanglans.

L'oiseau seul affranchi de cette loi commune,
Planant au haut des airs, chantant sa liberté,
Seul être qu'en ces lieux épargna la fortune,
Ne craint ni les besoins, ni la captivité.

Hôtes brillans des bois qu'entourent les tropiques,
Le paon des Sabajos, l'ara des Barimans,
Orgueilleux d'étaler leurs robes magnifiques,
Sont, devant l'homme nu, fiers de leurs vêtemens.

(1) Quocumque aspicias, campi cultore carentes,
 Vastaque quæ nemo vindicet arva jacent.
(Ovid. *De Pont.*, I, 3, 55, sq.)

Mais un canot vers nous rapidement s'avance,
J'y vois de nos Français le pavillon flottant,
Je ne puis résister à mon impatience;
Ah! si notre rappel.... Je vous quitte un instant.

Espoir vain et trompeur! ta lueur incertaine
Vient d'égarer mes pas pour la centième fois;
Mais comment accorder l'innocence et la peine,
Un traitement injuste avec de justes lois?

Êtes-vous donc pour nous des êtres fantastiques,
O saintes lois, de l'ordre éternels fondemens?
Plus d'ordre, plus de lois, si des juges iniques
Du crime à l'innocence appliquent les tourmens.

Je ne forme, après tout, qu'une seule demande,
Amis, c'est qu'on me juge avec sévérité;
Si vous trouvez quelqu'un de qui mon sort dépende,
Tenez-lui ce discours dicté par l'équité :

« Notre ami malheureux est en votre puissance :
» Coupable, son supplice aux lois est confié,
» Et s'il est innocent, son exil les offense;
» S'il meurt sans jugement, il meurt justifié. »

Pour moi, docile au joug, même quand il me blesse,
Fidèle observateur de l'ordre et de la loi,
Je veux dans ce désert les rappeler sans cesse,
Et tant que je vivrai, répéter : Jugez-moi !

Mourant, je redirai d'un voix défaillante :
« En vain j'ai réclamé justice et jugement ;
» J'invoquais une loi sage, mais impuissante ;
» Je fus banni sans cause, et je meurs innocent. »

VOYAGE

Dans l'intérieur du continent de la Guyane, chez les Indiens Rocouyens; par Claude Tony, *mulâtre libre d'Aprouague, en* 1769 (1).

M. Patris devant faire un voyage dans l'intérieur des terres, je reçus ordre de M. de Fiedmont (2), en 1769, de l'accompagner. Je me rendis à la rivière d'Oyapok, à la fin de la saison pluvieuse.

Nous avions chargé cinq canots de vivres et d'objets de traite pour les Indiens; c'étaient des haches, serpes, sabres, houes, de la quin-

---

(1) M. Mentelle, ingénieur géographe à Cayenne, n'a pas rejeté les notions topographiques recueillies par le voyageur Tony. M. Patris était un médecin fort instruit, qui voyageait pour parvenir à mieux connaître la Guyane, et le mulâtre Claude Tony, auteur du récit, avait eu ordre de l'accompagner. La narration de M. Patris est perdue.

(2) Commandant à la Guyane.

caillerie et quelques toiles. Nous avions aussi des munitions pour la chasse, des instrumens de pêche, et nos provisions.

Nos canots étaient montés par des Indiens du Camopi avec leur capitaine. Il y avait parmi eux deux interprètes, l'un de la nation des Armacotons, l'autre, de celle des Calcuchéens. Nous remontâmes l'Oyapok, et, le quatrième jour, nous arrivâmes à l'embouchure du Camopi. Nous le remontâmes aussi à travers beaucoup de sauts, pendant huit jours, jusqu'à l'embouchure d'une petite rivière nommée Tamori, qui est à la rive gauche. Je n'estime le chemin de nos pirogues qu'à une lieue et demie par jour.

Nous remontâmes le Tamori, et nous fîmes trois lieues en deux jours. Il y a un saut à peu près vers le milieu de cette distance; nous fûmes obligés d'y laisser nos canots, et nous continuâmes le voyage par terre. Notre bagage fut arrangé en ballots; et chaque homme fut chargé d'en porter un. Nous prîmes les devans avec nos interprètes, et nous arrivâmes au premier village de la nation calcuchéenne à la fin du second jour. Nous fîmes à pied environ six lieues par jour, allant au sud-ouest. On rencontre quelques espaces couverts de roseaux. Il faut se courber pour cheminer sous les berceaux qu'ils forment. Le Tamori parcourt cette vallée, et il nous fallut le traverser plusieurs fois dans ses sinuosités. Sa source est à une demi-lieue du village des Calcuchéens. On arrive à un ruisseau formé par une des sources de l'Onaqui, dont les eaux tombent dans l'Orauve, qui se jette dans le Maroni. C'est au-delà de ce ruisseau que sont les Calcuchéens. Ils nous firent les civilités d'usage chez les nations indiennes, c'est-à-dire, qu'ils nous régalèrent de leur boisson. On ne la prépara qu'à notre arrivée; ce qui exigea plusieurs jours. C'est, comme chez toutes ces tribus, une préparation de manioc grugé ou râpé. Les femmes en mâchent une partie qu'elles mêlent à des patates aussi grugées; on jette le tout dans des vases pleins d'eau que l'on fait bouillir. Ce liquide est ensuite déposé dans d'autres grands vases de terre cuite, qui contiennent un peu plus qu'une barrique de Bordeaux. On ne les remplit d'abord qu'à moitié, pour les remplir ensuite tout-à-fait avec de l'eau : le tout, après avoir fermenté un ou deux jours, prend une odeur et un goût vineux; alors le breuvage est à son point, et ils en boivent jusqu'à l'ivresse. Cette boisson s'appelle cachiri. Si à l'ivresse on ajoute quelques danses monotones et sans agrémens, on connaîtra leurs plus superbes fêtes. Ce village a une cinquantaine d'hommes ; des femmes et des enfans à proportion. Ils sont plus grands, plus vigoureux, mieux faits et plus blancs que ceux qui habitent vers la mer. Ils ne se peignent point le corps de rocou ; ils sont nus, à l'exception d'un calimbé ou tablier, et les femmes n'ont qu'un couyon de rassades pour cacher leur nudité. Quelques-unes portent de mauvaises jupes faites de nos toiles d'Europe, qui leur parviennent de village en village. Ces Indiens sont assez laborieux et se procurent ainsi une grande abondance de vivres ; ils sont doux et assez gais, bonnes gens et hospitaliers. Nous allâmes de chez eux chez les Arramichaux, dont le premier village est au nord-ouest, à environ trois lieues. Une colline les sépare. Je jugeai qu'il n'y avait qu'une douzaine d'habitans. Nous nous rendîmes au second village, distant de trois lieues, au nord-ouest et sur la rive gauche de l'Onaqui. Nous y séjournâmes huit jours, pour leur donner le temps de faire le cachiri.

Les Arramichaux ont les mêmes mœurs que les Calcuchéens, les mêmes habitudes, et n'en diffèrent à l'extérieur que parce qu'ils sont encore plus blancs. On s'approche pourtant de la ligne, mais en s'élevant. Ils sont dans ce village douze ou quatorze hommes, et à peu près autant de familles ; mais ils avaient reçu depuis quelques jours environ quinze Émérillons, avec leurs enfans, qui venaient de leur établissement situé sur la rivière d'Inini, qui se jette dans le Maroni. Ils en avaient été chassés par les Tayras, qui sont à l'embouchure de ce fleuve, et qui leur avaient tué et pris beaucoup de monde.

Les Émérillons, dans leur fuite, s'étaient servis de leurs canots de pêche et de voyage ; nous les achetâmes et nous nous y embarquâmes.

Nous descendîmes l'Onaqui, en allant vers l'ouest-quart-nord-ouest, pendant deux jours et demi. J'estime que nous fîmes vingt-cinq lieues à travers beaucoup de sauts, pour arriver dans l'Arouara. En descendant l'Onaqui, nous passâmes sous un arbre incliné, sur lequel était une couleuvre d'une grandeur énorme. J'en fus saisi d'une frayeur dont je fus incommodé, même après l'avoir perdue de vue.

Nous descendîmes l'Arouara pendant une demi-journée, et nous arrivâmes dans le Maroni.

Nous remontâmes, le lendemain, ce fleuve pendant un jour et demi, à travers des sauts et des rochers. J'estime qu'il n'y que a trois ou quatre lieues de l'embouchure de l'Arouara à celle du Onahoni, dans laquelle nous entrâmes. Il y a dans le Onahoni, près de l'embouchure, un très-grand saut. Nous remontâmes cette rivière vers le sud-est pendant quatre jours. Les sauts très-multipliés ne nous permirent de faire qu'environ trois lieues par jour. Nous arrivâmes à l'embarcadère des Arramichaux, qui est sur la rive droite. C'est le troisième village de cette nation; il est à une demi-journée du bord de la rivière, près d'un ruisseau nommé Accoimanbo. On y arrive en allant vers l'est, par un très-beau chemin. Il y a dans ce village environ une vingtaine d'hommes. Ils communiquent avec ceux de leur nation que nous avions déjà vus, par un chemin par terre, à travers le pays des Calcuchéens. Ils y emploient cinq jours de marche. Après avoir reçu les honnêtetés ordinaires, nous repartîmes avec un interprète de leur nation, et nous nous embarquâmes de nouveau sur le Onahoni. Nous le remontâmes, allant au sud-sud-est, faisant trois lieues par jour; et, après trois jours de cette lente navigation, nous arrivâmes à l'embarcadère des Indiens Rocouyens, qui est sur la rive droite. Nos canots furent déchargés, et nous partîmes par un chemin bien aligné, ouvert et bien nettoyé, qui est dirigé vers l'est-sud-est.

Nous marchions depuis une heure, quand

nous aperçûmes à côté du chemin, sous les arbres, une halte appelée Tocaye par les naturels. C'est un petit logement de forme circulaire, d'environ dix pieds de diamètre. Il n'y avait qu'une petite porte d'environ deux pieds et demi de largeur et trois de hauteur. Cette ouverture était fermée par une natte en panneau de feuillage, qui sert aussi d'abri contre la pluie. En approchant, nous en vîmes sortir un Indien qui, nous tournant le dos, se mit à courir à toutes jambes. Nous sûmes depuis que c'était pour aller rendre compte qu'il avait vu des étrangers. Quand nous fûmes à la Tocaye, il en sortit un autre jeune homme, bien fait et d'environ cinq pieds sept pouces; il tenait son arc et ses flèches, et paraissait être sur ses gardes avec une bonne contenance. Notre interprète le salua, en lui prenant la main, et l'assura que nous étions de leurs amis. Ils parlèrent un peu ensemble, et ensuite l'Indien nous fit dire que nous pouvions passer. Il marcha devant nous avec une grande vitesse, pour aller apprendre à la peuplade que nous approchions. Le chemin était toujours parfaitement droit.

Après trois heures de marche, nous arrivâmes à un abatis. Un carbet ou case en occupait le milieu. Il y avait dans cette case dix hommes avec un chef, tous bien armés; ils paraissaient être là comme une garde avancée. Il n'y avait point de femmes.

Le capitaine, auquel on avait déjà rendu compte, fit quelques pas vers nous, et, après avoir salué M. Patris, en lui prenant la main, il sortit du chemin, et fit signe d'entrer dans le carbet où étaient les autres Indiens, les flèches à la main, debout, mais se reposant appuyés sur leurs arcs.

Le capitaine gardait un profond silence. Nous lui demandâmes la permission d'aller au village; il nous montra le chemin, et nous partîmes. Il y avait environ quatre lieues de distance. Ce chemin est entretenu avec le plus grand soin; il a huit ou neuf pieds de large, il est droit et aligné comme s'il avait été tiré au cordeau. A une demi-lieue du village, il y a trois chemins parallèles qui se touchent: celui du milieu conserve sa largeur de neuf pieds; il est séparé par une palissade des deux sentiers latéraux. Ces trois chemins sont tenus avec une grande propreté.

Nous trouvâmes tous les Indiens habillés de plumages et armés; ils formaient un cercle qui enveloppait la grande case : ils se touchaient, et ils étaient même fort serrés et pressés les uns contre les autres; ils avaient le visage tourné à l'extérieur. Le chef vint à nous jusqu'à cinquante pas, et, après avoir salué M. Patris, il nous conduisit à la case, en faisant ouvrir le cercle, mais seulement de manière que nous pouvions passer un à un par cette ouverture. Quand nous fûmes entrés, le cercle se referma, et les Indiens, sans quitter leur place, se tournèrent vers la case où nous venions d'entrer.

On nous fit asseoir : le capitaine nous fit beaucoup de questions, et voulut savoir ce que nous venions faire. M. Patris lui fit répondre que nous venions comme amis, pour faire la traite et pour échanger des marchandises contre des curiosités. Aussitôt il voulut voir nos marchandises et jusqu'à nos hardes. Il ouvrit lui-même nos caisses, nos paquets et nos ballots ; il en tira tous les effets une pièce après l'autre. Quand il eut fini son examen, il remit tout à sa place, avec la même patience, et sans faire aucune question.

Cette opération dura plusieurs heures. Il parla une demi-heure avec nous; il ordonna ensuite à ses Indiens, qui n'avaient pas quitté leur rang et qui nous gardaient toujours, de défiler un à un, en faisant le tour de l'endroit où nous étions assis. Ils entrèrent et nous saluèrent ; ils se rangèrent autour de nous, en prenant chacun leur place, qu'ils ne peuvent quitter sans l'ordre du chef.

Après toutes ces cérémonies, nous prîmes un repas que les femmes avaient préparé. Le chef nous donna un carbet ou case pour nous loger tous, excepté M. Patris, qu'il mit auprès de lui, dans un logement séparé. Notre bagage nous fut apporté, et nos hamacs furent tendus.

Tendre les hamacs est une civilité toujours pratiquée envers les étrangers, ordinairement trop fatigués pour prendre ce soin eux-mêmes.

Nous restâmes trois semaines chez cette nation. Je vais exposer avec autant d'ordre que je pourrai ce que j'y ai observé; il m'a paru qu'elle ne ressemblait à aucune de celles que j'ai vues auparavant ou depuis.

Ces Indiens sont grands, beaux et bien faits; les plus petits ont cinq pieds cinq pouces; ils paraissent vigoureux et agiles; ils sont plus blancs qu'aucun de ceux que j'ai jamais vus, et presque autant que les blancs de la colonie. Ils sont nus, à l'exception d'un pagne de toile de coton, tissu par leurs femmes, et de quelques plumages.

Les femmes sont encore plus blanches que les hommes, et sont en général très-belles. Je n'en ai jamais vu d'une taille mieux proportionnée. Elles sont absolument nues, et n'ont pas le petit voile qui est en usage chez les autres nations. Nous étions des êtres si nouveaux pour elles, que pendant les deux premiers jours elles paraissaient un peu embarrassées en nous abordant; mais depuis je n'ai pu remarquer que leur nudité leur causât de la gêne et alarmât leur pudeur. Elles nous approchaient, se mêlaient avec nous, comme si elles avaient été habillées.

Les hommes ont le caractère très-grave et très-sérieux, et je n'en ai jamais vu rire aucun. Les femmes, au contraire, sont très-gaies et ont beaucoup de douceur, elles sont sans cesse à folâtrer entre elles, car elles se mêlent très-rarement parmi les hommes. Ceux-ci ont un ton dur et des gestes très-animés, la voix forte, et, quand ils parlent, ils se frappent la poitrine. A leurs gestes et à leur ton, on dirait qu'ils sont fâchés Le chef a toujours l'air en colère lorsqu'il donne des ordres, et il les répète avec énergie et véhémence. Leur langage a plus de douceur dans la bouche des femmes, et leurs paroles ne sont pas accompagnées de la même action. Il m'a paru que les hommes étaient au nombre d'environ quatre-vingts, non compris les vieillards et les jeunes gens.

Le village est situé sur une petite hauteur ; les défrichés s'étendent autour à un grand quart de lieue ; quatre triples chemins, comme celui dont j'ai parlé, viennent aboutir à angles droits au milieu de ce village, dans une place publique. On y voit une espèce de tour fort élevée, terminée en forme de dôme ; elle a quatre fenêtres, qui ont vue sur les quatre chemins. De grands mâts, jumellés les uns aux autres comme des mâts de navires, servent de charpente à cette tour ; l'assemblage n'est cependant contenu qu'avec des lianes. Les carbets ou cases sont placés de manière qu'ils forment des espèces de rues ; ces cases, construites comme celles des autres villages indiens, en diffèrent cependant par un étage, qui est ordinairement à six ou sept pieds de terre. Ils y pratiquent des cloisons artistement faites avec une écorce d'arbre très-lisse et très-propre. Ils peignent sur ces cloisons toutes sortes d'animaux, comme des tigres, des tamauvers, des singes et des oiseaux. Quoique ces peintures soient grossièrement faites, elles sont néanmoins assez ressemblantes à l'objet pour qu'on distingue même l'attitude qu'on a voulu donner à l'animal.

Ces Indiens paraissent assujétis à un ordre très-sévère et à une police exacte : d'abord ils sont toujours habillés de plumages, quand ils sont dans l'espèce de corps-de-garde ; ils ont chacun leur place marquée ; ils y suspendent leurs hamacs et leurs armes, et chacun y a son petit siége. Ils n'en peuvent bouger sans l'ordre du chef, et leurs alimens y sont apportés. Du reste, le repos est leur souverain bien.

Il y a toujours quatre sentinelles ou vigies, une à chaque fenêtre haute de la tour d'observation. Pendant le jour, un certain nombre d'hommes est commandé pour aller à la chasse et à la pêche. A la nuit, d'autres sont détachés par ordre pour aller pêcher aux flambeaux ; et s'ils ont des travaux à faire à leurs plantations de vivres et ailleurs, on y envoie aussi un nombre de femmes avec les hommes. Les autres Indiens restent pour la garde du village.

Les enfans des deux sexes sont continuellement avec les femmes, qui en ont soin ; mais les garçons sont obligés de s'exercer deux fois par jour en tirant des flèches contre un but. Un vieillard préside à cet exercice.

Je m'essayai à tirer de l'arc avec les hommes de cette peuplade, j'étais plus robuste et j'avais plus d'adresse qu'eux. Cet avantage me mit en grande réputation, et je crois qu'ils firent bien plus de cas de mon petit savoir-faire que de l'habileté de M. Patris, qui surpassait leurs notions. Ils me chargèrent d'arcs, de flèches, et me firent tant de présens divers, que je ne pus tout emporter.

Lorsqu'on revient de la chasse et de la pêche, tout le gibier et le poisson sont déposés dans la place publique; là, le chef les fait nettoyer, couper et distribuer en sa présence par ses femmes. Elles vont préparer ces alimens dans de très-grands vases. Lorsque tout est prêt, elles apportent les mets sur la place, et les déposent sur une espèce de plancher élevé de deux pieds au-dessus de la terre. Le chef fait faire autant de portions qu'il y a de ménages ou de familles, et elles sont remises aux autres femmes, qui se présentent tour à tour. Les hommes qui ne sont pas de corvée, ceux qui sont restés au village, se réunissent au grand Tapui; les femmes y apportent leur manger et elles les servent. Quand ils ont fini leur repas, elles retournent à leurs cases pour manger avec la famille. Ils ne font que deux repas par jour, l'un à huit heures du matin, l'autre à cinq heures et demie du soir. Ils évitent ainsi de manger pendant la chaleur du jour.

Les travaux les plus pénibles pour eux sont le défrichement des terres. Ils sont obligés d'arracher à la main d'abord toutes les plantes rampantes : hommes et femmes y travaillent; ensuite tous les buissons et les petits arbustes qui peuvent être rompus à force de bras sont cassés par les hommes. On laisse sécher le tout, et on y met le feu. Après cette première opération, ils font de grands feux au pied des arbres qu'ils n'ont pu abattre ; la flamme consume le pied et ils tombent. Enfin ce n'est qu'au moyen du feu et par une patience de plusieurs années qu'il parviennent à défricher un terrain. Ils font ensuite leurs plantations en fouillant la terre avec des petits pieux de bois dur. Le sarclage consiste à arracher les mauvaises herbes à la main. Nous leurs donnâmes des haches et des instrumens de culture, mais en trop petite quantité pour qu'ils pussent en tirer un grand avantage.

On voit que ces Indiens, réunis comme en république, ont néanmoins confié le commandement à un seul d'entre eux; et c'est en se conformant aux usages de sa nation, qu'il obtient une obéissance absolue.

Tout chez eux est commun, à l'exception des femmes, des armes, des poules et des oiseaux. Ils en apprivoisent et en élèvent de toutes les espèces et en très-grande quantité. Ils ont beaucoup de perroquets et d'aras dont ils tirent ces belles plumes colorées qui entrent dans leur habillement et forment leurs parures. Leurs poules sont blanches, sans mélange d'aucune couleur. Ils n'élèvent point de quadrupèdes, à l'exception des chiens, qu'ils entretiennent en grande quantité pour la chasse; ils en font commerce.

Autant que j'ai pu le savoir par nos interprètes, ces Indiens mangent les prisonniers qu'ils font à la guerre; ils mangent aussi leurs gens lorsqu'ils sont décédés. A cet effet, dès qu'une personne est morte, ils en coupent toutes les chairs, sans rompre aucun os; et séparant avec soin chaque membre, ils font bouillir et ils assaisonnent les chairs, et les mangent avec des marques de douleur. Les plus anciens parens du mort mangent celles qui tiennent aux côtes, soit par quelque superstition, soit par privilége ou par goût.

Ils font nettoyer proprement tous les ossemens et les font sécher au soleil. Ils font alors avec de l'arrouma un mannequin auquel ils adaptent les os, qu'ils remettent autant qu'ils peuvent à leur place naturelle. Ils modèlent sur les os de la tête une espèce de visage avec de la cire des abeilles. Ils imitent la chevelure avec une perruque faite avec de la pite (chanvre du pays), et ils la teignent en noir. On revêt ce simulacre de quelques habillemens de plumages, et on le place dans un hamac avec un vase de boisson. On arrange ses bras et ses mains comme s'il le tenait.

Ils s'assemblent alors autour de cette figure, comme pour accomplir quelque devoir religieux. Ils font des adieux au mort pendant que des femmes se lamentent et versent des larmes. Après cette cérémonie, qui dure environ une heure, on retire tous les os, on les fait calciner sur un plateau de terre cuite, ils sont pilés dans un mortier de bois : la poudre ou les cendres sont passées par un tamis et jetées dans un grand vase plein de leur boisson ordinaire. Ils boivent ce breuvage avec ces cendres et témoignent leurs regrets par des discours accompagnés de cérémonies lugubres.

Il y a près de leur village une montagne appelée Conyarionaca : ce ne sont que des rochers entassés, où il ne croît aucune plante. Quand on est au sommet, on découvre vers l'ouest une grande chaîne des montagnes.

Les Indiens nous ont dit qu'en allant au sud-ouest, de l'autre côté de la rivière Onahoni, il y a une suite de villages rocouyens et de nations amicouanes et apurailles, toutes amies et alliées; elles communiquent entre elles par un beau chemin, et s'étendent jusqu'auprès de la chaîne de montagnes dont je viens de parler. Ils disent aussi que ces nations ont établi un chef commun, qui réside au dernier de ces villages, qui est aussi le plus considérable.

D'un autre côté, en allant vers le sud, on trouve, à une journée de marche, le haut de la rivière Mapahoni; elle se rend dans le Yari, et celle-ci dans l'Amazone. Ainsi les Rocouyens habitent l'endroit le plus élevé de cette partie du continent, puisque c'est là que les rivières et les fleuves se partagent pour couler, dans l'Océan d'un côté, et dans l'Amazone de l'autre.

C'est sur le Yari que sont établis les Indiens Onampis. L'enlèvement d'une femme leur attira l'inimitié de trois nations. On se fit une guerre acharnée, mais ils repoussèrent leurs ennemis, et ils parvinrent presque à les anéantir. Ils avaient des armes à feu que les Portugais leur avaient fournies pour leur faciliter les moyens de faire des esclaves, qui étaient ensuite vendus au Para, ou dans d'autres villes portugaises. Les Onampis s'étaient rendus redoutables par ces armes à feu. Ils avaient donné de la jalousie à d'autres grandes nations. C'est en partie la crainte qu'ils inspiraient qui avait réuni les Rocouyens, les Amicouanes et les Apurailles, et maintenait parmi eux la discipline un peu militaire dont j'ai parlé.

M. Patris, qui paraissait faire beaucoup de

recherches sur la minéralogie, sans dire ce qu'il cherchait, sans s'ouvrir à personne, avança jusqu'aux bords du Mapahoni, annonçant le dessein de descendre jusqu'à l'Amazone, pour retourner par mer à Cayenne. Mais les Indiens de nos équipages, tous Armacotons, n'ignoraient pas qu'il fallait, pour l'exécution de ce projet, traverser le pays des Onampis, leurs cruels ennemis. Ils s'épouvantèrent et désertèrent tous, à l'exception d'un seul, que je ne pus retenir qu'à force de prières, pour nous servir d'interprète au retour. Les autres retournèrent par terre dans leur pays, au Camopi.

M. Patris, embarrassé de se trouver sans équipage, essaya de persuader aux Rocouyens de le conduire jusque chez les Onampis; mais ils rejetèrent cette proposition avec un air de mécontentement. Enfin, il se détermina à revenir jusqu'au premier village des Arramichaux, où nous avions déjà passé, et ils consentirent à l'y accompagner. Nous partîmes après avoir rempli nos canots d'une très-grande quantité d'objets de curiosités naturelles. Ils s'en trouvaient même surchargés, et les Rocouyens n'étant pas au fait de la navigation, ne faisant presque pas usage de canots, ils ramèrent si mal, qu'au bout de quelques jours, ceux qui portaient nos effets et nous chavirèrent. Je sauvai M. Patris à la nage avec beaucoup de peine, à travers les rochers. Sans moi il était perdu, parce que les Indiens ne cherchaient qu'à se sauver eux-mêmes.

Nous reprîmes nos canots, mais nous perdîmes tout, à l'exception de quelques hardes. Enfin, nous arrivâmes chez les Arramichaux, d'où les Indiens retournèrent chez eux. Nous prîmes le parti de revenir par terre jusque chez les Calcuchéens, accompagnés des Arramichaux. Nous y arrivâmes en six jours de marche, faisant route à peu près au nord-est. Il y a dans les cantons que nous traversâmes une quantité prodigieuse de tigres. Les Indiens n'y marchent qu'avec précaution et ensemble, afin de n'être pas surpris par ces terribles animaux. De chez les Calcuchéens, nous arrivâmes au Camopi, ensuite à l'Oyapok, et de là à Cayenne.

LOI

Relative aux déportés sans jugement préalable, par des actes législatifs.

Du 3 nivôse an VIII (24 décembre 1799).

La commission du conseil des anciens, créée par la loi du 19 brumaire, adoptant les motifs de la déclaration d'urgence qui précède la résolution ci-après, approuve l'acte d'urgence.

Suit la teneur de la déclaration d'urgence et de la résolution du 2 nivôse :

La commission du conseil des cinq-cents, créée en vertu de la loi du 19 brumaire,

Vu le message des consuls de la république, en date du 2 nivôse, sur les individus nominativement condamnés à la déportation, sans jugement préalable, par des actes législatifs ;

Considérant que l'établissement du pacte fondamental des Français doit être marqué par la fin des proscriptions civiles; mais que, d'un autre côté, l'intérêt public exige des précautions ultérieures, sans lesquelles l'acte le plus juste peut devenir funeste à la patrie,

Déclare qu'il y a urgence, et prend la résolution suivante :

Article Ier. Tout individu nominativement condamné à la déportation, sans jugement préalable, par un acte législatif, ne pourra rentrer sur le territoire de la république, sous peine d'être considéré comme émigré, à moins qu'il n'y soit autorisé par une permission expresse du gouvernement, qui pourra le soumettre à tel mode de surveillance qui lui paraîtra convenable.

Article II. La présente résolution sera imprimée.

Signé : Jacqueminot, *président ;*
Bérenger, Arnould, *secrétaires.*

Un arrêté des consuls, en date du 5 nivôse an VIII (26 décembre 1799), autorise quarante-un membres des conseils, déportés sans jugement préalable, à rentrer sur le territoire de la république. Parmi ces membres se trouvent compris Laffon-Ladebat, Barbé-Marbois, J.-J. Aymé, etc.

LISTE

De dix-huit déportés non jugés, envoyés à la Guyane, en exécution des décrets des 18 et 19 fructidor an V (4 et 5 septembre 1797).

Murinais, mort à Sinnamari, le 17 décembre 1797.
Tronçon-Ducoudray, *id.*, le 22 janvier 1798.
Bourdon de l'Oise, *id.*, le 22 janvier 1798.
Lavilleheurnois, *id.*, le 23 juillet 1798.
Aubry, *id.*, le....... août 1798.
Rovère, *id.*, le 9 septembre 1798.
Brotier, *id.*, le 12 septembre 1798.
Le Tellier, *id.*, le...... 1798.
Gilbert des Molières, *id.*, le 4 janvier 1799.
Pichegru,
Ramel,
Delarue,
Barthélemy, } Décédés après leur
Willot, } retour en Europe.
J.-J. Aymé,
Laffon-Ladebat,
D'Ossonville,
Barbé-Marbois, non décédé en 1834.

FIN.

TABLE

DES

CHAPITRES DU SECOND VOLUME.

Pages.

CHAPITRE PREMIER.

Arrivée de *la Décade* avec cent quatre-vingt-treize déportés.—Leur histoire.—Lettre à Dupont de Nemours. 1

CHAPITRE DEUXIÈME.

Morale de Rovère dans sa déportation.—Sa femme part pour le rejoindre. Les Anglais la font prisonnière, et la conduisent à la Barbade, où elle apprend la mort de son mari.—La contagion fait des progrès.—Mort de Brotier.—Arrivée de beaucoup d'autres déportés.—Leur sort.—Leur résignation en mourant.—Hawelange.—Sa mort.—Récit de l'émigration et de la mortalité de 1764 à la Guyane. —Adèle Robineau. 10

CHAPITRE TROISIÈME.

Mort d'Adèle Robineau. — Maladie. — Rimes françaises.—Vers latins.—Ovide relégué à Tomes.— Brouette. 50

CHAPITRE QUATRIÈME.

Courage de Rouchon, de Meillaud.—De la déportation.—Du bannissement.—De l'exil.—De l'ostracisme.   70

CHAPITRE CINQUIÈME.

Musique.—Jeannet.—Burnel.—On nous fait partir de Sinnamari pour Cayenne.—Retour à Sinnamari.   82

CHAPITRE SIXIÈME.

Bonne réception à notre retour à Sinnamari.—L'agent fait enlever nos papiers. — Situation critique de la colonie. —Notes sur l'origine de l'esclavage, selon la Bible, etc.—Abolition de l'esclavage dans les colonies françaises. — Évasion de quelques prêtres belges.—Naufrage d'un caboteur.—Voyage à Iracoubo.   98

CHAPITRE SEPTIÈME.

Surveillance exercée contre les déportés.—Habitations.—Emploi du temps. — Indiens. — Femmes indiennes.— Mœurs.—Anthropophages.—Amazones. — Histoire naturelle. — Géographie de la Guyane.—Voyage de M. Mentelle dans l'intérieur du pays.   139

CHAPITRE HUITIÈME.

Conversation des déportés. — Prophéties. — Retour à Cayenne. — Frère charteux déporté. — Mausolée de Préfontaine. — Soldat blanc. — Soldat noir. —

Leur opinion sur la déportation. — Hospitalité. — Habitations remarquables. — Changement dans les dispositions de l'agent. — Madame Franklin. — Liberté de la presse. 177

CHAPITRE NEUVIÈME.

Conduite de l'agent Burnel. — Soulèvement des colons contre cet administrateur. — Ils consultent les déportés. — On déporte l'agent en France. — Nous sommes de fait administrateurs de la colonie. — La liberté nous est rendue. — Arrivée de Victor Hugues, après la chute des cinq directeurs. — Laffon et Marbois reviennent en France. — Loi et arrêté des 3 et 5 nivôse an VIII, pour mettre fin aux proscriptions et annuler les déportations sans jugement 198

ANNEXES.

Lettres à ma femme pour qu'elle renouvelle ma demande d'être jugé. 245
    Première lettre. . . . . *ibid.*
    Deuxième lettre. 254
    Extrait d'une troisième lettre. 280
Lettre de M. de La Luzerne, ministre de la marine et des colonies, à l'intendant de Saint-Domingue, et post-scriptum de la main de Louis XVI. . . . 282
Extrait d'un arrêt du conseil d'état du roi, du 2 juillet 1789, qui casse et annulle l'ordonnance du 9

mai 1788, pour la liberté du commerce dans la partie du sud de Saint-Domingue. 287

Réponse à une épître en vers qui m'a été adressée au nom de mes amis. 301

Voyage dans l'intérieur du continent de la Guyane, chez les Indiens Rocouyens, par Claude Tony, mulâtre libre d'Arpouague, en 1769. 301

Loi relative aux déportés sans jugement préalable, par des actes législatifs. 321

Liste de dix-huit déportés non jugés envoyés à la Guyane en exécution des décrets des 18 et 19 fructidor an V (4 et 5 septembre 1797). 323

FIN DE LA TABLE DU SECOND ET DERNIER VOLUME.

www.ingramcontent.com/pod-product-compliance
Lightning Source LLC
Chambersburg PA
CBHW050322240426
43673CB00042B/1495